평신도를 위한 성경난해구절해설 시리즈 ⑥

네 제자가 그린 예수님의 초상화

[사복음서]

이 병 삼 지음

도서
출판 **영문**

감사의 인사로

2002년 6월은 월드컵 4강 달성으로 한국인의 긍지와 기쁨으로 짧은 6월이었습니다. 그러나 8월 하순부터 9월 초순에는 노아 홍수 때나 있었던 홍수와 태풍(제 15호)으로 우리의 헛점이 세계에 노출되니 가슴 아픈 일이었습니다.

그 상처가 곳곳에 남아있는 와중에도 작년에 이어 금년에도 계속하여 목회칼럼을 이어갈 수 있도록 모든 여건을 허락해 주신 하나님께 감사와 찬양을 드립니다. 그 동안 교회주보에 목회자 칼럼난에 「평신도를 위한 성경 난해구절 해설 시리즈(사복음서 편)」을 「네 제자가 그린 예수님의 초상화」라는 책명으로 순산케 해주신 우리 하나님께와 여러 선배, 후배 또 동지들에게 감사드립니다.

그 동안 출간된 두 권의 책에 대한 많은 분들의 성원에도 감사드리며 많은 과찬의 성원과 관심에 보응하고저 졸필이지만 세 번째 옥동자를 출산케 됨에도 감사의 인사를 드립니다.

이 세 권의 책은 나의 신앙고백이자 나의 설교요, 나의 신학이요, 나의 사상이요, 나의 생명입니다. 그리고 나의 목회철학입니다. 때로는 나의 자식들보다 더, 내 사랑하는 손자들보다 더 지극 정성과 땀과 눈물을 쏟아 부은 것을 모아 정리한 것입니다.
 나를 돕는 것은 이 세 권의 책을 읽으시고 은혜 받으시고 더 주님의 사람으로 온유, 겸손, 진실해지며 더 뜨거워졌다는 소식이 나의 가장 큰 보람으로 알고 있습니다. 즉 이 책들을 통해 더 주님과 교회에 가까워지는 것이 이 종의 소원입니다.
 사복음서 하면 흔히 우리가 너무 많이 들어왔던 것이기에 별 관심이 없기가 쉽습니다. 그러나 여기 네 제자들이 그린 예수님의 초상화는 전연 다른 모습 같은데 자세히 보면 한 모습이며 한 모양같은데 깊이 파고 들면 새롭고 깊은 내면의 세계로 이끄사 결국 예수 외에는 아무 것도 없음을 발견케 될 것입니다. 그래서 이 책을 읽노라면 점점 나와 세상은 간 곳 없고 구속하신 예수님의 모습만 남게 될 것입니다.
 구약 5권(모세오경, 역사서, 시가서, 성문집, 예언서), 신약 3권(사복음서, 바울서신, 기타공동서신서) 모두 8권으로 매해 1권씩 출산 계획인데 벌써 2권(모세오경, 사복음서)을 낳게 되었으니 나머지 6권도 계속 되어 나올 수 있도록 기도해 주시고 지도편달과 물신양면의 도움이 문서선교에 큰 힘이 되리라고 믿습니다.
 그 바쁘신 와중에도 추천해 주신 고려신학대학원장 한진환 박사님에게 심심한 감사를 드리며 독후감을 손수 써주신 김경래 장로님, 김용은 장로님께도 우리 주님의 은총이 더욱 함께 하시길 기원합니다.
 그리고 이렇게 좋은 책으로 만드시기에 수고하신 도서출판 영문 김

수관 장로님께도 감사의 인사를 잊을 수 없으며 늘 옆에서 여러 면으로 도와주신 박재균 강도사님, 아이 엄마가 된 김정란 선생님께도 하나님의 위로와 축복이 항상 넘쳐지는 주의 종들이 되시길 기원합니다.

  내년 이맘때에는 신약의 바울서신을 "사도 바울이 그린 예수님의 초상화"라는 책명으로 출산하려고 합니다. 내년에도 금년처럼 옥동자로 순산되어 주의 성도들 가슴에 안겨지는 역사가 있도록 관심과 기도와 서신연락이나 전화상담으로 이어지는 행복 된 순간들이 이어지길 바라며 언제나 새벽 강단에서 늘 기도해 주시는 신일 교회 모든 성도들에게 감사의 인사와 우리 온 가족 모든 이에게도 이 기회를 통해 감사로 인사드립니다. 한 번 이어진 교제의 끈이 하늘나라 갈 때까지 이 은혜가 계속 이어지길 부탁드리며 인사로 고개 숙입니다.

2002년 9월 21일(추석날)
인천 신일교회 목양관에서
이병삼 목사 감사의 인사로 소식 전합니다.

추천사

"내가 주의 법을 어찌 그리 사랑하는지요 내가 그것을 종일 묵상하나이다. 주의 계명이 항상 나와 함께 하므로 그것이 나로 원수보다 지혜롭게 하나이다."(시 119:97-98)

이병삼 목사님의 "평신도를 위한 성경 난해 구절 해설 시리즈"의 여섯 번째 작품이 「네 제자가 그린 예수님의 초상화」라는 제목으로 나왔습니다. 이 목사님의 다작은 유명합니다. 바쁜 목회생활 가운데서 어떻게 그런 왕성한 저작을 내어 놓을 수 있는지 부럽기만 합니다. 목회자는 부지런해야 합니다. 서재에서 눈물로 씨를 뿌리지 않으면 강단에서 기쁨으로 거둘 수가 없습니다. 저작은 목회자의 성실한 연구생활의 결실임을 생각할 때 끊임없이 연구하고 노력하는 저자의 자세야말로 우리 모두의 귀감이 된다고 하겠습니다.

본 서는 사복음서에 나타나는 난해구절들을 평신도들이 쉽게 이해할 수 있도록 해설한 책입니다. 복음서는 본래 병행구들의 불일치를 위시하여 성경 중에서도 난해구절들이 많기로 유명한 부분입니다. 이 어려운 부분에 도전하여 난제들을 요약적으로 잘 풀어 설명함으로 저자는 집필 목적을 성공적으로 수행하였습니다.

특히 저자의 현장감 있는 적절한 접근이 돋보입니다. 본 서에서 다룰 난해구절을 선택함에 있어 신학자들의 관점이 아니라 평신도들의 관점에서 선택한 것이 저자의 오랜 현장에 대한 관찰의 결과로 보여집니다.

또한 난제를 해설함에 있어서도 신학적 전문 술어(technical terms) 사용을 최대한 자제하고, 이슈에 대한 복잡한 신학적, 주석적 논쟁을 최소화하면서 평신도들이 궁금해 할 부분을 핵심적으로 풀이함으로써 독자들에게 실제적인 도움을 주고 있습니다.

복음서를 읽으며 이런 저런 궁금증을 가졌던 모든 성도들에게 이 책을 권하고 싶습니다. 말씀을 사랑하는 모든 분들에게 이병삼 목사님의 저작은 귀한 선물이 될 것을 믿어 의심치 않습니다.

고려신학대학원 원장 한 진 환

[독후감]

"성경을 옳게 분변토록 돕는 길잡이"

    이병삼 목사님이 펴내신 「평신도를 위한 성경난해 구절 해설 시리즈」는 판을 거듭할수록 흥미와 더불어 지혜를 더해준다.
    이번에 집필하신 "네 제자가 그린 예수님의 초상화" 역시 독특한 시각과 해설로 신학에 접하지 못한 평신도들에게도 알뜰한 길잡이가 되어준다. 질문 형식을 빌려 서술한 사복음서 「난해 구절 해설」을 접하고 우선 놀라운 것은 100가지로 추린 제목 하나 하나가 모두 우리 평신도들이 평소에 궁금해하던 내용을 망라하고 있었다는데 있다.
    「예수님의 족보가 어찌 마태와 누가는 전연 다르게 기록되었을까요」라든가 「주님의 선교정책은 좁은 문, 좁은 길인데 현대 교회의 선교정책은 어떤 것일까요」라고 질문하면서 오늘날 한국교회가 당면하고 있는 선교문제에 새로운 대안을 제시하고 있다. 「오늘날 우리에게 일용할 양식을 주시옵고... 여기 양식은 무슨 양식을 뜻하는가?」라는 대목에서는 육의 양식론, 영적 양식론을 균형있게 풀이하면서 온전한 신앙생활의 지평을 열어준다.
    이 책은 앞서 언급한대로 목차에서부터 많은 도전을 펼친다. 흔히 일컬어지는 공관복음(마태, 마가, 누가)에서 조명한 예수님의 사역을 중심으로 질의응답을 하다가 요한복음으로 넘어와서는 더욱 구체적인 질문으로 전개된다. 오늘날 많은 그리스도인들이 4복음서를 예수님의 생애 이야기 정도로 생각하는 경향이 있는데 이 목사님은 이 「초상화」에서 신·구약 66권을 망라하여 완전한 인간, 하나님의 아들 예수그리스도를 쉽고도 명쾌하게 소개하고 있다.

한국교회가 70년대 후부터 "성장우상"에 사로잡혀 물량주의로 흘러가면서 복음서는 물론 10계명을 골고루 설교하지 않고 있다는 지적이 많다. 1계명에서 4계명까지 열심히 설교하나 5계명 이하 10계명까지는 소홀히 해 왔다는 것이다. 부모 공경을 비롯한 가정문제 라든가 도덕질, 간음 같은 계명은 아에 설교제목에 등장하지 않는다. 사기, 횡령, 절도, 탈세, 밀수, 부동산 투기를 해도 헌금만 많이하면 집사도 되고 장로, 권사도 되는 교회들이 늘어나고 있다는 것이다.

윤리문제, 도덕문제, 사회정의 문제 등을 강조하면 자유주의 신학이고 세속화된 인사로 몰아 세우는 정서가 교계에 만연되어 있기 때문이다. 그리하여 한국교회는 양심을 깨우는 설교보다 양심을 잠재우는 쪽으로 기울어지고 있다고 염려하는 소리가 들린다. 여기서 위선자가 나오고 이중인격자들이 생산된다. 이런 현실을 놓고 이 책을 대할 때 떠오르는 성경말씀이 있다.

"네가 진리의 말씀을 옳게 분변하며 부끄러울 것이 없는 일꾼으로 인정된 자로 자신을 하나님 앞에 드리기를 힘쓰라"(딤후 2:15)

우리들이 진리의 말씀을 옳게 분변하기 위해서는 성경을 부지런히 배우고 확신한 일에 거해야 한다. 이를 돕기 위한 책의 하나로써 「네 제자가 그린 예수님의 초상화」가 크게 쓰임 받게 되기를 기대한다.

한국기독언론사연합회 총재 김 경 래

[독후감]

신앙동지의 변(辯)

 미추홀 제물포 항구에 고신의 횃불을 들고 동행해 온지 어언간 30여 년의 세월이 흘렀습니다. 수도권 경기 노회의 모체에서 경인 노회로 분립하여 고신의 파수꾼으로 시온의 대로를 동행하면서 고난의 가시 밭 길을 친구 형제 이상의 손 발 맞추어 걸어왔으며 이제 우리들의 얼굴에는 주름살이 패어져 있고 흰 머리로 뒤덮여 졌으니 그간의 험난한 목양 세월이 순식간인 것 같습니다. 고신 교단의 순수한 신앙의 동지로서 신앙의 정조와 순결을 지키기 위해 이웃들로부터 멸시를 받는 것을 영광으로 생각하여 오늘에 이르렀습니다.
 우리 주위에 자유주의 물결이 교회 내부에 잠입해 들어와 신앙의 길을 혼돈 시키고 심지어 지도자들 조차 이를 대수롭지 않게 여기고 수수방관하고 있으니 통탄을 금할 수 없었습니다.
 심지어 기복주의 신앙과 무속, 물량주의 신앙이 교회 안으로 버젓이 들어와 신앙을 혼란 속으로 빠져들게 하고, 여기에 조금도 신앙 양심에 부끄러움이나 회개는 간 곳이 없어졌으며 "꿩 잡는 것이 매라"는 식으로 형식적으로만 치우치고, 교인 수 많은 것으로 목회가 성공한 것처럼 떳떳이 얼굴을 내밀고 있는 이때, 우리들의 자세는 불의를 보고도 그저 좋은 것이 좋지 않는가 라는 식이니, 신앙 적당주의에 동조하며 수박 겉

핥기 식으로 성경을 적당히 넘어가는 이 시점 정신차려 바로 보고 바로 말하고 바로 살기를 권고하는 귀한 생명의 말씀으로 이끌어주는 "네 제자가 그린 예수님의 초상화"를 발간하여 새로운 은혜의 동산으로 이끌어 동행해 주심에 감사를 드립니다.

　주의 말씀 한 마디, 한 마디 속에 숨어 있는 그 뜻과 섭리를 똑바로 알고 살아가야 할 것을 지시해 줌에 감격할 따름입니다. 성공한 결과만 생각지 말고 거기 그 과정까지 가는데 무수히 당한 시험을 이기는 과정을 되새겨 보면서 있는 그대로의 자신을 반성하고 자신을 이웃에게 개방할 수 있는 능력을 터득해 주시기를 겸손히 읍조리며 살아갑시다. 우리 자신을 하나님 앞에 있는 그대로 보이며 살아가노라면 하나님은 있는 그대로 우리를 수용해 주시지 않겠습니까. 부하게 살면서 구원도 받고 하나님의 뜻도 이루고 살고 싶으나 가난하게 사는 것도 하나님의 뜻이라면 부담없이 받아들입시다. 고난의 잔과 주의 십자가를 지고 가는 하나님의 뜻이라면 부담없이 받아들입시다. 고난의 잔과 주의 십자가를 지고 가는 예비 된 자가 되게 하시고 많은 사람을 섬기는 자비의 능력, 모든 사람의 종이 되는 능력을 충만히 주시기를 간구하는 봉사의 삶을 살수 있는 은사를 이 책에서 배웠습니다.

　살든지 죽든지 우리 자신의 몸을 주의 재단의 헌신의 산 제자로 바쳐 그리스도만 존귀히 되게 해 주시기를 바라며 고신의 파수꾼의 사명을 잘 감당하면서 시온의 대로와 같이 나머지 6권의 책도 우리 신앙의 대로를 열어주길 바라는 마음 간절합니다.

20002년 10월 저자와 신앙의 동지이며,
새인천교회 장로요, 성광의원 원장인 김용은 장로 씀.

차 례

감사의 인사로 ·· 이병삼 목사/ 3
추천사 ··· 한진환(고려신학대학원 원장)/ 6
독후감 | 성경을 옳게 분변토록 돕는 길잡이 ··· 김경래(한국기독언론사연합회 총재)/ 8
독후감 | 신앙동지의 변(辯) ························· 김용은(성광의원 원장)/ 10

마태복음

1) 예수의 족보가 어찌 마태와 누가는 전연 다르게 기록되었을까요?(마1:1-17, 눅 3:23-38) ··· 20
2) 성탄절의 정확한 날은 언제이며 탄생하신 장소는 어디일까요?(마1:8-25) ····· 23
3) 동방박사들에 대한 석연치 못한 점들이 많지만 믿어야 하는가?(마2:1-12) ···· 26
4) 예수님이 나사렛 동네에 사신다는 선지자의 예언이라 말함은 마태의 실수 아닌가?(마 2:23) ·· 30
5) 요한의 세례와 성령과 불의 세례는 무엇이며 죄 없으신 예수님은 왜 세례를 받아야 했는가?(마3:1-17) ··· 34
6) 예수님이 받으신 시험에 대한 난해 문제들(마4:1-11) ··················· 38
7) 팔복의 첫 복 있는 자가 「심령이 가난한 자」인가 「가난 한자」인가 어느 것이 맞는 것인가?(마5:3) ·· 43
8) 형제에게 분과 화를 내고 욕하고 모욕했다고 지옥까지 간다는데(마5:21-22) ·46

9) "오늘날 우리에게 일용할 양식을 주옵시고" 여기 양식은 무슨 양식을 뜻하는가?(마6:11, 눅11:3) ··· 49
10) "우리가 우리 죄를 사하여 준 것 같이 우리 죄를 사하여 주옵시고" 남의 죄를 용서해 주 지 않는 자도 이 기도를 할 수 있는가?(마6:12) ················ 54
11) 하나님은 우리를 시험하시지 않는데 주기도문에선 우리를 시험에 들게 하지 마옵시고 이 기도는 합당한 것인가?(마6:13) ································ 58
12) 하나님은 구하기 전에 있어야 할 것을 다 아시는 하나님께 꼭 기도해야만 하는가?(마 6:8, 32절) ··· 61
13) 내일 일을 염려하지 말라 내일 일은 내일 염려할 것이요, 오늘의 염려는 해도 되는가?(마6:34) ··· 65
14) "비판하지 말라 헤아리지 말"라 하셨는데 죄와 비 진리에도 비판하지 말아야 되는가?(마 7:1-5) ·· 68
15) 주의 선교 정책은 좁은 문, 좁은 길인데 현대 교회의 선교 정책은 어떤 것일까요?(마 7:13-14) ·· 71
16) 여우도 굴이 있고 새도 거처가 있는데 인자는 왜 머리 둘 곳이 없을까?(마8:20) ·· 75
17) 요한의 제자와 바리새인의 질문인 주와 주의 제자들이 왜 금식하지 않느냐? 금식은 해야 되나 안 해도 되는가?(마9:14-17) ································ 79
18) 가룟 유다를 주의 제자로 부름에 대한 풀리지 않는 사건들?"(마 10:4) ······ 84
19) 오실 그이가 당신이오니까의 질문은 세례요한과 그의 제자 중 누구의 질문일까요?(마 11:2-19) ·· 88
20) 성령 훼방죄와 성령 거역죄는 영원히 사함 받을 수 없는가?(마12:31-33) ·· 94
21) "비유가 아니면 아무것도 말씀하지 아니하셨으니" 예수님이 비유로만 말씀하셨는가?(마 13:24) ·· 98
22) 주님의 물위에 걸으신 사건 속에 있는 여러 난제들(마14:22-23) ·········· 101
23) 오병이어로 오천명, 칠병이어로 사천 명 이 기적사건에 대한 난제들(마15:32-39) ··· 105
24) "여기 섰는 사람 중에 인자가 왕권을 가지고 올 것을 볼 자도 있다." 그 진실은?(마 16:28) ·· 109

25) 부자, 약대, 바늘 귀, 천국의 비유에서 부자가 천국 갈 수 있는가?(마19: 23-26) ··· 113
26) 포도원 일꾼비유에서 풀리지 않는 난제들(마20:1-16) ····················· 117
27) 저주받은 무화과나무 사건에서 이해 못할 사건들(마21:18-22) ············· 121
28) "가이사의 것은 가이사에게 하나님의 것은 하나님에게"란 신앙목표는 무엇인가?(마 22:15-22) ··· 125
29) 열처녀 비유를 통해 주님이 우리에게 가르쳐 주시려는 진리는 무엇인가?(마 25:1-13) ·· 129
30) 최후의 만찬의 일시에 대한 풀리지 않는 난제들(마26:17-30) ············· 134

마가복음

31) 주님은 세례요한을 엘리야로, 선지자로 인정하나 왜 요한은 아니라 했는가? (막 1:15, 요1:19-23) ·· 140
32) 안식일을 지켰던 이스라엘이 어찌하여 주일로 바뀌게 되었나?(막2:23-28) ··· 145
33) 예수님께서 자기를 나타내지 말라고 경계하신 이유는 무엇인가?(막 3:11-12) ··· 149
34) 주님이 비유로 말씀하시고서 불택자들이 깨닫지 못하게 하신 이유는 무엇인가?(막 4:1-20) ··· 153
35) 주님은 죽은 야이로의 딸을 보고 죽은 것이 아니라 잔다고 하셨을까? (막 5:35-43) ·· 158
36) 하나님으로 오신 예수님이 어려서부터 죽기까지 고향에서까지 배척 받으셨는데 뜻이 있는가?(막6:1-6) ··· 163
37) 과연 고르반 신앙은 잘못된 것인가? 그 중심은 오늘날도 지켜야하나? (막7:11-12) ··· 168
38) 군중들은 표적을 원하나 주님은 피하셨다. 표적은 필요선인가 필요악인가?(막

8:11-13) ··172
39) 현대교회에서도 축사(逐邪:귀신 내쫓음) 가능한가?(막9:14-29)············176
40) 주의 좌 우편에 앉을 자와 천국에서 큰 자는 어떤 자일까요?(막10:35-45) 180
41) 예수님의 예루살렘입성 퍼레이드는 공개적으로 해야만 했을까요? (막11:1-11)···184
42) 연보란 양(量)이 중요한가 아니면 질(質)이 중요한가?(막12:41-44)········188
43) 대 환난 날에 산으로, 지붕, 밭, 임산부, 겨울, 안식일, 어찌해야 하나? (막13:14-23) ···195
44) 우리 구원함에 있어 주님의 수난을 통한 구속성취외의 방법은 없는가?(막14:43-65) ···197
45) 엘리 엘리 라마 사박 다니는 고통의 절규인가? 승리의 찬가인가?(막15:34) 201

누가복음

46) 주님의 탄생을 초자연적 탄생, 혹은 기적적 탄생, 동정녀 탄생, 어느 것이 가장 합당한 표현일까?(눅1:26-38)······························208
47) 세례요한 탄생의 신비와 기적이 예수그리스도의 사역과 우리들과 관계가 있는가? 무관한 것인가?(눅1:5-25)·································213
48) 병자를 위한 기도는 기도만 해야 하는 것인지 안수기도해야 하는 것인지?(눅4:38-40) ···217
49) 인생의 질병이 생기는 원인이 무엇이며 예방비책은 없는가?(눅5:12-26)···222
50) (마) 산상수훈,(눅) 평지수훈 중 어느 것이 옳으며 어느 것이 틀린 것인가?(눅6:17-49) ···226
51) 세례요한에 대해 풀리지 않는 난제들(눅7:18-30) ························230
52) 부모장례가 더 급할까요? 복음 전파가 더 급할까요?(눅9:59-60)········234
53) 70인 전도대에 대한 주님의 명령 가운데 풀리지 않는 문제들(눅10:1-11)··238
54) 강도만난자의 이웃은 유대인인가? 사마리아사람인가? 아니면 또 누구인가?

(눅10:25-37) ·· 242
55) 과연 하늘로써 오는 표적은 요나의 표적밖에는 없는 것인가?(눅11:29-32)·246
56) 주님을 인자(人子)라 부름은 사람의 아들이면 하나님의 아들은 아닌 것인가?"
(눅 12:8-12) ·· 249
57) 열매없는 무화과나무는 과연 누구를 가리키는 비유일까요?(눅13:1-9) ····· 253
58) 주의 제자가 되려면 부모, 처자, 형제, 자매를 미워해야만 된다니 비도덕적이 아닌가?(눅14:25-27) ·· 257
59) 하나님은 탕자 같은 교인을 좋아하실까요? 큰아들 같은 교인을 좋아하실까요?(눅 15:11-32) ·· 261
60) 주님의 부자와 나사로의 말씀은 비유인가? 실화인가? (눅16:19-31) ········ 266
61) 주의 날이란 주일 날을 뜻하는지? 주의 재림의 날을 뜻하는지요?(눅17:22-30) ·· 270
62) 주님이 십자가 수난을 네 차례나 예고하신 목적이 무엇인가?(눅18:31-34) ·· 274
63) 므나 비유와 달란트 비유의 같은점과 다른점이 무엇인가? (눅19:11-27) ··· 278
64) 주님이 이 땅에 오신 목적이 무엇이며, 삭개오 같은 드라마틱한 사건이 가능한 일일까? (눅19:1-10) ·· 282
65) "무슨 권세로 이런 일을 하느냐?"라는 질문에 주님대답은 정답인가? 회피성인가? (눅 20:1-8) ·· 287
66) 예수님의 예루살렘성전파괴 예언은 성전 함락으로 끝난 것인가 종말 예언인가? (눅 21:5-19) ·· 292
67) "겉옷을 팔아 검을 사라" 칼이 왜 필요하며, "칼 둘이 있습니다." 대답에 왜 족하다 했을까? (눅22:35-38) ·· 296
68) 베드로의 예수 부인장면에 대한 풀리지 않은 난제들 (눅22:54-62)········ 300
69) 예수심판에 대한 빌라도의 자세와 그에 대한 책임문제라면 어찌해야 되나 (눅23:1-25) ·· 306
70) 사복음에 주님의 부활 기사에 대한 풀리지 않은 난제들(눅24:1-12) ········ 310

요한복음

71) 말씀으로 번역된 헬라어 '로고스'는 그리스도인가? 아닌가? (요1:1-5) ······316
72) 주님이 포도주를 만드셨는데 양조업, 술 판매업, 술 마시는 일을 금할 수 있는
   가?(요 2:1-11) ··319
73) 거듭남(중생) 을 누가 언제, 어떻게, 무엇으로 받는 것인가?(요3:1-12) ······324
74) 과연 인자이외는 '하늘에 올라간 자'가 없는 것인가? 아니면 잘못 된 것인
   가?(요3:13) ···329
75) 예배는 이 산에서도 말고 예루살렘에서도 말고 어디서 어떻게 드려야 하나
   요?(요 4:19-26) ··333
76) 베데스다의 못가에서 38년 된 병자를 치유한 사건에서 풀리지 않는 난제들
   (요5:1-8) ··337
77) 우리의 구원이 선한 일을 행함으로 (행위구원) 인가? 믿음으로 (은혜구원) 인
   가? (요 5:24-29) ···343
78) 인자의 피를 마시라 했으나 구약에는 생명이 피에 있으니 피를 먹지 말라했다.
   어찌해야 되나? (요6:52-58) ···347
79) 요7:37-39에서 초막절 절기에서 왜 갑자기 물, 생수의 강, 성령이 등장할까
   요?(요7:37-39) ··351
80) 간음하다 현장에서 잡힌 여인의 사건에서 풀리지 않은 난제들(요8:1-11)···355
81) 그리스도의 선재성(先在性)과 영원성(永遠性)에서 풀리지 않는 난제들(요
   8:56-59) ···360
82) 나면서 소경 된 자의 눈을 뜨게 하신 사건에서 풀리지 않는 문제들(요 9:1-12)··365
83) 양과 선한 목자 비유에서 풀리지 않은 난제들 (요10:1-21) ················370
84) 수전절은 무슨절기며 왜 본문에 밝힌 이유는?(요10:22-30) ···············376
85) 죽었던 나사로를 살리신 사건에서 풀리지 않는 난제들 (요11:1-46) ········379
86) 부활은 성삼위의 작품인가 오직 성자 예수님만의 작품인가?(요11:25-26) ···385
87) 마리아의 기름부은 사건에서 풀리지 않은 난제들(요10:22-30) ············390
88) 제자들의 발을 씻기신 사건에서 풀리지 않는 난제들(요13:1-20) ··········397

89) 요 14:1-15에서 풀리지 않는 난제들(요14:1-15) · 401
90) 보혜사 성령에 대하여 풀리지 않는 난제들(요16:10-15) (요14:16-19) · · · · 405
91) 계명, 사랑, 친구, 종, 과실 어떤 관계가 있는가?(요15:12-17) · · · · · · · · · · · · 410
92) 진리라는 이름 아래 성경적 진리와 이성적 진리와의 차이는? (요16:13) · · · 414
93) 예수님의 마지막 설교의 주제와 핵심내용을 적어본다면(요16:1-33) · · · · · · 418
94) 예수님의 기도 중에서 중보기도와 주기도문의 차이점(요17:1-26) · · · · · · · · 424
95) 유대들에게도 예수를 사형시킬수 있는 법과 권한이 있었는데 왜 로마의 법에
    만 의지했는가?(요18:31-40) · 429
96) 예수님의 십자가에 달리실 때 사복음서의 죄 패 내용이 왜 다를까?(요
    19:19-23) · 434
97) 예수님이 십자가상에서 하신 일곱 마디 말씀은 의미가 있는 것인가 없는 것인
    가?(요 19:26-30) · 438
98) 예수 그리스도 부활의 역사성, 증거성, 당위성과 우리 부활과 관계성은?(요
    20:1-18) · 443
99) 부활 후 갈릴리 바다가에서 제자들을 만난 사건에서 풀리지 않는 난제들(요
    21:1-14) · 448
100) 부활하신 주님께서 베드로의 사명과 순교예언에 대한 대화에서 난제들(요
    21:15-23) · 455

평신도를 위한 성경난해구절해설시리즈

마태복음 1

─마태복음─
예수께서 대답하여 가라사대 내가 진실로
너희에게 이르노니 만일 너희가 믿음이 있고 의심치 아니하면
이 무화과나무에게 된 이런 일만 할 뿐 아니라
이 산더러 들려 바다에 던지우라 하여도 될 것이요
너희가 기도할 때에 무엇이든지 믿고 구하는 것은 다 받으리라 하시니라
(21:21~22)

성경 난해 구절 해설 시리즈 (공관복음 1)

Q "예수의 족보가 어찌 마태와 누가는
전연 다르게 기록되었을까요?"
(마1:1-17, 눅3:23-38)

   신약성경을 펼치자마자 마태복음의 첫 문장은 예수님의 족보가 나온다. 예수님의 선조들의 42명의 명단이 지루하게 펼쳐집니다. 여기에 비슷하게 누가도 예수님의 족보를 기술했는데 많은 대조가 된다. 그 이유는 보는 각도가 다르고 기록한 목적이 다르고 여러 가지 여건에 의하여 서로 다르게 기록되었으나 서로가 서로를 보충하고 더 자세하고 잘 나타내기 위함인 것이다.

수신자가 유대인과 이방인의 차이점과 그 이유로 최고 조상을 아브라함으로 정한 마태였으나 누가는 하나님으로 정했다. 기록 목적도 마태는 아브라함과 다윗의 왕통을 이어받은 왕으로써 그리스도를 소개했고, 누가는 첫 사람 아담까지 소급하여 인자로써의 예수를 소개했다. 그래서 기록 방법도 마태는 아브라함으로부터 하향식으로 기록했고, 누가는 요셉으로부터 상향식으로 아담 및 하나님까지 거슬러 올라가는 기록이었다.

기록된 위치도 마태는 책의 서두에 누가는 예수의 공생애 시작과 관련된 부문에서 기록했다. 족보의 관점도 마태는 그리스도가 구약에서 줄곧 예언된 메시야임을 강조하는데 누가는 그리스도가 유대인뿐만 아니라 온 인류의 메시야임을 강조하였다. 족보의 가정기준은 마태는 요셉가문을 중심해서 기록하였고, 누가는 예수의 어머니 마리아를 중심해서 기록한 것이다.

마태는 14대씩 3기로 나누어 역사의 전환기 사건이나 인물 중심으로 42명을 뽑았고, 누가는 55세대를 중심했으니 약 13세대는 시간상으로도 400년의 차이가 난다고 본다. 이스라엘의 제 1기 아브라함으로부터 다윗시대까지는 축복과 약속의 시대요, 2기인 다윗으로부터 바벨론 포로생활까지는 약속의 성취의 시기요, 3기에 해당되는 바벨론 포로생활부터 예수님 때까지는 쇠퇴와 회복대망의 시기라고 볼 수가 있습니다.

예수님의 족보 속에서도 우리가 발견해야 할 영적인 교훈을 붙들고 읽어내려가야 한 다.

1) 하나님의 예언은 반드시 이루어진다는 사실입니다. 메시야 예언을 아담, 아브라함, 다윗을 위시해서 구약에서 수십 번 예언한 것이 그대로 반드시 이루어진 사실인 것을 확증하시고 계신다.

2) 인생은 오고가고 변천되어가도 하나님의 뜻과 섭리와 경륜은 변함없이 그대로 이루어 나가시는 하나님임을 발견된다. 족보에 나오는 인물 면면이 훌륭한 분도, 악한 분도, 죄인도, 이방인도, 여인들도 이 모든 사람들을 통해 하나님의 일만 하신 것이다.

3) 그 많은 사람들 가운데서도 믿음으로 선을 행하는 자에겐 은혜를 악을 행하는 자들에 겐 벌을 내리시는 하나님이시다.

4) 구원의 보편성으로 여인도 5명(다말, 라합, 룻, 밧세바, 마리아) 이방인, 죄인들이 대다 수를 차지하고 있다.(죄인이지만 용서하셔서 쓰시는 하나님이시다)

5) 세상 족보는 과장과 허위의 장식물이요, 장점은 과장하고 단점은 은폐하나 하나도 숨 기지 아니했다는 것이다.(소금노 거짓이 없는 성경이기 때문이다)

6) 이스라엘 민족의 가장 치욕이요, 수치스런 역사인 바벨론 포로생활까지 족보에 기록할 필요는 없는데도 기록한 데에는 뜻이 있다.
(택자도 범죄를 저지르면 벌을 내리시는 하나님)

7) 주의 족보중에는 계대결혼의 자취를 보여준다. 그래서 낳은 아들은 전남편의 자녀로도 또 실제이며 동생의 자녀로도 기록할 수 있으니 영적으로 전도해서 살려놓은 부모가 부모 될 수 있고 육신의 부모도 될 수도 있다.

8) 구약의 수많은 믿음의 선진들이 오직 예수님 한분만을 위해 존재했다는 사실을 믿어야 되며

9) 예수님 이후 우리세대는 예수님 안에서 성취의 때가 도래했으니 오직 이 복음과 진리 안에서 성취해 나가야 하며

10) 예수님의 족보는 너도 이 족보에 참여한 자로 하나님의 자녀다운 삶으로 살도록 요청하시기 위해서 기록하셨다. 이러한 오묘하고도 무궁무진한 하나님의 섭리와 경륜이 숨어 있는 예수님의 족보를 읽을 때마다 이런 많은 영적 교훈에 감격 감사하면서 남은 생애를 주를 위해 살겠다는 결심과 결단이 저절로 고백하시는 성도가 되어야 한다.

2001년 12월 7일
"예수의 족보는 전연 다른 것이 아니고 더 확실하게 해주며 이 속에 숨어있는 하나님의 경륜과 섭리를 알면 감사드리지 않을자 없다."

성경 난해 구절 해설 시리즈 (공관복음 2)

"성탄절의 정확한 날은 언제이며
탄생하신 장소는 어디일까요?"

(마1:8-25)

　　　　성탄일이 12월 25일이란 기록은 안디옥의 사고더오필라
　　　　스(171-183)의 수기와 로마의 헤피르타스(217-238)의 글
에 있다. 헤피르타스는 로마황제 어거스티누스 제 2년 12월 25일 수요
일이라고 분명히 기록하고 있으나 이 두글은 후세에 가필(加筆)이거나
위작책이라는 학자들의 공통된 의견이다.

　다른 신임할 수 있는 기록은 독일역사가 모두렌(1817-1903)이 발견
하였는데 거기에는 제 4기 중엽에 가이사 마라우스이 기록중 주후 1년
12월 25일 금요일 망월로 15일째 되는 날 주 예수 그리스도께서는 탄
생하셨다고 기록 된 것이다. 12월 12일을 성탄절로 교회 달력에 제정한
것은 서방교회 모마사교리 베리우스때(354)이고 동방콘스탄트노불에
서는 379년 12월 25일에 최초의 성탄절을 가졌다.

　한편 로마에서는 12월 25일을 그 지방의 태양신 미드라의 복귀를 위
하든 풍습에 의의 태양이신 예수 그리스도의 성탄이 결합되어 고대 풍
습에 기독교 색채가 가미된 것이다. (오종덕 목사 '그리스도인의 경제
관' P35-36)

　서방교회에서는 336년 12월 25일에 처음으로 '우리 주님의 탄생기

념제'가 실시되었다. 그 날짜는 분명히 황제 아우렐리우스의 생일을 기념하는 로마인들의 축제 '정복되지 않는 태양의 탄생'에 맞서서 선택되었다. 알렉산드리아와 동방교회에서는 예수께서 요한에게 세례를 받으신 날과 탄생한 날이 같다고 믿었기 때문에 1월 6일(주현절)을 그리스도의 탄생일로 생각한다. 이에 따라 아직도 일부 동방교회들은 이 날 성탄을 기념하는 행사를 한다.

신약에서는 크리스마스란 이름이 전연 나오지 않는다. 다만 서방 카톨릭이 그리스도의 탄생을 삼중탄생으로(하나님 아버지의 품에서, 마리아의 몸에서, 믿는 자들의 영혼에서)기념하는 미사에서 크리스마스란 이름이 유래된 것이다.

성탄절은 확실한 날짜를 알 수 없다. 그래서 1월 2일(히폴리투스), 5월 20(클레멘스), 4월 18일, 3월 28일 등등 여러 주장이 난무하였다. 전연 기록이 없어 전연 날짜를 알 수 없으나 오신 것만은 정확하고 어느 날이 중요한 것이 아니고 우리가 얼마나 오신 주를 믿고 의지하느냐가 더 중요한 것이다. 그러니 너무 성탄절 행사를 거대하게 치루는 것도 생략하는 것이 좋다.

주님이 탄생하신 곳이 말구유라고 우리는 들어왔고 믿어왔다. 그러나 우리 성경엔 그냥 '구유'라고(눅2:7,16)라고만 나오니 말구유인지 나귀의 구유인지 소구유인지 잘 알 수가 없다. 구유란 밥통을 가르킨다. 그러나 말이나, 나귀, 소의 구유는 좁고 길다랐기 때문에 아기를 낳아 뉘일 수 있는 장소가 되지 못한다. "강보에 싸서 구유에 뉘었으니" 강보로 싸서 뉘일 정도라면 아무리 막 태어난 갓난아기라도 말구유나 나귀, 소구유에는 뉘일 수가 없다. 그러나 양구유에는 가능하다고 본다. 양구유는 네모 반듯하고 높이가 낮고 양들이 크든 작든 머리를 숙이고 양들의 밥을 먹을 수 있도록 넓은 네모 반듯한 곳이기에 사방에서 여러마리의 양들이 한꺼번에 같이 식사를 하고 했던 것이다. 밥을 다 먹고나면

물을 길어다 부어주면 여러 마리가 고개 숙이고 물을 마시는 양구유이다. 이 때 사진기나, 비데오가 있었다면 정확한 증거가 될텐데 없었기에 무슨 구유라 할 수 없고 구유라는 것이 타당하다고 보며 말구유라는 말은 우리가 될 수 있는 한 안하는 것이 좋겠다.

그러나 마2:11에는 "집에 들어가" 동물축사로 들어가지 않고 집에 들어갔다고 하니 어느 것이 맞는 것인지 불분명한 것 같다. 그러나 동방박사들이 찾아왔을 때는 이미 동물 축사에서 어느 방으로 옮겨졌거나 동물축사가 집에 붙어 있기에 밖에서 집안으로 들어가서 예수의 계신 축사쪽 구유에 누인 아기 예수께로 갔기 때문에 그렇게 기록한 것인지는 아무도 모른다. 집에서나 동물축사에서나 예수님이 탄생하신 베들레헴이란 작은 고을 비천한 곳에서 천하게 우리위해 탄생하신 그 주님의 모습이 귀한 것이지 계신 장소 역시 문제가 되지 않는다.

주님의 탄생소식은 이 땅에서 그 어떤 소식보다 가장 기쁘고 귀한 소식이다. 아담의 범죄와 온 인류의 범죄로 이 세상은 사망과 고통의 세상 저주와 형벌의 세상이 되어 버렸다. 그런데 구주 예수께서 오셔서 이 죄인들을 다 용서하시고 구원하시려 오시고 또 우리를 하늘나라로 보내주실려고 친히 중보자로 오셨으며 길이요, 진리요, 생명이요, 부활의 주로 오셨으니 이보다 더 기쁘고 즐거운 소식은 없는 것이다. 그래서 온 백성에 미칠 가장 크고 기쁜 소식이 성탄절이다. 날짜나 장소나 계신 곳에 집착하지 말고 나위해 오신 주님 맞을 방을 마련해 드리는 따뜻한 성탄절이 되시라.

2001년 12월 15일
"금년 성탄절만은 주님이 편안히 오실 수 있도록 우리 마음 가장 좋은 곳에 모실 장소를 마련하고 주께 영광돌리는 성탄절이 됩시다."

성경 난해 구절 해설 시리즈 (공관복음 3)

 "동방박사들에 대한 석연치 못한 점들이
많치만 믿어야 하는가?"

(마2:1-12)

① 동방박사들이 어느 나라 사람들이며 정확한 그들의 종교, 년령, 모형들이 알 수 없는 점.(단순히 동방에서 온 박사라는 말 이외에는 아무것도 알 수 있는 것이 없다. 당시 박사 제도도 없었고 점성술, 천문-별의 자리보고 점을 치는 미신 행위)그 외 여러가지 석연치 않은 점이 많다.

② 별이 동방에서도 나타났었고 도중에 별을 보고 오다가 별이 사라졌다가 베들레 헴 근처로 향하여 왔을 때 다시 나타났으므로 박사들이 보고 기뻐하고 기뻐했다고 했다. 신구약을 통해 별의 인도를 받은 흔적이 없고 초자연적으로 예수님의 탄생시 단회적으로 나타났다는 문제.

③ 동방박사의 수에 있어서도 美術師(미술사)들에 의해 많이 그려졌고 전래되어 내려오면서 정설로 굳어진다. 동방박사의 경배를 주제로한 초대교회(2-6세기경)그림들에는 동방박사들이 2명-5명으로 그려져 나온다.(마태 자신은 동방박사 명수를 규정하지 않는다. 단지 박사들이란 복수이니 명수도 정확히 알 수가 없다.)대개 3사람, 4사람, 5사람이 세 가지 설로 굳어지고 있다.

④ 박사들의 복장도 전통적인 로마식으로 변형된 페르시아 복장 즉

프리지아 모자와 짧은 망토 및 유니과 꼭맞는 바지를 입고 있다. 5세기부터 동방박사들을 왕들로 규정하고 왕복으로 바꿔입힌다. 그리고 왕관까지 쓰고 등장할 때는 10세기 이후의 일들이다. 여기에 덧붙여서 새 만왕의 왕으로 오신 예수님이 왕들의 경배를 받았지 점성술사들의 경배를 받지 않았다는 것이다.

⑤ 예수님이 탄생시 점성술사(발람과 같은 술사)의 경배 받은 것이 과연 하나님의 뜻이겠는가? 메시야를 대망하던 목자들이나 시므온, 안나라는 여선지자 등 등 에게 경배받은 것이야 너무 당연하다. 그러나 메시야를 대망하지도 않고 아브라함 자손도 아닌 꼭 구원받았다고 볼 수 없는 동방의 박사들에게 경배 받은 일이 석연치 않다.(4복음 중에 마태만 유일하게 기록하고 있다.)

⑥ 박사들은 마기(magi)그들의 신원과 출신지를 알 수 없는 이 이상한 방문자들에 대해서 성경은 더이상 언급하지 않고 있다. 이 사건은 마태복음 이외에 어느 곳에서도 이와 비슷한 사건도 찾아볼 수가 없다. 과연 이들은 누구인가? 성탄절 때가되면 그냥 넘기지 않고 단골손님처럼 등장하는 동방박사 이것만 왜 다른 성경에서는 전연 언급조차 없으며 초대 교회 때부터 등장된 이 내용은 20세기 동안 여러 형태로 변형되어 전설이닌 전설형식으로 입에서 입으로 구전형식으로 내려오다보니 많은 변질과 본질에서 전연 다른의미를 보고있지 않은지 석연치 않은 점이 많다.

⑦ 이런 부류의 사람들이 성경에서 출현이 있다면 몇군대 있지만 거의가 다 부정적인 측면에서 고찰되었다. 민수기에 등장한 발람(하나님의 선지자가 아니라 술사를 하나님이 이스라엘을 저주치 못하도록 사용하신 것이다.), 행8:9-24절의 성령의 능력을 돈으로 사려고 했던 시몬 마구스(마술사 시몬), 또 행 13:6-11절, 구브로 섬의 바보에의 총녹 서기오 바울과 함께 있던 엘루마 마구스(박수엘루마), 사울왕도 신접한

여인에게 가서 사무엘의 혼령을 불러 달라고 요구했다. 그러므로 사무엘의 영혼이 아닌 잘못된 혼령에 흘렸으나 이 사건으로 사울왕의 마지막이 비참하게 마감되게 된다. 술사나 무당이나 마기들을 사용해서 하나님이 일하시는 것은 긍정적이 아니고 부정적인 것인데 유독 동방박사들을 사용하신 것은 긍정적으로 미화되고 있는 것이 석연치 않다.

이 주장에 의한다면 마2:1-12절은 모든 성경책에서 칼로 다 짤라내야만 한다. 왜냐하면 우리가 믿을 수 없는 부분이기 때문이다. 그러나 믿어야하고 믿어지고 있음을 복으로 알고 있다.

해마다 성탄절이 돌아오면 동방박사에 대한 설교나 이야기를 안들어 본 적이 거의 없다. 그렇다면 2천년 동안 이 설교와 이야기가 계속되었다고 본다. 동방박사에 대한 설교를 들을 때마다 얼마나 은혜가 되었으며 많은 감동과 많은 흥분 감격이 들을 때마다 주신 분이 성령님이시다. 동방박사 내용을 부정하게되면 그간 2천년간 역사하신 성령님의 역사도 부인하는 자가 되고만다. (이런 모순에서 자유롭게 주장할 자 있는가?)

또 성경에 단한번 나온 사건이라고 신빙성이 없는가? 사7:14절에 메시야의 징조로 "처녀가 잉태하여 아들을 낳을것이요" 이 징조같이 중요한 것이 없는데도 성경에는 딱 한 번 나왔다고 신빙성이 없다고 보는가? 성경에 단 1회성으로 그친 사건과 역사가 많은데 그런 모든 것은 신빙성이 없다는 것은 큰 모순에 빠지게 된다. (예: 에덴동산, 선악과 나무, 노아방주, 나귀가 말하는 것, 해를 멈춘사건, 전무후무한 사건들이 많이 있다.)

또 점성술, 술사, 박수, 마술사를 하나님이 사용하신다는 것이 어색했다고 한다. 온 우주의 창조자이신 하나님이 그 누구를 사용못하시겠는가? 욥을 시험하시려고 사탄을 사용하신 하나님이었고, 바로왕도 느브갓네살왕도 고레스왕도 내종이라고 하실만큼 하나님이 쓰셨다. 기생 라합도, 다말도 쓰셨고, 간음하다 현장에서 잡힌 여인을 통해서도 하나님의 뜻을 보이셨다. 아무리 사탄이나 불택자라 할지라도 하나님이 만드셨으니 하나님이 어떤 모양, 방향으로든지 쓰실 수 있다. 우리를 위한 것이라면 무엇이든지 다 사용하신 것이 어찌 자연스럽고 너무 은혜스럽고 의심할 여지가 없다고 본다.

나는 금년 성탄절에도 동방박사에 대하여 설교하였다. 앞의 7가지 석연치 않은 문제를 다 알면서도 이 본문으로 설교했지만 더욱 은혜스러웠고 힘이 있었다. 과연 하나님의 말씀이 아닌 것 가지고도 이런 감화와 감동이 있을 수 있는가?

2001년 12월 26일
"성탄절 설교 중에서 예수님 다음으로 나오는 동방박사 이온데
이 동방박사의 사실을 믿지 못한다면 성경에서 믿지 못할 것이 많다."

성경 난해 구절 해설 시리즈 (공관복음 4)

 "예수님이 나사렛 동네에 사신다는 선지자의
예언이라 말함은 마태의 실수 아닌가?"

(마2:23)

마태는 선지서에 예수님이 나사렛에서 사실 것 이라는 예언이 있음으로 그대로 이루어졌다고 단언하였지만 선지서 그 어느 곳에도 이런 예언이 없는데 혹 실수한 것이 아닐까요? 그렇다면 유기적 영감설을 믿고있는 우리는 결국 성령님도 실수하신격이 되고 만다. 과연 성령님이 실수할 수 있을까요? 마태는 실수가 있어도 성령님은 실수하실 리가 없다고 나는 생각한다.

혹 어떤 이들은 외경이나 내경, 그리고 탈무드 그 어딘가에 어느 선지자가 예언한 것이 있을것이라고 막연하게 말하는 자도 있으나 이종도 구약과 신약 사이에 기록된 14권의 외경이나 내경, 탈무드 그 외에도 많은 기록들(에녹의 책, 모세의 승천, 이사야의 승천, 환희의 책, 솔로몬의 시편, 12족장의 언약, 시빌신탁등)이 있다는데 나 자신도 이 책들을 다 읽어보지 못했다. 그러나 이 책들 속에도 예수님이 나사렛에 사신다는 예언하신 선지자의 말씀이 없다고 하신다니 이 어찌된 연고인지 심히 궁금하다.

또 어떤이들은 나사렛은 히브리말로 '나지르' 인데 여기 마태2:23은 삿13:3-7절에 근거해서 예수님이 나실인으로 사실 것을 말씀한 것이라고 주장한다. 그래서 나실인하면 (삼손, 사무엘, 세례요한, 예수님)4명을 외운다. 과연 예수님이 나실인일까요? 그러나 신약에서 예수님을 나실인이라고 칭한 곳이 없다. 예수님이 마9:18, 25절에 죽은 야이로의 딸을 손을잡아 일으켰으니 시체를 만졌고 포도주도 마신 것 같으니 나실인 서약을 어긴 것 같다. 나실인보다 더 경건하게 사셨지만 나실인이라고 부를 수는 없으니 여기 해석도 자연스럽지 못한 것 같다.

또 어떤이들은 나사렛을 히브리어 '네체르' 인데 '싹, 어린순' 이라는 뜻으로 사11:1절을 연결시켜 "이새의 줄기에서 한 싹이 나며 그 뿌리에서 한 가지가 나서" 여기 줄기나 싹이나 뿌리나 가지가 모두 메시야인 예수님을 상징한다. 그래서 나사렛을 명하심은 예수님이 메시야임을 나타낸 것이라고 장황하게 원어와 곁들여 설명한다. 그러나 이 말씀역시 자연스럽지 못하다. 어찌 한지명의 이름으로 메시야를 단언하는 예언을 하신다는 것은 견강부회라고 볼 수 있다.

그래서 아마 구약이외에 구전되어 오던 구절이거나 분실된 부분이라고 말하는자도 있고 여기 선지자란 용어가 선지자들이라는 복수로 사용해서 그간 수많은 선지자들이 예언한 것 같이 수많은 예언들 중의 하나로 받아드리므로 자연스럽게 부모님들의 고향에서 천하게 살게 될 것이라는 예언이라는 말이다.

하였튼 나사렛이란 마을이 구약은 물론 외경, 내경, 그 외의 어느 글이나 유대역사가 요세푸스의 글이나 탈무드조차도 전혀 나오지 않는 지명이다. 즉 나사렛은 사람의 주목을 끌만한 역사나 전통이 없는 무명의 마을이요, 이런 곳에서 살았다는 것은 그의 명성에서 아주 치명타를 맞는 것 같은 치욕중의 하나였을 것이다.

그리하여 성경에서 나사렛 사람이란 말은 마치 오늘날 "시골뜨기" 같은 경멸적의미가 담겨져 있다. 예수님은 탄생하신 곳(베들레헴 축사)게

다가 집안은 가난한 목수 집안에서 성장했고(마13:55), 학교 교육이란 학교 근처도 가보지 못한 무식쟁이란 말을 들어야 했다.(요7:15)그래서 그리스도가 어찌 갈릴리에서 나오겠느냐?(요7:41) 갈릴리에서는 선지자 한사람도 나온 역사 없는 곳(요7:52)이라는 조소적인 말이다. 주님이 이런 배경에 처했기에 유대인들 속에서는 그를 하나님의 아들 메시야로 인정 할 수 없는 결정적 역할을 하게 한다.

그러나 하나님은 꿈에 요셉에게 지시해서(마2:22)이 갈릴리에 가게 했고 갈릴리에 간 그들은 요셉과 마리아의 고향인 나사렛에 자연스럽게 살게 된다. 예수님이 이런 수모와 경멸을 받도록 하신 분이 하나님이 보내셨고 하나님의 깊은 뜻이 숨어 있었던 것이다.

우리 생각엔 메시야가 오실려면 적어도 유대땅에서 출생해야되고 그것도 예루살렘 사대문안 성 밖이 아닌 성안에서 태어나야되고 왕궁에서나 지체 높으신 사대부 집에서 호의호식하며 배워서 일류대학도 나오고 돈도 학식(세상적으로)도 높고 외모도 위풍당당해야 우리직성이 좀 풀린 메시야일 것이다.

그러나 예수님은 태어날 때부터 자라신 환경, 교육환경, 경제여건, 이 모든 것이 너무 초라하고 도리어 나사렛 출신으로 가장 천대받는 곳 출신으로 사셨기에 우리 메시야 되기에 너무 합당한 것이다. 십자가는 가장 극심한 사형틀이었으나 우리 기독교의 심벌이 된 것 같이 나사렛이 가장 경멸의 지명이었으나 예수님의 제자들부터 나사렛당, 나사렛 예수의 제자된 것을 더 자랑스럽고 숭고한 자랑으로 여기게 된 것입니다.

그러니 마태의 이 예언은 결코 실수나 잘못 예언이 아니라 이 말씀 속에 담겨져있는 그 깊은 뜻은 우리 죄 때문에 영광된 보좌를 내어 놓으시고 이 치욕적인 이 땅 그것도 가장 경멸의 지역이란 대명사였던 나사렛 촌놈새끼라고 거침없던 그들이 능멸이 얼마나 자연스럽게 예수님을 예수님되게 하신 역사의 한 정점이라고 본다.

2002년 1월 4일
우리도 예수님처럼 어떤 경멸도 도리어 승화시키고
참고 참는 주의 길을 따라가는 제자들이 되어보자.

성경 난해 구절 해설 시리즈 (사복음서 5)

Q "요한의 세례와 성령과 불의 세례는 무엇이며 죄없으신 예수님은 왜 세례를 받아야 했는가?"

(마3:1-17)

 기독교의 세례의 기원은 타종교의 영향때문이라는 설은 우리가 일축해버려야 된다. 단지 하나님의 역사로 유대교에서 이방인 개종자를 받아드릴 때 세가지 선행조건(①할례 ②세례 ③제물드리는 것)의 하나로 시행되었던 것이 최초라고 보며 그 후 쿰란공동체의 세례는 입문의식으로 세례를 시행하였다. 그 후에 세례요한의 세례로 발전되었고 그 후에 예수님의 세례인 성령세례와 불세례로 발전된 역사로 짚어볼 수 있다.

우리가 가장 성경을 통해 접하는 세례 중 첫 번째로 세례요한의 세례가 나온다. 이 세례요한의 세례는 회개를 요구하는 것으로(마3:11절에 "나는 저희로 회개케 하기 위하여 물로 세례를 주거니와"), (막1:4절에 "죄사함을 받게 하는 회개의 세례를 전파하니"), (눅3:3절에 "죄사함을 얻게하는 회개의 세례를 전파하니")세례를 주는데 죄사함을 직접주는 것은 아니고 앞으로 오실 예수님을 통해 죄사함을 받으려면 먼저 회개해야 된다는 회개를 전제로한 세례베품이었고, 그리하므로 예수님의 선구자 사명을 감당했고 결국 예수님 세례 받기 이전 절차를 미리 행하셨다고 봐야한다.

그리고 우리가 반드시 알아야 할 예수님 세례이다. 예수님이 죄도 없으신데 왜 세례를 받으셨는지는 마지막에 논하기로하고 예수님의 세례는 성령과 불로 세례를 베푸는데 성령 세례는 성령의 역사로 말미암아 세례 받으므로 우리가 참된 용서를 받게되고(행2:38)죄로부터 완전 씻음 받고(행22:16, 고전6:11)세례받으므로 예수 그리스도와 연합이되며(갈3:27) 예수 그리스도의 죽으심으로 말미암아 그와 연합(롬6:3)예수님이 부활하심으로 인한 부활체로 연합(롬6:5)이런 역사로 참된 구원이 완성되는 것이다.

그러므로 성령세례는 곧 예수님이 나의 구주요. 나의 모든 죄를 사하시려 십자가에서 죽으시고 나를 위해 부활하심을 믿는 자는 모두 성령세례 받은 자요. 이 신앙고백이 된 자는 그 때에야 물세례를 받을 수 있다. 성령세례 못 받은 자의 물세례는 아무런 의미를 가지지 못한다.(예: 군대에서 건빵과 특혜 받기 위해 세례3-5번 받은 자들이 있었으나 무의미하다.)

세례요한의 세례세대도 지나고 예수님도 사역을 완수하시고 승천하신 오늘에 우리 교회에서 베풀고 있는 물세례는 바로 세례요한의 세례와 예수님의 세례를 함께 행하는 것으로 이해해야 한다. 즉 세례요한이 요구한 회개와 예수님이 행하신 성령의 세례를 통하여 그리스도와 하나되어 죄 씻음을 받고 거룩하게 되는 것을 함께 시행되어야 한다. 물세례와 요한의 세례는 한 부류에 속하고 예수님세례, 성령세례, 불세례는 또 한부류에 속한다고 봐야한다. 크게는 물세례와 성령세례라고 한다.

예수님은 죄가 없으신 분이시다. 그런데도 세례요한에게 물세례를 받으신 그 이유에 대해서도 논해보기로 하자.

1) 이제 사생활을 청산하시고 공생애의 첫 입문으로 세례 받으심이다. 오늘날 교회에서도 세례 받은 자만이 교회회원으로서 교회 공식 모든일에나 직무에 취임할 수 있다.

2) 하나님의 의를 이루시기 위함이었다. 하나님의 뜻이 예수님에게는 물세례를 받도록 하시고 세례요한은 세례주도록하는 것이 하나님의 의였다. 이는 하나님의 의에 순종하여 이루시려고 세례 받으셨다.

3) 율법을 완성케 하시려고 세례 받으셨다.(출29:4-9)제사장 위임식에서 "물로 씻기고", "관유를 가져다고 그 머리위에 부어 바르고" 하나님의 모든 율법을 온전히 이루어 드림이 그의 사명인데 세례는 율법의 하나라고 본다.

4) 주님은 자신이 희생의 제물이 되겠다는 의미였다. 율법으로 말미암아 모든 인간이 다 죄인인데 다 죄값으로 죽어야 마땅한데 예수님 자신이 물 속에서 완전히 죽으심(후에 십자가에 죽으심의 예표)으로 모든 인간을 대신한 율법을 이룬 희생제물이 되어졌다.

5) 인자로써 겸손의 극치를 보여주신다고 본다. 하나님과 동등체인데도 자기를 비어 종의 형체로 오셔서 우리 인간들을 위해서 물세례 받음으로 죄인의 자리까지 낮아지시는 완전 겸손한 위치로 내려가시므로 봉사의 자발적 모습을 보이시려고 세례 받으셨다.

6) 우리 사람들의 죄를 체휼하시려고 죄 없으신 주님이 죄 있는 우리와 동등되게 하시려고 하심이다. 자신을 따르는 모든 제자들, 성도들도 이와 같이 동등하게 되기를 원하시며 모든 믿는 자는 누구에게나 삶과 봉사에서 배척함이 없이 하나가 되어야 한다.

7) 세례운동, 회개운동, 의의 삶의 운동에 솔선수범을 보이시기 위함이었다. 누구든지 나와 같이 세례를 받아야되고 회개와 의의 삶에 그 누구도 딴 길로 가지 못하도록 모범을 보여 주며 친히 솔선수범으로 보여줌으로 다 이 길을 가도록 하기 위함이다.

8) 섬김의 사명완수를 위함이다. 제사장 직무(출29:409)와 선지자 사명, 왕의 사명을 완수하기 위해 이런 의식절차를 거쳐서 알려주시기 위함이었다. 다시 말해서 회개의 상징인 물세례를 예수님이 받으신 것

은 죄성을 지닌 존재였기 때문이 아니라 세상 죄를 지고 가는 하나님의 어린양으로써 (요1:29)온 인류의 죄악을 친히 담당하실 존재였기 때문입니다.

한편 예수님이 세례 받으시고 물에서 올라오실 때 성령이 비둘기 같이 내려와 그 위에 임하여 장차 인류 죄를 대속 할 제물임을 성령님이 증거하시고 성부 하나님이 "이는 내 사랑하는 아들이요 내 기뻐하는 자라"는 음성으로 삼위일체가 우리 구원사역에 동참해 주셨다. 이 예식은 예수님의 공생애와 우리 구주 메시야의 첫 증거로 요지부동의 믿음을 우리에게 선사하고 있다.

2002년 1월 16일
"우리가 베푸는 물세례는 요한의 세례로부터 시작하여 성령과 예수님의 세례의 종합세례가 되어 주님이 베푸심의 대행자로 긍지와 감격을 누리시길 바란다."

평신도를 위한 성경 난해 구절 해설 시리즈 (사복음서 6)

 "예수님이 받으신 시험에 대한 난해 문제들"
(마4:1-11)

(문제 제기)
1) 예수님은 하나님인데 왜 시험을 받으셔야 하는가?
2) 마태와 누가의 왜 시험 순서가 뒤바뀌었는가?
3) 예수님은 육만 시험 받으셨는지 영육이 다 시험받으셨는가?
4) 시험 받으신 장소가 어느 장소인가?
5) 예수님이 성전 꼭데기까지 따라가셨을까?
6) 천하가 다 보이는 산은 어느 산인가?
7) 예수님이 하나님 이신데 마귀를 첫 번째부터 완전 패망시키지 못하고 또 시험을 받도록 살려주신 것이 이긴 것인가 아닌가?

(문제 해설)

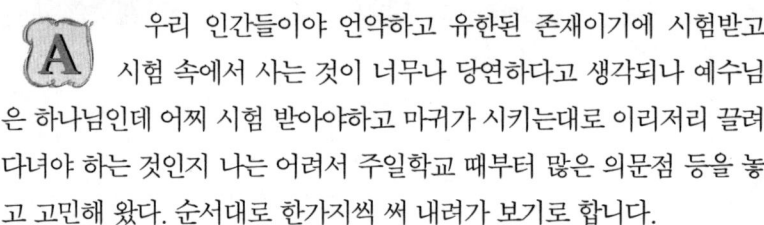 우리 인간들이야 연약하고 유한된 존재이기에 시험받고 시험 속에서 사는 것이 너무나 당연하다고 생각되나 예수님은 하나님인데 어찌 시험 받아야하고 마귀가 시키는대로 이리저리 끌려 다녀야 하는 것인지 나는 어려서 주일학교 때부터 많은 의문점 등을 놓고 고민해 왔다. 순서대로 한가지씩 써 내려가 보기로 합니다.

1) "성령에 이끌리어"라는 문구가 마태, 마가, 누가에 공통적으로 나오는 것은 곧 하나님의 뜻으로 예수님이 시험받았다고 보고 우리의 언약을 체휼하시고 우리를 대신하여 시험을 이겨주시기 위해 주님이 먼저 직접 시험을 받으신 것이다. 예수님은 하나님의 아들이지만 인성을 입으셨기 때문에 우리와 꼭 같이 시험을 받으셨으나 죄는 없으셨다. 그러나 연단을 받기 위하여 마귀의 시험을 이겨야 했다. 이 시험을 이기기

위하여 기도하러 광야로 가서 금식기도 하셨고, 하나님이 주신 말씀을 바로 깨닫고 하나님이 주시는 권능을 힘입어야 하기 때문에 하나님의 뜻에 순종하고 기도하고 광야에서 연단 받으셨다.

2) 첫번째 시험은 마태나 누가가 동일하나 두 번째와 세 번째 시험은 서로 뒤바뀌게 된 것으로 나타났으니 누군가 한 사람 기록은 틀린 것이다. 이것은 성경 전체를 의심하는 한 사건이기도 한다. 이 문제는 아마도 마태는 시험받은 순서로 시간적으로 기술한데 비해 누가는 제목별 순서로 기술했다고 본다. 그러므로 마태와 누가의 예수님의 시험에 대한 기록은 잘못이 없다. 다만 서로의 기록의 의도가 달랐을 뿐이다. 시험의 순서로 본다면 마태의 기록이 누가의 것보다 더 정확하다고 본다.

3) 우리 주님도 영과 육이 있으신데 주님이 시험받으심은 영육이 다 시험받으신 것인가? 아니면 어느 것인가? 주님이 직접 따라다녀서 성전 꼭대기까지 따라 갔다면 이미 마귀에게 진 것이고 또 천하 영광이 다 보이는 산이 존재하지도 않지만 가장 높은 산 모세의 시내산에 올라갔다면 거기까지 따라가셨으니 이미 졌다고 본다. 광야에 가신 것은 성령에 이끌리어 하나님의 뜻에 의해 영육이 다 가신것이요. 거기서 40일 금식과 기도로 승리하시고 요단강에 오셔서 세례 받으신 후에 또 다시 광야로 가시게 되었으나 두 장소엔 예수님이 가신 것이 아니다 마귀가 예수님의 마음속에 그러한 생각을 넣어 주어 마음속으로 받은 시험이다. 그래서 예수님의 시험받으심은 육신만 시험받으심이지 영혼까지 받으신 것이 아닌 것 같다.

4) 시험의 내용상 첫번째는 광야에서 두 번째는 예루살렘 성전에서 세 번째는 천하가 보이는 높은 산에서 받은 것처럼 보인다. 여기 광야는 세례 받으신 요단강에서 그리 멀지 않은 곳인데 성경 문학상 광야란 귀신들의 활동과 밀접한 관련이 있는 곳이며 그런네 이곳이 구제직으로 어느 지명인가는 정확지 않다. 이곳을 모세와 엘리야의 40일 금식처소

인 시내산으로 보는 학자(Alford)또 다볼산(외경, 히브리인의 복음)이라고도 하고 또는 여리고 근처의 전설적인 시험의 장소로보아 오늘날 성지순례가면 보여주는 장소가 여기이다. 이를 뒷받침하듯 십자군 원정 이후 이곳을 '예수 그리스도의 40일 금식지역'(Quarantania)으로 이름짓고 있다.

5) 여기 거룩한 성의 성전 꼭대기는 누가는 정확히 "예루살렘으로 가서 성전 꼭대기에 세우고"(눅4:9)에 명기된 것을 증거로 예루살렘 성전이 확실하다. 그러나 성전 꼭대기는 여러의견이다. 뱅겔은 '지성소 꼭대기' 유세비우스는 성소 꼭대기에서 주의 형제 야고보가 뛰어 내렸다고 하고 몇몇 학자들은 기드론 골짜기를 향한 면에 설치된 솔로몬 행각의 난간 또는 꼭대기라고하고 꼭대기의 헬라어 뜻이 '작은 날개'를 의미하니 헤롯 궁전의 남쪽 망대라고 한다. 원래 예루살렘 성전은 해발 750m 고지에 형성된데다가 성전 꼭대기가 50m 여기서 깊숙한 기드론 골짜기를 내려다 본다는 것 자체가 현기증이 난다. 분명 마귀가 여기까지 가자 했을 때 따라 올라갔다면 이미 예수님은 마귀 시험에 지신 것이다. 가지 않으신 것 같다. 예수님은 돌로 떡을 얼마든지 만들어 먹을 수 있는 권능도 있고 800m보다 더 높은 몇 천m 상공에서 뛰어내릴 권능이 있으니 이런 시험이 있었다. 우리는 이런 능력이 없으니 이런 시험은 아예 없다. 이런 권능이 있어도 하나님의 명령이 아닌 마귀의 명령이니 굶어 죽어도 아니 하셨고 뛰어 내릴 수 있어도 아니하셨다. 하나님의 명령 아닌 다른 그 누구의 말에도 예수님이 하지 않으셨을 것이다.

6) 천하가 보이는 지극히 높은 산은 어디일까? 학자간에는 이스라엘의 최고봉 헬몬산으로 또는 모세가 가나안 땅을 지켜보았던 느보산으로 추정하나 우리는 이런 산은 지구상에 존재하지 않는다고 본다. 여기 천하만국도 ①유대 땅으로 보는 자 ②사단이 독점적으로 지배하는 이방세계 ③유대와 이방을 통칭한 모든 세계로 보는 자들도 있다. 그러나 천하

만국을 지도상에서는 찾을 수 없다. 이는 초자연적 개념을 포함한 통치권에 관계된 모든 세계를 의미한다고 봐야한다. 그렇다고해서 마귀와 시험의 객관적 실재를 부인하지는 않는다. 실존적으로 행해졌던 사실이었다.

　7) 예수님의 능력으로 시험 받으시기 전에 먼저 마귀를 다 멸할 수도 있고 또 시험을 받으셨다고 할지라도 첫 번째 시험을 이기시고 그 즉시 나를 시험한 너를 심판하노라 하시면서 박멸시켰더라면 2차 3차 시험도 안받고 오늘날 우리까지도 아무런 시험 없이 편안히 살수 있을텐데 예수님은 그런 방법을 체택하시지 않은 이유는 무엇인가? ①아직 그런 때가 되지 않았기 때문이다. 모든 것은 다 하나님의 때가 있는데 그때까지 예수님은 다 거치시는 단계이셨다. ②하나님의 명령이 없으시기 때문에 하실 수는 있으나 예수님이 안하신 것 뿐이다. 돌로 떡을 만들어 먹을 수 있는 예수님이시오. 성전 꼭대기에서 뛰어 내려 새처럼 가쁜히 내려 앉을 수 있으나 하나님의 명령이 있을 때에만 하셨다. 이적을 자기 사사로운 일에 사용해서는 안된다. 하나님의 구원운동을 위하여 하나님의 뜻과 명령따라 행할 수 있으나 자기 사사로히 행하면 안된다. 예수님은 언제나 하나님의 말씀하신 것 이외는 아무것도 하시지 않으셨다.(요 5:19 참조)

　예수님의 시험 세가지 1)물질 시험은 우리들이 견디기 어려운 시험이다. 예수님은 떡이 없이도 40일 동안 금식으로 이겨내셨고 이스라엘 백성들은 미디안 광야에서 40년 동안 빵 없이 오직 만나로만 산것처럼 하나님이 주시는 것가지고 살 수 있으니 물질 시험을 이길 수 있다. 2)명예에 대한 헛된 욕망시험은 뛰어내려도 다치지 않도록 하나님이 보호해 주실 것이라는 달콤한 말에 속지 말라. 이적과 기사를 행해야만 잘 믿는 것이 아니고 하나님의 뜻과 섭리와 명령 없이 자기의 뜻데로 하면 바로 죄가 된다. 욕망을 제거하고 순종으로 승리하라. 3)세상 모든 부귀

영화 줄 테니 경배하라는 시험. 이것은 영적 시험이다. 경배 받으실 분은 천지만물의 창조주 하나님 밖에는 없다. 마귀는 하나님께만 속해있는 경배를 자신의 것으로 만들려고 우리를 부단히 유혹해 온다. 작은 것부터 큰 것에 이르기까지 이유가 어떠하든 우리는 믿음으로 승리해야 한다.

시험에서 승리한 주님은 메시야로 택한 백성을 향해 복음증거로 하늘나라 가실 때까지 쉬시지도 않으신 주님을 본받아서 승리한 우리도 승리에 도취되지 말고 더 부지런히 복음사역에 최선을 다해야 계속 승리하는 삶이다.

2002년 1월 18일
"예수님이 받으신 시험이 우리에게 모본으로 보여주셨으니

평신도를 위한 성경 난해 구절 해설 시리즈 (사복음서 7)

Q "팔복의 첫 복있는 자가 「심령이 가난한 자」인가 「가난 한자」인가 어느것이 맞는 것인가?"

(마5:3)

A 마5:3절 "심령이 가난한 자는 복이 있나니 천국이 저희 것임이요." 눅6:20절 "가난한 자는 복이 있나니 하나님의 나라가 너희 것임이요."

여기서 서로 상충되는 것은 (심령이 가난한자 : 가난 한자), (천국 : 하나님의 나라), (저희 것 : 너희 것)세 곳이 상충되는 부문이 나온다. 별 것 아니고 그 뜻이 똑같겠지 하면서 그냥 넘겨 버리기 일수이다. '가난한 자' 의 본래의 뜻은 '재산을 상실하여 큰 불행 속에서 방황하는 거지' 라고 한다. 그래서 70인 역에서 이 단어는 '신체의 연약함' 이나, '파산된 상태' 를 표현하는 말로 사용된다. '가난' 이란 히브리어 의미로는 '의존' 인데 가난한 자들이 자신의 무능을 인하여 하나님을 전적으로 의지하지 않을 수 없음을 가리킨다.

원래 예수님의 의도는 누가에 기록된 데로 물질적인 가난한 자를 말씀한 것이다. 누가는 물질적 가난을 그대로 보았고 마태는 영적으로 가난을 보고 말씀하게 된다. 구약에서 가난한 자는 물질적인 가난한 자를 가리키지만 비유적으로 영적 상태를 지적하기도 했다. 가난에 대해서 시40:17, 86:1, 109:22절에서 저자는 물질적 가난을 들어 말한 것 같다. 그러나 저자인 다윗은 왕이었기에 경제적 가난이 아님을 알 수가 있다.

심령이 가난한 자를 구체적으로 말하자면 ①자신의 약한 참 모습을 바로 보는 자. ②적은 것으로 감사하는 자. ③항상 하나님 앞에서 마음이 겸손한 자. ④자신이 죄인임을 늘 깨닫는 자. ⑤항상 하나님 앞에서 사는 자(신전의식자) ⑥어린 아이의 심령같이 순수한 자. ⑦하나님을 항상 찬양하는 자. ⑧항상 자신을 부정하며 포기하는 자. ⑨날마다 하나님의 은혜를 사모하는 자. ⑩천국을 늘 사모하며 흠모하는 자. 이런 10가지 특징을 지닌자가 심령이 가난한 자이다.

마태는 산상수훈이라고 하며 산에서 가르쳤다고 하나 누가는 평지에서 설교로 들려 주셨다고 해서 평지설교라고 한다. 마태는 8복을 일률적으로 말하나 누가는 네가지 복과 네가지 저주로 표현하고 있다. 누가의 가난한 자는 외면적인 가난 보다 내면적인 가난에 더 치중하니 심령이 가난한 것과 내용상 일치하고 있다.

누가는 시61:1-3절에서 장차 오실 메시야가 가난한 자들을 위해서 오실 것이라고 함으로써 가난한 자의 특성이 단순한 물질적 궁핍의 차원을 능가하고 있음을 눅4:18-19절에 짐작하고 있다. 그래서 심령이 가난한 자란 용기나 물질적인 가난이 아니고 자신의 영적인 파탄을 솔직히 시인하고 하나님께 무엇인가 의지하려는 사실을 고백하는 것이다.

구약 성경에 의해 증명되듯 신약성경에서도 가난한 자는 영적 빈곤을 느끼는 사람들이다. 그들의 비참과 궁핍에 대한 의식이 있는 자들은 자동적으로 하나님께 부르짖을 수 밖에 없다. 결국 그들은 회개의 영을 가진 사람들이요. 하나님의 말씀에 떠는 자들이다. 자신의 전적 무능을 알고 자신에게는 아무것도 기대하지 않는 자로 모든 것을 하나님을 의존케 되는 자로 완전 자기를 비우고 하나님으로 채우기를 소망하는 자라고 본다.

그러므로 마태와 누가는 사실상 같은 의미의 다른 표현을 한 것뿐이다. 만일 누가가 예수님의 말씀을 그대로 「가난한 자」로 섰다면 마태는 영감에 의해 예수님의 말씀을 깨닫고서 영적으로 설명을 덧붙인 것이라고 본다. 가난한 자는 심령의 가난함이요. 심령의 가난한 자는 고난받는 경건한 자로 하나님을 신뢰하는 사람이다. 가난한 자는 신앙에서 충성된 자요. 핍박받는 하나님의 백성이다. 이 겸손과 하나님께만 신뢰하는 경건한 자세가 제자의 표이며 하늘나라를 소유하게 되고 그들이 곧 하나님의 백성이 되는 것이다.

결론적으로 심령이 가난한 자나 그냥 가난한 자의 표현은 사실상 같은 의미로 표현상, 사실적(누가), 영적(마태)으로 표현상 다른 것뿐이다. 또 천국과 하나님의 나라의 차이점은 마태는 유대인들을 위해 마태복음을 기록하다보니 유대인들은 하나님을 함부로 부르지 않기 때문에 하늘나라를 천국으로 대신하고 누가는 이방 헬라인들을 위해 누가복음을 기록했기 때문에 하나님의 나라라고 표현된 것이다. 저희것과 너희것은 예수님이 가르침을 듣고 심령이 가난한 모든 이의 것이라는 의미로 마태는 저희것이라고 했고, 누가는 심령이 가난하게 먹는 성도들을 향해 설교했기에 너희것이라고 한 것 같다. 첫 복음이 내용상 차이가 있는 것 같으나 실제는 하 등의 차이가 없는 동의구절이기도 하다.

2002년 1월 24일
"심령이 가난한 자나 가난한 자가 복이 있으나
가난은 죽어도 싫은 것이 우리들의 솔직한 심정이다."

"부하게 살면서 구원도 받고 하나님의 뜻도 이루고 살고 싶은데 만약 이것이 하나님의 뜻이 아니면 어찌할까? 가난하게 사는 것도 하나님의 은혜이니 감사하자"

평신도를 위한 성경 난해 구절 해설 시리즈 (사복음서 8)

"형제에게 분과 화를 내고 욕하고 모욕했다고 지옥까지 간다는데"

(마5:21-22)

바리새인들과 서기관들이 믿고있는 율법과 예수님이 우리에게 알려주신 사랑의 법에 대한 격차는 엄청나게 크다. 그래서 예수님은 마태5장에서 5대 금지법에선 더 자세히 알려주시려고 너희가 듣고 배우고 알고 있으나 "나는 너희에게 이르노니"라는 서두로 살인, 간음, 이혼, 맹세, 보수에 대해서 매우 정확무오하게 우리에게 알려주시는 말씀 중에 본 주제가 첫 번째로 나온 말씀이다.

율법은 행위에 옮겨졌을 때 정죄와 제판과 형벌을 가할 수 있으나 주님의 영의법은 생각까지 이미 정죄와 제판과 형벌까지 내리시게 되니 마음 구석에서부터 범죄를 차단시켜야 한다. 세상의 법은 마음으로 짓는 죄에 대해서는 어찌하지 못하고 속수무책이다. 율법이 우리에게 아주 무서운 법으로 알았으나 실제로는 마음의 생각까지 다스리는 주의 영의법이 더 무서운 법임을 알아야 한다.

제 6계명 살인하지 말라는 단순 살인하는 행위에 대한 것이나 우리 주님의 말씀을 듣고보니 큰 살인자들이 온세상에 가득차있다. "형제에게 노하는자마다(심판)형제에 대하여 욕하는 자마다(공회), 미련한 놈이라고 저주하는 자마다(지옥에 들어가게 된다.)"고 하니 이 세상에 지옥가지 않을 자 누구 한 사람있을까?

  1) 노하는 자 : 여기 노는 분과 화를 내어 큰소리치며 야단치는 것도 포함된단다. 도덕적인 노, 죄악에 대한 노를 가리키는 것이 아니라 사랑의 결핍이나 경멸의 노를 가리킨다고 본다. 이런 자는 심판(크리시스)을 받게된다. 즉 지방재판소(23명의 공회)에 넘겨저 칼로 죽임을 당한다고 한다. 노와 분과 화를 발할 경우 우리나라 같으면 경찰서에 붙들려 가서 여기에 대한 양심적으로 재판받고 그런 죄를 범한자는 칼로 죽임 받았다면 살자가 있겠는가?

  2) 라가라 하는자 : 미련한 놈이라는 욕설이다. 히브리어 레크(황무, 비다), 루크(허사, 방탕)에서 유래하는데 이 말이 사람에게 적용될 때는 머리가 텅빈, 멍청이, 골빈, 사악한 자로 해석되고 성경에서도 이 단어로 잡류(삿11:3), 비류(대하13:7)등으로 번역되었고, 인간으로써 존엄성을 짓밟고 인격을 모욕하는 심한 욕설이다. 더 나아가서는 이단으로까지 지칭하며 이런 죄를 짓게 된자는 유대 최고의 재판소인 산헤드린 공회에 부쳐서 돌로 침을 당했다. 우리로 말하면 이런 욕설을 범한자는 검찰청에 출두해서 조사받고 구속수사하다 사형선고까지 받는다고 봐야한다.

  3) 미련한 놈, 바보 : 이 말은 무가치한 어리석은 자 혹은 무신론자를 가리키기도 한다. 또는 하나님께 대한 반역자로 배교자로도 보기도 한다. 성경에서는 어리석은 자나 바보에 대해서는 모래위에 집을 지은자요(마7:26), 기름준비를 못한 미련한 다섯처녀요(마25:2-3), 바리새인과 서기관들과 같은 자기주장 하는 자(마23:17)라고 했다. 바보라고 남을 저주하는 자는(미련한 놈)지옥불에 빠지게 된다고 했다. 여기서 지옥의 불은 게헨나를 가리키는데 이곳은 흰놈의 아들의 골짜기를 가리키며 예루살렘성 남쪽 경사진 곳에 있다. 후에 이스라엘 사람들이 배교하여 몰록을 섬겼는데 자녀들을 불에 태워 바쳤던 곳이다.(렘32:35)요시

왕 때는 이곳에 죽은 자들을 던저 불에 태우는 혐오의 장소로 만들었다.(왕하23:18)이 게헨나를 풀무불(마13:42), 불못(계19:20. 20:10, 14-15), 영원한 불(유7절), 지옥에 던짐(벧후2:4)로 표현되었다.

우리 주님의 가르침의 요점은 가장 큰 심판인 사형을 받아야 하는 피 흘리는 살인죄도 마음에서부터 시작된다는 것이다. 성내는 것이 욕으로 욕이 경멸과 시기와 미움으로 변할 때 곧 살인이 될 수 가 있다는 것이다. 바리새인들과 서기관들은 외적인 행위에 중점을 두고 정죄했으나 예수님은 그 행위가 나오는 마음의 생각에서 악한 기질까지도 정죄하셨다. 이미 살인한 것으로 간주하여 칼로, 돌로, 지옥의 형벌로 갚으시겠다고 하셨다. 그래서 우리는 행위로도 범죄치 말아야 되지만 성숙된 성도는 마음으로 짓는 죄까지도 다스려서 양심상 이런 형벌을 피해야 하겠다.

우리 마음까지 다 보고계시는 알고 계시는 주님 앞에 숨길 수 없는 인간들이라면 과연 살아 남을 수 있는 사람이 이 땅에 있을까? 우리 하나님의 무조건적 용서와 십자가의 구 속의 은혜가 아니면 살아남은 사람이 있을 수 없음을 알게된다. 그간 분내고 화내고 욕하고 모욕한 일이 어찌 능히 셀수 있는가? 그간 지은 이 마음의 죄로도 우리는 수십 수백번 죽어 지옥형벌을 받아 마땅한 죄인들이다. 이 말씀의 뜻을 생각할 때 주님의 은혜에 다시 감사하지 않을 수 가 없다.

그래서 지혜자 솔로몬왕이 "노하기를 더디하는 자는 용사보다 낫고 자기의 마음을 다스리는 자는 성을 빼앗는 자보다 나으니라"(잠16:32) 말씀하였고 또 다시 "무릇 지킬만한 것보다 더욱 네 마음을 지키라 생명의 근원이 이에서 남이니라"(잠4:32) "만물보다 거짓되고 심히 부패한 것은 마음이라"(렘17:9)

2002년 1월 24일
"분과 화내고 남에게 욕과 모욕주길 아무 거리낌없이 행했던 지난날을 부끄럽게 생각하는 이가 부끄러워서 이 글을 남기노라"

평신도를 위한 성경 난해 구절 해설 시리즈 (사복음서 9)

 "오늘날 우리에게 일용할 양식을 주옵시고
여기 양식은 무슨 양식을 뜻하는가?"

(마6:11, 눅11:3)

주기도문 역시 마태복음과 누가복음의 내용이 다소 차이가 있다. 마태는 6장에서 기도할 때 외식하지 말 것(5-6절)과 중언부언하지 말 것(7-8절)을 강조하시면서 주기도문을 (9-13절)가르쳐 주시면서 이 기도문대로 하면 중언부언 하지 않는다고 가르쳐 주신 것이다. 또 주기도문을 외우면서 용서해야하지 용서도 안하면서 주기도문만 외우는 것은 외식적인 기도라고 본다. 누가에 의한 주기도문은 제자들의 요구에 의해 가르쳐 주시고 밤중에 찾아온 친구 비유를 통해 응답이 늦어도 포기하지 말 것(5-8절), 구하면 주실것이라는 교훈(9-10절), 아들에게 좋은 것을 주시는 아버지의 모습(11-13절)을 같이 기록하였다.

이로 보건대 마태복음은 기도하는 것은 이미 배웠으나 기도를 잘못 사용할 위험이 있는 유대인 크리스챤들을 향하여 썼고 누가복음은 기도하기를 배워야만 하고 기도해서 용기와 능력을 얻어야 할 이방인 크리스챤들을 향하여 썼기 때문에 내용상, 가르침의 대상을 향하여 다소간의 차이가 있는 것 같이 보이나 본 의도와 뜻은 전연 다른 것이 없다. 또 예수님이 이 주기도문을 써서 딱 한 번 가르쳐 보이신 것이 아니고 여러

차례 가르치셨기에 가르칠 때마다 조금씩 강조점과 전후 비유와 도입 및 결론 부분에 따르는 부문이 다소 차이를 보이셨던 것이다.

주기도문의 내용은 하나님과 하나님의 나라에 대한 3가지 간구와 개인의 사적 간구 3가지로 구성되었다. 위로 하나님께 대한 사랑과 아래로 내 이웃에 대한 사랑이 십계명이나 율법, 나아가 복음의 중심도 마찬가지 이다. 그 중에 "오늘날 우리에게 일용할 양식을 주옵시고" 이 구절은 우리를 위한 첫 번째 간구이다. 여기 양식에 대해서는 크게 두가지로 주장이 신학적으로 구분된다.

첫째로 육의 양식으로 보는 학설 "일용할 양식"의 일용할 말의 뜻도 ①일용할(R.S.V) ②내일의(Bengel) ③필요한(크리스톰, 팔머)등이다. 이중 어느 것이든 가능한 것은 이 세상에서 살아가는데 필요한 육신의 필요를 구하는 것으로 이해되어진다. 이러한 기도는 피조물인 인간 세상의 모든 물질의 필요는 하나님께로부터 채워진다는 신앙을 전제로 하고 있다. 여기서 "우리들에게"여기 일인칭 복수형 대명사가 두 번이나 나오는 것은 기독교는 나만을 위한 이기적인 종교가 아니라 우리 모든 인류를 위한 남을 위한 이타적인 기도를 드리는 종교임을 보인다.

여기 양식의 아르토스는 음식으로 빵뿐만 아니라 인간이 필요한 모든 물질 세계전체를 의미한다고 본다. 그래서 음식과 건강, 가족, 물질, 이웃등도 포함하는 의미를 지니고 있다. 인간이 사는데는 음식으로만 살수 없고 이 외에도 너무나 많은 것이 필요하기 때문에 일용할 양식속에는 개인적 육신적 모든 것이 포괄적으로 내포되고 있다. 즉 이 기도는 인간이 존재하기에 필요한 모든 것을 구하는 기도라고 보고 있다.

둘째로 일용할 양식을 영의 양식으로 보는 학설이다. 여기 양식에 해당되는 원어 아르토스는 음식 뿐만 아니라 제사의 떡(마12:4, 막2:26, 눅6:4, 히9:2) 및 성만찬의 떡(마26:26, 막14:22, 행2:42, 고전10:16-17)도 가리킨다. 그래서 양식을 더욱 확대시켜서 영적인 양식

즉 하나님의 말씀도 의미한다고 말하고 있다. 더욱이 영의 양식을 주장하는 근거로 마6:25 "목숨을 위하여 무엇을 먹을까 몸을 위하여 무엇을 입을까 염려하지 말라"고 주님이 말씀하셨기 때문이다. 하나님이 너희에게 있어야 할 것을 다 아시기 때문에 무엇을 먹을까, 입을까, 구하지 말고 먼저 그 나라와 그 의를 구하면 모든 것을 더하여 주신다고 하였다. 영의 새생명으로 살아나가려면 영적 양식을 날마다 먹어야 한다. 성도는 육의 양식보다 영의 양식이 더 중하고 육신의 목숨보다 영혼의 생명이 더 귀중한 것과 같다.(마10:28)

만약 일용할 양식이 육의 양식이라고 한다면 마6:25-31절의 말씀과 모순이 된다. 또 요4:34절의 "예수님께서 이르시되 나의 양식은 나를 보내신 이의 뜻을 행하며 그의 일을 온전히 이루는 이것이니라"고 하였고 요6:27절에는 "너희는 썩을 양식을 위하여 일하지 말고 영생하도록 있는 양식을 위하여 일하라"고 하셨기 때문이다.

영의 양식을 받아먹으려면 성경 말씀을 부지런히 읽고 듣고 연구하고 새김질 하는데 있고 또 예배 시간을 통해 모든 순서가 곧 우리의 영의 양식이나 특별히 설교시간을 통해서 하나님의 말씀을 듣는 것이 곧 하나님이 주시는 영의 양식이며 또 기도와 묵상과 QT와 경건생활 중에서도 하나님의 양식인 영의 양식을 얻어 먹을 수 있다.

예수님은 요6:63절에 "살리는 것은 영이니 육은 무익하니라 내가 너희에게 이른 말이 영이요, 생명이라"고 하시면서 성도의 궁극적 목적은 영이 사는데 목적을 두어야 한다. 성경의 모든 원리가 영을 살려나가는 것이 표준이지 육신을 살려 가는 것이 표준이 아니다. 영을 살려 나가기 위한 표준기도가 주기도요, 그 나라와 그 의를 구하는 기도이니 주기도의 일용한 양식은 영의 양식이지 육신의 양식이 아니다는 것이다.

육의 양식이라고 말하는 것과 영의 양식이라고 말히는 것을 다 들어 보았다. 과연 어느 양식인가? 지금 온 지구 60억인구 중에서 육의 양식이 풍부한 인구 삼분의 일 20억, 아예 기근과 기아선상에서 아사자까지 발생하는 인구 삼분지일 20억, 그 중간이 삼분지 일 20억으로 추산되고 있다.

우리나라는 그래도 하나님이 복을 주셔서 양식이 남아도는 풍부한 나라에 속하고 있으나 이북의 내 동포는 기근과 기아와 아사자까지 속출하는 빈곤한 나라에 속한다. 또 우리나라 안에서도 걸식아동, 끼니 거리가 어려워서 하루 세끼 다 못먹고 두끼로나 한끼로 연명하는 인구도 상당히 있다는 뉴스를 들은 기억이 있다. 과연 "오늘날 우리에게 일용할 양식을 주옵시고"기도할 때 빈곤층의 나라와 또 풍부한 나라라 할지라도 빈민촌이나 빈곤층의 사람들의 이 기도는 분명 육적 양식을 위한 기도가 될것이요, 풍부한 나라에 속한 사람들이 기도할 때는 영의 양식을 위한 기도가 되어야 마땅하다. 하나님에 의해 풍부하게 창고에 쌓아놓고 살고있는 자들이 더 욕심적으로 쌓아 놓기위해 간구한다면 그 기도는 외식의 기도가 되고 정욕으로 쓰려고 잘못 구함이 되고 말 것이다.

믿음도 있고 육적생활도 풍부한 자들에겐 반드시 영적양식을 구해야 하지만 당장 굶고 기아와 아사직전의 사람들은 육의 양식을 위한 기도가 조금도 잘못이나 외식적 기도도 아니요 정욕으로 잘못구하는 기도도 아니므로 하나님의 때가되면 들어 주셔서 풍부하게 쓰고 먹고 남을 수 있도록 부어주실 날이 올 것이다.

그러면 기도가 사람마다 달라서 되겠는가? 분명 다를 수 있다. 기도의 내용은 똑같지만 그 기도로 얻어지는 결과는 전연 다른 결과를 가져올 수 있다. 아이들이 4형제의 가정에서 한 아버지를 두고 "아버지"하고 부른다고 볼 때 10살 미만의 막내 아이가 아버지를 부를 때 사탕 사먹기 위한 용돈을 요구로 부르고, 20살 미만의 중고등학생의 부름은 마음껏 뛰놀수 있는 시간과 여유를 허락해 달라고 부름이요, 20대 중반의 아들의 부름은 결혼 허락해 달라는 부름이요, 30대 아들의 부름은 사업

자금을 원하는 부름이라고 본다. 똑같은 "아버지"라고 부름이지만 전연 다른 결과를 가져오게 된다.

주기도문의 일용할 양식은 빈곤에 처한 자에겐 육의 양식을 위한 간구로 풍부에 처한 자에게는 영의 양식을 위한 간구로 부르짖는 것이 너무나 타당하고 조금도 하자가 없다. 기아선상에서도 영의 양식을 구하는 자는 위대한 자이거니와 풍부한 중에도 육의 양식을 부르짖는 자는 정욕으로 잘못구하는 자가 된다.

2002년 1월 25일
"주의 말씀 한마디 한마디 속에 숨어있는 그 뜻과 섭리를
다 알고 살수는 없을까? 기도 한마디도 그만큼 신중해야한다."

평신도를 위한 성경 난해 구절 해설 시리즈 (사복음서 10)

"우리가 우리 죄를 사하여 준 것 같이 우리 죄를 사하여 주옵시고" 남의 죄를 용서해 주지 않는 자도 이기도를 할 수 있는가?

(마6:12)

마6:14-15절에 "너희가 사람의 과실을 용서하면 너희 천부께서 너희 과실을 용서하시려니와 너희가 사람의 과실을 용서하지 아니하면 너희 아버지께서도 너희 과실을 용서하지 아니하시리라" 여기서 하나님의 용서가 먼저일까요? 우리 용서가 있어야 하나님도 용서해 주시고 우리가 용서치 않으면 하나님도 용서치 않으신다고 (마6:14-15)하시지 않았는가? 그래서 마치 우리용서가 앞서있는 것 같이 보인다. 그러나 하나님의 용서가 먼저이다.

회개에도 기본회개와 중복회개가 있다. 기본회개는 한 번만 하면 우리는 구원을 받았고 천국 지옥가는 심판과는 상관없으며 모든 죄는 다 용서받고 천국갈 수 있다. 그러나 매일매일 짓는 죄는 중복회개를 해야 한다. 그때마다 매일 매순간마다 회개해야 하나님이 기뻐하시고 많은 은혜와 상급을 준다. 이와같이 기본용서는 하나님을 우리가 믿어질 때 이미 한 번 하셨다. 이 기본용서로 구원받았다. 그리고 매일 매일 일어나는 모든 사건에서 중복용서가 필요한 것이다. 마치 우리가 용서해야만 하나님이 용서하신다는 내용은 기본용서를 말함이 아니고 중복용서를 말함이요, 이미 우리 하나님이 기본용서를 하셨기 때문에 하나님의 용서가 먼저이고 우리의 용서는 그 다음이라고 봐야한다.

주기도문에서 난제는 "우리가 우리의 죄를 사하여 준 것 같이" 만약 우리가 이웃의 죄를 용서하지 못한자는 이 주기도문을 외울 수 없는 것일까요? 그렇치 않습니다. 이스라엘 사람들은 이 기도를 아무거리낌 없이 드릴 수 있는 조건이 있다. 그러나 율법을 생활화 하지 않는 이방인들에게는 이 기도가 너무 부담이 되고 빚을 탕감해주지 못하고서 죄를 용서해 주지 못하고서 이 주기도문만 외운다는 것은 외식적기도가 되고 만다.

그러나 이스라엘 사람들은 이 구절에 아무 저항을 받지 않는다. 왜냐하면 신명기15:1-3절에 "매 7년 끝에 면제하라 면제의 규례는 이러하니라 무릇 그 이웃에게 꾸어준 채주는 그것을 면제하고, 그 이웃에게나 그 형제에게 독촉하지 말찌니 이해는 여호와의 면제년이라 칭함이라. 이방인에게는 네가 독촉하려니와 네 형제에게 꾸인 것은 네 손에서 면제하라" 즉 채권자가 아무리 아깝고 싫어도 어쩔수 없이 용서하고 탕감해야 하는 것이 어려서부터 생활화했고 20대는 벌써 3번, 30대는 최소한 4번이나 겪은 일이기 때문에 이 기도가 하나도 외식스럽거나 부담스럽지가 않다. 이미 면제하고 용서한 일이 있기 때문이다.

이 기도를 다시 재구성한다면 "우리가 우리에게 빚진자, 죄진자들을 율법의 해방법 때문에 싫어도 우리끼리는(이방인제외, 이스라엘 사람들끼리)마땅히 용서도하고 탕감도 하지 않을 수 없었던 것처럼 우리의 빚이나 죄도 내키지 않으시더라도 꼭 용서해 주시고 탕감해 주옵소서"라고 기도하는 것이다.

예수님이 마5:42절에 "네게 구하는 자에게 주며 네게 꾸고자 하는 자에게 거절하지 말라" 이 말씀이 나오게 된 동기는 면제년이 가까이오면 꾸어주어 보았자 받지도 못하고 탕감 면제해 주어야 할 때가 가까우니 이때는 무조건 거절하기 일수이다. 그래서 가까운 이웃끼리도 면제년이 가까운 해나 면제년이 있는 해에는 서로 꾸는 거래가 중단되기 쉽다. 그래도 형제끼리는 좀 나은 편이지만 원수같이 여기는 자에겐 면제년이 되어 용서하고 탕감하고 면제해 버리기가 너무 아까우니 아예 원수를 원수취급하기가 쉽다. 이러한 환경에서도 원수가 네게 구하면 주고 원수가 네게 꾸고자하면 거절하지 않는 자가 진정한 원수 사랑하는 자라고 말씀한것이다.

그러나 하나님이 우리가 중복용서를 많이하고 잘하면 반드시 은혜와 복으로 갚으시는 하나님 이십니다. 우리는 마18:18-20절의 말씀을 합심하여 기도하면 하나님이 다 이루어 주시고 두 세 사람이 모인곳에는 나도 그들중에 있다는 것으로 소규모의 예배나 기도회를 격려하기 위한 것으로 소수가 모였을 때는 많은 위로와 위안을 받은 성구였습니다. 그러나 그것이 아닙니다. 마18:19절의 aitein(요구하다)와 "sumphoneo" (합의하다)이다.

18:19절의 재구성 "너희 중에 두 사람이 둘이서 의견이 맞지 않는 부분을 서로 용서하고 양보하여 그 권리와 요구를 서로 합의하면 하늘에 계신 아버지에 의해 그것이 그들을 위해 이루어 지게 하시고 18:20절의 두 세사람이라도 내 이름으로 모여서 서로 분쟁의 요소나 요구사항을 뒤로하기로 합의하고 화합할 때는 나도 그들 중에 함께 있으리라"는 뜻이다.

여기서 주 목적은 용서와 화해의 일치를 요구하시는 내용이다. 지금 우리가 생각하고 있고 우리 성경에 기록되어있는 내용과 너무나 거리가 있느니 오해 없으시길 바랍니다.

또 다른 해석으로 우리가(삼위일체 하나님께 속한 우리 창1:26절에 "우리가 사람을 만들고", 창3:22절에 "이 사람이 선악을 아는 일에 우리중 하나같이 되었으니") 우리에게 죄 지은 자를 사하여 준 것 같이 이 문구를 재구성한다면 "하나님이 우리들의 죄를 사하여 주심같이 우리 죄도 또 사하여 주옵소서." 하는 이 해석은 너무 지나친 것 같다.

    율법에 있던 면제년을 잘 지켜 생활화했던 이스라엘 사람들같이 늘 중복용서 속에 살면 더 말할 나위 없을 것이오. 오늘 용서가 없었다고 해서 이 주기도문 외우는 것이 그리 외식스러운 기도라고 볼 수 없는 것은 우리는 이미 기본용서를 받았고 이미 기본용서와 중복용서를 했는데 조금 미급해서 오늘 미쳐 못한 용서 때문에 주기도문을 못 외울 수는 없는 것이다.

2002년 1월 31일
"용서를 면제년 같이 의무화 생활화해서 우리의 기도가 조금도 외식화 형식화 되지 않도록 해야하겠다."

평신도를 위한 성경 난해 구절 해설 시리즈 (사복음서 11)

Q "하나님은 우리를 시험하시지 않는데 주기도문에선 우리를 시험에 들게하지 마옵시고 이 기도는 합당한 것인가?"

(마6:13)

A 야고보 사도는 "하나님은 악에게 시험을 받지도 아니하시며 친히 아무도 시험하지도 않으신다."(약1:13) 그런데 오늘 본문에 마태는 "우리를 시험에 들게하지 마옵시고" 여기 두 곳의 말씀엔 상당한 문제가 있다. 하나님이 친히 시험 하시지 않으신다고 하셨는데 예수님도 시험 당하셨고 아브라함, 욥, 다니엘 등 많은 제자들이 시험 당한 사실이 성경에는 수없이 나온다.

흔히 사람들이 시험들 때 "하나님께서 왜 나에게 시험을 주시는가? 왜 못살게 하시고 비천하게 하시고 고통을 당하게 하시고 심지어 자식까지 죽게 하실까?" 그러나 그러한 생각은 잘못된 것이다. 하나님은 악으로 시험하지 않으시며 또한 악에게 시험 받지도 아니하신다. 하나님의 속성이 그러한데 왜 주기도문에서는 "우리를 시험에 들게하지 마옵시고" 기도하라고 주님이 가르쳐 주심을 볼 때 하나님은 분명 시험하시는 하나님이시다. 그러니 욥이 시험받을 때도 사탄을 이용하셔서 시험의 범위까지 다 일일이 정해주시지 않았는가?

58 · 네 제자가 그린 예수님의 초상화

여기 시험을 이해하기 위해서는 먼저 원어를 연구해야 된다. 시험에 해당되는 명사 '페이라스모스'는 동사 '페이라조'에서 유래하였다. 그 뜻은 검사하다(test), 실험해 보다(make trial of)등과 같은 좋은 의미로 사용되나 더 많은 경우 유혹하다(tempt)와 같은 부정적인 의미로 사용된다. 똑같은 단어 '페이라조'에서 변형된 여러 단어들이 있는데 하나님이 하시는 시험은 복주시고 은혜 주시기 위한 시련으로 봐야 한다. 그래서 하나님이 복 주시려고 오는 시련을(시험) 만나거든 온전히 기쁘게 여기라고(약1:2) 한 것이며 아브라함을 시험한 것도(창22:1-2)악으로 하신 것이 아니고 복 주시려고 하신 것이다. 그 사람을 연단시켜 복 주시려고 훈련시킨 것이다. 그래서 하나님께서 하시는 일은 모두가 선이요 복이요 은혜요, 의이다. 그에게는 악은 털끝만치도 없으시다. 그래서 하나님은 악으로 시험하시지도 않고 또 악에게 시험받지도 않으신다.

여기에 비해 사탄과 마귀는 우리로 하여금 시험에 빠지고 지게하려고 우리를 유혹도하고 여러 가지 방법을 다 동원한다. 시험에 빠지거나 시험에들면 결국 하나님과 거리가 멀고 영이 잠자게되고 영적 생명의 세계에서 떨어져 나가게되고 마귀와 사탄들이 의도하는데로 따라가게 된다. 그리하여 죄를 짓게되고 죄값은 사망을 당하게 되있다.

그래서 여기 "시험에 들게하지 마옵시고"는 다시 해석하면 "우리를 시험 안으로 인도하지 마옵소서" 이 말은 하나님의 능동적인 행동을 전제하는 명령형이 아니라 허용적 명령형으로 보아야 한다. 즉 본문이 의미하는바는 "우리로 하여금 마귀의 유혹에 빠지는 것을 허락하지 마소서"라는 의미를 지니고 있다. 실로 대적 마귀는 우는 사자와 같이 두루 다니며 삼킬자를 찾고 있는 이때 우리 성도는 이 기도로써 하나님의 도움을 구해야 한다.

이젠 이런 믿음을 소유하고 사는 성도는 "여러 가지 시험을 만나거든 온전히 기쁘게 여기라"(약1:2)기쁘게 된다. 시련과 연단을 통해서는 하나님의 복과 선을 이루게되고 마귀의 깊은 유혹 속으로는 하나님이 빠지지 못하도록 지켜 주실 것이니 안심하고 시험에 대할 수 있고 복 받을 수 있는 시험을 기뻐할 수 있다. 고등고시 합격할 수 있는 자는 고시 시험을 치루고 합격할 때 떨 듯이 기쁜 것이다. 그러나 이런 기쁨을 얻기까지에는 많은 연단과 인내와 고난이 뒤따른다.

"우리를 시험에 들게하지 마옵시고" 우리의 세계, 즉 구원받은 성도 전체가 시험에 들지 않게 해달라고 기도해야한다. 나 하나만 위해 기도한다면 이기주의며 사욕주의 기도가 되기 때문이다. 우리 성도는 예수 그리스도의 지체요, 그리스도는 교회의 머리이다. 그래서 그 몸 전체를 사랑하여 그 몸 전체가 시험에 들지 않기를 기도해야만 한다.

시험이 없게 해달라는 기도도 잘못된 것이다. 시험은 성도를 연다시키고 유익하게 하기위하여 주시는 것이다. 하나님이 필요한 것이니 주신다. 이 시험을 피하려고 하지말고 시험을 하나님의 뜻에 따라 이겨야 하며 말씀데로 극복해 내야한다. 이기면 유익이 많다. 시험을 이기려면 믿음이 자라야되고 영이 장성한 인격을 만들어내야 한다. 하나님이 우리를 위해 시험을 주실때는 감당할 시험만 주시고 감당치 못할 시험은 아예 주시지 않거니와 시험 당할 즈음에는 피할 길을 주셔서 너로 능히 감당하고(고전10:13)이기고 극복해 내서 복과 은혜가 넘치게 하시기 위한 하나님의 섭리로 믿고 우리는 이 뜻을 바로 알고 오늘도 "우리를 시험에 들게하지 마옵시고"를 계속 간구하며 파도처럼 밀려오는 시련을 당당히 이겨나가자.

2002년 2월 1일
"아브라함과 욥과 다니엘같은 성공한 결과만 생각지 말고
거기까지 과정 속에서 무수히 당한 시험을 이긴 과정을 닮아가자"

평신도를 위한 성경 난해 구절 해설 시리즈 (사복음서 12)

"하나님은 구하기 전에 있어야 할 것을 다 아시는 하나님께 꼭 기도해야만 하는가?"

(마6:8, 32절)

  주님의 유명한 가르침 중에서 산상수훈을 빼놓을 수 없다. 산상수훈 중에서 기도에 대한 주님의 관심은 각별하셔서 이방인들같이 중언부언하고 반복적이고 기복적인 기도를 정죄하시고는 제자들과 성도들이 드려야 할 기도의 텍스트(교본)처럼 주기도문을 가르쳐 주시면서 8절과 32절 두곳에 너희가 구하기 전에 너희 쓸 것을 미리 아시므로 너희가 구하지 않아도 공급해 주시는 하나님임을 가르쳐 주셨습니다.

그러나 주님은 여러 곳에 기도하라고 하셨다. "구하라!, 찾으라!, 두드리라!"(마7:7-8)또 항상 기도하고 낙망치 말아야 할것에 대한 비유로 가난한 과부는 불의한 재판관에게 원수갚아 주기를 소청하였는데 재판관이 듣지 않다가 과부가 너무 귀찮게 메달리니 할수 없이 그녀의 소원을 이루어 주었다는 비유도 가르쳐주었다. (눅18:1-7)그뿐 아니라 예수님이 이땅에 오신 목적과 모든 진행과정을 잘 아시는 하나님께 주님은 밤이 맞도록 기도하셨고 감람산에 습관적으로 가셔서 기도하셨고 심한 통곡과 눈물로 소원과 간구를 올리신 주님의 태도는 나 알고 계시는 하나님께 그렇게 기도할 필요가 있었을까요? 구하기 전에 있어야 할 것을 아시는 하나님께 그리 않해도 다 해주실 것인데 말입니다.

하나님은 전지전능하신 하나님입니다. 과거나 현재는 물론이려니와 미래의 일까지도 미리 다 알고 계시고 또한 우리인간들의 생각까지도 속성까지 다 아시는 분이다. 그러니 하나님의 자녀들의 필요한 것을 너무나 잘알고 계실 것이다. 그래서 우리가 필요한 것(기도중에)은 주기도문 같은 것이니(9-13)자세히 가르쳐 주셨고 모든 기도의 하이라이트와 같은 "너희는 먼저 그 나라와 그 의를 구하라"(33절)는 것으로 결론 지어 주시면서 기도를 잘못 드리지 말고 올바른 기도를 통해서 하나님과 바른 화목과 바른 관계를 유지해야 됨을 가르쳐 주셨습니다.

우리가 있어야 할 것을 다시는 하나님이 그래도 하나님과 바른 관계유지키위해서는 기도해야만 된다는 것이다. 왜냐하면 하나님은 우리와 인격적 교제를 갖기를 원하시고 계시면서 무조건 일방적으로 주고 요구하시는 하나님이 아니시고 쌍방적으로 인격적으로 아버지와 아들의 깊은 신뢰와 교제 속에서 우리의 마음이 하나님께 하나님의 뜻이 우리 심령에 오고가길 원하신다. 또한 하나님은 우리와 동역하기를 원하신다. 하나님은 일하실 때 사람을 통해 또 우리를 통해 일하시는 일이 많으시다. 그래서 성도는 기도로 하나님은 응답으로 올바른 동역과 각각 사역을 감당하시길 원하신다.

이런 배경을 볼 때 본문을 분명히 기도하지 말라는 구절로 이해해서는 안되고 주님이 기도를 금하신 문맥이 아니라 잘못된 이방인들의 기도와 같은 그런 기도를 금하신 것이다. 이방인들은 그들의 신이 그들의 사정을 잘 모르기 때문에 자기들 문제나 사정을 자세히 나열하다보니 중언부언하게되고 또 치성과 정성을 다해야만 들으시기에 오래오래 기도하는 것이 그들의 속성이다. 그러나 우리 하나님은 우리 형편과 처지를 기도하기 전에 있어야 할 것 미리 아시니 중언부언이나 오래오래 기도해야만 되는 것이 아니라 하나님의 뜻대로 구하는 것이 더 중요하다.

이상의 사실을 통하여 우리는 하나님이 우리의 형편을 다 아시기 때문에 기도할 필요성이 없다고 생각할 것이 아니라 우리의 형편을 다 아시면서도 기도를 요구하시는 하나님의 심정을 이해하기 때문에 더욱 기도에 힘써야 한다. 그래서 우리는 왜 기도해야되고 어떤 태도로 기도해야 될 것인지 몇가지로 나누어 볼려고 한다.

1) 기도할 때는 하나님은 우리 자신보다 우리의 형편을 더 잘 아시는 분임을 알고 기도하라는 것이다. 이런 사전 지식이 있을 때 이방인들처럼 무엇을 구해야 할지 몰라 중언부언하거나 하나님을 억지로 설득하는 기도로 어리석은 기도하지 말라.

2) 언제나 기도할 때는 자신을 위해서가 아니라 하나님의 영광을 위해서 무엇을 어떻게 구하는 것이 최선인가를 생각해야 한다. 이렇게 기도할 때 하나님은 우리 기도를 통해 더 많은 일을 속히 먼저 이루워야 할 일을 해주실 것이다.

3) 하나님이 알고 계신 것은 우리의 영육적으로 필요한 것을 알고 계신다. 그것은 우리의 욕망이나 우리의 환상이나 터무니없는 사치가 아니라는 사실이다. 여기서 우리는 우리가 무엇을 구해야하고 기도의 방향을 바로 잡아야 한다.

4) 기도는 하나님으로 하여금 우리의 형편을 아시게 하도록 계획된 것이 아니다. 기도란 우리의 죄와 허물과 잘못을 고백하므로 온유하고 겸손해지고 하나님의 사죄에 감사감격하며 하나님께 굴복을 의미하는 것이 기도이다.

5) 기도하는 성도는 하나님을 절대로 신뢰하고 의존해야 한다. 비록 아버지는 벌써 그의 자녀의 필요를 아시지만 그들이 그에게 기도하므로 그들의 신뢰와 의존과 믿음을 보여주기를 원하신다.

6) 하나님은 분명 선지 선능하시나. 그래서 우리의 모든 필요를 다 아신다. 그리고 분명 우리를 자녀로 사랑하신다. 그래서 우리의 기도는

항상 완전한 사랑이요, 완전한 지혜이신 그 하나님의 뜻을 바꾸기 위해 기도하지 말고 도리어 우리의 뜻을 그 하나님의 뜻에 조화시켜 그의 뜻만 이루어지길 위해서 기도해야 한다.

마지막으로 예수님의 겟세마네 동산에서 하신 기도로 끝맺는 결론을 붙잡고자 한다. "할만하시거든 이 잔을 내게서 지나가게 하옵소서 그러나 나의 원대로 마옵시고 아버지의 원대로 하옵소서"(마26:39,42)

2002년 2월 7일
"구하기 전에 있어야 할 것을 아시는 하나님 앞이니
기도하기가 그리 쉬운 것만 아니요, 오직 내 원대로 되지 말고
하나님의 원대로 되길 소원하는 기도의 사람들이 되자."

평신도를 위한 성경 난해 구절 해설 시리즈 (사복음서 13)

"내일 일을 염려하지 말라 내일 일은 내일 염려할 것이요, 오늘의 염려는 해도 되는가?"

(마6:34)

"그러므로 내일 일을 염려하지 말라 내일 일은 내일 염려할 것이요 한날의 괴로움은 그날에 족하니라" 사람이 살면서 염려없이 산다면 얼마나 좋으련만 염려 없는 분들이 없다. 그래서 어떤 분에게 염려하지 말라고 권면하니 하는 말이 내일 염려만 오늘 미리 끌어 당기어 하지말라고 했지 오늘의 괴로운 염려 오늘의 염려는 하지 말라는 말이 없지 않습니까? 할 때 갑자기 처음듣는 말이어서 당황했던때가 있었습니다.

염려없이 사는 성도가 과연 몇사람이나 될까요? 염려라는 단어가 어느 범위까지 인지 정확하지 않는다. 장래 계획도 염려로 들어가는지 어떤 교회에선 예산도 세우지 않고 하나님이 그 때 그때 주시는데로 쓰고 안주시면 안쓰면되지 미리 예산 세워놓고 염려하는 것은 신앙이 아니라고 한다. 주님도 신실한 청지기가 예비하고 근실한 청지기비유(마24:43-47)를 통해서 (눅12:42-43)장래계획을 정당화 하셨다.

그러나 주님은 어리석은 부자처럼 쌓아둘 곳이 마땅치 않다고 염려하면서 새로운 장고를 짓고 곡식을 많이 쌓아놓고 사랑하는 부자를 정죄했습니다.(눅12:16-21)하나님 없이 물질만 있으면 살 것 같은 생각을 책망하시고 하나님을 위하고 하나님에 의한 계획과 염려가 아니기 때문에 정죄하셨던 것이다.

국어 사전에 염려는 마음에 걱정함이고 걱정은 근심으로 마음을 애태우는 일이며 근심은 속을 애태우는 걱정, 또는 괴롭게 애태우는 마음이라고 한다. 사실로 염려와 걱정과 근심은 한뿌리요, 한형제이다. 그래서 전성경에서 염려란 단어는 28회, 걱정이란 단어는 4회, 근심이란 단어만도 59가지 원어의 단어로 구성되어 112회나 나온다. 결국 이 세가지 단어는 144회나 등장한다.

염려, 근심, 걱정하지 말라는 말이 아무일에도 관심을 갖지 말라는 뜻은 아니다. 이것은 세상일에 대한 지나친 욕심과 집착을 버리라는 뜻이다. 여기서 염려(메림나오)란 '분열되다', '나뉘다' 뜻의 '메리조'에서 유래한 단어로 지나친 근심 걱정으로 인해 마음이 여러갈래로 분열되는 상태를 뜻한다. 실로 이러한 염려의 늪에 빠지게 된자는 생에 있었 참목적을 상실하게 된다. 사실 우리 성도가 고민해야 할 대상은 물질적인 문제에 앞서 먼저 영적인 문제여야 한다. 그리고 물질적인 문제 때문에 마음이 분열되어 영적인 문제를 망각하는 우를 범해서는 안되는 것이다. 이런 것 때문에 주님은 염려, 근심, 걱정, 고민을 하지 말라고 하셨다.

그럼 예수님이 금하신 이유는 무엇인가요? 우리의 장래의 모든 것을 하나님을 신뢰하는 대신에 돈이나, 물질의 넉넉함을 의지하려는 심리를 금하신 것이다. 돈을 더 많이 벌고, 재산을 더 많이 쌓으면 행복해진다는 생각에 돈벌연구로 염려 근심, 걱정하는 것을 정죄하신 것이다. 왜냐하면 이것이 염려와 근심, 걱정한다고 되는 것이 아니라 자기 뜻데로 안되니 더 당황하고 근심염려하게 된다. 그러다보니 오늘뿐만 아니라 내일일까지 염려하게 되나 내일일을 염려한다고 해결될 일은 아무것도 없고 도리어 죄만 쌓게 되니 주님이 이 점을 정죄하신 것이다.

오늘 우리에게 주어진 이 일에 충성, 봉사, 최선을 다하므로 만족하고 기뻐할 일이다. 내일 일을 염려하다보면 오늘일을 하는데 방해만 될 뿐이다. 그러나 하나님이 주신 일을 잘해 보겠다는 염려나 근심, 걱정은 도리어 은혜가 된다. "하나님의 뜻데로 하는 근심은 후회할 것이 없는 구원에 이르게하는 회개를 이루는 것이요, 세상근심은 사망을 이루는 것이다."(고후7:10)하나님의 뜻을 위한 근심, 걱정, 염려는 얼마든지 해도 괜찮다. 그러나 세상을 위한 근심, 걱정, 염려는 사망을 가져다 주기 때문에 우리 주님이 하지 말라고 간곡히 부탁하셨다.

여기서 내일 일을 염려하지 말라는 말과 오늘도 염려하지 말라는 말씀이 주는 교훈은 1) 내일을 위한 계획이나 준비를 하지 말라는 말이 아니다. 늘 준비성과 예비성 있는 성도가 되어야 한다. 2) 내일 일은 요행을 바라거나 운명에 맡기라는 것도 아니다. 우리의 사명과 책임을 다하며 살아야 된다. 3) 내일 일은 우연에 달렸으니 잊어버리고 오늘을 즐기라는 것이 아니다. 늘 하나님께 맡기고 하나님의 인도를 받으면서 하나님의 뜻데로 살아 실천하고 순종해야 하는 것이다. 4) 내일과 내일의 필요한 것은 하늘에 계신 아버지에 의해 예비될 것이니 염려하지 말고 오늘에 하나님 앞에 옳은 것, 하나님을 기쁘시게 할 일만 하라는 것이다. 5) 여호와 이레의 하나님이 모든 것은 다 예비하시고 준비해 주신다. 우리 필요한 것을 다 아시고 예비해 주실 것이다. 이런 하나님만 믿고 아무것도 염려하지 말아야 된다.

"아무것도 염려하지 말고 오직 모든 일에 기도와 간구로 너희 구할 것을 감사하므로 하나님께 아뢰라"(빌4:6) 이 말씀으로 결론을 맺고자 한다. 하나님이 염려하지 말라는 본뜻을 이해하시기 바랍니다.

2002년 2월 7일
"염려, 근심, 걱정, 고민, 이 모든 것은 마귀가 가져다주는 선물이요.
이런 것들을 기도와 간구로 전환시키는 것은 성령님의 특별한 은사이다."

평신도를 위한 성경 난해 구절 해설 시리즈 (사복음서 14)

"비판하지 말라 헤아리지 말라 하셨는데 죄와 비진리에도 비판하지 말아야 되는가?"

(마7:1-5)

우리가 다른 사람을 비판하게 되면 우리는 하나님의 비판을 받게 된다. 우리가 다른 사람을 헤아리게되면 우리는 하나님의 헤아림을 받아야 된다. (눅6:38 헤아림을 도로 받을 것, 막4:24 헤아림을 또 더 받으리라)그러므로 우리가 하나님께 은혜를 받으려면 사람에게 대한 것을 바로해야 한다. 성도가 사람에게는 아무렇게나 마음데로 비판과 정죄와 헤아리나 하나님 앞에만 바로하면 된다는 고르반식 생각은 잘못된 신앙에서 온 것이다.

여기 비판한다는 것은 다른 사람을 판단하고 정죄하고 비방하는 것을 가리킨다. 자기가 하나님의 위치에 올라 앉아서 마치 하나님이 하실 일을 자기가 다 하는 월권행위에 하나님을 무시하는 죄를 덧입게 된다. 성도는 다른 사람을 사랑하고 결점을 덮어주고 용서하는 마음이 있어야 자기도 하나님의 긍휼과 용서와 사랑을 받게 된다.

그러나 죄 문제나 진리에 어긋난 문제에 있어서는 이와는 정반대의 로선을 걸어야 한다. 더 날카롭게 비판하고 판단하고 헤아려서 절대로 혼합이나 타협주의로 나가서는 안된다. 죄문제나 진리문제가 아닌 것은 (윤리, 도덕, 사생활)얼마든지 용서와 관용과 아량이 필요하다. 진리와 비진리의 표준이 모호하고 너무 확실치 못하기 때문에 죄와 비진리에 판단 비판하는 자들을 사랑이 없는 자로 판단하는 것도 잘못이다.

예수님도 에배소 교회가 자칭 사도라하되 아닌자들을 시험하여 그 거짓된 것을 드러내고 니골라당의 행위를 미워하는 것을 잘하였다고 칭찬하셨다.(계2:2-6)적그리스도나 거짓 선지자, 사이비 교역자, 이단을 골라내고 비판 판단하고 정죄하는 것을 하나님은 칭찬하시지 도리어 하나님이 판단하고 헤아림으로 갚으시지 않으신다.

여기 헤아린다는 것은 달아본다는 뜻이 있다. 다른 사람의 인격과 심사를 달아보고 헤아려 보는 것을 말한다. 즉 저 사람이 신앙이 얼마나 깊은가? 낮은가? 저 사람은 좋은 사람인가? 나쁜 사람인가? 저 사람이 나를 어떻게 생각할까? 하고 자기 생각대로 추측하고 헤아리는 것은 옳치 못한 것이다.

혹 다른 사람의 잘못이 드러났다해도 다른 사람을 헤아리는 입장에 서 있지 말고 그 사람을 사랑으로 감싸서 언젠가는 회개할 자로 알고 사랑으로 대하고 회개하도록 기도해 주는 것이 의무요, 사명이다. 그리하여 그 사람이 회개하고 바로서면 과거는 다 잊어버리고 실수하지 않았던 때와 꼭같이 대해주고 사랑해야 된다.

혹 나에게 잘못한 사람이 있다고 하자. 그 사람은 이미 잘못을 깨닫고 회개하고 바로 섯는데 나는 그 사람의 잘못만 기억하고 용납하지 아니하고 있으면 내가 도리어 헤아리는 것이 되어 일은 잘하고도 하나님께 버림받게 된다. 또 내가 남에게 잘못하였다고 하자. 회개한 후에도 "내가 과거에 실수한 것이 있으니 저 사람이 분명 나를 아주 좋치않게 생각할 것이다"라고 추측하는 것도 다른 사람을 헤아리는 것이 된다. 사람을 대할 때 선입관념도 헤아리는 것이다. 우리가 남을 헤아리는 것은 마귀가 주는 시험이다. 그래서 마귀는 우리로 하여금 다른 사람을 예리하게 비판하고 판단하고 정죄하고 헤아리도록 우리를 유도하는데 여기에 빠지면 안된다.

실제로 누구든지 하나님 앞에서 죄인이 아닌자는 아무도 없다. 성도들 역시 죄와 허물로 이미죽었던 자들이지만 왕이신 예수 그리스도께서 베푸신 사죄의 은총으로 인해 구원과 새 생명을 부여받은 복있는 자들이다. 그래서 우리도 다른 사람의 허물과 죄를 질책하기 앞서서 오히려 그들을 사랑으로 감싸주고 더 이상 죄악에 빠지지 않도록 도와주어야 한다.

본 제목이 우리에게 주는 교훈 몇가지를 붙들고 시행해 나간다면 우리 신앙에 큰 도움이 될 것이다.

1) 성도들의 싸움은 혈과 육에 대한 것이 아니라 어둠의 권세와 악의 영들에 대한 것이므로 눈앞에 보이는 이웃들의 잘못에 대하여 시시비비를 가릴려고 애쓰기보다도 눈에 보이지 않는 사단의 궤계에 맞서 대하여 싸워야 한다.

2) 성도들은 이웃의 잘못을 비난하기 보다는 자기 자신의 잘못을 먼저 깨닫고 바로 잡는 겸손과 지혜를 지녀야 한다. 다른 사람의 범죄를 비판, 정죄, 헤아리는 것은 누구나 할 수 있지만 혹시 자신도 동일한 불의에 빠져있지나 않는지 스스로를 돌아보는 것이 더욱 현명한 믿음의 태도이다.(남의 눈의 티보다 내 눈의 들보를 먼저보라)

3) 성도들은 형제와 이웃을 독선과 아집으로 판단하거나 비판해서는 안되나 그렇다고 사랑이라는 명목과 허울아래 죄악과 비진리와 무분별한 혼합과 타협주의로 나가서는 안되나 성도는 죄악과 비진리와는 더욱 철저한 단절과 차단된 생활을 통해 하나님의 백성으로써의 거룩한 삶을 유지해 나가야 한다.

2002년 2월 9일
"죄악과 비진리를 보고도 침묵을 지키는 것은 동참죄에 빠지니 더욱 예리한 눈으로 비판하고 헤아리는 지혜가 있어야 할 때이다."

평신도를 위한 성경 난해 구절 해설 시리즈 (사복음서 15)

"주의 선교 정책은 좁은 문, 좁은 길인데 현대 교회의 선교 정책은 어떤 것일까요?"

(마7:13-14)

산상수훈의 결론적 훈계가 시작되는 구절이다.(13-19) 여기 결론적 훈계는 오직 예수 그리스도의 가르침에 따라 살라는 제목하에 4가지 중요한 요점을 각각 한쌍씩 대조를 이루어서 설명한다. 1)(13-14절)넓은 길과 좁은 길. 2)(15-20절)좋은 나무와 못된 나무로. 3)(21-23절)진정한 제자와 거짓 제자. 4)(24-27절)지혜로운 건축자와 어리석은 건축자로 서로 비교하면서 예수님의 말씀에 현실적으로 나타날 수 있는 두 가지 상반된 반응을 각각 기록하여 어떤 것이 그리스도의 제자로써 합당한 삶인지 밝혀주시며 올바르고 참된 신앙을 촉구하시는 교훈이다.

주님의 선교정책은 나의 갈 길이라고 본다. 천국 가는 길은 좁은 문으로 들어가서 계속 좁은 길로 가야하는 길이므로 많고 대군중이 가기엔 너무 비합리적이고 다 갈수도 없는 길이다. 들어가는 문이 좁으니 가다가 보면 길이 넓어진다고도 하지 않으셨고 끝까지 좁고 좁은 길로써 끝마친 다는 것이다.

그러나 현대교회는 "예수님 믿고 복받으라"는 대전제아래 예수님 믿으면 모든 것이 잘되고 건강하고 성공하고 마음에 평강을 얻고 만사가 형통되는 이런 믿음을 지켜나가기 위해 교회 나오라는 것이다.

그래서 많은 교인들이 지금은 어렵다가도 이제점점 편안하고 축복된 생활로 바뀌는 것이 신앙이라고 믿는 사람이 많다. 과연 그런 것이 기독교의 정체성인가?

예수님은 처음 출생시부터 부활승천하시기 이전까지 길이 넓어 지거나 점점 나아진 것이 전연 없고, 도리어 더 좁은 문, 좁은 길로만 일관하셨다. 조금도 더 건강하고 성공하고 평강을 얻고 만사가 형통하시기 위해 이 땅에 오신 예수님이 아니시다. 도리어 더 무거운 십자가, 더 어려운 고난이 첩첩이 놓였었다. 오늘날 현대 교회의 가장 잘못된 신앙관이 바로 여기에 있다고 본다. 좁은 문, 좁은 길 이외에는 구원이 없는데도 넓은 문, 넓은 길을 추구하고 있는 현대 교회를 바로 개혁해 나가야 할 것이다.

구원과 멸망의 대조적 표현들을 살펴봄으로 더 확실한 설명이 되리라고 본다. 구원을 얻을 수 있는 것으로 표현된 9가지(좁은 문, 찾는이가 적은 곳, 생명으로 인도되는 곳, 협찹한 길, 좋은 나무, 아름다운 열매, 지혜로운 자, 말씀을 듣고 행함, 반석위에 지은 집) 여기에 반하여 멸망으로 표현되는 것 9가지는(넓은 문, 찾는이가 많은 곳, 멸망으로 인도되는 곳, 넓은 길, 못된 나무, 나쁜 열매, 어리석은 자, 말씀을 행치 않음, 모래위에 지은 집) 이와 같이 서로 9가지로 대치하여 설명했으니 얼마나 확실한 설교였는가?

즉 하늘나라 하나님 나라 하나님께 나아갈 수 있는 길은 유일한 길, 유일한 문이 곧 좁은 길, 좁은 문인 예수 그리스도의 길입니다. 이 문과 이 길을 잘 모르겠으면 예수 그리스도의 삶을 성경에서 보면 알 수 있다. 예수님의 생애는 기복이 심한 것이 아니고 시종일관 고난의 길이요, 가시밭 길이었고, 좁고 협착한 길이었다고 본다. 처음에 이 길이니 점점 나아진 것이 아니었으니 우리들의 바람은 우리도 예수님처럼 시종일관 좁은 문, 좁은 길을 원하고 바라고, 가르치고 그래서 실천하며 살아야 할텐데 과연 오늘 우리가 그러한가?

현재 우리의 한 없이 넓어진 문을 좁혀야하고 넓어진 길을 좁은 길로 만드는 것이 현대 참교회의 사명이라고 본다. 높아질데로 높아진 우리 심령을 낮출 수 있는 데까지 낮추어야하고 세상 재미로 길들어진 우리 입맛을 도리어 쓴맛으로 바꿀지라도 주의 선교정책으로 바꿔 나가야 참 그리스도의 제자가 아닌가?

성도는 세상 풍조와 유행을 맹목적으로 따르지말며 특히 악인의 꾀를 쫓거나 죄인의 길에 서지 않도록 조심해야 할 것이다. 하나님의 말씀에 근거한 가치 판단을 하지 못하고 그저 세상사람들과 같은 생활방식을 답습해 나가다가는 반드시 멸망에 이르는 넓은 문, 넓은 길로 가다가 멸망의 문으로 가게 될 것이다.

성도가 좁은 문, 좁은 길로 가려할 때 이 길을 가지 못하게 하는 방해 세력과 유혹이 막아선다해도 이것을 이겨내고 오직 새로운 심령으로 하나님만 따라가다 어떤 어려움과 난관도 불사하는 것이 원리요, 진리인데 현대 교회가 이 진리에는 관심이 없고, 물량주의 물질주의로 복 받는 데만 정신집중 하게되면 넓은 문, 넓은 길이 되어 멸망으로 인도하는 결과가 현대 교회의 가는 길이 되서는 안 된다.

우리 두 개의 문에서 어느 문으로 들어가야 되나. 우린 두 길에서 어느 길을 선택해야 할까요? 우린 두 개의 행선지에서 우리가 선택될 행선지는 너무나 두 말할 필요가 없을 정도이다. 어린아이들까지도 잘 알고 대답할 것이다. 그러나 실제 들어가는 문과 가고있는 길과 목적지는 전연 다른 것이 되고 있으니 어디서부터 고쳐야 할까? 진리나 지식은 바로 알되 실행에서 옮김에서 바로 해야 할 것이다.

좁은 문, 좁은 길을 가는 자는 세속주의나 자기주의, 육신주의를 벗지 않고는 갈 수가 없는 길이다. 세상의 전통과 관습도 세속주의가 되기 쉽다. 진보주의, 혼합주의, 적당주의로도 이길 갈 수가 없다. 오직 하나님 중심으로만 사는 보수적이며, 말씀주의 하나님 앞에서 한 점의 부끄럼 없는 양심과 생활상이 되어야 가능한 길이다. 알면서도 힘들고 어렵다고 딴 길로 가길 좋아하는 현대 교회는 회개해야 한다.

2002년 2월 20일
"가나안에 들어간 여호수아와 갈렙을 위한 교회이어야 할텐데 광야에 쓰러져 죽는 자들을 위한 현대 교회의 선교 정책을 수정해야 한다"

평신도를 위한 성경 난해 구절 해설 시리즈 (사복음서 16)

 "여우도 굴이 있고 새도 거처가 있는데
인자는 왜 머리 둘 곳이 없을까?"
(마8:20)

A 예수님이 많은 권능으로 이적을 베푸셔서 특히 병자들을 고쳐 주시므로 항상 많은 사람들이 늘 따라 다니며 이 광경을 보고 두부류의 사람들이 예수의 제자 되길 원했다. 한 사람은 성급한 성격의 서기관으로 주의 제자되길 예수께 밝혔고 또 한 사람은 도덕적으로나 부모 섬김에 관심이 있는 부모 사후에 주의 제자되길 밝혔다. 성급한 서기관 출신에겐 동문서답 형식으로 주님이 말씀하시길 "여우도 굴이있고 공중나는 새도 거처할 곳이 있으나 인자는 머리 둘 곳이 없다"고 부정적인 대답하셨고 주저하는 사람에겐 "죽은 자들로 저희 죽은 자를 장사하게 하고 너는 나를 쫓으라"고 긍정적인 대답을 하셨다.

여기 서기관은 '성경을 쓰는자'라는 의미이나 일반적으로는 율법에 능통한 학자를 가리킬 때 사용한다. 그들의 직책은 율법을 해석하고 가르치며 율법을 근거로하여 여러 가지 가정문제들을 재판하는 일을 수행하므로 '율법사', '랍비', '선생'이라고 불렀으며 공회의원이 되기도 했으니(막14:43)엘리트 공무원으로써 오늘날 입법부에선 국회의원 사법부에선 재판관, 행정부에선 고위 공무원에 해당되는 지위 높은 분이다.

예수님은 이 서기관의 과거, 현재, 미래를 다 아시고 여우와 새만 못한 한낱 미물보다 못한 인자의 갈길을 따르려는 중심은 좋으나 허영이나 아무 계획없이 나서려는 생각을 접게 하기 위해 인자의 고난과 어려움의 길을 알려주시면서 이런 역경과 고난의 각오가 되어 있어야 할 것을 알려주셨다.

여기 "인자는 머리 둘 곳이 없다"라는 말씀은 여러 가지 해석이 뒤따른다. 하나님의 아들이며 창조주이신 예수님이 온 천하 만물의 주인이시다. 주님은 얼마든지 머리 둘 곳이 있으시고 모든 것의 소유주 되시기도 한다. 그런데 인자이신 예수님이 머리 둘 곳이 없다는 것은 말이 되지 않는다. 땅에 굴을 파고 사는 여우, 높은 나무에 둥지를 만들고 사는 새 이들까지도 가지고 있는 둥지요, 보금자리조차도 인자는 갖지 못하는 낮고 낮은 상태로 낮아지신 예수님의 현재 위치를 보여주시는 것이다. 예수님도 어머니와 여러 동생들과 함께 기거했던 집이 있었다. 예수님은 이 세상에는 머리 둘 곳을 삼지 않으시고 오직 하나님으로 머리 둘 곳을 삼으시는데 예수님 운동으로 알고 따르는 자들에게 주의 운동은 천국운동이라는 말씀을 하신 것이다.

이 운동은 썩어질 운동이 아니고 썩지 않는 운동으로 우리 눈으로 보이지 않는 영원 그 소망의 세계이다. 주의 나라는 이 세상에 속한 것이 아니다. 예수님의 머리 둘 곳은 곧 하나님이요, 하나님의 나라이다. 영원한 안식의 나라인 것이다. 많은 사람들은 세상 운동하면서 육신의 평안이나 세상 것을 얻으려 하는 자는 세상에다 머리 둘 곳을 찾고 있다.

결국 여기의 서기관은 돌아갔으나 하나님의 예정하신 예수님의 양이면 언젠가는 반드시 다시 돌아오게 된다. 예수님을 만난 니고데모도 그 당시에는 돌아가고 말았다. 그러나 그 자리에서 들은 "누구든지 물과 성령으로 거듭나지 아니하면 하늘나라를 볼 수 없느니라"는 말씀을 듣고 이 말씀을 믿고서 공회에서 예수님을 위해 변론하게되고 (요7:50-51) 또 예수님 장사할 때에는 몰약과 침향 섞은 것을 백근쯤 가지고 다시 예수님께 나왔다.

　주님의 제자가 되려면 주를 나의 구주로 메시야로, 하나님의 아들로 믿는 자만이 가능한 것이다. 아무리 서기관이 당시 지도계층에 속한 엘리트라 할지라도 주님을 메시야로 믿지 못하고 '선생님'으로 여긴 것이다. 자기보다 학식이 많은 스승으로 섬기고자 '랍비'라고 불렀으니 유대 나라에선 율법의 대가나 스승을 랍비라고 부릅니다. 주님을 스승과 선생님으로 랍비로 알고 따르는 자는 주의 제자가 될 수가 없습니다.

　주님은 세상에 계실 때 하나님 이외 그 어느것도 기쁨을 주지 못함으로 주님은 절대고독 속에서 사셨습니다. 사랑하는 제자들과도 대화가 안되었고(마16:5-12), 세례요한도 예수님의 친구가 될 수 없었고(마11:1-3), 가족들도 그를 이해하지 못하므로 절대 고독속에 계셨습니다. 누구하나 천국과 그 진리에 대하여 대화할 수 있는 자가 없음으로 온 세상에는 대적들만 들끓어 그를 둘러싸고 있었습니다. 그러니 머리둘 곳이 없으신 것이다.

　그러니 그 주님을 따르려면 주님같은 고독을 느껴야하고 그가 받는 고난과 핍박도 같이 다 받을 자야한다. 바울은 이 고독을 이 세상을 떠나 그리스도와 함께 사는 것이 그의 소원이었다.(빌1:21-23)다만 복음 증거하는 일과 섬기는 교회를 위하여 육신에 거하는 것이 너희에게 유익이라고 했다.(빌1:24-26)바울도 예수님이 느끼신 고독과 외로움을 다 체험하면서 따른 제자였다.

　주님을 따르려는 제자는 반드시 그 대가를 다치러야 한다. 사람들은 흔히 예수 믿으면 복받는다고 한다. 예수님 믿으면 복은 받습니다. 예수님 믿으면 하나님이 원하시는 복을 받게 되는 것이지 내 욕심, 내 소원대로 받는 것도 아니고 이 땅에서 받는 것이 아니고 저 하늘나라에서 받는 것이다. 이 땅에선 주를 따르는 길은 어려운 대가를 치러야 한다.

　성도는 세속적인 복을 받고자 예수님을 따라서는 안된다. 그리고 복

받는 자체가 예수님을 믿는 목적이 되어서도 안된다. 복은 예수님을 믿는 과정에서 오는 하나님의 은혜일 뿐이다. 이 복도 십자가를 지고난 뒤의 복이지 십자가 지기전에는 그런 복이 오지 않는다. 오늘날 믿는 세계가 십자가의 과정을 제외한체 영광만을 바라보는 자가 많다.

주님이 머리둘 곳인 하늘나라는 여우의 굴보다, 새의 둥지보다 더 안식할 수 있는 곳이요, 영원한 보금자리이다. 성경엔 여우를 헤롯왕으로 (눅13:32) 말한적이 있고, 새는 마귀로(눅8:12)말한적도 있다. 즉 세상의 왕궁이 호화찬란하고 공중권세잡는 마귀나 그의 부하직원들이 누리는 세상연락처가 아무리 굉장해도 잠시 후에는 다 없어질 썩어질 것이요, 주님이 바라보고 계신 머리 둘 곳인 하늘나라만이 영원한 곳이요, 영원한 안식처인 것이다. 주님이 바라는 것은 바로 이런 머리둘 곳이 없다고 하신 것이다.

2002년 2월 21일
"우리가 늘 바라는 머리 둘 곳은 어디인가? 잠시 누릴 곳인가?
영원 영원히 누릴 하늘의 안식처인가? 믿음은 바라는 것들의
실상이 될 날이 오는데 그 날에 드러날 것이다"

평신도를 위한 성경 난해 구절 해설 시리즈 (사복음서 17)

"요한의 제자와 바리새인의 질문인 주와 주의 제자들이 왜 금식하지 않느냐? 금식은 해야되나 안해도 되는가?"

(마9:14-17)

유대인들은 화요일과 목요일을 금식일로 정해서(눅18-12) "이래에 두 번씩 금식하고"실행했다. 초대교회 시대엔 수요일과 금요일로 금식일을 바꾸어서 여전히 이래 두 번씩 금식을 실행했다. 본문의 요한은 감옥에 갇혔으며 소문에 의하면 그는 아마 극형에 처하게 될 것이라는 소문을 듣고서 요한의 제자들은 금식 기도하면서 요한을 구해 달라고 종종 금식했다. 그러던 중 금식하는 날 예수님과 그의 제자들을 만났으나 주와 주님의 제자들은 금식일(화요일과 목요일)조차도 금식하지 않고 있는 것을 보고 자연히 요한의 제자들이 화끈 달아오르면서 예수님께 질문하게 되었다.

메시야로 오신 예수님이 세례요한을 위해 어떤 조처도 없고 금식하는 요한의 제자들을 격려하지도 않고 오히려 금식에 관한 전통적의식을 깨뜨리는 발언을 하시면서 모든 종교적인 의식과 형식들, 규범들, 규례들로 범위를 확대시켜서 세가지 비유를 통해 옛것, 새것, 옛진리와 새진리의 조화를 설명하시면서 다 없애지 말고 둘다 보전시키시려는(9:17) 주님의 뜻을 알아야 한다.

첫째 비유와 예증은 예수님 자신을 혼인집 신랑으로 비유하심으로 주님이 바로 종말의 신랑이자 메시야 임을 계시하면서 이 신랑과는 기뻐하며 즐거워해야 하고 이 신랑을 빼앗길 날이오는데 그 날에는 금식하고 슬퍼해야 한다는 것이다. 메시야가 오셔서 구원을 이루어 주는 큰 선물과 은혜를 주는데 왜 슬퍼하며 금식해야 하는가? 그러는 중에도 예수님의 수난까지도 예고하였다.(15절 하반절)

두 번째 비유와 예증으로 "생베조각을 낡은 옷에 붙이는 자가 없나니 이는 기운 것이 그 옷을 당기어 헤어짐이 더하게 됨이요" 여기의 '생베조각'은 예수 그리스도의 복음을 의미하며 '낡은 옷'은 유대교의 교리를 가리킨다. 결국 이 비유는 유대주의적 교리에 예수 그리스도의 복음을 억지로 부합시키려하면 오히려 양자가 모두 손상을 입게 된다는 것이다.

세 번째 비유와 예증으로 "새 포도주를 새 부대에 넣어야 둘다 보존되리라" 이 비유역시 생베조각 비유와 동일한 의도로 사용된 것으로써 예수 그리스도의 '살았고 운동력있는' 복음이 형식적이고 의식적인 것을 중요시하는 금식과 같은 유대교의 낡은 전통에 얽메일 수 없음을 가리킨다.

원래 금식의 기원은 오랜 옛날로 나타나 있는데 아마도 애도의식과 과련된 것 같다.(삼상31:13) 또한 회개의 표시로(삼상7:6, 왕상21:27) 또한 간절한 기도와 더불어(토비트12:8)행해졌으며 또 하나님의 계시를 받기위해 자신을 준비하는 수단으로 시행해 왔다.(출34:28, 신9:9)

모세의 율법에서 금식은 단 한 번 속죄일에 관련해서 규정되었다.(레16:29-31)그후 부림절과 그리고 예루살렘이 파괴되어진 날(아빕월 9일),(에4:1-17)에 하였다. 바벨론 포로 당시엔 70년 동안이나 5월과 7월에 금식하고 애통하였다.(슥7:5)5월은 예루살렘성 멸망당한 달이요, 7월은 이스라엘이 바벨론에 완전 포로로 잡혀 온 것을 기억하기 위해 금식했으나 "나를 위하여 나를 위하여(하나님)한 것이냐 아니면 너희를 위하여 한것이냐"고 하나님이 한탄하셨다. 기도나 금식은 하나님을 위해 하나님께 영광돌리기 위한 것이어야 하는데 그렇지 못한 것에 대한 하나님의 엄한 책망이라고 본다.

본문을 자세히 살펴보면 예수님은 금식을 전연 불필요한 것이라고도 아니하셨고 그렇다고 예수님은 제자들에게 금식의 필요성을 강조하시지 않으셨다. 도리어 바리새인들이나 유대인들이나 요한의 제자들이 금식을 구원의 방편으로 생각하고 있는 것을 예수님은 바로 가르치는 목적과 또 예수님 자신으로 구원을 이루어 나가는 방편임을 강조하시기 위해 세가지 비유와 예증으로 답변하셨던 것이다. 그러나 금식이 잘못된 것이 아니고 구원의 방편으로 오해하고 있음을 고쳐주기 위함이었지 금식이 불필요한 것은 절대 아닌 것이다.

예수님은 구약 선지자들의 심정을 공감하시면서 당시에 유대인들과 바리세인들에 의해 잘못된 외식적인 금식을 반대 하셨다.(마6:16-18) 하지만 자발적인 금식은 자신을 낮추고 하나님의 말씀을 상고하기 위한 정당한 수단으로 인정하셨던 것이다.(마9:14-15) 초대 교회는 중요한 결정이 있을 때마다 금식하였다.(행13:2-3, 14:23)

오늘날 금식기도는 해야 되나 안해도 되는 것인가?에 대해 언급하고자 한다. 금식해야 할 때는 1) 신랑되신 예수님이 보이지 않거나 교제가 안될 때는 금식해야 된다. 기도가 잘 안되고, 성경이 흥미가 없고, 교회가 가기 싫고, 하나님께 헌금하는 것이 짐이 될 때는 밥먹을 자격 없는 자이므로 금식해야 마땅한 성도이다. 신랑되신 예수님을 다시 만날 때까지 기도가 잘되고 성경이 꿀송이 같고 교회 가기가 재미있을 때까지 금식해야 된다.

2) 자기가 부인이 안될 때는 금식해야 된다. 성격이 변화되지 못하고 고집을 꺽지 못할 때, 성질과 화내기를 좋아하고 죄짓고도 양심의 가책

을 모를 때, 빨리 회개하기 위해서 금식해야 된다. 그렇치 않으면 자기를 제어할만한 제도적 장치가 없고 육신의 노예가 되어 망할 길로 가고야 만다.

3) 자기 목소리를 하나님께 상달시키기 위해서 금식하라고(사58:4)했다. 나의 기도를 하나님께 상달시키기 위해서 그냥 기도하기보다는 금식하면서 기도하면 더욱 하나님께 상달되기 쉽다.

4) 자기를 낮추고 겸손해 지기 위하면 금식하라고(사58:5)했다. "그 머리를 갈대같이 숙이고 굵은 베와 재를 펴는 것을" 전제로 하나 자기를 낮추고 겸손해지지 않는 금식은 외식적 기도가 되고 만다.

5) 죄를 회개하기 위한 금식이었다.(사58:6-7)금식기도를 한다면서 도리어 오락을 행하고 세상을 생각하고 싸우고 다투고 서로 미워하였기 때문에 하나님이 그런 금식기도를 받지 않으신다고 하셨다. 하나님이 기뻐하시는 금식은 다음 8가지를 버리고 회개하고서 금식해야 하나님이 기뻐 받으신다고 하셨다.

①흉악한 결박을 풀어주며 ②멍에의 줄을 끌러주며 ③압제 당하는 자를 자유케 해주고 ④모든 멍에를 꺾으며 ⑤주린 자에게 식물을 나눠주며 ⑥유리하는 빈민을 영접하며 ⑦벗을자를 보면 입히며 ⑧골육(친척)을 돌봐주는 것 이러한 일을 하지 않으면 금식하는 것은 하나님이 받지 않으신다.

6) 나와 다른 사람의 영혼을 위하여 육신의 음식을 금하면서 최선을 다하기 위함이요.

7) 내가 타인을 또한 원수까지도 사랑해야 되는데 이 사랑이 나가지 않을 때 하나님의 사랑이 충만케 하기 위해 금식해야 한다.

이런 중심으로 금식하면 그 결과는 속히 나타나리니(사58:8-9)

1) 치료가 급속히 이뤄 질 것이요 2) 네 의가 네 앞에서 행하고(의가 이루어지고) 3) 하나님의 영광이 나타나 너를 호위하고 4) 하나님의 응

답이 속히 이루어진다. 이 얼마나 귀한 것이가? 금식기도는 잘못하면 교만죄에 빠지기 쉽고 잘하면 신랑을 새로이 맞아 기쁨을 되찾을 수 있어서 좋은 것이다.

2002년 2월 22일
"새신랑과 신혼재미 속에 사는지 생베조각, 새포도주, 새부대로 사는지
권태기나 이혼직전에서 옛 사람으로 산다면 금식해서라도 다시 신혼으로 돌아가야 한다."

평신도를 위한 성경 난해 구절 해설 시리즈 (사복음서 18)

"가롯유다를 주의 제자로 부름에 대한 풀리지 않는 사건들?"

(마 10:4)

(문제 제기)
1) 가롯유다는 불택자인데 예수님이 잘 모르시고 제자로 부르신 것일까?
2) 가롯유다를 주의 구원사역에 이용하셨다면 그렇게 비참하게 지옥으로 보내야 할까?
3) 가롯유다도 성만찬에 참여했는데 그런 범죄를 저지를 수가 있을까?
4) 가롯유다는 도적인줄 아시고도 주님은 어찌 돈궤를 맡기셨을까?
5) 가롯유다는 잘못을 알고 뉘우침인가, 양심의 가책인가, 회개인가?
6) 가롯유다의 최후에 비참한 죽음이 우리에게 무엇을 교훈해 주는 것일까?

(문제 해설)

　　가롯유다(Judas Iscariot)는 12사도 가운데 하나로써 예수님을 배반하여 팔아먹은 자이다.

"가롯"은 지명이면서도 가롯이란 호칭은 "거짓말 장이" "잇사갈의 남자"이나 일반적으로는 "그리욧 출신의 남자"라고 한다.

가롯이란 호칭은 (요6:71, 13:36) 유다의 아버지 시몬에게도 붙여져 있다.

가롯유다는 예수님을 배반하여 돈받고 팔아먹기까지한 악명 높은 이름으로 사복음서 모두 등장시킨다. 더구나 예수님은 "열둘중에 하나는 마귀인데"이 말씀은 가롯유다를 지칭(요6:70-71) 한다고 분명히 밝히시기까지 하였다. 이런걸 볼 때 예수님은 가롯유다의 과거, 현재, 미래를 다 알고 계셨고 결국 예수님 자신을 배반하고 팔아 넘김으로 고난받게 되는 것도 다 알고 계셨던 것이다.

가룟유다의 선택과정과 소명과정에 대해서는 기록이 없어 전연 알수는 없다. 그러나 그도 분명 부름 받아 주께 배우고 주의 명령따라 주의 일도 했고 기적을 목격하고 일시 귀신도 내쫓고 신유의 은사를 발휘하여 병든자도 고치기까지 했다(눅9:1-6) 그리고 가룟유다는 다양한 예수님의 제자 사역을 충실 했기에 예수님이 돈궤를 맡기셨다고 본다. 그도 역시 주의 성만찬과 성찬예식에도 참여한 것같이 누가만은 기록하고 있으나(눅22:14-23) 다른 복음에는 언급이 없어서 성찬식 참여 여부는 여전히 수수께기가 아닌 가 한다.

그러나 요13:30절을 보면 가룟유다는 성만찬에서 떡 조각을 받고 나가고 나서 성찬 예식을 거행했다고 본다. 만약 성찬예식에 참여 하고서도 주님을 팔았다면 죄는 더 큰죄를 저질렀고 누가를 제외한 세복음서의 순서상 성찬예식에는 참여치 않은 것으로 안다.

눅22:14-23절의 내용은 순서상 앞뒤가 바뀌었다고 봐야 한다. 만약 가룟유다가 계약의 교제에 참여하였다면 신학적인 큰 문제가 야기된다.

사건을 일으킨 가룟유다는 잘못된 것을 알고서 돈을 다시 제사장들에게 반환하고자 했으나 받지 아니하므로 그 돈을 성전안에 던지고 스스로 목메어 달려 죽으러 나가고 만다.

제사장들이 이 돈으로 토기장이의 밭을 사서 나그네들의 시체를 매장하는 밭으로 정했다.

사도행전(1:18-19)에서는 이 부분에 대해 상세히 기록하고 있다. 가룟유다는 회개하지 못하고 뉘우치기만 하다가 부끄럼과 양심의 가책을 견디지 못해 스스로 목메어 죽고 만다. 죽은 후 목멘 끈이 떨어짐으로 땅에 곤두박질로 내동이쳐 배가 터져 창자가 흘러 나오는 비참한 최후를 드러내 보여 주었다.

가롯유다의 이 비참한 죽음은 초기 기독교로부터 기독교 역사상 많은 설교자들과 저자들이 수없이 인용되어 왔고 그들은 문학적 표현이라는 것을 빌려서 실제 가롯유다의 죽음보다 더 무섭게 보이도록 하기 위해 소름이 끼치는 모든 종류의 무서운 설명을 다 동원하다 보니 좀 과장된 것도 있었다고 본다.

가롯유다의 비극은 예수님의 소중한 가치와 명분을 몰랐기에 팔았다고 본다. 그가 알았다면 이 엄청난 일을 저질를 수가 있을까?

만왕의 왕이요 생사화복의 주권자이신 그리스도의 가치를 전혀 알지를 못한데 기인된다. 에서도 장자의 명분의 가치를 몰랐기에 고작 팥죽 한 그릇에 장자의 명분을 동생 야곱에게 팔고 말았다.

사람들은 자기 소유중 가치 없다고 생각되는 것은 버리든지, 고물장사에게 헐 값에 팔아버리고 만다. 가롯유다가 예수님을 팔았다는 것도 이런 맥락에서 보아야 할 것이다.

그럼 예수님은 가롯유다가 불택자인 것을 잘 아시고도 그를 제자로 선택한 이유가 무엇일까요?

1) 말세에 교역자중에도 불택자가 있음을 알게 하시려고 하신일이다. 오늘 날 많은 교역자중에서도 가롯유다 같은 존재가 있다는 것을 부인할 수 없지 않는가? 온 세상 사람들이 듣고 보고는 꼭 가롯유다와 같은 행위를 일삼는 교역자, 교인 들이 많음을 실감합니다.

2) 불택자도 하나님의 구원운동에 다 이용하시는 하나님이시다. 닭한 마리는 죽어서 주의 일 하는자들이 먹고 더 힘 얻어 주의 구원운동을 할 수 있는데에 제공되기도 하지만 또다른 닭은 죽어서 술집의 술먹는 안주거리, 찌개거리로 죄짓고 못된데 사용된다. 똑같은 닭이 죽어 사용되지만 어디에 어떻게 사용되는가가 중요하다. 우리 모두 하나님께 사용되는 (구원사역에) 도구임을 알아야 한다.

3) 하나님은 택자와 불택자를 추수때(심판)까지 함께 사랑하신다는

것을 알게 하시기 위함이다. 불택자들만 존재한다면 벌써 이 세상은 하나님의 심판 받아 멸망되었을 것이다. 택자를 살리시기 위해 돈 벌어 모아 쌓아서 하나님의 아들들을 위해 쓰게 하시려고(전2:26) 불택자들을 같이 살도록 하시고 한 논에서 알곡 때문에 가라지도 산다. 가라지 뽑다가 알곡까지도 손상을 입을까봐 놔둔것이다.

4) 성경에 이미 가롯유다에 대한 예언을 다 응하게 하기 위함이다.(시41:9, 요13:18)예수님 자신이 나를 팔 사람 예언(요6:70-71, 마10:4) 하신 그대로 조금도 틀림없이 이루어진 사실을 보여주기 위함이다.

5) 주님을 배반하거나 범죄자의 말로는 심히 비참하다는 것을 우리에게 알려 주기 위함이다. 스승이요 선생님을 팔아 먹는 배은망덕한 죄인 3년 반동안 여러 가지 모양으로 입은 은혜를 악으로 갚는 배신자나 범죄자의 말로가 얼마나 비참하게 최후를 마쳤고, 그가 죽고 2천년 동안 수많은 설교가 저술가들이 가롯유다의 배반과 죽음에 대해 논할 때 그가 얼마나 괴로울 건가?

6) 하나님의 영원 전부터의 예정에 가롯유다는 구원받을 사람으로 택하지 않으셨기에 회개하고 구원 얻을 그 많은 기회를 다 놓치고 그의 인생은 허송세월로 보냈다는 것을 우리게 알리기 위함이다. 우리는 믿어지고 주님의 말씀에 은혜가 되고 죄 짓는 것을 수치로 알고 회개할 수 있는 능력 주심에 감격해야 한다.

이러한 이유 때문에 우리 주님은 가롯유다가 불택자인 것을 아시고도 또 배반할 것, 팔 것을 아시고도 제자로 선택하신 것이다. 우리의 선택에도 분명한 뜻이 있으리라.

2002년 2월 25일
"가롯유다도 주님의 구원사역에 불명예스럽게 사용되였는데 우리는 명예스럽게 구원사역에 사용하시려 택해주심에 감사드리며"

평신도를 위한 성경 난해 구절 해설 시리즈 (사복음서 19)

 "오실 그이가 당신이오니까의 질문은
세례요한과 그의 제자중 누구의 질문일까요?

(마11:2-19)

이 질문은 마태(마11:2-19)복음과 누가(눅7:18-35)복음 에만 기록되어 있다. 우리가 세례요한하면 주님의 선구자로 써 주님을 우리들에게 자세히 소개해 주신 분으로도 유명하며 특별히 그의 생활이 근검, 절제, 검약하면서 깨끗한 사생활에까지 주의일을 하는 자들에겐 모범 그 자체였습니다.

예수님을 세례주고 올라올 때 하늘의 음성을 직접듣고 메시야 위에 비둘기 모양의 성령님의 역사하여 나타나신 모습도 직접 보았고 예수 그리스도가 나오실 때 "세상죄를 지고가는 하나님의 어린양"이라고 적합한 칭호까지 붙여 주셨고 "나는 물로 세례를 주거니와 내 뒤에 오시는 이는 성령과 불로 세례를 줄 것이다."라고 확실히 그리스도를 증거했다. 그래서 나는 그의 신을 들기도 감당치 못하겠다고 주님을 높혔다.

세례요한은 그의 사랑하는 제자들이 예수께 가게된다는 보고를 듣고도 하늘에서 주신 뜻이라고 안심시키고 신부를 취하는 자는 신랑이나 신랑의 음성을 들은 친구가 크게 기뻐한다고 예수님의 친구임을 자쳐도 했다. 그러면서도 그는 결정적으로 "그는 (예수 그리스도)흥해야 하겠고 나는(세례요한)쇠하여야 하리라"이 얼마나 위대한 고백인가? 또한 광야에 외치는 '소리'로써 주를 나타내고 소리처럼 사라지겠다고 했다.
　그의 출생의 신비로부터 약 33년 동안 오직 예수 그리스도의 길을 미리 닦기위한 엘리야로써의 사명도 성실하고도 위대하게 완성하였다. 말라기 4장에 예언된 엘리야가 세례요한이라고 주님이 가르쳐 주셨습니다. 주와 말씀만 위하든 세례요한! 헤롯왕의 비리를 숨겨주지 않고 드러내므로 불의와 죄악과 대항하여 싸운 위대한 선지자였던 것이다.
　결국 세례요한은 진리만 지키고, 외치고, 실행하다가 헤롯에 의해 순교까지 당하는 보통 성도와는 전연 차원이 다른 위대한 불굴의 하나님의 종이었다. 그런데 이런 위인이 어찌 오신 메시야를 의심하여 "오실 그이가 당신입니까? 아니면 우리가 다른이를 기다려야 합니까?"라는 질문을 하게 되었을까?
　기록이 잘못된 것인줄은 몰라도 세례요한의 허점이나 실수나 범죄는 우리가 접해보지를 못했는데 갑자기 본문의 이 엄청난 현실 앞에 우리는 어리둥절하지 않을 수가 없습니다. 과연 세례요한이 의심이 생겨서 제자들을 보냈을까? 누가복음에는 제자 둘을 보냈다고 되었다. 아니면 제자들이 스스로 가서 물으면서 요한의 제자인 것을 밝히면서 묻게된 동기는 우리 선생님(세례요한)을 돌아봐 달라는 부탁하려 가서 물음이 잘못 와전됐는지 비화됐는지 매우 궁금하기 그지없다.
　많은 주석가 들은 세례요한이 일시 신앙의 잠이 들었다고 한 목소리를 낸다. 그가 신앙의 잠이 들어서 그리스도에 대한 모호하고 몽롱한 가운데 일시적 착각을 일으킨 것 같다는 것이다. 세례요한은 예수님이 심판주로 오신다는 것을 증거했기에 여우와 같은 헤롯을 당장 심판하시고 세례요한 자신은 감옥에서 즉시 건져내 주시고 즉시 하나님의 나라를 건설할 것으로 알았는데 오히려 세례요한이 오랜동안 감옥생활에도 한 번도 찾아와서 격려나 위로나 소망의 말도 없고 면회조차 오지 않고 매정하고 세상은 여전히 불의가 득세하는 것보니 메시야를 의심하게 된다. 혹심한 감옥 속에서 고생하고 있으면서 심신이 쇠약하니 정신도, 믿음도 쇠약해 졌다는 것이다.

그러나 나는 그렇게 주장하고 싶지 않다. 감옥에 있는 세례요한을 면회하러 온 제자들이 불평하기 시작했을 것이다. 어찌 선생님이 말씀한 예수 그리스도가 메시야가 맞습니까? 정말 메시야라고 하면 어찌 선생님이 이리 고생하시는데 와 보시지도 않습니까? 선생님에게(세례요한)만 무거운 짐과 무서운 함정에 몰아넣고 찾아 오시지도 않는 분이 어찌 메시야라고 믿을 수 있습니까? 이 여러 말을 들은 요한이 너희들이 예수께 직접가서 묻고 확인하라. 내가 여기서 무슨말을 하겠노하고 보낸 것 같다.

이 질문이 세례요한의 질문이 아니라는 몇 가지 증거(가설)(개연성)

1) 그의 신앙고백과 신앙생활을 보았을 때 그리할리가 없고
2) 그가 순교하는 믿음을 가진 자가 그렇게 쉽게 시험들리 없고
3) 예수님이 세례요한에 대해서는 한 마디의 책망이 없는 점.
4) 예수님이 세례요한에 대해 정확하게 증거하신 것들을 볼 수 있다.

만약 세례요한이 의심이 생기고 신앙의 잠이 들어 이런 질문을 했다면 세례요한이 그동안 예수 그리스도를 증거한 말씀들과 신앙고백이 신빙성이 없고 그의 근검 절제한 생활들이 위선이 아니었는지 알수가 없다. 좋게 말해서 세례요한이 사람인지라 잠깐 의기 소침했다고 볼 수 있다. 그것은 우리 같은 범인에게나 해당되는 말이지 복음서에서 나에게 은혜를 준 세례요한이 그럴리 없다고 나는 믿고 싶다.

세례요한은 결과적으로 순교한 순교자이다. 잠깐 의기소침했거나 신

앙의 잠이들 정도라면 자기 생명이 귀한줄 알 것이다. 헤롯에게 평소에 신망이 두터운 세례요한이였다. 막6:20 "헤롯이 요한을 의롭고 거룩한 사람으로 알고 두려워하여 보호하며 또 그의 말을 들을 때에 크게 번민을 느끼면서도 달게 들음이러라" 이정도의 사이니 헤롯이여 내가 잘못됐으니(본인에게 아무도 모르게 말해 줄 일인데 공식석상에서 발표된 것이 잘못되었으니)나좀 나가게 해주소 할만한 위치였다. 그러나 세례요한은 자기의 신념이나 신앙진리에서 한발짜국도 굽히지 않고 끝까지 주교했다가 순교했는데 그럴리 없으리라고 본다.

예수님도 그의 제자들을 보내고 나서 요한에 대해서 한마디의 책망도 없고 칭찬만 하신 주님의 뜻이 이 무엇이겠는가? ①너희가 무엇을 보려고 광야에 나갔더냐? ②너희가 바람에 흔들리는 갈대이냐? ③부드러운 옷 입는 자나 화려한 옷 사치한 옷 입은 자 보러갔느냐 왕궁(헤롯왕궁)에나 그런 사람이 있다. ④선지자보다 나은 자이다. ⑤내 앞의 사자로 오실 엘리야로(말3:1)예언했던 그 장본인이다. ⑥여자가 낳은 자 중에는 이보다 큰자가 없다. (예수님은 성령 잉태와 성령으로 탄생했으니 제외)

모든 인간 중에 이보다 큰자가 없다고 예수님은 요한에 대해서는 한마디도 책망이나 징책의 말씀이 없다. 의심이나 신앙의 잠이 들었거나 의기소침했는데도 주님이 한마디의 지적이 없이 칭찬만 하셨다면 여기에도 문제는 더 심각한 문제가 제기될 수도 있다. 그러니 주님의 칭찬 속에는 요한은 그렇치 않다는 증거이다.

예수님의 세례요한에 대한 설교(마11:7-15)을 가만히 듣고 있노라면 세상사람들은 다 세례요한을 인정하지 않을지라도 예수님은 적극적으로 인정하시고 그를 칭찬과 도리어 제자들은 가고 없는데 제자들을 향하여 거기있는 무리들을 향하여 책망을 하신 것이다. 수님이 인성하실 때는 중심이 범죄하지 않았다는 증거가 아니고 무엇인가? "천국은 침노를 당하나니 침노하는 자는 빼앗느니라"고 하심도 세례 요한같이 이렇게 천국을 침노하듯 힘쓰고 고난 당하면서도 참으면서 기다리는 요한의 믿음이요, 침노하지 않는 믿음은 요한의 제자들처럼 외적 모양만 보고 쉽게 판단하여 그저 질문만 하면 되는 줄 아는 자들을 책망하신 것이다. "모든 선지자와 및 율법의 예언한 것이 요한까지니" 요한을 기점으로 이전은 구약의 그림자로 계시의 말씀을 따랐고 요한이후는 실체되시는 그리스도가 오셔서 천국을 계시하는 이 시점에서의 요한은 그림자로써의 계시도 이루어 볼려고 애썼고 실체되신 예수 그리스도를 가장 잘 나타내 증거하신 분이 요한이다.

눅7:29-30에는 세례요한의 세례를 받은 자들은 예수의 말씀을 듣고 다 의롭게 여겼으나 세례요한의 세례를 받지 않은 자들(바리새인, 율법사들)세례도 안받고 예수님도 믿지 않기 때문에 예수님의 세례요한에 대한 설교 말씀을 듣고 스스로 하나님의 뜻을 저버리고 제생각대로 세례요한을 멸시했다. 이 때 주님은 계속해서(눅7:31-35)이 세대를 책망했다. 장터에 앉아 피리를 불어도 춤추지 않고, 애곡을 하여도 울지않는 양심이 마비된 세대를 실랄하게 꼬집고 책망하신 것이다.

결론을 맺고자 한다.

다른 사람들의 신앙으로는 세례요한이 신앙의 잠이 들었다느니 시험이 들었다느니 의기 소침해져서 일시적으로 잠깐 넘어졌으나 다시 정신차리고 돌아섰다는 것이다. 그러나 나의 신앙으로는 세례요한이 그럴리 없다. 그의 모든 출생의 비밀부터 죽기까지의 행적에서 아무 흠을 잡을 수가 없다. 나는 그의 제자들의 소행으로 보고싶다. 선생님(요한)은 너무 고생하는 감옥에 투옥됐지요, 많은 제자들은 다 흩어지지요, 메시야는 아무 말씀이 없지요 하니 세례 요한의 열열한 핵심 제자들이 참다못해 선생님께 대드니 선생님도 어처구니가 없어 너희들이 예수님께 직접 가서 물어보라는 것이 와전된 것 같다. 세례요한의 작은 실수라면 제자들을 끝까지 예수님께 보내지 말고 설득하고 가르쳐야 할텐데 그는 심신이 너무 지쳐있는 상태였기 때문에 보낸 것이 옥에 티가 된 것 같다.

2002년 2월 28일
"세례요한같이 대쪽같은 믿음을 지키고 살았으면 하는 소원 속에 사는 한 구도자로써 세례요한의 실수가 아니기를 바라다보니 나만은 이 믿음 지키다가 요한처럼 죽기를 소원하노라"

평신도를 위한 성경 난해 구절 해설 시리즈 (사복음서 20)

성령 훼방죄와 성령 거역죄는 영원히 사함 받을 수 없는가?

    예수님은 이 땅에 오신 목적이 죄인을 구원하시려 오셨다. 그리고 우리 모든 죄를 다 용서하셔서 완전 의인으로 만들어 하나님의 아들로 만드시기 위해 오셨음으로 주님은 우리 죄를 (과거, 현재, 미래의 모든 죄) 다 짊어 지셨다. 그런데 오늘 본문에는 성령 훼방하거나 성령 거역하면 이 세상과 오는 세상에서도 영원히 사할 수 없는 것이 된다니 우리가 만일 이런 죄를 지었다면 영원히 사하지 못함으로 지옥가야만 될 것 같다.

여기 또 하나의 문제는 모든 사람에게 짓는 죄와 훼방도 사하심을 얻을 수 있고 인자(Jx)를 거역하는 것까지도 사하심을 얻는데 유독 성령을 훼방하거나 성령을 거역하는 자는 영원히 사함을 받지 못하는데도 문제가 있다. 성령은 하나님과 예수님에게서 나온 위이다. 그런데 여기선 주님보다도 더 높은 격으로 올려 놓아 인자에게 거역하는 것은 사하심을 얻되 성령에게 거역하는 것은 사함 받지 못한다는 것은 성령이 예수님보다 훨씬 높게 보이게 된다.

성령은 성부와 성자로부터 영원 발생하신 분으로 창조와 구속을 완성하는 사명을 맡으셨다. 그러므로 성령의 사역은 죄를 깨닫게 하고 예수님의 부름에 응하게 하고 영원한 진리를 깨닫게 하므로써 성숙한 신앙 인격체로 자라나게 하신다. 그러므로 비록 성부를 경원하시고 성자를 미워한 자라 할지라도 이 성령의 거듭나게 하는 역사로 인해 참회의 자리에 설 수 있는 것이다. 그렇지만 성령의 역사를 거부하고 적극적으로 훼방하고 모독하는 것은 곧 참회와 중생에 이를 수 있는 모든 가능성을 차단되 버리기 때문에 이 세상과 오는 세상에서도 사함 받을 수 없게 된다.

본 요지를 이해하면 마 12:22-37의 내용을 살펴보아야만 그 내용의 전말을 알 수 있게 된다.

1) 바알세불의 논쟁 발단이 된 귀신들려 눈 멀고 벙어리 된 자에 대한 주님이 고침으로 무리들의 놀라는 반응(22-23절)
2) 예수님이 귀신 내쫓고 병고침에 대한 바리새인들의 바알세불(귀신의 왕)을 힘입었다는데 대한 주님의 반박(24-27절)
3) 주님 자신이 성령을 힘입어 귀신을 쫓아내며 사탄권세까지 다 지배하는 하나님의 나라가 임하니 주님 편에 서라(28-30절)
4) 이런 사건의 전말을 보고 듣고 성령의 능력을 사탄과 귀신의 능력으로 거역 훼방하는 자는 사함을 받지 못함(31-32절)
5) 바리새인들의 부당성에 대한 나무와 열매의 비유로 책망하시고 악한 말 무심코 한 말까지 심판하심 경고(33-37절)

그러므로 성령 훼방자와 성령 거역죄의 주님의 언급은 바알세불 논쟁과 결코 분리할 수가 없다. 여기서 "훼방"이라고 번역된 불라스페미아(βλασθημια) "다른 사람에 대한 모독적인 언사" "중상" "모략" "비방"이라는 뜻으로 쓰인다.

70인역에서 이 불라스페미아는 "거룩한 하나님과 관계된 것들을 모독하는 언사"란 의미로 사용했다. 그들은 예수님을 통해 나타난 성령의 역사를 눈으로 보면서 짐짓 범죄하는 자같이 억지부리며 모독적인언사와 중상모략으로 비방했기 때문이다 이는 당시 바리새인에게만 국한된 문제만은 아니다. 성령의 감화감동에의해 명백하게 드러난 하나님의 뜻을 고의적으로 완강히 거부하고 대항하는 모든시대의 사람들 역시 성령 훼방죄와 성령 거역죄의 해당되는 것이다.

성령을 훼방하고 거역하되 죽을 때 까지 계속해서 반항하기 때문에 사함을 받지 못한다. 믿지 않을 때에 성령을 훼방하다가 후에 회개하고 성령을 훼방하지 않는 사람은 성령 훼방죄가 아니다. 예를 든다면 병자가 아플때는 환자이나 나으면 환자가 아니다. 죽을 때까지 계속해서 훼방하여야 성령 훼방죄가 된다.

그러므로 성령 훼방죄나 성령 거역죄는 불택자의 죄라고 볼 수 있다. 믿지않는 자는 근본적으로 중생하지 못됐기 때문에 본래 선하지 못하다. 중생하지 못했기 때문에 근본적으로 마귀의 인도를 받아 한없이 성령을 훼방하도록 되어 있다.

그러나 믿는 사람이 짓는죄는 성령 훼방죄가 아니다 왜냐하면 믿는 자의 영혼에는 성령이 항상 내주하고 계시기 때문에 그 근본 성령을 훼방하거나 성령을 거역하지를 않는다. 단지 하나님의 성령을 근심하게 하는 것 (엡 4:30)이다 우리가 모든죄를 지을 때 하나님의 성령을 근심케하는 죄를 짓는 것이다. 마음이 원이로되 육신이 약해서 성령을 근심케하는 죄를 많이 짓고 있다. 또 성도의 짓는 죄는 성령을 소멸하는 죄이다. (살전 5:19) 신앙생활에 잇어서 성령의 감동은 귀한 것이다. 영적신앙의 모든일은 성령으로 아니하고는 아무것도 할수 없기 때문이다.(고전12:3) 성령의 감동이 올 때 경히 여겨서 무시해 버리게 되는 죄이다. 사람이 무식하거나 게으르거나 육신의 생각을 쫓아갈 때는 성령을 훼방하게 된다. 이것은 하나님의 성령을 근심시키고 곧 하나님을 배척하는 큰 죄가 된다. 그러나 믿는 자는 이런 죄를 회개시켜서 구원을 얻게하지만 불신자의 성령 훼방죄는 회개를 하지 못한다.

성령 훼방죄와 성령 거역 죄는 불택자들이 죽을때까지 짓는 죄이기 때문에 용서 받지 못할 죄이나 성도들이 짓는 죄는 성령을 근심시키는 죄요. 성령의 소욕을 소멸시키는 죄이기 때문에 우리로 능히 다 회개시켜 하나님의 아들이 될 자격자가 되게하시고 성령님과 동거 동행하는 성도는 복 있는자인 것이다.

2002년 3월 2일
"하나님은 야곱을 사랑하고 에서는 미워하심 같이 불택자 들은 죄를 짓되 성령 훼방과 거역을 일삼으나 성도는 성령님을 잠시 근심시킨 이것가지고도 여러번이나 회개하는 자가 되므로 야곱 같이 사랑 받게 된다"

평신도를 위한 성경 난해 구절 해설 시리즈 (사복음서 21)

 **"비유가 아니면 아무것도 말씀하지 아니하셨으니"
예수님이 비유로만 말씀하셨는가?**

(마13:24)

　　비유(Parable)란 한 사물 옆에 다른 사물을 대조시켜 나란히 놓는다는 원어의 뜻에 비추어 어떠한 관념이나 사물을 그와 비슷한 관념이나 사물을 끌어내어 설명하는 것이라고 말한다. 즉 비유란 말하는 자가 강조하려는 요지를 일상생활의 낯익은 상황을 예를 들어 설명하므로써 이해시키는 이야기입니다. 그런데 성경에 나오는 비유는 대부분 심오한 영적 진리와 관련이 있다.

　사복음서에 나온 주님의 비유가 모두 32개이다. ①하나님 나라에 대해서 8가지 ②헌신과 상급에 대해서 4가지 ③기도에 대해서 2가지 ④이웃 사랑, 겸손 세상적 부에 대해 6가지 ⑤잃어버린 자 3가지 ⑥구원받은 자의 감사 1가지 ⑦그리스도의 재림 경고 3가지 ⑧이스라엘의 심판과 천국에 들어갈 자에 대해 5가지로 모두 32가지로 교훈적이며 복음적이며 예언과 심판에 대한 비유라고 볼 수 있다.

　비유의 주석면에 있어서는 ①먼저 가르치고자 하는 중심진리 한가지를 결정하고 ②예수님께서 직접 해석해 주신 부분이 어디까지 인가를 결정하고 ③문맥 속에서 비유의 의미를 보완시킬 다른 단서들이 있는지를 살펴 보고 ④끝으로 다른 비유들과의 비교 연구가 이루워 져야 한다.

이 비유에 대한 본격적인 연구는 윌리허(A.Jüicher)에 의해서 1899년에 시작되었다. 그는 한가지 비유에서는 한가지 교훈만을 유출해 내야 한다고 주장하였다. 윌리허가 등장하기 이전에는 일반적으로 비유를 풍유(알레고리)의 일종으로 취급하였다. 곧 비유 속에 담겨있는 자세한 설명까지도 그 속에 상징적인 의미나 감추어진 의미가 있을 것이라고 생각했던 것이다.(예 : 눅10:34절의 '짐승'을 그리스도의 몸과 동일시 하였다.)

비유의 근본적인 목적은 예수님의 인격과 가르침 안에서 하나님 나라의 도래에 대한 일면을 드러내고자 하는 것이다. 그러나 예수님께서는 또한 그분의 가르침을 감추시기 위해서도 비유를 사용하셨다.(막4:11-12)그런데 마태도 마가도 어찌 비유가 아니면 아무것도 말씀하지 아니하셨다고 했는가? (마13:34, 막4:34)그럼 비유만 말씀하셨는가?

예수님은 비유가 아닌 말씀을 많이 하셨다. 예를 든다면 병자를 고치실 때나, 바리새인들과 서기관들과의 논쟁하실 때에도 대부분이 비유가 아닌 말씀으로 일관하셨고, 특별히 산상수훈(마5장- 7장)에는 비유가 그리 많지 않다. 오늘 본문 말씀만 놓고 본다면 비유 이외는 아무 말씀도 안하신 것 같이 오해하기 쉽다. 비유가 겨우 32개로써 어찌 예수님의 일생의 말씀을 다 대변해 주었다고 볼 수 없습니다.

마13장과 막4장은 갈릴 바닷가에서 특별히 하늘나라에 대해서만 가르치신 내용입니다. 다른 것에 대해 가르침이 아니었고 천국에 대해 7가지 비유를 쏟아 놓으셨습니다. 여기 '이 모든 것을'에 해당되는 '타우타판타'에서 '타우타'는 지시대명사 '후토스'의 목적격 복수로써 바닷가에서 선포하신 이상의 모든 비유들(3절-37절)을 가리킨다. 여기 '이 모든 것'은 공생애 동안 예수님이 주신 모든 가르침이 아니라 씨뿌리는 자의 비유를 비롯한 천국 비유에서 나오는 7가지 비유만을 의미한다. 이러한 '타우타 판타(이 모든 것들)'는 본절 전체를 지배하고 있기 때문에 '비유가 아니면 아무것도 말씀하지 아니하셨으니' 라는 표현에 나오는 비유도 천국에 관한 가르침에만 국한되며 예수님의 가르침 전체에 대당되지는 않는 것이다.

주님께서 천국을 비유로 가르치신 중요한 이유는 이 땅의 말로는 천국을 설명한 수 없기 때문입니다. 사도 바울은 살아서 천국구경을 한 경험이 있는 자입니다. 그런데 그는 그곳에서 말할 수 없는 말을 듣고 "사람이 가히 이르지 못할 말"을 들었다고(고후12:4) 고백합니다. 1년 내내 여름만 계속되는 상하의 나라에서 추위와 눈과 얼음이 무엇인지 어떻게 설명 잘 할수 있습니까? 결국 "....같다"라고 설명할 수 밖에 없다.

마치 천국에 계신 예수님이 이 땅에 오셔서 천국을 한 번 보지도 못한 자들에게 그 천국을 설명하자니 주님이 얼마나 답답하셨겠습니까? 그래서 땅에 있는 것으로 "그와 같고, 그것 같고"하는 비유로 말씀하지 않을 수가 없으셨다. 주님이 그 바닷가에서 계속 비유로만 말씀하시니 마치 비유가 아니면 아무것도 말씀하지 아니하셨다고 비유말씀에 대해 강조하시다 보니 그와 같이 기록을 남겨 두셨다고 본다.

2002년 3월 6일
"천국 백성에겐 알아들을 수 있는 비사로 불택자들에겐 알아듣지 못하게 하기 위해 비밀로 말하는 것이 비유라고 이해해야 한다."

평신도를 위한 성경 난해 구절 해설 시리즈 (사복음서 22)

"주님의 물위에 걸으신 사건 속에 있는 여러 난제들"
(마14:22-23)

(문제 제기)
1. 제자들이 주의 명령대로 순종했는데 어찌하여 풍랑으로 밤새 고생시키셨을까?
2. 이 사건의 출발지와 도착지가 분명치 못하고 서로 상충되는 점(마태, 마가, 요한)
3. 인성 예수님은 육신의 몸을 지니셨는데 과연 물위에 걸을 수 있을까?
4. 베드로가 "만일 주시어든"반신반의하는 믿음인데도 기적이 일어날 수 있을까?
5. 베드로가 주의 능력을 맛보았는데 어찌 무서워하고 의심할 수 있을까?

(문제 해설)

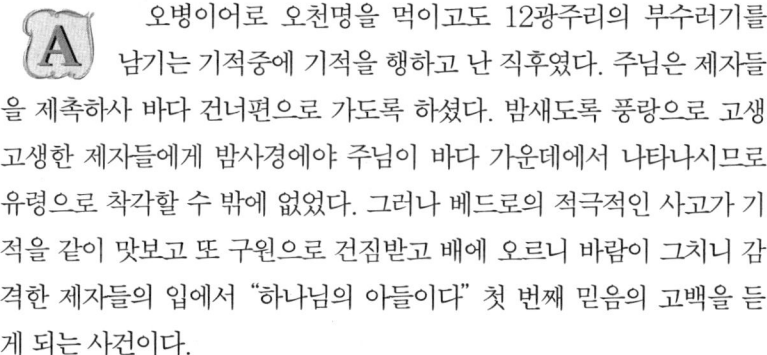 오병이어로 오천명을 먹이고도 12광주리의 부수러기를 남기는 기적중에 기적을 행하고 난 직후였다. 주님은 제자들을 제촉하사 바다 건너편으로 가도록 하셨다. 밤새도록 풍랑으로 고생고생한 제자들에게 밤사경에야 주님이 바다 가운데에서 나타나시므로 유령으로 착각할 수 밖에 없었다. 그러나 베드로의 적극적인 사고가 기적을 같이 맛보고 또 구원으로 건짐받고 배에 오르니 바람이 그치니 감격한 제자들의 입에서 "하나님의 아들이다" 첫 번째 믿음의 고백을 듣게 되는 사건이다.

1. 분명 제자들은 주의 명령을 100%순종했다. 예수님은 산으로 기도하러 올라가셨고 제자들만 배를 노저어 오후 5-6시에 출발하여 밤사경(3-6시 사이)에 야주님이 찾아오셨다. 여러 가지 하나님의 뜻이 있건만 몇가지만 증거한다면 ①제자들을 연단시키고 시련시켜서 주로 하

나님의 아들임을 믿고 고백할 수 있는 자들로 만드시기 위함이었다. ②캄캄하고 풍랑이는 바다에서 주님을 찾도록 사모하도록 하기 위함 ③고난과 역경 중에 주님이 꼭 나타나셔서 은혜와 평강도 주고 구원해 내는 주님을 알게하시기 위함이다.

2. 이 사건은(마태14:22-33, 마가6:45-51, 요6:15-21)세 복음서에 기록되어있다. 이 사건의 구체적인 지명은 어디일까? 막6:45절에는 이 때의 행선지가 '건너편 벳세다'로 나오고 요6:17에는 '가버나움'으로 가는 도중 풍랑을 만난 것으로 나온다. 그리고 마태14:34절에는 '게네사렛' 땅에 이른 것으로 나와 있으므로 서로 상충되는 것으로 보인다. 분명 오병이어의 기적을 행한 곳은 벳세다로 갈릴리 동북쪽 해안에 위치한 벳세다 율리아스로 이 지방중에 가장 변방인 동북쪽이다. 즉 벳세다 외곽지역에서 벳세다 중앙인 갈릴리 바다 동쪽 벳세다에 먼저 보내시고 그리고 다시 바다 건너 가버나움으로 가도록 하였다고 생각하면 이러한 상충되는 기록은 충분히 해결될 수 있는 문제이다. 그러나 그들은 풍랑을 만나 결국 게네사렛으로 가게되었고 가버나움도 게네사렛 지역의 일부이기 때문에 전연 상충되지 않는다고 봐야 한다.

3. 인성 예수님이 어찌 물위를 걸을 수 있을까? 최근 일부 자유주의 신학자들은 예수께서 물위로 걸으신 일에 대해 전적으로 회의적인 견해를 표명하고 있는데 그들은 곧 예수님께서 물위를 걸으신 것이 아니라 물가에 위치한 갈대 숲 혹은 호수가에 난 길을 따라 걸으셨다는 것이다. 물론 과학을 신봉하는 현대인들에게 이러한 견해는 상당히 설득력있게 들리겠지만 이는 예수 그리스도의 능력을 전혀 감안하지 않는 강박한 판단이다. 예수 그리스도께서 행하신 그 이적들이 어떻게 인간의 사고나 과학적 이론으로 설명되어질 수 있을까? 뿐만 아니라 제자들이 탄

배가 호수 한가운데 있음을 감안해 볼 때 예수님께서 호수가에서 말씀하셨다면 그 폭풍우 속에서 과연 제자들이 그 말을 듣고 베드로가 물위로 걷게 해달라고 부탁할 수 있겠는가? 앞뒤가 맞지 않는다.

4. 베드로의 반신반의의 믿음 같이 보이는 고백같다. "만일 주시어든"(에이쉬에이)앞에 에이는 접속사이며 뒤에 에이는 '......이다......있다' 의 뜻이다. 그런데 접속사에는 가정적 조건문에서는 연합되는 경우에는 토론적으로 사용되어' 과연 주님이시므로' 의 뜻을 갖는다.

'만일 주시어든' 이라는 말은 베드로가 물위에 걸어오는 사람은 주님이신가 아닌가를의심하기 위한 의도에서 한 말이 아니라 예수 그리스도께서 지금 물위로 걸어오신다는 사실과 주님의 명령과 그 능력에 의해 그 자신도 물위를 걸을 수 있다고 하는 사실을 확실히 믿고 있다는 것을 의미한다. 그 예를 성경에서 찾아보자.

왕하1:10절에 엘리야가 오십부장에게 한 말 "내가 만일 하나님의 사람이면 불이"여기서 엘리야가 내가 하나님의 사람인지 아닌지 의심해서 한 말이 아니고 엘리야 자신이 하나님의 사람임을 강조했기에 하늘에서 불이 내려 왔다. 행16:15절에 "저와 그 집이 다 세례를 받고 우리에게 청하여 가로되 만일 나를 주 믿는 자로 알거든 내 집에" 루디아가 하나님을 믿고 공경하였으며 온 집안이 세례까지 받았는데" 만일 나를 주 믿는 자로 알거든" 이라고 한 것은 자신이 주를 믿지 않는지 의심이 나서 한 말이 아니고 주를 믿었고 또 믿는 줄을 알고 바울이 세례를 주었기 때문에 이제 우리 집에 들어와 유하라는 것이다. 여기 "만일"은 자기가 주 믿는 자임을 확증하는 말이다. 베드로의 확고하고 믿음의 고백을 들으신 주님이 물위로 걷도록 하신 것이다.

5. 베드로가 어찌 무서워하고 의심하였는가? 베드로도 처음에는 주

의 명령을 따라 주님만 바라보고 용감하게 나아갔으나 도중에 바람과 큰 물결을 바라보고 무서워하고야 말았다. 그러므로 몸이 물속으로 빠져 들어가고 있었으며 모든 수단 방법으로 나올려하고 물위를 걸으려 했으나 불가능하였다. 빠져들어가게 된 이유는 예수님만 믿고 바라보던 눈이 다른데로 돌려질 때 주의 능력이 떠나게 된 것이다. 베드로가 물결이나 바람을 보지 않고 예수님만 바라보고 갔더라면 온 갈릴리 바다를 마음껏 뛰어 다녔을 덴데 그만 시선과 중심과 생각이 주께로부터 떠나게 되니 주의 능력도 떠나고 말았다. 무서움, 의심, 불신 모두가 사탄과 마귀의 작품이다. 인간인지라 무서움과 의심이 없을 수는 없으리라고 보나 이것을 믿음으로 제압하고 극복해 나가야만 우리의 신앙을 유지해 나갈 수가 있는 것이다. 주님은 우리를 도우시고 사랑해 주는 주님임을 믿어야 하는데 믿음이 적은 연고로 그만 주님이 안도와 주시면 이 물속에 빠질 것이요, 주님이 사랑해 주시지 않으면 어쩌나 하는 의심이 들어오므로 믿음이 약해지고 믿음이 약해지므로 주의 능력이 나가게 되니 몸이 물속으로 빠지게 되었다.

베드로의 직설적이고 열정적인 그의 일면이 꼭 우리의 모습을 보는 듯하다. 그 무수한 은혜와 체험과 가르침을 받고도 순간순간 우리의 눈과 중심이 다른데로 돌려지는 때가 많음을 솔직히 고백하면서 海上步行(해상보행)사건에선 일말의 난제도 존속하지 않음을 감사드린다.

2002년 3월 8일

"만일 주님이 나에게 능력주시면 나는 새처럼 날아서 천국까지 날고 싶고, 태평양 바다 위를 걸어서 횡단하여 미대륙에 첫 번째 도착에 성공한 자가 되고 싶다."

평신도를 위한 성경 난해 구절 해설 시리즈 (사복음서 23)

 "오병이어로 오천명, 칠병이어로 사천명 이 기적사건에 대한 난제들"

(마15:32-39)

    1) 주님이 기적을 일으킨 사건이 아니고 가지고 온 도시락을 내 놓고 먹게 되었 다는 주장.
2) 오병이어나 칠병이어는 한 사건이지 두 사건이 아니라고 주장.
　주님의 모든 기적과 이적을 인간 이성에 부합되지 않으면 재해석 하므로 각종 초자연적인 기사를 부인하고 재해석하려드는 자유주의 신학형태로 역사적인 성경기록과 상충되는 것을 없애려고 한다. 이러한 견해를 취하는 현대 신학자로써 독일의 바움가르덴 크루시우스(Baumgarten-Crusius 1788-1843)와 파울루스(Paulus 1761-1851)를 들수 있다.
　주의 오병이어의 기적이나 칠병이어의 기적에 대해서도 다음과 같은 2가지 주(註)를 달고 있다.
　1) 이 사건은 예수 그리스도의 이적이 아니다 먹을 것이 없느냐는 주님의 질문에도 불구하고 아무도 자신이 지니고 있던 도시락을 내놓치 않을 때 한 소년이 자신이 갖고 있던 떡5개와 물고기 2마리를 예수께 내놓자 이에 부끄럼을 느낀 사람들이 자신들의 도시락을 서로 내놓음으로써 모든 사람이 나누어 먹으니 그 수효가 5천명이나 되었을 뿐이다고

주장한다.

  2) 이러한 허무한 사실을 예수님이 자신이 떡을 만들어 먹였다고 주장하지는 않치만 그의 제자들이 만들어 퍼뜨리게 되었고 이 사건 역시 단한번 밖에 없었던 것을 제자들이 말을 만들어 내어 마치 2번 있었던 것으로 만들어 낸 조작에 불과하다는 것이다. 이와같은 견해가 보다 발전하여 새로운 자유주의 신학형태로 나타난 것이 바로 불트만(Rudof-Bultmann 1884-1976)의 "비신화화론"이다. 그는 성경에 나오는 모든 초자연적인 기사를 신화로보고 이를 실존론적으로 해석하려 하였다.

  그러나 이와같은 견해는 예수 그리스도의 신성과 그의 능력을 전적으로 부인하는 인본주의 사상이라고 볼 수 있다. 우리는 이보다 더 크고 거대한 사건도 믿어진다. 심지어 죽은자를 다시 살리신 예수 그리스도의 능력까지도 전혀 의심하지 않는다. 예수님이 죽은지 삼일만에 무덤에서 부활한 것도 조금도 의심하지 않는다. 왜냐하면 그 분은 하나님의 아들이면서 모든 기사와 이적의 장본인이 되기도 한다. 그러므로 우리는 이 사건은 분명히 예수님의 이적이라고 믿고 또 확신할 수 있습니다. 그러므로 비 신화화론 즉 신화로 보는 것을 통박한다.

  물론 두 기적을 자세히 살펴보면 같은 면도 많지만 독창성이 (Originality) 확연히 드러난다.

  유사성 : 두 기적의 동기에서 굶주린 무리에게 대한 측은지심이 발동되었다는 점. 제자들에 의해 떡이 잘 분배된 점. 똑같이 축사하고 떼어준 점. 50명씩, 100명씩 따로 앉게 허락하였다는 점. 여자와 아이들을 배제한 점. 그러나 유사점보다는 상이점이 더 많다. ①주요대상 : 오병이어는 유대인, 칠병이어는 이방인이었으며 ②장소도 벳세다 들판과 데가볼리 광야로 전연 다르다 ③시기역시 3,4월경의 봄과 봄이 훨씬 지난 시기로 다르다. ④떡 5개와 떡 7개가 다르고 ⑤5천명과 4천명도 현저히 다르다. ⑥주은 부스러기도 12바구니와 7광주리로 다르며 ⑦모인 기간

도 하루만에 모였고 또 사흘만이기에 다르다.

이 이적의 목적은 ①빌립과 같이 인간의 지혜로 계산하고 판단하는 신자에게 인간지각에 뛰어난 하나님의 역사를 교훈하기 위함이다. ②그 나라와 그 의를 구하고 영의 양식인 말씀을 구하는 자에게 하나님께서 반드시 육신의 양식도 주신다는 것을 알게 해주기 위함이다. ③보리떡과 같이 보잘 것 없는 사람이라도 하나님께 바치기만 하면 하나님께서 능력으로 사용하여 많은 생명을 살릴 수 있다는 것을 보이신 것이다. ④한 아이가 점심으로 먹을 정도의 적은 분량의 물질이라도 하나님께 바치면 하나님께서 많게도 하시고 또 크게도 하셔서 큰 일을 이루시는 것을 교훈하기 위함이다. ⑤이 표적을 행한 궁극적인 목적은 생명의 떡이 되시는 예수님의 몸을 많은 사람에게 영의 양식으로 주어 모든 택한 백성의 생명을 살리시는 것을 나타내는데 있다.

그 외에는 수 없는 교훈이 담겨져 있다. ①예수 그리스도께 나오는 자는 지위 신분 고하를 막론하고 누구든지 구원의 은혜에 참여하게 된다는 것이다. ②예수 그리스도는 복의 근원이므로 그와 함께 하는 자는 영원한 축복에 동참하게 된다는 것이다. ③성도는 다른 사람들이 처해있는 육신적 곤고와 물질적 궁핍을 결코 외면해서는 안되며 그들의 부족함을 채워주기 위한 노력을 해야한다. ④하나님께서는 비록 작은 것이라도 정성으로 드리면 하나님은 놀랍고도 풍성한 축복으로 갚으신다. ⑤하나님의 명령은 순종하면 곧 성취를 의미한다고 본다. ⑥성도는 무엇을 먹을까 무엇을 마실까 염려해서는 안된다. ⑦부스러기도 버리지 말고 잘 관리해야 한다. ⑧모든 고통과 문제해결은 그리스도를 통해서만 해결이 가능한 것을 교훈하며 ⑨우리의 생명까지도 유지하는 방법이 오직 예수 그리스도께만 가능한 것이다. ⑩이 기적 후에 흩어짐 같이 하나님께 영광을 돌리는 가운데 흩어져서 이 복음을 전해야 하는 것이다.

이 기적은 분명 두 사건이다. 그 이유를 세가지만 들어서 증명해 보이겠다.

① 예수님의 증거이다. 예수님 자신이 이 두사건을 자세히 논하셨다. 마16:8-10 9절엔 오병이어로 5천명 먹이고도 12바구니 주은 것, 10절엔 7병2어로 4천명을 먹인 일을 기억하지 못하느냐고 책망하신 사건을 볼 때 예수 그리스도의 증거라면 그 이상의 증거가 필요없을 것이다.

② 이 사건을 사복음에 모두 가다 언급되었다. 오병이어에 대해선(마14:13-21) (막6:32-44), (눅9;10-17), (요6:1-13) 모두 다 기록하고 있다. 그러나 7병 2어는(마15:32-39), (막8:1-10)이 두곳 밖에 없다. 이것은 곧 두 사건임을 분명히 증명하는 것이다.

③ 5병 2어는(마14장)에 있고 7병 2어로는 (마15장)에 있다. 한 기자가 한 사건을 기록했다면 두 사건이 전연 다르게 기록하겠는가? 이것은 분명 두 사건이기에아주 명료하게 두 사건으로 기록했다.

이제 5병 2어의 사건이나 7병 2어의 사건의 난제들은 모두 풀린 것이다. 이제 우리는 그대로 믿고 순종하고 따르는 것만 남았다. 바리새인과 사두개인들의 거짓되고 악한 교훈인 "누룩"비유를 통해서도 제자들은 어제 먹었던 떡이 없음을 한탄하며 걱정만 늘어 놓았다. 이제 우리는 세상적이고 물질적인 차원을 벗어나서 주님의 영적이며 무한한 능력의 창조주요 생명과 빛의 근원이신 주님만 따라가시길 바랍니다.

2002년 3월 12일
"오병이어나 칠병이어는 분명 두 사건이며 신화가 아니고 주님의 표적이며 우리는 끝까지 이데로 믿고 살다가 하늘나라가려 한다."

평신도를 위한 성경 난해 구절 해설 시리즈 (사복음서 24)

"여기 섰는 사람 중에 인자가 왕권을 가지고 올 것을 볼자도 있다." 그 진실은?

(마16:28)

당시 12명의 제자들을 앞에 두고 하신 말씀인데 인자이신 예수님이 왕권을 가지고 오신다는 것은 재림을 뜻하는 것 같은데 그렇다면 제자들의 생전에 재림을 보아야 할텐데 실제적으로 주님의 재림이 지금 이 시대까지도 이루워지지 않으셨으니 이 말은 다른 뜻이 있는지? 아니면 예수님의 예언이 잘못된 것인지 또 여러 학자들의 주장하고 있는 것 중에서 어느 것이 옳은 것인지 살펴보고자 합니다.

1) 막9:1절과 연관시켜 하나님의 나라는 주님이 말씀할 때 이미 도래했었고 제자들은 그것을 보고(깨닫고), 있었다는 것이다. 그러나 이것은 '보다'라는 말을 왜곡 해석함으로써 생겨난 견해이라고 본다. (C. H. Dodd)

2) 부활사건 또는 오순절 사건을 가리킨다는 견해(칼빈) 이 해석은 설득력은 있기는 하나 "여기 섰는 자 중에 죽기 전에 하나님의 나라를 볼자들도 있다"는 구절을 설명하기에는 시간적, 문맥적으로 적절하지 못하다.

3) 주후 70년의 예루살렘멸망으로 보는 견해(Plummer Clarke) 그러나 바로 앞절(27절)이 예수님의 재림을 이야기하고 있다는 점에서 조

화를 이루지 못하는 것 같다.

4) 예수님의 재림을 가리킨다고 보는 견해(Allen)-그러나 예수님의 선교는 세상 끝날 까지 계속되어야 하는 것으로 (마28:20) "여기 섰는 자들"인 제자들이 죽기전에 그 선교적 사역이 완수되었다는 것은 잘못된 표현이다.

5) 엿새후에 있을 변화산에서의 예수님의 변형을 가리킨다는 견해 (벵겔 크리소스톰) 불과 6일 후의 일을 예수님이 "진실로 진실로 너희에게 이르노니", "여기섰는 자 중에 죽기전에" 이런 표현은 너무 터무니없고 더욱이 변화산상에서 현장을 목격한 세 제자에게 함구령을 내리고선 여기선 공개하는 것은 석연치 않다.

6) 죽음을 맛보지 않은 사람들은 엘리야와 에녹같이 영생한 자들에 대한 기술적인 언급이었으며, 예수님이 실제로 그 영생한 자들을 말씀하셨다는 견해 (Bruce Chilton)-이것 역시 12제자들을 앞에 두고 말씀했다고 보기엔 무리 같고 11제자 중에는 순교로 죽지 않은 자가 없기 때문에 무리인 것 같다.

7) 재림 사건이기 보다 일반적인 언급이었다는 견해 즉 부활 후에 그리스도의 왕적통치로 이루워질 복음전파 등이다. 칼빈은 구속사의 견지에서 그 나라의 그 능력이 예수님의 제자들을 통해서 역사하므로 교회를 탄생시킨 것과 고난으로 인한 하나님의 영광의 표명을 들었다. 영광의 길은 십자가의 길이며 그들이 죽기 전에 여기섰는 어떤 사람들이 보게 될 인자의 다스림이 십자가에 의해 시작될 것을 가리켰다고 보았다.

많은 학자들이나 목회자들이 변화산 사건을 두고 한 말씀이라고 주장하는 견해가 가장 많은 편이다. 그러나 변화산 사건은 예수님이 하나님의 메시아 왕국의 설립자로써 하늘의 영광스러운 모습으로 베드로와 요한과 야고보에게 나타내 보여 주셨다. 그러나 이 해석의 문제점은 거기서 (눅9:28) 예수님은 죽으실 것(떠나실 것과 십자가 지실 것)을 예언 하셨지 다시 오실 것까지는 예언하시지 않은 점이 석연치 않다.

그 다음으로는 오순절 성령 강림사건을 두고 한 말씀이라고 하나 이 강림사건으로 주님이 말씀하심과 같이 "내가 너희를 고아와 같이 버려두지 않겠다."고 하신 후 보혜사 성령을 보내주신 일을 보아 이제 주님이 제자들에게 다시 오실 것은 성령으로 같이 하실 것이기 때문이었다. 그러나 오순절 성령강림 같은 체험이 아니었어도 이미 그들은 성령 받지 않았는가? 오순절 사건을 두고 말씀함도 석연치 않다.

또 많은 사람들이 주 후 70년에 로마 티도 장군에 의해 예루살렘의 멸망 사건을 두고 한 말씀이라고 믿고있는 견해에도 물론 이 사건은 하나의 심판 사건으로써 재림하시는 예수님이 하실 중요한 일인 것이 사실이다. 그리고 실제로 주 후 30년에 십자가에 죽으신 사건으로 인한 그들의 메시아 배척의 심판이 주 후 70년에 예루살렘 멸망으로 성취되었다. 그러나 천사와 함께 영광 중에 오실 예수님의 직접적인 심판의 역사는 아니었기에 이성의 멸망사건을 두고 말씀하셨다는 것도 무리인 것 같습니다.

보수주의적 해석은 (헨드릭슨) 좀더 일반적인 언급으로 보는 견해이다. 즉 이 말씀은 부활, 오순절, 재림, 등의 특수한 사건만을 가리키는 것이 아니라 예수그리스도 부활 후 여러 방식으로 그리스도의 왕권이 나타날 것이라고 보는 것이다. 그예로 제자들의 급증과 이방인에게로 복음이 전파되는 것을 들 수 있다. 즉 '거기 섰는 자 중 다수는' 예수님의 복음이 로마 제국 전역으로 확산되고 개종자들이 많아지는 현장을 목격한 것이다. 이는 예수님이 죽음의 권세를 물리치시고 영광스런 부활의 아침을 맞이하시고 또한 오순절 성령을 통한 각 심령들에게 영원히 임재하는 것이며 지금도 하늘 우편에서 왕권으로 주의 교회와 성도들을 친히 다스려 가심으로써 주의 약속은 다 이루어졌다고 본다.

성경 한 절 한 절 속에는 반드시 역사적 사실이며 영적 진리가 숨어

있고 말세의 예언으로 주신 말씀이다. 마16:28 역시 역사적 사실로 주님이 직접 우리에게 말씀해 주셨으나 오늘 우리에게 많은 영적 교훈이 내포되었고 말세를 만난 우리에게 예표적으로 말씀해 주신 것으로 받아드려야 한다.

즉 여기 섰는 사람 중에 (제자들)죽기 전에 예수님이 재림하시는 모양을 예표적으로 (변화산에서 변형)볼 자도 있고 예수님이 심판자로 오실 것을 예표적으로 주후 70년에 예루살렘멸망으로 볼 자들도 있을 것이며 예수님이 직접 왕권을 가지고 오실 것의 예표적으로 오순절 성령강림으로 모든 삼라만상을 다스리시고 인도, 주장하는 것을 예표적으로 볼 자들도 있다는 것을 주님이 말씀하신 것으로 믿어야 하겠다. 실제로 제자들은 엿새 후에 변화산에서 보았고 70일 후에는 예루살렘에서 성령강림으로 보았고 40년 후엔 예루살렘에서 멸망하는 것을 보고 죽은 자들이 많기 때문이다.

2002. 3. 14.
우리는 죽기 전에 하늘 나라를 맛보고 살고 있으니 위대하며 주의 변형, 주의 왕권, 주의 심판을 날마다 체험하고 믿고 살고 있으니 세상에 우리 같이 복 있는 자는 없을 것이다.

평신도를 위한 성경 난해 구절 해설 시리즈 (사복음서 25)

 **"부자, 약대, 바늘 귀, 천국의 비유에서
부자가 천국 갈 수 있는가?"**

(마19:23-26)

　　본문을 자세히 읽다 보면 부자는 천국 가기가 매우 어렵고 가난한 자는 쉽게 생각이 듭니다. 예수님이 "부자는 천국에 들어가기가 매우 어려 우니라"고 말씀하시고 여기에 덧 붙여서 "약대가 바늘귀로 들어가는 것이 부자가 하나님나라 들어가는 것 보다 쉬우니라."는 설명에 많은 제자들이 깜짝 놀라서 묻는다. 그러면 누가 (부자, 가난한 자 중 누가)구원을 얻을 수 있으리이까? 주님 대답은 "사람으로는 할 수 없으되 하나님은 할 수 있느니라." 불가능한 부자도 하나님은 능히 천국에 보낼 수 있다는 대답이었습니다.

　실제로 부자는 천국 가기가 어렵다. 실제로 부자일지라도 마음으로는 다 하나님의 것인 줄 알고 가난한 심령이 되면 괜찮다. 물질이 아무리 많아도 마음으로 전부 하나님께 받쳐 놓고 하나님의 뜻대로 필요한 곳에 쓰는 사람은 심령이 가난한 자이다. 부한 마음을 가지고는 절대로 하나님의 나라에 들어가지 못한다. 본문에서 말하는 부자는 마음의 부자를 말한다. 대게는 돈과 지식과 권세가 많은 사람이 마음의 부자가 되기 쉽다. 그러나 이런 것들이 없는 데도 하나님을 모르며 마음의 부자 노릇 하는 사람도 있다. 천국은 가난한 심령을 가진 사람이 갈 수 있는

마태복음 • 113

곳이다. 부자는 언제나 함정에 빠지기 쉽다. 재물로 인해 함정에 빠지는 이유를 몇 가지로 살펴보기로 하자.

1) 오직 육신의 것에 집착하기 쉽다. 재물이 있는 곳에 그 마음도 있기 마련이므로 천국에 대해 집착할 여유를 빼앗기게 된다.

2) 황금 만능주의에 빠지기 쉽다. 돈만 있으면 필요한 모든 것을 마련할 수 있고 모든 난관도 타개할 수 있다고 믿는 위험이다. 물론 돈은 생활을 편리하게 하고 윤택하게 하는데 있어 필수적이다. 그러나 인생의 가장 고귀한 것을 돈으로 해결할 순 없다.

3) 이기주의를 부채질하기 쉽다. 사람의 탐욕은 채워지지 않는 무저갱과 같다. 따라서 탐욕을 채우면 더 큰 탐욕이 생기게 마련이고 많이 가질수록 오히려 더욱 수전노가 되어 가난한 이웃에 무관심하게 되는 예를 많이 볼 수 있다.

사실상 재물에 대한 관심은 있는자나 없는자를 막론한 보편적 현상이라고 할 수 있다. 또한 재물 자체의 영향력은 물론이고, 그것을 얻기 위해 겪어야하는 수치보다 그것이 없음으로 인해 겪는 설움 등으로 말미암아 재물은 첨단의 자본주의 시대를 살아가는 현대인들에게 가공할 우상으로 군림하고 있다.

물론 여기서 부자란 세속적 탐욕에 마음을 빼앗긴 자들을 지칭하기보다 포괄적인 개념으로 간주될 수 있다. 왜냐하면 부자자체는 오히려 하나님의 축복이라 할 수 있으며 삭개오나 아리마대 요셉 그리고 니고데모 등도 부자였으나 하나님의 귀한 백성들이었기 때문이다. 그 보다도 믿음의 4대 족장(아브라함, 이삭, 야곱, 요셉)이 동방의 거부였고, 다윗, 솔로몬, 여호사밧등 믿음의 선조들도 부귀영화가 극에 달할 만큼 부자로 살았기 때문이다.

신28장에 모세가 집중적으로 가르친 메시지가 축복의 결과가 부요함과 풍성함이요 저주의 결과는 가난함과 위축됨이라는 것이다. 실제는 하나님께 복을 받고 사랑 받는 자가 물질적으로 부유하였고 행하는 일마다 복 받는 자가 물질적으로도 부유하였고 승승장구하였다. 또 부자가 영생을 취할 수 있는 것처럼 가르쳤었고 그래서 종교개혁을 일으켰다. 종교개혁 당시 종교 지도자들이 부자의 재물로 죄 사함을 얻는 특권이 있는 것으로 가르쳤었고 그래서 종교개혁을 일으켰다. 부자와 천국 사이의 등식관계인 통념을 깨뜨린 예수님의 교훈은 제자들도 큰 충격으로 받아 들이게 되었다.

사람으로는 불가능한 구원을 하나님은 하실 수 있다고 가르쳐 줌으로 모든 이들에게 특히 부자들에겐 복음이 아닐 수 없다. 사람의 힘이나 사람의 판단 지식으로 구원은 불가능하다. 구원은 사람의 일이 아니라 하나님의 전적 주권에 의해서만 이루어지는 하나님의 은혜이다. 그러므로 사람의 선행에 의한 것이 아니라 하나님께 대한 믿음에 의한 것임을 주님은 분명히 밝히신 것이다.

하나님이 부자라도 천국보내는 방법은 몇가지로 요약될 수 있다.

1) 부자라도 하나님의 능력으로 가난한 심령으로 바꾸실 수 있는 하나님이다. 주께 나오면 부한 심령이 가난한 심령으로 된다.
2) 부자 때 지은 모든 죄를 회개 시켜서 하나님의 아들로 만드신다. 하나님께 나온 자는 회개하지 않고는 견딜 수 없도록 되있다.
3) 그 동안 물질만 좋아하던 사람이 하나님을 더 사랑하도록 만드신다. 물질이 필요하되 하나님 다음으로 물질이 있게 된다.
4) 탐욕과 욕심과 정욕으로 만족하던 사람이 모든 것의 주인이 하나님이심을 믿고 하나님의 뜻과 섭리데로 사는 자가 된다.
5) 수전노가 다른 사람 특히 불쌍하고 연약하고 꼭 필요 적절한 곳에 하나님이 기뻐하도록 물질을 쓰게 된다.

사람으로써는 그 부요함을 내 놓을 수는 없으나 진리대로 살려고 힘을 쓰고 주의 말씀과 주의 인도를 따라 가려고 힘을 쓰면 하나님이 능력으로 역사하여 세상의 것을 마음에서 포기하도록 만들어 준다. 그렇게 되면 마음이 가난하게 되어 힘을 쓰면 하나님이 능력으로 역사하여 세상의 것을 마음에서 포기하도록 만들어 준다. 그렇게 되면 마음이 가난하게 되어 그 시간부터 그리스도의 생명이 그 사람의 속에서 역사하고 생명에서 생명으로 계속하여 전진하는 영혼이 된다.

2002년 3월 14일
"심령이 늘 가난하여 오직 하나님, 성경, 교회 중심으로만 사는 가난한 자 되게 하시고 우리 교회 부자들도 구원을 얻게 해주옵소서"

평신도를 위한 성경 난해 구절 해설 시리즈 (사복음서26)

"포도원 일꾼비유에서 풀리지 않는 난제들"

(마20:1-16)

(문제 제기)

1. 포도원 일꾼비유는 천국에 대한 비유인지? 하나님께 대한 비유인지? 이 비유의 핵심이 풀리지 않는다.
2. 하루종일 일한자도 한데나리온, 1시간 일한자도 한데나리온씩 준다면 하나님은 불공평한 하나님인가?
3. 품군이 일하면서 보너스를 기대하면서 일하는 것이 죄인가? 아닌가?
4. 품삯을 먼저 수고한 자부터 주지않고 왜 가장 나중 온자부터 주기 시작하였을까?
5. 먼저 온 자들이 품삯을 받고서 불평한 것이 잘못이 아닌 것 같은데 왜 책망으로 일관하셨을까?
6. 나중 된 자가 먼저 되어야 하는가? 인생의 이성과 상식에 반하는 것이 아닌가? 먼저 된 자는 반드시 먼저 되어야하고 나중 된 자는 반드시 나중 되어야 질서가 바로 되지 않겠는가?

(문제 해설)

마19장과 20장은 시간적 공간적 배경이라는 측면에서 하나로 봐야 한다. 19장은 질문자들의 물음에 대해 주동적으로 대답하시는 내용이라고 본다. (이혼문제, 유아문제, 영생문제, 부자천국 소유문제등) 여기에 비해 20장은 주님의 능동적 교훈 및 능동적 자기계시의 측면을 보여준다.(포도원 품꾼의 비유, 십자가와 부활예언, 주의 좌우편 자리에 대한 교훈)그래서 내용상으로 (예수님의 교훈이 집약되었는데 천국에 대한 교훈이요), 동기상(장기적 안목으로 반복식 교훈이요), 목적상(신약교회의 여명으로 '나중 된 자'인 이방 및 세계 만방의 모든 족속을 포용하실 목적이다)그럼 난제를 풀어 가기로 하자.

1. 본문 서두에 "왜냐하면" '그러므로' 란 뜻의 '가르' (Υáp)가 원문에 있다. 이 포도원 품군비유는 19:30절에 "먼저 된 자로써 나중되고 나중 된 자로서 먼저 될 자가 많으니라"의 역설적(Pardox)으로 이해시킨 비유이다. 여기 천국을 포도원으로 천국 주인은 하나님으로 청지기는 예수님으로 품군은 성도로 하는 비유로써 이 구성원 하나하나가 본 비유가 전제하고 있는 천국이라는 관점에서만이 해석되어져야 한다. 본 비유는 천국에 대하면서 또 동시에 하나님의 전적 주권하에 구원 완성시키시는 섭리를 동시에 보는 눈을 가져야 한다.

2. 품군들과의 약속은 한데나온씩 주기로 했다. 여기 한데나리온은 은전의 명칭이며 그 당시 남자 장정이 하루 종일 일한 품삯에 해당된다. 여기 한데나리온은 하나님께서 믿는 자에게 주는 구원을 가리킨다. 이 한데나리온의 약속은 누구든지 교회에 들어가서 믿는 일을 열심히하면 영생을 주시겠다는 약속인 것이다. 자격도 없고, 주인이 불러주지 않았으면 일할 공간도 얻지 못할 처지에서 약속대로 한데나리온 받은 것 만으로도 황공무지한 것인데 주인이 하는 일에 간섭해서도 안되고 주인이 베푼 자비(1시간 일한자에게 분에 넘치는 대가)에 대해서 도리어 감사 감격하고 굴복하고 이런 거룩한 맘을 가지지 못함에 회개해야만 할 것이다.

3. 하나님이 주시고자 하는 영생과 구원의 대가는 우리가 상상을 초월한 것이기에 감사 감격으로 받아야 된다. 다른 사람보다 더 많은 보너스는 정욕으로 기울러지는 인간 욕망 발동인 것이다. 하나님이 주신 것이 가장 최선이요 최고요 완전한 의의이다. 부패된 육신들의 기대에 못

미치는 것이 많이 있다. 이것은 우리 욕심을 제거하지 못한 연고에서 온 것이다. 먼저온 자를 성경에서 인용한다면 돌아온 탕자를 시기한 장자와 같다고 본다. 그리고 18:22-35절에 무자비하고 배은망덕한 종의 비유에서 얻을 수 있다. 그간 자기가 받은 은혜와 무한량의 용서에 대해서는 생각이 없고, 남이 받는 복이 크게 보여 질투하는 것과 같다고 본다.

하나님이 주신 것 보다 더 큰것(보너스)을 기대하는 것은 부패한 육체에서 나온 죄성이라고 본다.

4. 나중온 품군은 이제라도 불러주심에 감사감격하여 품삯과 대가에는 관심이 없고 오직 일하게 불러 주심에 너무 감사하여 최선을 다하고 진심을 다해 전력을 다한 사람이라고 본다. 이 한시간 이라도 일하지 못하고 집에 빈손으로 돌아가게 된다면 그의 허탈감과 비참함을 면하게 됐으니 그리 고마워서 주인을 사랑하는 맘으로 충성을 다했다고 본다. 그러므로 주인이 보든지 안보든지 전심전력을 다했을 것이다. 일찍 들어온 종들은 약속된 것을 약속 된 시간만 되면 받게되니 시간만 채우기 위한 마지못해서 일하는 모습이었을 것이다. 무슨 일이나 얼마나 간절한 맘으로 일하는지 마지못해 하는지 하나님은 중심을 보시는 하나님이시다. 단 한시간을 일해도 주인의 마음에 들게 일한자부터 영광의 상급이 먼저 부여되고 억지와 마지못해 일한자는 상급 순위가 뒤떨어진다.(법궤을 아비나답 20년, 오벧에돔 3달 섬겼으나 오벧에돔집에 큰복을 받게 되었다)

5. 먼저 온 자들의 심령은 인간중심, 육신중심에서 생겨난 발상이기 때문에 자연스럽게 불평이 나오게 되었다. 참다못하여 주인에게 항의성 질문을 하게 된다. 이 항의성 질문은 인간세계에선 너무나 당연하고 타당한 것이나 하나님의 세계에선 더 신령하고 거룩한 뜻을 모르고 원망

한 죄를 짓고 만 것이다. (그들의 잘못은?)

①구원과 영생(한데나리온)이 얼마나 크고 위대한 것인 줄을 몰랐다. ②구속의 은혜에 대해 감사할 줄 몰랐다. ③하나님을 경외하지 못했다. ④다른 사람과 비교하고 주인의 일을 간섭하게 된다. ⑤자기 공로를 내세워서 자기 욕심을 부리게 되었다. ⑥하나님이 하는 일에 원망하는 우를 범한다. ⑦하나님의 주권적 행사와 절대복종하지 못하고 언제나 자기를 기준해서 판단한다. ⑧하나님의 선한 일에 악하게 보고 판단했다. 무심코 한일이며 그간 우리도 이런 우를 범했으나 엄청난 실수와 허물로 죄짓고 말았음을 알고 회개해야 된다.

6. 영생과 구원문제에 있어서는 "먼저 된 자가 나중되고 나중 된 자가 먼저 될자"가 있다는 것을 직시해야 된다. 여기 먼저 된자는 먼저 선택받았다는 유대민족과 먼저 믿었다고 교만과 자만 그리고 나태와 방탕 속에 빠져 있는 자들을 총칭하는 것이요 나중된 자는 이방인으로써 믿게 된것에 의해 구원과 영생얻음에 감사하는 사람들과 늦게 믿고서 그간 복음을 듣고도 믿지 못했던 것을 후회하고 회개하여 온유 겸손 속에서 감사 생활을 일관하는 성도를 가리킨다. 과연 하나님이 기뻐하실 자들은 나중 된 자라고 본다. 세상 진리는 먼저 된 자가 먼저 되어야 하지만 하나님의 세계에선 중심을 보시고 얼마든지 나중 된 자가 먼저 될 수 있는 것이다. 그렇다고 질서와 법과 계명을 파괴한 것이 아니고 도리어 더 온전케하여 완전 무결하게 된 것이라 본다.

2002년 3월 19일
"나는 모태신앙 자이나 늘 나중 된 자의 심정으로 온유 겸손과 감사생활로 상급과 영광보다 오늘의 충성에 중심을 둔 나중 된 자로 인정받고 싶다."

평신도를 위한 성경 난해 구절 해설 시리즈 (사복음서27)

"저주받은 무화과나무 사건에서 이해 못할 사건들"
(마21:18-22)

(문제 제기)
1) 예수님은 그 무화과나무에 열매가 있는지 없는지 모르고 가셨을까?
2) 주님도 시장하실 수가 있는가?
3) "아직 무화과 때가 아니다"(막11:13)때가 아닌 때 구하고 없다고 저주할 수 있는가?
4) 혹 잘못이 있다해도 70번씩 7번이라도 용서하라 하신 주님의 뜻과 배치되지 않는가?

(문제 해설)

 예수님께서는 잎사귀만 무성하고 열매는 없는 무화과나무를 보시고 저주하사 말라죽게 해버리셨다.(마21:18-22, 막11:12-14)

그런데 이 사건을 자세히 들여다보니 몇 가지 의문점이 생긴다. 과연 전능하신 메시야인 주님이 배고프실 수가 있는가 하는 문제와 또 주님이 이 무화과나무에 열매가 있을 줄 알고 오셨나 모르고 오신 것일까? 또 이 나무가 열매를 맺지 못한 것은 아직 열매를 맺을 때가 아니었기 때문임을 알 수가 있다. 그렇다면 예수님께서는 열매 맺을 때가 아직 되지도 않은 무화과나무에서 열매를 구하는 어리석음을 범하였으며 또 그러한 무화과나무를 무자비하게 저주하사 말라죽게 했어야 하겠는가?

이스라엘 나라의 무화과 열매의 수확기는 대게 6-7월경입니다. 그런데 본 사건이 발생한 때는 4월경으로 추측이 되므로 무화과 열매의 수확기가 아직 이르지 않은 것은 사실이다.

그러나 이 지역의 무화과나무는 보통 1년에 2회 수확하게 된다. 즉 지난해의 가지인 헐벗은 겨울 나무 가지에 4월 이전부터 푸른 열매가 맺히기 시작하고(아가2:13)그 후에 잎사귀가 나면서 열매가 차츰 익어 6-7월에 수확하게 된다.

또한 당해연도 봄에 난 가지에서 결실한 열매는 8월경에 수확하게 된다. 그래서 이스라엘 사람들은 4월경에 아직 익지않은 푸른 열매를 '파가' 라하고 8월경에 잘 익은 무화과를 '비쿠라' 라고 따로따로 명명하고 있습니다.(사28:4) 한편 아직 익지 않은 푸른 열매인 '파가' 는 맛은 없지만 그 시기에 다른 과일이 없었으므로 사람들이 먹기도 한다.

따라서 본문에 나오는 무화과나무는 으레히 푸른 열매가 열린 뒤에 잎사귀가 무성하게 나게 되므로 잎만 무성한 것을 보면 당연히 열매가 달려 있어야만 한다. 그러나 이 나무에 열매가 없었던 것은 푸른 열매를 이미 누군가가 다 따먹었거나 아니면 그 나무가 병이 걸려 열매를 맺지 못했거나 특별한 이유가 있었을 것이다. 아마 당시에는 가난한 자들이 많았기 때문에 그들이 열매를 벌써 따먹어 치웠기에 열매 없는 무화과나무가 된 것이다.

어쨌든 이 나무는 열매도 없으면서 잎사귀만 무성하여 예수님으로 하여금 열매에 대한 기대를 한껏 부풀리게 했으나 결국 예수님을 실망시킴으로써 저주를 받게 된 것이다. 따라서 무화과나무가 저주받게 된 것은 예수님께서 어리석게도 때가 아닌 때에 열매를 구하였다가 열매를 얻지 못하자 그것에 분풀이로 무자비하게 분풀이한 것이 아니라 그 나무의 잎사귀의 무성함 같이 마땅히 열매가 있어야 함에도 불구하고 열매가 없는 나무는 물론이거니와 하나님의 일꾼 및 모든 성도들에게 경고하시기 위한 실물교재로 실제 사건에서 우리에게 보여주신 메시지로 받아야 할 것이다.

인성을 가지신 예수님은 과로하면 피곤하시기도 하시고 잡수시지도 못하였을 때는 시장하시기도 하신 것이다. 이것 역시 예수님이 우리를 체휼하시고 우리를 위하여 당하신 고난 중에 하나로 다 당하셨다. 주님은 완전한 하나님이시며 완전한 인성을 지니셨기 때문이다.

여기 무화과나무는 이스라엘 國花(국화)로써 이스라엘을 상징한다고 본다. (렘24:2-5) 즉 예수님이 무화과를 저주한 것은 유대교가 의식만 왕성하고 하나님이 원하는 열매는 없는 신앙생활을 하고 있기 때문에 하나님이 심판하실 것을 미리 보여주신 것이다.

신약시대 교회도 열매가 없는 교회는 저주를 받을 것이다. 교회와 교인은 열매가 있어야 한다.

어느 시대나 잎사귀만 무성하고 열매가 없는 종교는 주님이 반드시 심판하신다. '잎사귀'는 외형적이고 의식적이면을 말한다.

교인이 아무리 많이 모이고 교회 사업을 아무리 잘하고 헌금을 아무리 많이 내어도 하나님이 원하시는 진정한 복음적 열매가 없다면 잎사귀만 무성한 나무 같아서 예수님 당시나 오늘날에나 한결같이 심판하신다.

현대에도 잎만 무성한 교회가 얼마나 많은가? 또 잎만 무성한 이스라엘의 종교지도자들처럼 현 교계에도 이런 종교 지도자들을 심판하신다는 것을 계시로 보여주신 것이다. 종교행사는 요란하게 치루면서도 실상 하나님이 원하시는 의와 인과 신을 버린 자들을 모두 잎만 무성한 무화과이다.

본문은 우리에게 하나님의 백성다운 믿음과 삶의 열매를 맺지 못하면 장차 주님의 책망과 심판을 피할 길이 없다. 겉으로 보기에는 아무리 우리가 열심있는 종교생활을 할지라도 "성령의 9가지 열매"와 "주의 8복의 열매" 또한 "빛의 열매"를 맺지 못한다면 결국 바깥 어두운데로 쫓겨나서 비참하게 될 것이다. 주님은 다 알고 가셨고 모든 것을 다 아시고 당시 타락한 이스라엘의 종교와 현 말세의 현대교회를 바로 가르치시기 위해 실물교재로 실제 상황으로 보여주신 심판의 모습으로 본다면 모든 것이 다 풀리게 될 것이다.

2002년 3월 28일
"푸른 열매든 잘 익은 열매든 열매맺는 것이 우리의 사명이요, 잎으로 모든 것을 자랑도하고 감추기도 하려는 바로 우리를 가르치기 위해 애매한 한 무화과나무만 사형까지 시켰는데 빨리 깨달아야 할 것이다."

평신도를 위한 성경 난해 구절 해설 시리즈 (사복음서 28)

"가이사의 것은 가이사에게 하나님의 것은 하나님에게"란 신앙목표는 무엇인가?

(마22:15-22)

바리새인들이 예수님을 곤경에 밀어 넣어 로마정권으로 체포 투옥케 하든지 모세 율법으로 정죄하여 다시는 많은 군중들 앞에 설 수 없는 자로 만들어 보려고 "가이사에게 세를 바치는 것이 가하니까 불가하니까?"하고 묻는다. 바치면 안된다는 애국심 발동의 발언을 하면 로마 정권이 정죄 할 것이고 그래도 바쳐야 한다고 현실론을 들어 대답하면 매국노로 정죄하여 온 이스라엘 백성들로부터 멀어지도록 하기위함이다.

여기 예수님의 현명한 대답인 "가이사의 것은 가이사에게 하나님의 것은 하나님에게"라는 명답으로 일시 이들의 예봉은 피했지만 마치 이 세상에는 하나님의 영역과 이 세상의 영역이 따로 있으며 성도가 사노라 할라치면 지혜롭게 세상에 대해서도 믿음의 세계에 대해서도 적당히 그 영역의 법법을 피하여 제주껏 요령껏 살라는 뜻 같이 들린다.

그러나 성경 전체의 중심사상은 그렇지 않다. 하나님은 전 우주와 삼라 만상과 모든 권세 정사, 역사에 대한 절대유일한 주권자요, 지배자라고 믿는 믿음에 위배된다. 마치 하나님 앞에서만 하나님의 뜻을 따르고 이 세속생활 속에서는 세상 영역의 논리로 살아도 무방하다는 이중적

생활주의는 성경사상과는 거리가 먼 것이다.

주님의 대답은 결코 이 세상에는 하나님의 영역이 따로있고 세상 영역이 따로 있다는 의미의 대답이 아니었다. 이 우주의 역사는 절대 유일의 창조자이신 성부 하나님이 창조하시고 주관하시고 인도하고 계신다. 따라서 하나님의 영역과 세상영역이 따로 존재하는 이원론적 사상은 성경사상에선 존재할 수 없다.

하지만 하나님은 자유의지를 가진 인간이 사단의 유혹으로 타락한 후 예수님을 통한 구속의 법을 세우시고 이의 진행을하되 세상 끝날까지 진행시키는 동안만큼은 일단 사단의 죄성과 이에 호응한 인간의 죄성으로 오염된 이 세상 역사가 오직 당신이 세운 일반은총적 섭리로만 통제되는 영적 존재들의 자유의지에 따라서만 진행되도록 허용하신 것 뿐이다.

그러는 중에도 하나님의 것과 세상것은 구별할 줄 알아야 된다. 구별이 안될 때는 신앙이 타락될 수 밖에 없다. 가이사의 것(가이사=시이자 황제) 국가에 대한 의무와 책임을 다하라는 것이다. 국가에 대한 의무를 다하지 않으면 하나님께 대해서도 죄가 된다. (롬13:1-7참조) 국민의 의무는 반드시 지켜야만 이 국가를 창조하시고 다스리는 하나님께도 옳고 국가와 사회에 대해서도 옳은 것이다.

그럼 하나님의 것은 무엇인가? ①천지만물이 다 하나님의 것이다. ②우리의 몸과 생명과 가족도 다 하나님의 것이다. ③특별히 주일과 십일조는 하나님의 것이다. 주일날에 일하는 것은 주의 날을 사사로히 사용했으므로 날도둑이요, 십일조를 드리지 않는 것은 하나님의 것을 도둑질 한 강도인 것이다.(말3:8절 참조) ④신령과 진정으로 예배드리는 것도 하나님의 것을 하나님께 바치는 것이 된다. ⑤모든 영광은 하나님의 것이니 하나님께 돌려야 되고 인간이 영광을 취하면 안된다. ⑥모든 권세와 능력과 정치의 열매는 하나님의 것이니 하나님께만 바쳐야하고 하나님의 뜻데로 바로 사용해야 된다.
　선한 모든 제도는 하나님께서 세워놓은 것이므로 그 제도를 순종하고 복종해야 된다. 그 제도를 순종하는 것이 하나님을 순종하는 것이다. 왕이나 방백들도 하나님이 세워서 그들을 통하여 악을 제어하고 선을 포상하게 하며 사회의 안녕 질서가 유지되도록 하신다. 그러므로 하나님의 말씀에 위반되지 않는한 모든 제도를 잘 순복해야 된다. 모든 제도가 때로는 개인의 입장에서는 오히려 불편할 때도 있고, 부자유스러운 경우도 있으나 그 제도를 잘 순복해야 전체가 잘되어 나가고 하나님의 의의가 이루워져 나간다.
　벧전2:17절에 "뭇 사람을 공경하며 형제를 사랑하며 하나님을 두려워하며 왕을 공경하라" 성도란 언제나 예수님의 겸손을 배워 모든 사람을 공경해야하며 모든 사람을 섬기는 자가 되어야 한다. 마20:28절에 "인자가 온 것은 섬김을 받으려 함이 아니라 도리어 섬기려하고 자기 목숨을 많은 사람의 대속물로 주려함이니라"고 했다. 형제도 사랑해야되고 왕도 공경해야 마땅하지만 무엇보다 하나님을 두려워하고 경외하고 순복하는 심령을 앞세우고 다른 것을 사랑해야 된다. 하나님을 경외하는 태도는 하나님의 사랑에 감격하면서 그의 위엄과 거룩에 대한 존경의 태도이나 이런 자는 그 누구도 다 사랑하며 공경할 수 있는 것이다.
　이에 우리 주님께서는 이같은 포괄적 진리를 모르는 당시 유대지도자들이 제기한 흑백논리식 욕구를 극복하고 또 세속나라의 일로 하나님 나라의 일이 방해받지 않기 위해서 이같이 말씀하신 것이다.
　세속나라와 하나님 나라가 한시적으로 분명히 구분되나 그렇다고해서 하나님의 일원론적인 절대주권이 영원히 유보된 것은 아니다. 그리고 훗날 우리의 행위대로 심판하신 하나님의 법은 엄존하므로 두 영역에서 서로 다른 생활을 해도 무방한 것이 아니라 다만 두 영역의 구분을 이해하고 이를 혼동되지 말고 믿음을 지켜야 한다.

만약 두 영역이 상충될 때 우리는 어떤 자세를 취해야 하는가? 모든 법에는 상위층법이 있고 하위층법이 있는 것이다. 하위법이 상위법에 저촉되었을 때는 하위법은 소멸되고 상위법만이 존재하는 것이다. 우리 신앙의 영역에서는 무엇이 상위층법(영의법)인지 이미 답이 나왔을 것이고 무엇이 하위층법(세상법)인 것인지 이미 설정됐으리라고 본다.

법의 차례는 ①세상법 ②헌법 ③도덕, 윤리법 ④율법 ⑤영의법으로 구분되있다. 이 5가지를 모두 지켜야 되지만 가장 모범이며 상위층법인 영의법이 최우선이요 그 다음을 차례로 내려갈 수가 있다. "모든 것이 내게 가하나 다 유익한 것은 아니요"(고전6:12, 10:23)유익이 우리의 목적이 아니고 내 영이 살아서 주의 뜻데로 사는 것이 우리 성도의 최종 목적인 것이다. 영의 법을 따라 순종하면 범법자가 될 수 없다.

2002년 3월 30일

"가이사의 것과 하나님의 것을 분별할 줄 아는 지혜를 주옵소서 혼동해서 이것도 저것도 어긴 자는 절대 안되며 어느 한쪽만 위해서도 안되고 오직, 모범이며 최고의 법인 영의 법대로 사는 자 되길 원하노라"

평신도를 위한 성경 난해 구절 해설 시리즈 (사복음서 29)

"열처녀 비유를 통해 주님이 우리에게 가르쳐 주시려는 진리는 무엇인가?"

(마25:1-13)

비유(Parable)란 평범한 사람들이나 물건들, 또는 집, 밭, 왕궁 등에서 일어나는 사건들을 직유나은유 또는 이야기로 표현한 것들이다. 이 비유들은 예수님께서 교육에 사용하신 가장 우선적인 도구였으며 하나님 나라의 도래와 매우 밀접한 관계가 있었다.

비유는 반드시 기독론과 하나님 나라의 관점에 입각하여 해석되어져야 한다. 그리고 문화적인 면에 있어서는 예수님께서 비유로 들려주시던 그 당시의 배경을 간과해서는 안된다는 것이다. 또한 주석적인 면에 있어서는 ①먼저 가르치고자 하는 중심진리 한가지를 결정하고 ②예수님께서 직접 해석해주신 부분이 어디까지인가를 결정하고 ③문맥 속에서 비유의 의미를 보완시킬 다른 단서들이 있는지를 살펴보고 ④다른 비유들과의 비교 연구가 이루어져야 한다.

열처녀 비유 역시 주님이 우리에게 꼭 가르쳐 주실려는 중심진리는 무엇일까? 천국은 미리부터 준비하고 사모하고 말씀데로 믿고 순종하는 자들은 천국에 들어가거니와 그렇치 못하고 전연 주님의 심판을 생각하지도 않고 준비가 없고, 사모하지도 않고 말씀데로 믿고 순종하지 않는 자들에 대한 그에 상응한 대가가 치루어 진다는 것이다.

앞장 마24장은 말세의 징조, 예수님의 재림이 가까우니 말세를 대비하여 잘 준비하라는 부탁의 내용이었다. 말세 준비 비유로 ①무화과나무 비유(때에 대해) ②노아 홍수시대를 예를 들었고 ③두 남자가 밭에서 일하면서도 ④두 여자가 메를 갈고 있으면서도 준비하라고 했고 ⑤깨어 있으라는 비유로 도적 올 것을 미리 알면 미리 방비책을 세운다. ⑥충성되고 지혜있는 종의 비유 ⑦주인이 더디 오리라고 믿고 방탕 허비하다가 슬피울며 이를 갊이 있다고 하셨다.

본장 마25장에 들어와서 ①10처녀 비유 ②달란트 비유 ③양과 염소 비유 이 모두가 앞장 24장과 연관성있게 미리 준비하고 예비하고 깨어 있어 주의 뜻에 따라 완벽하게 준비된 자는 천국에 준비 되지 못하고 허송세월 하다가 자기 생각대로 미루다가 잘 준비되어 있지 않는 자가 받을 것은 너무나 뚜렸하게 대조시켜 놓은 것이다.

그런데 여기 열처녀 중에서 슬기롭고 지혜로운 5처녀는 천국에 갔다고 보는데 미련하고 준비가 완벽하게 되있지 못한 5처녀는 과연 천국에 갔을까? 지옥에 갔을까? 이 구원 문제에 대해 두가지로 크게 대립되고 있다. 첫째로 구원받지 못했을 것이다는 해석은 ①기름이 없다. ②혼인 잔치의 문이 닫혔다. ③주님이 알지 못하노라 하였다. ④미련한 자라고 했다. ⑤여러 비유 중에서 ⓐ충성된 종과 악한 종의 비유(마24:25-51) ⓑ달란트 비유(마25:14-30) ⓒ양과 염소비유(마25:31-46)보면 구원 받은 사람과 구원받지 못한 사람이 있는 것을 보면 열처녀 비유에 있어서도 미련한 5처녀는 구원을 받지 못했다고 보아야 한다고 주장한다.

둘째로 구원을 받았다고 주장하는 이유
① 열처녀는 다 교인이다.
② 그들이 예수님을 신랑으로 알고 그 신랑을 맞으러 나갔다.
③ 기름을 따로 준비는 못했지만 등에 아직 꺼져가는 등불이 있는 것을 볼 때 기름이 조금있었다.

④ 신랑이 올 때에 맞기를 원하여 기름을 나누어 달라고 했다.
⑤ 신랑이 온 다음에 기름을 사러 가서 사가지고 왔다.
⑥ 그 다음에 와서 주여 주여 하면서 문을 열어 달라고 하였다.
⑦ 그들에게는 "바같 어두운데로 내어 쫓으라 거기서 슬피울며 이를 갊이 있으리라"는 말씀이 없다.
⑧ 칼빈의 五대 교리 중 궁극적 은혜가 있다. 한 번 믿고 사랑받은 자는 영원히 구원 받는다.
⑨ 신자가 빛을 비추지 못한때에도 구원은 얻었다.
  ⓐ 신자가 빛을 비추지 못한 것은 구원 문제에는 좌우되지 않는다.(마5:14-16), 엡5:8-9, 빌2:15)
  ⓑ 맛 잃은 소금도 모두 지옥가는 것이 아니다.(마5:13)
  ⓒ 행함이 없는 죽은 믿음을 소유한 자도 구원받은 자가 있다.(약2:26)
  ⓓ 신자가 잠자거나 취했을 경우에도 구원을 못 얻는다고는 할 수 없다.(살전5:5-7)
  ⓔ 범죄하여 빛을 비추지 못한 성도가 징계는 받으나 구원은 얻게 된다. (고전5:1-5)
  ⓕ 아나니아와 삽비라 부부라도 꼭 구원 못얻었다고 단언할 수는 없으며 구원은 받았다고 주장하는 견해를 취하는 자도 많다.(행5:1-11)
  ⓖ 고린도 교인들이 시기와 분쟁으로 빛을 비추지 못했으나 구원은 받았다고 보아야 한다.(고전3:1-3)
  ⓗ 엠마오로 가는 두 제자가 예수님의 부활과 성경을 더디 믿음으로 예수님께 미련한 자라고 책망은 받았으나 그들이 구원을 받았다.(눅24:23)
  ⓘ 나무와 풀과 짚으로 지어 공력이 불탄교인도 해받는 구원을 받

는다.(고전3:12-15)

　⑩ 성경 여러곳에 신자의 신앙행위가 세상에 빛이되어 비추인다고 하였다. (마5:11-14)이 여러 가지를 들어 미련한 다섯처녀도 구원받았다고 주장하는 견해가 있다.

　구원받고 못받는 문제는 우리가 결정지을 사안은 아니다. 신학적 견지로 볼때는 슬기있는 처녀는 물론 이러니와 여기 미련한 5처녀 중에서도 예수 그리스도가 나의 구주요 메시야로 믿어졌으나 육신적인 안일에 빠져 기름준비가 소홀했다고 믿는 자가 지옥갈리 없고 슬기 있는 5처녀 중에서도 믿음없이 그저 준비만 철저해서 기름 준비만 했다면 천국갈리도 없다. 즉 예수를 나의 구주요 메시야로 믿는자는 구원얻었을 것이요. 바로 믿지 못한 자는 반드시 구원받지 못했다는 것만은 너무나 확고한 진리이다. 왜냐하면 구원이란 신자의 행위에 있지않고 믿음여하에 있으며 행위로 구원얻을 수는 없는 것이다.

　결론적으로 말씀드리고자 함은 비유란 한가지 교훈만을 주장해야 한다. 비유를 풍유(알레고리)의 일종으로 취급하게되면 큰 오류에 빠지게 된다. 눅18장의 불의한 재판관 비유에선 항상 기도하고 낙망치 말아야 될것만을 유출해야 되지 다른 것에다가 포인트를 두면 엉뚱한 방향으로 가기 쉽다. 세리와 바리새인의 비유에서도 자기만 의롭다고 믿고 다른 사람을 멸시 하는데에다 포인트를 두어야 한다. 눅16장의 불의한 청지이 비유에서도 장래를 준비하는 면만 우리가 유출해서 교훈으로 얻어야 하지 주인의 것을 착복하는 면이라든지 거짓으로 서류를 꾸며 빼돌리는 부정적인 면에 포인트를 두어서는 안된다.

　비유는 오직 중심진리 한가지만 유출해서 올바로 주장해야하고 주님이 가르치시고자 하는 뜻을 올바로 인식하는 것이 제일 중요하다. 풍유적 해석법이 은혜되는면이 있기는 하지만 주님의 뜻과는 거리가 멀 수도 있다. 비유는 비유답게 풍유는 풍유답게 해석하고 이해하고 믿는 것이 평신도들에게는 은혜중의 은혜요 복중에 복이다.

2002년 4월 3일
"그 동안 비유를 풍유로 잘못알고 주장했던 것도 많았으니 얼마나 잘못된 것인가 하나님 우리에게 뱀같이 지혜롭고 비둘기 같이 순결하게 하옵소서"

평신도를 위한 성경 난해 구절 해설 시리즈 (사복음서30)

 "최후의 만찬의 일시에 대한 풀리지 않는 난제들"

(마26:17-30)

최후의 만찬 시기에서 공관복음과 요한복음의 서로 다르게 표현되어서 이해하기 곤란하다. 공관복음(마26:17-30, 막14:12-26, 눅22:7-38)에는 "무교절 첫날"이라고 표기되었는데 이날은 유월절 당일인 니산월 14일저녁이었고, 십자가의 처형은 15일인 것으로 언급되었다. 여기에 비해 요한복음(요13:1, 18:28, 19:14)에는 "유월절의 예비일" 즉 유월절 당일이 아니고 전날 저녁에 성만찬이 거행되었고 오후 6시를 새날의 기점으로 시작하는 유대식날 계산법으로 볼 때 유월절이 시작된 금요일 오후 6시 몇 시간 전에 십자가형이 집행된 것으로 기록되고 있다.

이에 그 동안 기독교 역사에서도 양자간의 주장을 결코 조화시킬 수 없는 것으로 간주하고 둘 중에 한 견해를 일방적으로 선택하여 시행하고 있다. 그 예로써 로마 카토릭교회는 공관복음의 기록을 동방교회에서는 요한복음의 기록을 일방적으로 옳다고 보고 그대로 믿고 지킨다.

그러나 둘 중에 어느 한 견해를 선택한다고해서 문제가 해결되는 것은 절대 아니다. 왜냐하면 그것은 어느 한편의 성경을 틀렸다고 믿는 것을 전제하기 때문이다. 그렇게되면 성경의 무오성은 부인될 수 밖에 없기 때문이다. 그러나 우리는 예수님 당시의 유월절 풍습에 대한 자료수

집과 공관복음 기자들과 요한복음 기자의 각각의 기록 목적과 의도를 충분히 이해하면 성경은 절대로 일점 일획의 오차가 없음을 발견하게 된다.

유월절 예비일이란 유대종교력으로 니산월 13일을 가리킨다. 유대인들은 니산월 14일 저녁 당일을 유월절로 지키고 그로부터 일주일간을 무교절로 지킨다. 그런데 예수님께서는 유월절 기간동안에는 처형을 금하는 풍습에 따라 그 시작 직전에 자신을 죽이려는 음모를 아시고 어차피 주님을 유월절 음식은 못드실 것이며 이제 구약의 유월절이 그 실체인 당신의 죽음으로 성만찬으로 새로 제정됨을 보이시기 위하여 유월절이 있기 하루 전에 미리 유월절 만찬식을 가지셨던 것입니다.

한편 유대인들은 하루의 시작을 저녁으로 보아 일몰에서(오후6시에서)다음날 일몰까지를 1일로 본다. 따라서 여기서 성만찬식이 있었던 니산월 13일 저녁이란 현대 태양력으로 계산하면 12일(목요일)밤이 된다. 그리고 주님이 십자가에 달리신 것은 성만찬을 가지신 니산월 12일 오후 3시경인데 이것은 태양력으로 13일(금요일)오후 3시가 된다. 따라서 예수님은 태양력으로는 성만찬식을 가지신 다음날에 십자가에 달리신 셈이지만 니산월 13일 당일에 성만찬과 십자가 사건을 동시에 가지신 것이 된다.

그러니까 주님은 유월절 예비일 곧 유월절에 쓸 양잡는 날에 성만찬을 가지시고 또 그날 오후에 죽임을 당하신 것이다. 그리고 그 다음날 곧 주께서 죽으신 그 날 오후6시 이후는 유대력으로는 토요일 안식일이자 유월절이 시작되는 큰날(요19:31)이었던 것이다.

요13:1절을 보면 주님께서 "유월절 전에"세족식을 행하고 또 성만찬을 가진 것으로 언급되어 있다. 이것은 성만찬이 아닌 다른 식사로 보는 학자도 있는데 가룟유다의 배반에 대한 예언(13:26)과 유다가 빵조각을 받고 곧 나갔다는 기록(13:30)을 볼 때 공관복음에서 기록하고 있는 성만찬과 동일한 식사임이 분명하다. 따라서 요13:1절은 성만찬이 유월절 전에 있었음을 말하고 있는 것이다.

요18:28절에는 주께서 제사장 가야바의 집에 잡혀 계실 때 상황을 기록한 것으로써 "저희는… 유월절 잔치를 먹고자하여 관정에 들어가지 아니하더라"는 말씀이 있다. 이는 예수님께서 잡히신 후에도 아직 유월절이 되지 아니하였음을 보여준다. 혹자는 여기서 유월절잔치가 유월절 첫날 만찬을 의미하는 것으로 단정지을 수 없다고 말하나 그것에 대한 근거는 희박하다.

요19:14절에는 주께서 빌라도 앞에서 재판 받던 날이 유월절의 예비일이라고 언급되고 있다. 그리고 19:31절에서 예수님께서 십자가에 달려 돌아가신 날도 안식일 전날이자 유월절의 예비일이라고 말한다. 여기서 어떤이는 "예비일"이 당시에는 금요일을 칭하는 일반적인 명칭으로 사용되었으며 유월절의 예비일을 의미하는 것이 아니라고 주장한다. 물론 예비일이 일반적으로는 안식일 전날 곧 금요일을 가리키기도 하나 (마27:62)여기서는 유월절 전날을 가리키는 것이 분명하다. 그래서 성만찬은 유월절의 예비일인 니산월 13일에 있었음을 알 수가 있습니다.

마26:2절을 보면 "이틀을 지나면 유월절이라 인자가 십자가에 못박히기 위하여 팔리우리라"고 주께서 수난을 예고한 말씀이 나온다. 이는 유월절 당일에 예수님께서 못박히실 것을 말씀 하셨다기 보다는 유월절이 되기전에 당하실 일을 말씀하셨다고 보아야 마땅하다.

마26:17절에는 "무교절의 첫날에" 제자들이 유월절 식사를 준비한 것으로 나타나 있다. 여기서 "무교절 첫날"이란 문자적으로 무교절 혹은 유월절의 첫날 곧 니산월 14일을 말하는 것이 아니라. 당시 유대인들은 구약 율법을 잘 지키기 위해 오히려 유월절이 시작하기 2-3일 전부터 집에서 누룩을 제거하였다. 따라서 "무교절 첫날"이란 유월절 2-3일전 즉 유대인들이 누룩을 없애기 시작한 날로 보아야 한다.

막14;12절을 보면 성만찬이 있었던 날을 유월절 양잡는 날로 기록한다. 출12:6절에 따르면 양잡는 날은 니산월14일 해질때라고 한다. 그러나 마가복음기자는 여기서는 시각에 대한 정확한 표현보다는 예수의 성만찬과 십자가 죽음이 영적으로 유월절의 의미와 연관됨을 강조하기 위하여 이렇게 표현한 것이다.

눅22:15절을 보면 성만찬 실시전에 예수님께서 제자들에게 "내가 고난을 받기 전에 너희와 함께 이 유월절 먹기를 원하였노라"고 말씀하셨다. 이것은 예수님께서 유월절에 성만찬을 갖지 않으시고 하루 앞당겨서 행하신 이유를 잘 보여주고 있다. 즉 예수님께서는 당신이 유월절 어린양으로 죽으실 것이므로 살아서는 유월절 음식을 같이 드시지 못할 것이기 때문에 하루 앞당겨 성만찬을 가지사 그 다음날에 있을 유월절의 의미를 새롭게 깨우치고자 하셨다.

앞의 모든 성경 말씀을 자세히 연구해 보니 성만찬은 유월절 당일이 아니고 하루 전인 유월절 예비일에 있었다. 그러나 공관복음은 신약의 성만찬이 구약 유월절이 갖는 구속사적 의의를 성취확한 것임을 강조하다보니 성만찬이 처음 제정된 최후의 만찬이 유월절만찬과 동일 시기에 발생한 것인양 생각되는 표현을 하게 된 것뿐임을 알게 되었다. 그러나 이는 우리에게 혼동을 줄뿐 유월절 풍습에 익숙했던 그 당시의 독자들에게는 성만찬의 영적의미를 십분 강조하면서도 시기 문제에 대해서는 오해의 소지가 없는 것이었다.

예를 들어 유월절 만찬에는 필수적인 어린양의 살과 피(출12:21-25)에 언급이 성만찬 기사에 전혀 없다는 방증자료들을 통해서도 이 성만찬이 곧 유월절 만찬이 아니었음을 그 당시의 독자와 또한 현대의 우리가 간파할 수 있다. 이상에서 보는바 예수의 만찬이 무교절 첫날이요. 유월절 당일이 아닌 그 전날, 곧 유월절예비일이었다는 여러 증거들이 들어났다. 여기서 우리가 주목해 보아야 할 것은 성만찬이 유월절 전날에 있었음에도 불구하고 여째서 공관복음 기자나 요한복음 기자가 다 동일하게 성만찬을 유월절과 연관시키고 있는가 하는 것이다. 즉 그것은 출애굽때는 이스라엘 민족의 구원을 보장했던 구약의 유월절 어린양이 곧 세계 모든 선망의 천국구원을 보장하는 신약의 예수 그리스도를 예표하였고 예수님의 십자가 죽음은 그 성취라는 사실을 보여주기 위함이다.

즉 구약의 유월절이 구약선민이 애굽에서 해방된 날을 기념한 것이라면 유월절 어린양이신 예수 그리스도가 죽으신 것은 예수가 모든 인류를 근본적으로 유월절의 예표를 성취하시고 죄 가운데 해방시키신 것임을 보여주고 있는 것이다. 주님도 이를 밝히 보이시고자 구약의 유월절을 새로이 신약의 성만찬으로 제정하셨던 것이다.

2002년 4월 4일

"로마 카토릭교회는 공관복음만 보지말고 요한복음을 더 연구하길 바라고 동방교는 요한복음만 보지말고 주님의 뜻인 구약의 유월절을 신약의 성례식(성찬식)으로 제정하신 뜻을 바로알고 주의 마지막 성만찬은 유월절 당일이 아니라 하루 전인 유월절 예비일임을 성경에 있는 그대로 다시 공포하노니 착오 없으시길 바란다."

평신도를 위한 성경 난해구절 해설 시리즈

마가복음 2

— 마가복음 —

하늘로서 소리가 나기를 너는 내 사랑하는 아들이라
내가 너를 기뻐하노라 하시니라
성령이 곧 예수를 광야로 몰아내신지라 광야에서 사십 일을 계셔서
사단에게 시험을 받으시며 들짐승과 함께 계시니 천사들이 수종들더라
요한이 잡힌 후 예수께서 갈릴리에 오셔서 하나님의 복음을 전파하여
가라사대 때가 찼고 하나님 나라가 가까왔으니
회개하고 복음을 믿으라 하시더라
(1:11~15)

평신도를 위한 성경 난해 구절 해설 시리즈 (사복음서31)

"주님은 세례요한을 엘리야로, 선지자로 인정하나 왜 요한은 아니라 했는가?"

(막1:15, 요1:19-23)

주님은 세례요한을 말라기 4:5에 예언된 엘리야로 인정하였다. 제자들이 엘리야가 먼저와야 할텐데 왜 오지 않느냐고 문의할 때 엘리야가 이미왔으나 사람들이 알지 못하고 임으로 대우하였도다. 이 때 제자들은 예수님이 말씀하신 것이 세례요한인줄을 다 깨달았다.(마17:10-13)

그러나 유대인들이 보낸 레위인들이 세례요한에게 "네가 엘리야냐"하고 질문하였을 때 세례요한의 대답은 "나는 아니다"(요1:21)그렇다면 예수님이 틀렸던지 세례요한이 틀렸던지 누구하나가 분명히 잘못알고 있는 것이 분명하다.

예수님은 세례요한의 제자들의 "오실 그이가 당신이오니까?" 하는 질문을 받고 대답하시고 말미에 "모든 선지자와 및 율법의 예언한 것이 요한까지니"하시면서 선지자로 인정하셨으나 유대인들이 보낸 레위인들의 질문에서 엘리야가 아니라고 분명 말하니 또 질문자들이 그러면 "네가 선지자냐?" 대답하되"아니라"라고 분명히 대답했다. 우리 상식으로도 세례 요한은 마지막 선지자로 알고 있는데 그렇다면 누구말이 잘못된 것일까요?(요1:21)

그러면 질문자들이 "너는 너를 무엇이라 하느냐?" 세례요한의 대답은 "광야에서 외치는 자의 소리"라고(요1:22)엉뚱한 대답을 한다. 요한 자신은 메시야 즉 그리스도도 아니요, 엘리야도 아니요, 선지자도 아니요, 오직 "광의의 소리"라고 자신이 자신을 밝히 말하였으니 과연 예수님의 말씀이 옳은 것인지 아니면 세례요한의 말씀이 맞는 것인지 아리송하게 된다.

1) "네가 누구냐 그리스도냐?"하는 질문에 "나는 그리스도가 아니다."(요1:20)

세례요한이 그들에게 숨기지 않고 드러 내어 정직하게 "나는 그리스도가 아니다"라고 답변한 것은 너무나 잘한 것이다. 아무 대답이 없어도 그 당시 묵시적으로 그리스도로 알 수 밖에 없는 시대적 상황이었는데 요한이 명백한 태도를 보인 것은 그의 훌륭한 믿음의 열매이다. 이런 상활에서 숨기는 것은 죄가 된다. 예수 그리스도의 증거자로 온 요한은 너무나 진실하게 보인 이 태도가 증거자의 생명이다. 증거자는 진실해야 한다.

만약 다른 사람들이 그리스도로 의심할 때(물론 오해하게 될 때) 분명한 태도를 보여주거나 밝히지 않으면 예수 그리스도의 자리를 빼앗는 자가 된다. 그렇게 거짓 그리스도가 되어 자기도 망하고 다른 사람들(오해한 자들)도 다 망하게 된다. 그러므로 진실되게 단호하게 아니라고 밝히 말하고 강하게 부인해야만 한다. 목사가 동네에 심방다닐 때 동네 어린아이들(교회도 안다니고, 교회 풍습에 잘 모르는 집 아이들)이 "야 저기 예수님 오신다" 목사를 보고 큰 죄에 빠지게 되고 목사도 아무 태도를 보이지 않고 침묵을 지키면 예수님이 되버려서 예수님의 영광을 빼앗는 섯이나. 이런 때는 즉시 어린아이를 불러서 손을 꼭잡고 "목사는 예수님이 아니고 예수님을 전하는 심부름꾼이야" 하고 자기 태도를 명백히 밝혀야 자타간에 잠시라도 죄에 빠지지 않게 된다.

2) "네가 엘리야냐?" 가로되 "나는 아니라"(요1:21)

말4:5절에 "보라 여호와의 크고 두려운 날이 이르기 전에 내가 선지 엘리야를 너희에게 보내리니" 주님이 변화산에서 베드로와 야고보, 요한 세 제자와 함께 내려오면서 인자가 죽은 자 가운데서 다시 살아나기 전에는 (부활하기 전에는) 변화산에서 변형된 사건을 아무에게도 전하지 말라고 당부하였다. 이때 제자들이 묻기를 "엘리야가 먼저와야 하리라 하나이까?" 주님 대답이 "엘리야가 이미 왔으나 사람들이 임으로 대우하고 모르고 핍박했다." 대답하니 제자들이 한결같이 바로 세례요한을 두고 주님이 그렇게 말씀한 것으로 믿게 되었고 주님이 직접 마 11:14절에 "오리라 한 엘리야가 곧 이사람이라"고 세례요한을 지적해서 주님이 말씀하셨다.

분명 세례요한은 엘리야의 재능과 성품으로 그리스도의 선지자 노릇을 잘하신 분이시다. 주님의 마음에 꼭 드실 정도로 세례 요한은 엘리야의 사명을 잘 감당했기에 주님이 엘리야라고 단언하셨다. 그런데 여기서 세례요한이 "나는 엘리야가 아니다"라고 대답했을까?

이것은 유대인들이 생각하고 있는 그 엘리야가 아니라는 뜻의 대답이다. 세례요한이 엘리야의 심령과 능력으로 아비의 마음을 자식에게 거스리는 자를 의인의 슬기에 돌아오게 하고 주를 위하여 세운 백성을 예비하는 주의 길을 예비하고 첩경을 평탄케하는 엘리야적 사명은 잘 완수했다고 본다. 그러나 유대인들은 옛선지 엘리야가 산체로 승천했으니 여호와의 크고 두려운 날이 이르기 전에 이 엘리야가 다시 내려와서 기적과 능력을 보일 것이라는 오해하고 있는 유대인 사상 육신적으로 부활체가 다시 오는 엘리야 그런 엘리야가 아니라고 세례요한이 대답한 것이다.

주님이 생각하는 엘리야의 사명을 세례요한은 제대로 감당하고 순종하였으나 유대인들이 생각하는 엘리야의 나타남은 아니라고 부정한 것이지 예수님의 엘리야 사명인정을 세례요한이 부정한 것은 아닌 것이다. 그러므로 주님의 말씀도 맞고 세례요한의 말도 맞는 것이다. 그러나 유대인들의 생각은 틀린 것이었다.

3) 또 묻되 "네가 선지자냐?" 대답하되 "아니라"(요1:21)

주님도 우리도 세례요한이 선지자임을 믿고 있다. 그런데 본인은 아니다라고 분명하게 밝히고 있다. 여기서 선지자는 신명기18:15절에 모세가 나와 같은 선지자 한사람을 세운다고 예언하였는데 그것은 예수 그리스도를 가리키는 것이다. 주님과 우리는 세례요한을 일반적인 선지자로 알고 믿고 있는데 반하여 유대인들은 모세가 예언한 선지자(예수 그리스도=메시야)로 묻기 때문에 세례요한이 "아니라"하고 대답한 것이다.

주님의 생각이나 세례요한의 말에는 조금도 차이점이나 잘못이 없으나 유대인들이 메시야를 기다리기 때문에 선지자라하면 으레히 메시야를 연상하고 묻기에 세례요한이 분명히 밝히게 된 것이다. 다른 사람들이 자기를 과대 평가할 때 요한이 "나는 그 사람이 아니다"라고 부인하며 자기를 밝히 말해준 것을 보면 하나님의 사람으로 선지자로써 자격이 있다고 본다.

4) "너는 너를 무엇이라 하느냐?" "나는 광야의 소리로다"(요1:22-23)

다시 유대인들의 질문이 요한 당신은 당신을 무엇이라고 말하느냐고 물으면서 은근히 그의 대답을 유도했다. 이때 요한은 "나는 광야의 소리다"소리는 여운을 남기고 형체도 여운도 사라지고 만다. 그러나 그의 증거했던 말만 전하고자 하는 뜻만 남게 된다. 세례요한은 예수를 증거하는 소리였다. 세례요한의 위치는 곧 진리인 예수(로고스)만 전하는 소리역할이었다. 자기로써는 엘리야의 사명이나 선지자의 명예도 그리 탐탁치않고 오직 주님 나타내는 소리로 만족했으니 그 결과로 "그는 흥해야하고 나는 쇠하여야 하리라"는 (요3:30)이 한 말씀 속에 세례요한의 전 사명이 담겨져 있다.

세례요한은 탄생도 예수를 위해 태어났고 30여년 동안 사는 것도 오직 예수 그리스도를 위해 근검, 절약, 경건, 거룩한 생활로 예수 그리스도를 위한 선구자의 사명으로 살았다.(대제사장의 아들로 당시 부유층의 아들로 얼마든지 범인들과 같이 살수 있는 여건을 예수를 위해 다 희생하였다.) 죽는 것도 오직 예수 그리스도만 위해서 죽었다. 목이 짤려 죽는 한이 있어도 주의 진리말씀을 고수하다 죽었다. 요한을 좋아하는 헤롯이니 헤롯에게 한 번만 머리 숙이고 주의 말씀으로 말했던 것은 적당히 어물쩡 넘어가면 얼마든지 더 살수 있는 위치였다. 그러나 요한은 단호히 예수를 위해 죽음도 선택했다. 그래서 오직 소리로써의 사명완수를 다하고 2천년 전부터 천국에서 오늘도 한결같이 우리를 향하여 설교하고 계신다. "나는 광야의 소리였노라"

2002년 4월 6일
"분명 우리도 세례요한같이 태어난 것도, 사는 것도, 죽는 것도, 오직 예수 그리스도를 나타내는 "소리"로 왔고, 예수 그리스도만 전하기 위해 왔는데 그 동안 외도를 자주 했음을 고백하면서 제 2의 세례요한이 되길 바라노라"

평신도를 위한 성경 난해 구절 해설 시리즈 (사복음서32)

"안식일을 지켰던 이스라엘이 어찌하여 주일로 바뀌게 되었나?"

(막2:23-28)

구약에서 안식일이란 낱말이 처음 언급된 것이 출16:23절 "내일은 휴식이니 여호와께 거룩한 안식일이라" 안식과 휴식을 동일한 의미로 사용하고 있다. 이는 안식일이 하나님께서 6일간에 걸친 천지창조사역을 마치신 후 7일째 되는 날 쉬시면서 이날을 특별히 구별한데서 비롯되었습니다.

이처럼 초기 이스라엘 역사에선 안식일은 노동으로부터 해방되는 자유로운 휴식일이었으며 하나님의 성소에서 예배드리는 구별된 날이었다. 그러나 하나님의 말씀을 문자 그대로 이해하며 그 의미보다는 형식을 중요시하는 인간들의 편협한 교조주의는 점차 안식일의 참된 의미보다는 외적 준수를 더 중요하게 여겼다.

그후부터 이스라엘 백성들은 안식일을 하나님과의 약속으로 믿고 지켜야 했는데 이 안식일을 지키면 살고, 안지키면 죽는다는 생존의 문제로 이날을 대하게 된다. 물론 그들은 안식일을 지킴으로써 하나님의 선민의 자격과 특권을 얻는 영광도 누리게 되었다. 안식일 준수가 주는 종교적 영적의미는 다음과 같다.

1) 그날을 지킴으로써 하나님의 창조사역 즉 하나님은 온 인류와 만

유의 창조주시라는 사실과 그들은 단지 그의 피조물이라는 사실을 행동으로 고백하게 된다.

2) 출애굽의 영광과 약속의 땅에서의 자유를 허락하신 하나님의 주권을 인정하는 표가된다.

3) 더욱이 이는 엿새동안 수고한 그들에게 육체적 휴식을 제공하기도 하였다. 그리하여 장차 임할 새하늘과 새 땅에서 평안과 휴식을 사모할 수 있게했다.

4) 안식일은 애굽의 종살이로부터 구해내신 사망의 올무에서 벗어나게 해주신 예수님의 크신 은혜를 기념하는 의미에서 주일을 성회의 날로 바꾸어서 지키게 되었다.

주님은 막2:27절에 유일하게 "안식일이 사람을 위하여 있는 것이요 사람이 안식일을 위하여 있는 것이 아니니"하셨다. 하나님의 안식일을 주어 지키라고 하신 것은 사람에게 모든 복을 주시기 위함이다.

①하나님의 신령한 안식에 참여하는 복을 받게하기 위함이요. ②장차 올 안식이 있다는 것을 알게 해주며 그 세계에 들어갈 준비를 시키기 위함이요. ③안식일을 지킴으로 그리스도와 깊이 사귀며 영적 평안을 얻고 영적 양식을 공급받아 영을 살려 나가기 위함이다. 안식일 규례에만 억메이면 주님이 주신 참된 목적에서 이탈된다.

그러므로 예수님은 안식일의 주인입니다. 즉 안식일은 예수님이 주장하시고 그리스도 안에만 참된 안식이 있고, 구원이 있기 때문이다. 성도는 예수 그리스도 안에 있는 안식을 받아 그 안식 세계에서 예수님을 믿는 것이 바로 믿는 것이된다. 예수 그리스도 안에있는 영적 안식을 받지 못한 자는 아직도 안식세계에 들어가지 못한 사람이다.

구약시대에는 안식일이 토요일이 었으나 신약시대에 와서는 주일날로 변경되었다. 하나님이 천지만물을 엿새동안에 창조하시고 제 7일에는 쉬셨다. 구약시대는 7일 안식일을 지켰으나 오랜 후에 다시 다른날을 정하여 이레중 첫날에 안식을 지키게 하였다.(히4:7-10) 토요일에 지키던 옛계명이 언약하여 폐하였다고 하였다.(히7:18) 그래서 새 안식일인 주일날로 바뀌게 된 것이다.

새 계명이되는 주일에 예수님이 부활하셨고(마28:1)부활후 제 7차 주일인 오순절날(부활후 49일째)즉 주일에 성령님께서 강림하셨고(행2:1)주일날에 성부 하나님께서 계시를 주셨다(계1:10)그러므로 주일은 성부, 성자, 성령이 합하여 새로운 생명과 말씀과 은혜를 주시는 날이다.

그러므로 신약시대에는 구약시대에 지키던 안식일(토요일)을 지키는 것이 아니고 주일(일요일)을 지켜야만 제 4계명을 바로 지키는 것이된다.

구약의 안식일이나 월삭, 절기들은 그림자요 실체는 예수 그리스도라고 하였다.(골2:16)구약의 모든 제도는 그림자이고, 예수님이 오셔서 이루워 놓은 것은 실체이다. 예수님이 주일에 부활하셨기에 주일을 지키는 것이옳다. 그래서 사도들도 주일을 지킨 흔적이 성경엔 많다. (요20:19, 26, 고전16:2, 행20:7)

"주일"은 하나님이 우리에게 주시는 영적 안식의 표징이다. 그러므로 사람에게 괴로움을 주려고 강제로 주일을 지키라는 것이 아니고 하나님이 더 좋은 안식 세계를 예비해놓고 그 안식을 주기 위하여 주일을 지키라는 것이다.(출31:13)그래서 주일날에 일하면 안된다. 네 남종이나 여종도 일하지말며 문안에 유하는 객일지라도 일하지 말라고 하였다.(출20:8-11)

주일날은 하나님께 예배하면서 심령 속에 안식을 얻고, 생명의 말씀을 받아 한주일 동안 안식을 누리면서 그 말씀으로 살아야 한다. 또 앞으로 영원한 안식이 올 것을 보여주는 날이다. 현재에도 주님이 주시는 영적 안식에 참여해야하고 동시에 앞으로 천년 왕국과 영원한 하늘 나라가 우리 앞에 있는 것을 믿고 그 세계를 바라보며 그 소망을 이루면서 안식을 지켜야한다.

주일을 지키는데 있어서 외부적인면과 내적인 면이 합하여 조화를 이루어야 완전하다. 나무가 살려면 나무 껍질도 살아야되고 나무 속도 살아야된다. 만일 나무의 속만 중히 여기고 껍질이 필요없다고 해서 다 벗겨버리면 그 나무는 죽고만다. 영적 안식만 중히여기고 외부적인면을 무시하면 안된다.

성도가 믿음으로 구원 얻었다고하여 율법을 지키지 않아도 된다고 주장하는 율법폐기론은 잘못된 것이다. 그것은 나무껍질은 필요없다고 다 벗겨버리는 사람과 같다.

내적인 안식세계에 들어가지 않고 율법적으로 외부적인 면만 지켜야 된다고 주장하면 그것도 잘못된 것이다. 이것은 나무의 속은 다 죽어 생명이 없는데 껍데기만 잘 유지하겠다는 사람과 같다.

주일은 육신이 쉬는 날이 아니고 영혼이 쉬는 날이다. 어떤 사람은 주일에 쉬어야 되겠는데 예배당에 나가면 여러 시간에 예배드리기 때문에 피곤하다고 불평하는 사람도 있다. 영적인 안식세계에 들어가면 그 심령이 기쁘고 즐겁고 위로가 와서 육신의 피곤함도 없어진다. 토요일까지 죽어가던 사람이 주일날 교회나와서 은혜받고 하나님의 안식에 참여하여 영이살고, 육체도 건강해지는 수가 많다. 주일날은 하나님이 특별히 안식의 은혜를 주시는 날이다. 그래서 십계명의 제일 중심 계명이 안식일에 관한 계명인 넷째 계명이다. 그러므로 주일을 범하는 사람은 하나님이 주시는 안식과 거기에 관한 모든 은사를 내버리는 어리석은 사람이다.

2002년 4월 8일

"아직도 토요안식을 지키는 자들은 신앙의 초보에서 헤메는 자요, 주일성수 하는 자에겐 현세의 안식도 영적이며 영원한 안식의 참맛을 알고 소망 가운데 사는 자들이다. 현세는 주일을 생명처럼 지켜야 산다."

평신도를 위한 성경 난해 구절 해설 시리즈 (사복음서 33)

"예수님께서 자기를 나타내지 말라고 경계하신 이유는 무엇인가?"

(막3:11-12)

예수님은 더러운 귀신을 내쫓아 주심으로 당신은 하나님의 아들이니이다하고 감격해 하는 그 장본인에게 자기를(예수님)아무에게도 나타내지 말라고 단단히 일러서 보내신다. 가이사랴 빌립보에서 베드로의 유명한 신앙고백인 "주는 그리스도시요 살아계신 하나님의 아들이시니다"라고 고백하였을 때도 예수님께서는 '이 말을 아무에게도 이르지말라' 는 함구령을 내렸다.

이와 유사하게 공관복음에서만도 수십차례에 이르도록 함구령을 내린 사실이 나온다. 인류의 구속주로 오신 예수 그리스도께서 자신이 하나님의 아들 그리스도 이심을 널리 알리셔서 많은 사람들로 하여금 자신을 믿도록 하셔야 할텐데 이처럼 함구령을 내리신 이유는 무엇일까? 이 말씀을 일반적으로는 예수님의 함구령(緘口令)이라고도 하고 신학적으로는 메시야 은닉설(隱匿說)이라고한다.

예수께서 함구령을 내리신 시기는 대략 예수의 존재와 그의 이적 및 가르침이 막 알려지기 시작한 공생애 초기인 AD27년 중반부터 구속사역의 최종성취를 위한 십자가의 수난을 받으시기 위하여 최후로 예루살렘으로 올라가시던 때인 AD30년 초반까지라고 봐야할 것이다.

막1:21-25절의 안식일에 회당에서 귀신들린자를 고치신 후 그 귀신에게와 마16:13-20 베드로의 신앙고백 후 제자들을 경계하사 자기를 그리스도인 것을 아무에게도 이르지 말라고 했고 막1:34절에 귀신에게도 당부하셨고 막3:11-12절, 막7:31-37절에는 귀먹은 벙어리를 고쳐주시고서 함구령을 내렸으나 도리어 더욱 널리 전파되었다니 예수님의 의도가 벗어난 듯 합니다. 막8:4절에 문둥병자 완치후그 병자에게 마12:9-16절에는 여러 병자들에게, 마9:27-30절에는 두 소경들에게, 눅8:56절에는 회당장 야이로의 가족들에게, 마17:1-9절에는 변화산에서 베드로와 야고보, 요한 세 제자들에게도 아무에게도 이르지 말라고 함구령을 내렸다. 다 기록할 수 없지만 이외도 많다.

함구령, 은닉한 이유를 낱낱이 살펴본다면

1) 유대 지도자들과의 불필요한 마찰을 피하기 위해서였다. 예수님의 공생애 사역이 서서히 전개됨에 따라 그 분을 메시야로 믿고 따르는 무리들이 점차 많아지자 이에 가장 민감한 반응을 보인 유대의 정치, 종교 지도자들이었다. 정치 지도자들은 예수가 민중을 선동하여 반란을 일으키지나 않을까? 하는 두려움 그리고 종교 지도자들은 예수가 유대교를 혼란스럽게 할까하는 두려움을 가지고 있었다. 그래서 할 수만 있으면 예수님을 제거하려는 노력을 하게 되었다.

2) 메시야에 대한 오해가 있을까봐 였다. 예수님 당시 유대인들은 그릇된 메시야관을 가지고 있었다. 메시야를 자기 민족을 이방민족의 압제에서 구원하여 해방시켜주고 모든 질병에서 자유함을, 먹을 것을 충분히 제공해 주시는 자로 모든 사건과 문제를 해결하는 해결사로 메시야를 오해하기 쉬우니 주님이 막으신 것이다.

3) 충분한 공생애 기간의 확보를 위하여였다. 유대의 정치지도자들이 불필요한 마찰을 가지게 되어 심한 핍박이나 행동제한을 받을 때 많은 사람들에게 하늘나라와 구속의 도리와 많은 말씀을 들려주어야 할

시간적인 공간확보 차원에서 함구령을 내리셨다. 최종 목적인 십자가와 부활이 완전 성공할 때까지 기간을 확보하기 위한 것이다.

4) 눈에 보이는 표적을 중요시하는 인간들의 심리상태를 감안해 볼 때 너무 이적에만 의존하는 신앙풍조가 형성되어서는 안되기 때문에 경계하신 것이라고 본다. 예수님을 마치 병 낳아 주시는 의사로 간주할 수도 있기 때문이다.

5) 병고침이나 이적, 큰 권능이 모두 그의 복음(구원)사역을 위한 하나의 방편에 불과한 것을 본질로 착각해서 오해를 가져오기 쉽고 그래서 오늘날 많은 교역자들이 이런 이적과 신유가 신앙의 본질이나 되는 듯이 이것에만 집착하는 교역자들이 많아지고 있음을 실감하고 있음이 증명되지 않습니까?

6) 예수님의 사역은 "살리는 것은 영이니 육은 무익하니라" 육체적 치유구원보다 영적 구원에 있음을 오해하기 쉬우니 지혜로운 판단으로 오해 없도록 하기위한 것이다. 일부 교역자들 중에는 말씀과 구원 사역은 뒷전에두고 질병치유하는 이적에만 관심을 집중하여 성도들이 미혹을 받게되고 시험에 빠지게 된다.

7) 사실 제자들은 아직도 예수의 사역을 완전히 이해하지 못했을 뿐만 아니라 일반 백성들에게 그분의 메시야성을 전파하기에는 너무나 미급하고 부족한 상태이기에 오순절 성령강림이후로 유보시키신다.

8) 아직 그리스도의 사역이 성취되기 전이었기 때문이다. 십자가와 부활 승천이 이루워져야 그리스도의 사역이 완성된다. 그때가서 메시야를 공적으로 선언하기도 하고 오순절 성령님의 보호와 인도로 더 확실하게 될 것이다.

9) 전도사역, 복음전파사역에 방해가 되기 쉽게 된다. 예수님이 이적이나 치유의 기적을 일으킬수록 바리새인들은 더욱 시기하고 예수님에 대한 반대가 커지게 된다. 그러므로 예수님께서 비유로 가르치시고 조

용할 때에 제자들에게 그 뜻을 풀어주시고 하셨던 것이다.

  10) 하나님의 때가 안되었기 때문에 하나님의 때가되면 모든 이들이 다 예수님을 증거할 때가 오게 된다.

  11) 주님이 이세상에 오신 목적인 우리 성도 구원에 있는데 다른 사역자로 그리스도가 인상이 빛쳐질까봐 주님의 함구령이 내려진 것이다.

  예수께서 함구령을 내리시고 혹은 자신을 배척하는 자들로부터 피하신 것은 당신이 메시야가 아니거나 아니면 십자가의 수난을 받으시기 전까지 미쳐 당신의 메시야 직에 대해 확신을 가지고 있지 못하셨던 것이 아니다. 더더욱 예수님께서 유대 지도자들을 이기실 능력이 없으셔서도 아니다. 그것은 오직 당신의 택한 죄인들을 구원할 구속사역을 완성하시기 위해 반드시 필요한 과정일 뿐이었다.

  이처럼 예수님께서 함구령을 내리신 사실을 통해서도 우리는 당신의 백성들을 향한 넘치는 하나님의 사랑과 당신의 구속계획을 빈틈없이 수행해 나가시는 놀라운 하나님의 지혜를 발견하게 됩니다.

2002년 4월 11일

"예수님의 명령은 반드시 하나님의 뜻이 있으니 우리는 기계처럼 순종함이 의미일뿐 의심이나 거역이나 불평은 금물임을 보여준다."

평신도를 위한 성경 난해 구절 해설 시리즈 (사복음서 34)

"주님이 비유로 말씀하시고서 불택자들이 깨닫지 못하게 하신 이유는 무엇인가?"

(막4:1-20)

'비유'의 원어인 헬라어 파라볼레(παραβολή)는 '곁에' 라는 뜻의 전치사 '파라'(παρά)와 '던지다' '두다'라는 뜻의 동사 '발로'(βάλλω)가 합성된 단어로서 문자적으로는 '옆에 나란히 두다'라는 뜻이 된다. 이로 볼 때 '비유'란 두 개의 유사성을 가진 사물 또는 사건을 병렬시켜 대조함으로써 거기에 담긴 원리 또는 교훈을 은연중에 쉽고도 정확히 설명하는 것을 가리킨다고 볼 수 있다.

즉 말씀하는 자가 말하고자 하는 추상적 교훈이나 원리 또는 정보를 일상생활의 낯익은 어떤 상황이나 사물 혹은 자연 현상들을 들어 이야기함으로써 그 뜻을 좀더 쉽고도 인상적으로 이해할 수 있게 하는 방법이다.

비유란 한마디로 말한다면 자신이 나타내고자 하는 사상과 정보, 또는 감정을 직설적으로 표현하지 않고 이와 유사성이 있는 상황이나 사물에 빗대어 표현하는 수사학적 기법이다. 주로 추상적 원리나 교훈을 친근한 구상적 사물이나 이야기에 빗대어서 전달하고자 할 때 비유로 사용하게 된다. 본래 비유란 넓은 의미의 수사학적 개념으로서 은유, 식유, 제유, 풍유(Allegory), 의인법 등, 제반 수사학적 기법들을 포괄하는 개념이다. 사실 비유가 없다면 인간은 풍부하고 세련된 언어 생활에 결정적 타격을 입을 것이다.

예수님의 비유의 3대 유형을 본다면

1)설화 형식의 비유- 줄거리가 뚜렷이 있는 한 토막의 이야기 형식의 비유이다. '선한 사마리아 사람비유'(눅10:30-37), 어리석은 부자 비유(눅12:16-21), 부자와 나사로 비유(눅16:19-31), 달란트 비유(마21:14-30), 악한 농부 비유(막12:1-9) 등을 들 수 있다.

2) 경구형식의 비유- 심오한 영적 교훈 즉 추상적 진리들을 누구나 일상생활에서 보편적으로 경험할 수 있는 친근한 사물에 빗대어 일러줌으로써 듣는 사람이 쉽고도 친근하게 그의 의미를 파악하고 또 이를 인상깊게 기억하도록 돕는 짧은 격언 또는 속담형식의 비유이다. 그 예로는 빛과 소금의 비유(마5:13), 나무와 열매 비유(마7:17-19), 생베 조각과 낡은 옷(막2:21), 돼지에게 던진 진주(마7:6), 등을 들 수 있다.

3) 단순 직유 및 은유형식의 비유- 이는 상호 유추적관계에 있는 두 사물을 일대일로 단순 비교하는 형식의 비유들이다. A는 B와 같다는 형식으로 A와 B의 비유관계를 직접 나타낸 것을 직유라 하고 서로 비유관계에 있는 A와 B를 다만 문맥에 비추어 알도록 암시하는 것으로 그친 것을 은유라 한다. 직유 형식의 비유에는 외식하는 자는 회칠한 무덤 같다(마23:27)등이고 은유형식의 비유에는 하루살이를 걸러내고 낙타는 삼키는구나(마23:24), 심은 것마다 내 천부께서 심으시지 않는 것은 뽑힐 것이니(마15:13), 만일 소경이 소경을 인도하면 둘이 다 구덩이에 빠지리라 등이다.

예수님의 비유는 이중 목적으로 쓰신 것이다.

우리 주님께서 주의 메시지를 주로 비유로써 말씀하신 것은 그 메시지의 '비밀스러운' 속성과 깊은 연관이 있다. 즉 주께서 이 땅에 오신 목적이나 공생애 기간 중에 행하신 수많은 말씀들과 권능들은 인생의 유한한 지식으로는 깨달을 수 없는 신령한 비밀에 속해 있었던 것이다. 그러나 예수의 메시지를 기꺼이 받아들이고자 하는 사람들에게는 예수님의 비유가 비밀들을 깨닫도록 돕는 역할을 하지만 귀가 있어도 듣지 못하는 자들에게는 예수님의 비유가 오히려 그 메시지 속에 담긴 진리를 더욱 비밀 가운데 가리우는 역할을 하게된다. 그래서 비유의 이중 목적이라고 한다.

마13:10-17에서나 본문 막4:10-12절에서는 무리들에게 비유로 말씀하시는 이유에 대해 천국의 비밀을 아는 것이 허락되지 않은 자들에게는 비유로 말씀하사 "저희가 보아도 보지 못하며 들어도 듣지 못하며 깨닫지 못하게 하기 위해서"라고 하였다. 그런가하면 마13:55절에는 예수님께서 비유로 말씀하시는 이유를 창세로부터 감추인 것을 드러내기 위한 것이라고 언급하고 있다. 이 두 말씀에는 상호 모순되는 것처럼 보입니다. 그러나 비유 그 자체에 이중적인 속성이 있음을 기억한다면 상호 모순되어 보이는 두 목적이 비유에 의하여 동시에 수행할 수 있다는 사실이 이해가 될 것이다. 말꼬리나 트집을 잡으려고 하고 헐뜯는 자들에겐 비유의 본 의도를 숨기게 되고 깨닫지 못하게 하여 비밀이 유지되나 알아야 할 택자들에겐 귀가 열리고 비유의 말이 쉽고 쉽게 이해가 되고 더 빨리 비유의 본 의도를 밝히 드러내어 알고 믿고 구원의 지혜를 얻게 하기 위함입니다.

비유의 긍정적 목적 : 택자들에게 들려주어서 깨닫고, 믿고, 순종해서 구원의 열매를 맺도록 하기 위함이다.
① 흥미있는 형태로 진리를 계시하여 관심을 불러일으키기 위함(마 13:10,11)
② 관심을 가진 청중들에게 새로운 진리를 알려주기 위함(마 13:11,12)

③ 본래 비밀인 천국에 대해 부분적으로나마 이해토록 하기 위함(마 13:11)
④ 진리를 사랑하는 자들에게 더 많은 진리를 알게 하기 위함(마 13:12)
⑤ 구약의 예언을 이루기 위함(마13:14-17)
⑥ 복음의 오묘한 메시지를 친근하게 전달하기 위함(막4:1-20)
⑦ 천국의 비밀을 오래 기억토록 하기 위함(막12:1-12)
⑧ 실례를 들어 요점을 설명해 주기 위함(눅10:25-37)

택한자는 아무리 어려운 비유라도 쉽게 접근할 수 있고 믿게 되고 순종과 실천을 할 수 있는 가장 쉬운 말씀이 된다.

비유의 부정적 목적 : 불택자들의 눈에는 보아도 보지 못하고 알지도 못하게 하고 들어도 듣지 못하게 하고 무슨 뜻으로 한 말씀인지 너무 어려워서 이해가 안되고 안 믿어지고 순종은커녕 도리어 반발과 불평불만으로 일관하게 되어있다.
① 완악한 마음을 가진 자들로부터 진리를 드러내기 보다 감추어서 구원받지 못하도록 하기 위함(마13:12)
② 진리를 원하지 않는 자들로부터 그것을 빼앗아 버리기 위하여 허무맹랑하고 실현 불가능하게 보인다.(마13:12)

예수께서 수많은 권능과 메시지를 드러내 보이셨음에도 불구하고 그를 환호하며 따랐던 무리들은 거의 모두가 세상적 욕구를 채우기 위한 열망으로만 가득 차있었다. 그리고 대적들은 예수의 메시지를 조롱하고 능멸하였다. 이러한 상황이 부각되어가자 예수님께서는 그릇된 인간적 접근을 방지하기 위한 목적이 아니고 심판때 증거물로 남기기 위해서 비유와 복음이 그들에게 전달되는 것이니 보아도, 들어도, 깨닫지도 못하도록해서 멸망에 빠지도록 하기 위함이었다.

2002년 4월 13일
"수 많은 예수님의 비유가 우리에게 너무 쉽게 알고 믿고 행하여 복 받고 구원받도록 주신 생명의 만나로 허락됨을 감사드리나 이 비유나 복음을 듣고, 알고, 믿고, 구원받을까봐 도리어 듣지 못하게 보지 못하게 깨닫지 못하도록 된 자들의 불행이 너무 슬픈 현실이다."

평신도를 위한 성경 난해 구절 해설 시리즈 (사복음서35)

 "주님은 죽은 야이로의 딸을 보고 죽은 것이
아니라 잔다고 하셨을까?"
(막5:35-43)

"사람의 생명은 한 번만 태어나면 두 번 죽고, 두 번 태어나면 한 번만 죽는다"는 신학적인 말이 있다. 육신이 한 번만 태어난 자는 죽음이 두 번 찾아온다. 영과 육이 분리되는 죽음이 첫째 죽음이요, 마지막 백보좌 심판 때 지옥감으로 하나님의 면전에서 사라지는 두 번째 사망까지 맛보게 된다.(계20:14, 21:8) 그러나 육도 태어났지만 영이 거듭남으로 두 번 태어난 자는 육과 영이 분리되는 첫 번째 죽음을 맛보다가 주님이 재림할 때 영과 육이 다시 만나 부활하게 됨으로 영원히 영생하는 생명을 얻어 백보좌 심판을 받지 않기 때문에 두 번째 사망을 맛보지 않음으로 거듭난 자(두번 태어난 자)는 한 번만 죽는다.

아담의 범죄로 말미암아 모든 생명은 죽음을 반드시 맛보도록 되어 있다. "한번 죽는 것은 사람에게 정한 것이요, 그 후에는 심판이 있으리라"(히9:27) 누구에게나 죽음이란 것이 찾아오게 되어있다. 그러나 성도의 죽음은 다시 부활하여 영생할 새생명으로 변화될 과정이니(물강아지→고추 잠자리로, 구더기→파리로, 애벌레→호랑나비로, 기타 등등) 성도에겐 죽음도 은혜요 축복이지만 불택자들은 이 죽음이 끝이 아니라

158 • 네 제자가 그린 예수님의 초상화

또 한 번의 죽음이 기다리고 있으니 하나님과 단절되는 (지금까지는 자연 은총이라도 받고 살았으나)하나님의 은혜와 자연은총도 받을 수 없는 영원한 지옥행의 두 번째 사망을 생각하니 그들은 통곡해야 된다.

주님은 죽은 사람을 접하신 목적이 있으니 생명의 근원이기에 다 살려 놓으셨다. (나사로, 야이로의 딸, 나인성 과부의 아들)그런데 이들이 죽은 것을 보시고 죽었다고 표현하시지 않고 "잔다"라고 하셨다. 그래서 많은 사람들에게 조롱과 멸시를 받으면서도 주님이 보실 때 왜 자고 있다고 보신 것일까요? 우리 눈에는 죽었기에 죽었다고 해야 맞을텐데 주님은 꼭 "잔다"라고 하셨으니 그 이유를 하나 하나 케보려고 한다.

회당장 야이로의 딸이 죽었으니 선생님을 괴롭게 하지 말라는 부탁이 왔다. 그러나 예수님의 얼굴에선 전연 당황하거나 슬퍼하시지 않고 회당장에게 믿음을 강조하시기를 "두려워하지 말고 믿기만 하라" 이미 죽은 딸을 앞에두고 무엇을 믿으라는 것인지 알지 못했다. 집에 들어가 훤화하고 우는 자들을 향하여 "이 아이가 죽은 것이 아니라 잔다"고 말했다. 현실은 죽어 있은 것이 사실인데 자고 있다는 예수임을 향해 비웃음과 조롱이 쏟아졌다. 예수님은 소녀를 분명히 일으켜 다시 깨우실 능력이 있으시기에 잔다고 표현하셨다고 봅니다.

한편, 예수님께서 소녀가 죽은 것이 아니라 자는 것이라고 말씀하신 이유는 실제로 죽지않고 기절상태에 있다는 뜻이 아니라 이제 잠시 후에 소생할 것이라는 사실을 강조하기 위해서 였다. 즉 예수님 앞에서 인간의 육체가 죽음은 결코 영원한 것이 아니며 지극히 잠시 잠깐의 잠과 같은 것에 불과함을 상기시킨 것이다. 한편 이 사건도 예수님께서 생명의 근원이 되심을 알려주는 동시에 자신의 부활을 암시하는 의의를 가진다.

요11장은 나사로 장이다. 죽은 나사로를 주님이 살려 내시기 위해 병들어 다 죽게되었다고 사람들은 인정해도 주님은 이 병은 죽을병이 아니라 하나님의 영광을 위하고 그 아들의 영광을 위하려고 하나님이 주신 것이란다. 나사로의 병든 소식을 듣고도 머물던 곳에서 이틀을 더 머물고 있는 동안에 나사로가 죽었다. "우리 친구 나사로가 잠들었도다. 그러나 내가 깨우러 가로라" 제자들이 잠들었으면 낫겠나이다. 예수님은 죽음을 가리키는데 제자들은 잠들어 쉬는 것을 가리켜 말씀함인 줄 생각했었다. 오해하고 있는 제자들에게 주님은 밝히 이르시되 "나사로가 죽었느니라" 내가 거기 있지 않은 것을 기뻐하노니 이는 너희로 믿음이 있도록 확실히 보여주기 위함이었다.

나사로가 무덤에 있은지 이미 나흘이나 지났다.

"나는 부활이요 생명이니 나를 믿는 자는 죽어도 살겠고 무릇 살아서 나를 믿는자는 영원히 죽지 아니하리라"(요11:25-26)이 말을 믿어야 했어야 할텐데 마르다도 마리아도 이대로 믿지 못한 것이 유감이다. 예수님께서 마리아의 우는것과 유대인들이 우는 것을 보시고 심령에 통분히 여기시고 민망하게 여기셨다. 부활과 생명이신 예수 그리스도를 올바로 믿었다면 과연 울 수가 있을까? 올바로 알지 못하고 믿지 못했기 때문에 그들의 눈에서는 통곡의 눈물이 쏟아질 수밖에 없었다. 오늘날 성도도 초상집에서 울면 안 된다.

다시 부활과 새생명으로 다시 태어날 것을 생각하면 울거나 믿음 없는 행동을 해서는 안된다. 이들이 이런 믿음 없는 것을 보신 예수님도 눈물을 흘리셨다. 예수님의 눈물은 동정의 눈물이 절대 아니시다. 여기서 예수님이 우신 것은 나사로의 죽음을 위한 것도 아니요, 우는 그들을 동정하기 위함도 아니다. 조금 후에 살리실텐데 이로 인하여 동정의 눈물을 흘릴 리가 없다. 우신 이유는 부활이요 생명이신 그리스도가 그들 가운데 와서 계시는데 마리아와 우는 그들은 생명이 없다고(나사로의 생명)울고 있는 그들을 볼 때 그들이 너무 가련하고 불쌍해서 우신 것이다. 그리고 예수님은 나사로의 생명을 다시 살리심으로 영과 육이 다시 만나 살려내심으로 마치 잠들었던 나사로를 깨워 일으킨 것같기에 "내 친구 나사로가 잠들었도다 그러나 내가 깨우러 가노라" 하심이 이제 이해가 된다.

그 외에 죽은 자를 자는 자라고 표현한 성경 구절은 많다.

① 살전4:13-18절 "자는 자들에 관하여" 장차 이들이 주님이 공중에 재림하실 때 제일 먼저 부활할 자이기 때문에 "예수 안에서 자는 자들도"(4:14) 장사 집에가서 이 말씀을 반드시 증거하면서 "서로 위로하라"(4:18)하심으로 주무시는데 왜 슬퍼해야 하는가?

② 마27:52절 "자던 성도들의 몸이 많이 일어나되" 예수님의 부활 후에 죽어있던 성도들이 많이 일어난 것이다.

③ 행7:60절 "이 말을 하고 자니라" 스데반이 돌에맞아 죽어가면서도 원수들을 사랑하여 기도하고 조용히 잠자리에 들었다.

④ 고전15:6절 "어떤 이는 잠들었으며" 예수님의 부활을 본 증인들이 태반이나 살아있으나 그 중에 어떤이는 잠든 분들이다.

⑤ 고전15:18절 "그리스도 안에서 잠자는 자도 망하였으리라" 예수 그리스도의 부활이 없다면 믿다가 죽은 자들은 다 망한 자들이다.

⑥ 벧후3:4절 "조상들이 잔 후로부터" 주의 강림이 어디 있느뇨 조상들이 잔 후로부터 만물이 창조 때와 똑같다.

구약시대는 "죽었더라", "죽어 자기 열조에게 돌아가니" 특히 창5장에는 "죽었더라"가 자그만치 10번이나 나온다. 열왕기나 역대기에는 "열조와 함께 자매"로 발전하게 된다. 어떤 곳에서는 "세상을 떠났으매", "나이 많아 늙어 죽으매" 구약시대에는 희미하게 나마 잔다는 의미를 사용하곤 했으나 완전치는 못했다.

불택자늘에게는 "잔다", "자는 자늘"이라고 부를 수 없다 이들은 영원히 죽어 망했기 때문에 "죽었다" 우리나라 말로는 "돌아가셨다" 왔던 곳으로 다시 돌아가서 심판 받아 하나님의 뜻데로 심판 받게 된다는 뜻이다. 불신자들이 죽은 자들을 향해 통상적으로 망했다. 골로갔다는 말은 아주 의미있는 말 중에 하나라고 본다.

2002년 4월 18일
"죽은 자로 보이는 자와 자는 자로 보는 이와는
근본적으로 인격이 다른 사람이다."

평신도를 위한 성경 난해 구절 해설 시리즈 (사복음서36)

Q "하나님으로 오신 예수님이 어려서부터 죽기까지 고향에서까지 배척 받으셨는데 뜻이 있는가?"

(막6:1-6)

 이 땅에 오신 예수님의 생애는 진리와 사랑을 전하신 거룩한 생애였다. 또한 세상 모든 죄인을 구원하시기 위한 구주의 생애였다. 그러나 육신적인면에서 볼 때 예수님의 생애는 불행했고 평생을 배척 속에서 사셨다. 영광의 보좌를 버리고 이 땅에 오셨것만 하나님의 아들이요 메시야를 영접하는 사람들이 없었다.(요1:11)그를 맞아주는 인정을 받지 못해 짐승들이 기거하는 축사에서 태어난 것은 메시야가 짐승취급을 받았다고 본다.

그냥 맞아주지 않고 환영과 큰 영접 사절단은 원하지도 않았지만 죽이려드는 헤롯왕의 사살명령에 고요했던 베들레헴지구는 피비린내 나는 2살 이하의 남자아이들을 죽이는 살인 축제가 벌어졌음은 오직 예수 한 분을 죽이려는 사단의 무서운 계획을 하나님이 애굽으로 피난시킴으로 모면은 됐으나 이제 핏덩이요 떡애기가 나귀타고 미디안 광야를 지나 애굽으로 피난을 가는 것이 어찌 그리 쉬운 일이겠습니까? 애굽에도 누구하나 반갑게 맞아주는이 없는 만리타국에서의 그 불편은 말로는 표현 못할 고난의 연속이있던 것이다.

하나님을 그 당시 유대인들을 위시한 많은 사람들이 배척한 이유가

마가복음 • 163

어디에 있을까요?

1) 그들이 예수님의 육신적인면을 너무 잘 알고 있었기 때문이다. 또 예수님의 가족에 대해서도 외부적 생활면을 많이 보고 잘 알고 있었기 때문에 그 육신적인 선입관념 때문에 예수님의 신령한면과 가르친 진리의 교훈이 가리워졌다. 오늘날도 하나님의 종들을 대할 때 그 종의 외부적인면과 육신적인 면만을 보게되면 그 종을 통해서 나타나는 하나님의 역사와 진리가 가리워져 보지 못하게 된다. 특히 주의 종과 친분이 깊고 그의 육신적인 면을 잘 아는 경우 일수록 더욱 배척하기 쉽다. 그래서 선지자들도 자기 고향과 친척과 자기 집에서는 존경을 받지 못했었다.

2) 그들의 기독관이 잘못되었기 때문이다. 그들은 그리스도가 올 때 어디로부터 오며 어디로 가는지 알지 못하는 것으로 알고 있다.(요 7:27) 이것은 바리새인들이 성경을 잘못 가르쳤으므로 진리를 잘못 깨달았기 때문이다. 구약 성경에는 예수님께서 베들레헴에서 나실 것과 (미5:2) 나사렛 사람이라 칭할 것과 십자가에서 고난 받으실 것 등이 모두 예언되어있다. 그러나 바리새인들은 성경에 없는 말로 잘못 가르쳤다. 그래서 일반 신자는 지도자가 가르치는데로 따라가기 때문에 가르치는 자의 책임이 크며 성도는 성경을 바로 배우는 것이 중요하다.

3) 유대교의 출현이 가져온 오해였다. 아브라함의 후손으로 민족적 선택함을 받아 구원의 통로로 하나님이 그들을 선택하여 사용하려 했으나 그러나 그들은 역사상 단 한 번도 하나님께 온전히 순종하지 않았다. 구약을 받아 구약에 의한 믿음만을 가져야 할 그들이 구약의 일부 내용만을 자기들의 편의대로 곡해해서 만들어 낸 종교인 유대교 (Judaism)를 만들어 구약의 본질은 다 오해하였으니 메시아에 대해서도 옳게 인식할 수 없었으며 잘못된 계시관에 의해서 장로들의 유전을 중시하다보니 예수님의 출현을 못마땅하게 보고 도리어 피조물이 창조주를 핍박하기까지 이른다.

서로 다른 집단들이 자기 유익을 위해서 예수님을 배척하고 핍박할 수 밖에 없었다.

1) 정치적 양상을 띤 집단인 헤롯당. 이들은 예수님을 정치적 이유 때문에 받아 드릴 수가 없었다. 이 헤롯당은 이방출신의 왕가인데 로마제국의 앞자비들이기 때문에 유대인들에겐 지지를 받지 못한체 억지와 강제통치하고 있는 현실에서 갑자기 유대인 중에서 예수가 나타나 유대인의 왕이라는데 이들은 받아드릴 수 없게 되었다. 더구나 예수님이 백성들의 호응을 받자 헤롯당원들은 바짝 긴장하고 혹 민중봉기라도 일어날까봐 더욱 두려워하게 되었다. 그래서 그들은 예수님의 일거수 일투족에 더욱 세심한 관심과 흠만 보이면 즉각 정권적 차원에서 처치하려는 속셈으로 엿보고 핍박과 배척과 멸시와 조롱을 서슴치 않기에 이르렀다.

2) 종교적 양상을 띤 집단인 바리새인들과 사두개파인 이었다. 이 두 교파는 유대교의 지도계층이면서 두 교파의 교리나 사상은 다르나 유대교리를 내세워 예수님을 배척하는데 서로 하나가 되었다. 그들의 눈에는 도저히 예수님을 메시야로 맞아들이기에는 너무나 많은 난제를 풀 수가 없었다. 더구나 그들의 신봉하는 장로들의 유권을 범하기 때문에 받아드릴 수가 없으며 율법을 폐하려 온 것 같고 안식일이 인자를 위하고 사람을 위해서 있다는 것과 죄인들, 세리들, 창기들을 사랑하는 것을 볼 때 그들의 사상으로는 도저히 받아드릴 수가 없는 편견의 종교가들이었다.

3) 실망한 백성들이 배척으로 돌아서게 된다. 이적과 큰 능력을 보여주는 주님의 영권 앞에는 굴복하다가 이 민족을 로마의 권력으로부터 해방시켜줄 해방자로 삼기 위해서는 왕으로 추대하는 것이 일반적인 백성들의 생각이었다. 그러나 예수님은 왕이 되시는 일에는 전연 무관심하시고 영혼을 구원시켜 영적 왕이 되는 일에만 힘쓰셨다. 실망한 백성

들은 어려운 주의 교훈과 설교에는 아랑곳 하지않고 배척과 배신을 일삼게 되어 정치적 이유로 헤롯왕과 그의 일당이 빌라도 총독과 합세하였고, 종교적 이유로 바리새인들과 사두개인들이 합세하여서 예수님을 십자가에 못 박아 처형하자 할 때 백성들이 배신하게 된 동기가 자기 민족의 소원을 외면하기 때문이었다.

배척의 양상과 과정을 살펴보면 너무나 처참하였다. 베들레헴에서 탄생한 직후부터 마지막 십자가에서 죽으시기까지의 배척의 양상과 과정을 일일이 열거할 수가 없을 정도이다. 교리적으로 신앙적으로 유대인들과 예수님 간에는 자주자주 부딪치게 된다. 금식논쟁, 안식일 논쟁, 1-2차에 이른 성전 숙청사건, 중풍병자 치유사건 등으로 예수님께서 "이 성전을 헐라 내가 사흘만에 이르키리라", "이 독사의 자식들아" 공격하시게 된다. 장로의 유전에서 정면충돌을 모면하기 힘들었다. 당시 대제사장이었던 가야바가 예수 한 사람 때문에 온 유다가 망할 수도 있다는 발언을 하므로 예수 그리스도를 십자가에 죽이려는 모의가 시작되었다. 많은 백성들을 의식한 이들이 함부로 말할 수 없었으나 대제사장의 용기(?)있는 발언에 예수 그리스도를 정치범으로 신성모독한 종교범으로 성전파괴 사흘만에 짓는다는 사기범으로 고발한다.

오늘날도 올바른 진리 하나님의 진리를 발표하게 되면 사모하고 흠모하던 자들에겐 은혜의 말씀으로 들리나 그러나 그리스도교를 오해하고 있는 잘못 믿는 이단과 비 진리 전문 집단으로부터 심한 반대와 핍박이 있어야 마땅한 것이다. 예수님은 심한 고난과 박해와 핍박을 많이 받았는데 그를 추종한다는 오늘날 그의 제자들은 전혀 고난이나 박해나 핍박을 전연 싫어하고 조금만 받게되면 박차고 반항하고 대항하여 싸우고 다투는 것은 주님의 가신 길은 아니다. 진정한 예수님의 종이라면 교인들로부터나 일반 백성들로부터 심한 모욕과 고난과 박해가 오면 도리어 선생이신 예수님을 닮아갔으니 큰 영광으로 삼고, 기뻐 뛰어야 할텐데 모두 이 길은 피하고 쉽고 가벼운 것만 지기 좋아하고 어떤이들은 예수 그리스도의 영광을 훔치고 예수님이 전혀 누리지 못한 엄청난 것을 다 누리면서도 불평 속에서 감사가 없는 종들이 많다.

예수님의 고난과 배척은 하나님의 뜻이며 인간 구원을 위한 반드시 건너야할 강이었다. 오늘날 주의 종들과 진리 안에서 올바로 살고자 하는 자들은 누구든지 이 고난의 잔을 마셔야 순서이다. 아는 이들의 배척, 고향에서의 배척도 우리는 주님처럼 기꺼이 받을 수 있는 마음의 그릇을 준비하고 살아야 마땅하다.

2002년 4월 20일
"공생애 전생을 고난과 배척과 핍박의 생애와 같이 올바로 주를 따르는 자들에게도
이와 같은 것이 와도 도리어 기뻐하고 감격하는 중심이 되어야만 한다.
그렇지 못한 나 자신부터 개혁해 나가야한다."

평신도를 위한 성경 난해 구절 해설 시리즈 (사복음서37)

"과연 고르반 신앙은 잘못된 것인가?
그 중심은 오늘날도 지켜야하나?"

(막7:11-12)

고르반(헬)이란 '하나님께 드린 예물' 또는 '하나님께 드림'이란 뜻으로 히브리어 '고르반'을 음역한 것이다. 구약성경에서 이 단어는 단순히 하나님께 감사하므로 바치는 제물 혹은 예물을 가리키는 단어로 사용했다.(레2:1, 4, 12)

그런데 바벨론 포로생활 이후 외적인 의식 및 규례를 강조하는 유대인들에 의해 이 단어는 하나의 맹세어의 진정성을 나타내 보이기 위해 여러사람 앞에서 '고르반' 즉 '하나님께 드림이 되었다'라고 맹세하고 예물을 하나님께 받쳤고 이것이 풍습이 되어 후대에 점점 더 보강이 되어 전해져 왔다.

한편 '고르반'으로 바친 물건은 비록 자신의 집에 소유하고 있더라도 하나님의 것이기 때문에 종교적인 목적 이외에 다른 목적으로는 사용할 수 없었으며 또 다른 사람이 일체 그 물건에 손델수도 없었다. 이 신앙사상은 오늘날 우리들도 꼭 지켜야할 신앙생활의 진수라고 본다. 그러나 바리새인들이 잘못 적용시켰던 '고르반' 사상 때문에 본래의 고르반의 신앙조차도 도외시하거나 죄악시하는 풍조는 오늘날 우리가 범하고 있는 죄악중의 하나가 되었다. 현대교회는 무조건 '고르반' 하면 잘못된 것으로 인정해 버린다. 그러나 그 중심사상 및 본래 취지는 보수전통신앙에서 빼놓을 수 없는 신앙중의 하나라고 본다.

바벨론 포로후기 시대부터 장로들의 유전은 이 풍습을 종교적 규례로 크게 강화하여 그 세부규정을 많이 정하게 되었다. 예를든다면 봉양해야 할 것을 '하나님께 드림이 되었다고' 말하기만하면 부모봉양의무는 지키지 않아도 된다고 가르쳤다. 물론 이는 부모봉양보다 하나님께 대한 신앙이 우선한다는 종교적 가르침에 근거한 것이다. 그러나 이 규례는 부모와 사이가 나쁜 자식이나 부모공양을 꺼려하는 불효자식들에게 부모공경을 회피할 수 있는 변명거리를 제공하게 되었던 것이다.

그 외에도 스승에 대한 존경심 또한 공궤까지도 '고르반' 하면 스승봉양도 회피할 수 있었다. 은혜를 입은 은인, 손위 어른들, 심지어 나라의 왕에게 드릴 것까지도 할수만 있으면 '고르반' 하고서 하나님께 드리는 것이 마치 신앙(좋은)인으로 보여지기까지 되버렸다. 결국 본질적이지 않고 인위적인 규례를 지키도록 하기위해 하나님이 직접 명령하신 십계명에서 제 5계명인 "네 부모를 공경하라" 범하게 되는 중대한 오류를 저지르게 된 것이다.

어떤면으로보면 신앙편리주의에서 나온 발상이었다. 스승의 은혜를 알지만 그 스승은 이미 안계시니 그냥 하나님께 드리면 된다. 은혜입은 은인 찾기가 심히 힘들기 때문과 만나게되면 너무 송구스럽고 염치없으니 그냥 하나님께 드리면 된다는 생각, 손위 어른들에 대한 인사 및 나라왕들에게 바쳐야될 세금까지도 할수만 있으면 떼어먹고서 양심이 괴로우니 하나님께 드림이 되면 하나님이 도와주실 것이니 위안이 된다는 아주 편리주의 편이주의에서 나온 것이다.

그러나 성경은 절대로 이사상이 아니다. "네 부모를 공경해야 한다." 로 시작하여 잠30:17절에는 "아비를 조롱하며 어미 순종하기를 싫어하는 자의 눈은 골짜기의 까마귀에게 쪼이고" 출21:15절에는 "자기 아비나 어미를 치는 자로 반드시 죽일지니라" 21:17절에는 부모 저주하는 자도 죽일찌니라고 엄명한다. 또 신약성경 디모데전서 5:8절에는 "누구든지 자기 친족 특히 자기 가족을 돌아보지 아니하면 믿음을 배반한 자요 불신자보다 더 악한자니라"라고 했고, 벧전2:17절에는 "뭇사람을 공경하며 형제를 사랑하며 하나님을 두려워하며 왕을 공경하라" 벧전2:18에는 까다로운 주인에게도 순복하라고 했다. 주님도 누구든지 나를 따라오려거든 자기를 부인하고 자기 십자가를 지고 나를 쫓으라고 하신 것도 우리 할 의무와 윤리, 도덕, 사랑 이 모든 것을 지키지 않은 신앙은 잘못된 신앙이라고 본다.

또 하나의 폐단은 '고르반' 하고 맹세한 사람은 그 물건을 성전에 바치지 않고 그대로 소유할 수도 있었다. 때문에 겉으로는 신앙적인 듯이 하면서 실상은 그 물건들을 자신들을 위해 사용하는 기만적인 행위도 빈번히 있었다.

여기에 대해 예수님은 '고르반'의 본래적인 종교적 목적을 부정하신 것이 아니라 바리새인들의 외식되고 기만적인 행위들에 대해서만 책망하신 것이다. 그런데 오늘날 대다수의 교인들이나 심지어 교역자들 사이까지 '고르반' 사상이 잘못되고 하나님의 뜻에 어긋난 것으로 잘못알고 있는 사람이 많다. 주님이 책망하신 것은 장로들의 유전을 책망하셨지 고르반의 신앙행위를 책망하신 것이 아니다.

막8:14-15절에서 주님은 "바리새인들의 누룩과 헤롯의 누룩을 주의하라"고 하셨다. 여기 바리새인들의 누룩은 ①바리새인들의 잘못된 교훈(마16:11-12) ②바리새인들의 외식(마6:16) ③바리새인들의 이적주의(막8:12) ④바리새인들의 의식주의(마6:3-4) ⑤바리새인들의 고르반 신앙생활관을 지적하셨던 것이다. 이것들이 바리새인들의 누룩이었다. 이 누룩은 잘못된 것들만 골라놓았으나 실제로는 옳은 신앙관을 생활로 옮기면서 변질된 것이 많이 있게된 것이다. 그래서 주님은 마23장에서는 "화있을진저 외식하는 바리새인들이여" 하며 7번이나 책망하셨다.

예수님 당시에 바리새인들과 사두개인들이 장로들의 유전을 따라 성경을 오해하고 잘못되어진 신앙의 길로 가는 것이 너무 많았기 때문에 주님이 하나하나 올바로 가르치고 바로 잡아 주시는 과정에서 마치 율법을 폐하려 오신듯한 인상도 주었고 선지자의 교훈을 폐하려 오신듯한 인상이 풍기게 되었었다. 그러나 그것은 오해였다. 폐하려는 의도가 아니고 도리어 더 완전케 하려고 오신 주님이시었다.

이와같이 '고르반' 이 신앙사상은 더할나위 없이 옳은 신앙이다. 그러나 바리새인들과 장로들의 유전을 통해 잘못 적용되어서 '고르반' 의 근본신앙마저 훼손당하게 되어 오늘날 많은 성도들 사이에 마치 '고르반' 은 잘못된 신앙원본으로 잘못 알고 있다. 하나님의 뜻에 맞는 성경원리에 맞는 '고르반' 은 오늘날도 지켜야하되 '장로들의 유전' 이나 '바리새인적인 고르반 생활' 은 지켜서는 안된다.

2002년 5월 16일
" '고르반' 신앙은 잘못된 것이 아니고 오늘날도 이 신앙지켜야하되 바리새인들이 지켰던 그런 고르반신앙은 우리가 적극적으로 배제하여야 한다."

평신도를 위한 성경 난해 구절 해설 시리즈 (사복음서38)

"군중들은 표적을 원하나 주님은 피하셨다. 표적은 필요선인가 필요악인가?"

(막8:11-13)

표적(表蹟)은 예수님이 행하신 이적에 대한 일반적인 용어입니다. 예수 그리스도께서 행하신 표적은 그것이 하나님으로부터 나왔다는 것을 입증해 준다.(눅23:8, 요2:18, 6:30, 행2:22, 4:16, 고전1:22, 14:22) 그러나 예수님께서는 많은 사람들이 표적을 구했을 때 표적 보이실 것을 거절하신 적이 많으시다. (마12:38-40, 16:1-4, 막8:11-12)오히려 악하고 음란한 세대가 표적을 구한다고 책망도 많이 하셨습니다. (마16:4, 마12:39, 눅11:29-32, 막8:11-12)

많은 군중들은 표적을 원하나 예수님은 늘 피하셨다. 이와 같이 하신 것은 사람들이 표적을 신뢰하는데 따른 위험성을 알고 계셨기 때문입니다. 우리 주님께서는 악의 세대들인 사탄들도 얼마든지 '거짓된 표적' 으로 이적을 행할 수 있기 때문이었습니다.(마24:24, 살후2:9-10, 계13:13-14, 19:20)

우리 같았으면 우리가 불가능한 것 보여주시기만 하면 믿음이 더 강해질텐데 예수님은 그런 방법을 하실 수 있는데 그런 방법을 사용하시지 않으셨다. 돌로 떡을 만들어 먹을 수 있도록 한다든지 100m나되는 높이의 바위 위에서 새처럼 나비처럼 사뿐히 날아 앉는다든지 한다면 누가 감히 예수님을 비방하고 조롱하고 멸시, 천대, 핍박할 수 있겠는가 그러나 주님은 피하셨다.

도리어 예수님은 어려운 말로 이 악하고 음란한 세대가 표적을 구하나 보일표적은 요나의 표적밖에 보일표적이 없다고 책망하셨다. 요나의 표적은 곧 주님 자신이 죽어 무덤에 3일간 머무시다 다시 부활하실 것을 말씀했는데 그 당시 이 말씀의 진리를 깨닫는 자가 있었는지는 심히 의심이 됩니다.

믿음의 근원으로써 '표적'은 요한복음에서 중요한 역할을 담당하고 있다.(요20:30) 예수님의 표적에 대한 사람들의 긍정적이고 올바른 반응이 언급되어있다. (요6:2, 7:31, 10:41-42, 12:18-19)그러나 요한복음에 있어서까지 예수님께서는 표적으로 인해 생긴 믿음을 회의적으로 평가하십니다. (요2:23-25)

예수님 당시 표적이나 이적을 원하는 자들이 대게 바리새인 중에서 많았습니다. 오늘날도 이성적이고 과학적으로 증명을 원하는 자들이 많습니다. 그때마다 주님은 도리어 책망하시면서 피하신 이유는 주님 자신이 하늘로부터 내려온 산 표적인데 또 무엇을 보여달라는 것인지 답답하시기도 하신 것이다.

이적에 대한 체험이 믿음을 불러일으키는 것이 아니라 믿음이 이적에 대한 체험을 초래한다. 메시야이신 예수님을 믿고 그에게 간절한 마음으로 표적을 구한 백성과는 달리 바리새인들은 예수님의 수많은 이적을 목격했지만 결코 믿음을 갖지 않았다. 예수님께서는 표적을 요구하는 바리새인들에게 아무런 이적도 보여주시지 않는 것은 바로 그들의 불신앙 때문이었다. 이와 유사한 사례로는 나사렛 고향사람들의 불신앙으로 인해 예수님은 고향에서 아무 권능도 행치 않으신 것을 들수 있다. (막6:5-6)

실로 우리가 조그만한 믿음이라도 소유할 때만이 우리의 생활현장

가운데 역사하시는 하나님의 수많은 이적과 은혜를 체험할 수 있는 것이다.(히11;1-6) 이적이 믿음을 불러일으키는 것이 아니고 믿음이 이적에 대한 체험을 초래하는 것이다. 그래서 예수님은 우리에게 믿음만 소유하기를 원하여 이적을 기피하셨다. 이적을 좋아하는 자들은 올바른 믿음을 소유하기가 매우 힘들다. 이적보다는 성경말씀에의한 믿음을 소유하는 것이 가장 위대한 믿음을 가진 자가 된다.

　본문에도 바리새인들의 태도를 보면 예수님을 힐난했고 예수님을 시험했고 그 마음으로 예수님께 하늘로써 오는 표적을 구했으므로 예수님이 마음 속 깊이 탄식하시며 어찌 이 세대는 표적을 좋아하느냐 순진한 믿음으로 믿으면 되는데 눈으로 보아야하고 손으로 만져야하고 과학적인 증명이 필요하느냐? 표적을 나보다 더 크게 믿으려는 경향이 있으니 주님이 이 세대에는 표적을 보여주지 않겠다고 단언하신다. 그리고 다른 배에 올라타시고 피하여 가셨다.

　그럼 표적은 필요악인가? 표적은 필요선인가? 금번에 이병을 말끔히 낫기만하면 꼭 예수님을 믿고 하나님을 더 공경할 텐데. 우리 아들 서울대학에 입학시켜 달라는 소원만 이루워주신다면 내가 절대로 하나님을 떠나지 않겠다. 이번 사업에 성공만 시켜주시면 교회를 잘 섬기겠노라 하면서 주께 많은 표적을 원하는 사람들이 많다. 그때마다 하나님은 피하시는 때가 더 많으시다.

　병이 낫거나 표적을 보면 더 믿음이 좋아지고 잘 믿을 것 같으나 믿음의 근본이 그것이 아니기 때문에 믿음의 진보요소보다 믿음의 방해요소로 작용되어 오히려 믿음이 헤이해지는 자들이 많다. 믿음은 자기의 노력이나 힘으로 되는 것이 아니고 성령님의 도우심으로 되는 것이다. 표적을 본자 중에서도 성령님의 도우심으로 더 믿음이 좋아진 자도 있으나 성령님의 도우심이 떠난 자들은 (교만하거나, 위선적이거나, 진실치 못할 때) 도리어 표적을 보고도 믿음이 퇴보된 자들도 많다.

우리의 믿음은 성령님의 도우심이 없이는 그 누구도 믿음을 소유할 수가 없는 법입니다. 말씀을 사모하면서 기도로 하나님께 의지하고 찬송으로 하나님께 영광돌리기를 항상 힘쓰는 자들은 성령님이 강하게 역사하셔서 만사를 은혜로 진리를 깨닫고 믿게하시고 도리어 어떤 특수한 계기나 은사를 남달리 받았으나 남과 비교하길 좋아하고 교만하고 위선을 떨고 거짓스러울 때는 성령님이 역사하시지 않으시고 쉬고 계시기 때문에 믿음이 약해지기 시작하고 받은 은사와 은혜도 능력이 저하되게 된다.

그러므로 예수님 당시 군중들이나 바리새인들처럼 표적보여주길 원하지 말고 주신 말씀을 붙들고 새김질하고 기도하길 쉬지말고 찬양부르기를 기뻐하며 무엇보다 믿음이 날로날로 향상되길 소원하면서 성령님이 내안에서 역사하시길 위해 소원하시는 성도들이 되셔야 합니다.

표적은 필요선이 될 수 있고, 필요악이 될 수도 있다. 표적으로 인해 하나님을 더 가까이하고 더 겸손해지고 확신에찬 소망 속에서 살게 된다면 분명 표적은 필요선이 될 수 있다. 그러나 표적을 보게되고 나서는 교만해지고 나태해지고 위선과 거짓된 생활이 이루워 진다면 이 표적은 필요악이 될 수 밖에 없다. 결국 성령님이 역사해 주시면 필요선으로 향하게 되고 성령님이 같이 해주시지 않으면 표적이 필요악쪽으로 향하게 되는 법이다. 언제나 전자보다는 후자로 향하는 자가 훨씬 많기 때문에 주님께서 표적보여 주시기를 꺼려하셨던 것이다.

2002년 5월 17일
"성령강림주일을 앞두고 성령충만함 입기를 소원하면서
표적을 원하지 말고 믿음을 원하고 표적이 필요선이 될 성령님께 기도로 간구하자."

평신도를 위한 성경 난해 구절 해설 시리즈 (사복음서39)

 "현대교회에서도 축사(逐邪: 귀신 내쫓음)가능한가?"

(막9:14-29)

구약성경에서는 귀신 내쫓는 사건이 거의 없다. 그러나 사울 왕이 악신이 들렸을 때 다윗이 수금을 손으로 탄즉 악신이 물러갔다는 내용이 유일하다.(삼상16:23) 그러나 신약에 와서는 귀신 내쫓은 사건이 심심찮게 나오며 사복음서에서 주님은 축사의 이적을 여러 번 실행하셨다. 그래서 많은 오해를 받기도 하셨다. 혹 주님이 귀신왕 바알세불을 힘입어 귀신을 쫓아낸다고 바리새인들이 오해했었다.(마12:27) 축사(exoicism)에 해당하는 헬라어 '엑소로코시스'는 '밖으로'라는 뜻의 전치사 '엑크'와 '맹세'라는 뜻의 '호르코스'가 합성된것으로써 '밖으로 불러내어 맹세함' 이란 의미를 내포하는 단어이다.

이는 근동지역에서는 축사행위를 맹세나 저주의 행위와 깊이 연관시키고 있음을 보여준다. 원래 축사행위란 사람의 힘으로는 불가능 하며 보다 강한 다른 귀신이나 영적존재의 힘을 덧입어서만이 가능함을 암시하는 것이다. 인간들의 IQ는 120-150이 보통이며 지혜 있다고 한다. 그러나 귀신과 마귀의 아이큐는 10,000이 넘어 우리 인간들과는 게임이 되지 않는다.

사복음서에 나타난 주님의 축사의 목적은 ①치유이적의 목적과 ②메시야 사역의 목적이 있었다. 주께서 행하신 축사는 단순히 치유목적인데 육체적 정신적 질병들은 치유하신 것도 많으나 귀신들린 자들에게서 귀신을 쫓아 내신일도 많다. 귀신들이 허약하고 병약한 그리고 믿음이 약한 자들을 골라 들어와 육체적 정신적 질병을 앓게 만든다. 바로 주님은 이것을 치유 하셨던 것이다.

또 주님이 축사하신 목적은 단지 귀신들린 자들에 대한 동정에 의해서 쫓아내신 것만이 아니다. 주님은 오히려 이 기적을 통해 이 세상에 대해서 뿐만 아니라 영계와 그 모든 영적 존재의 주인이시며 또 모든 영계를 다스리는 권능과 능력이 충만하심을 온전하게 알리시고자 하셨다. 궁극적으로 메시야임을 나타내어 사탄은 멸하고 주의 나라를 건설하기 위함이었다.

바울은 성령의 은사 12가지를 발표하였다. 이 성령의 은사 중에는 축사에 대한 언급이 전연 없다. (고전12:7-11, 롬12:3-13)단지 병 고치는 은사만을 말씀하셨는데 이 병 고치는 은사 안에 축사의 은사도 포함되어 있다고 봐야 할 것이다. 메시야의 권위로 "그 사람에게서 나오라" 외치던 시대는 주님으로 끝나고 그 이후로는 단지 질병을 고치는 수단으로써만 축사가 행해져야 됨을 보여준다.

그러나 현대교회에서 가능한 축사는 오직 주 예수그리스도께서 주신 권능으로만 가능한 것이며 여기서 성도들이 믿음으로 이 진리를 지켜나가야 한다. 오직 믿음없이 이방종교방식이나 무당처럼 행하거나 세상방식에 의한 축사란 성경적이 아니기 때문에 현대교회에선 있을 수 없는 일이다.(예:어느 기도원에서 안찰로 환자가 죽었던 사건)

주님과 세제자가 변화산에서 내려왔을 때 남아있던 아홉 제자는 한 귀신들린 소년의 귀신을 능히 내어 쫓아내지 못하였다. 주님의 호된 책망을 받고 주님이 귀신 내쫓는 현장에서 자세히 보았으나 자신이 없는 그들은 조용히 주님께 물었다. "우리는 어찌하여 그 귀신을 쫓아내지 못하였나이까?"라고 질문하였던 것이다.

이때 주님은 2가지로 요약 하셨다. 마17장에서는 '믿음이 적은 연고' 라고 하셨고 막9에서는 '기도이외에 다른 것은 없다' 고 답변 하셨다. 즉 믿음과 기도가 없기에 이 믿음 없는 패역한 세대라고까지 주님이 책망 하신 것이다.

주님이 원하시는 믿음은 무슨 믿음이었을까? 믿음은 만능이라는 뜻이다. 믿음은 하나님의 말씀에서 난다.(롬10:17) 그러므로 믿음이란 하나님의 말씀을 받아 마음으로 순종하는 것이다. 말씀이 없이 '믿사오니' 하는 것은 미신이요 맹신이다. 바른 믿음은 먼저 하나님의 말씀을 듣고 그 말씀대로 될 것을 믿고 순종해 나가는 것이 믿음이요 이 믿음대로 이루어지게 된다. 이렇게 믿고 나가면 하나님이 만능으로 도와서 반드시 이루어지게 되는데 이것도 궁극적으로는 하나님의 말씀이 이루어지는 것이지 내 믿음으로 이루어지게 되는 것이 아니다. 자기가 어떠한 일은 이루워 내겠다는 뜻을 정해놓고 나가는 것은 믿음이 아니다. 하나님의 뜻이 아닐는지 모르기 때문이다.

말씀만 믿고 말씀만 순종하면 인간의 이성에 뛰어난 하나님의 능력이 임하게 된다. 홍해가 갈라진 것, 반석에서 물이 나온 것, 사자의 입을 봉한 것, 풀무속에서도 타지 않은 것, 이와 같이 말씀을 듣고 순종해 나갈 때 주의 권능으로 능치 못할 것이 없이 이루어지는 것이 믿음의 결과이다. 주님이 원하는 이 믿음이 없기에 아홉제자나 오늘날 성도들 앞에 불가능이 존재하게 된다.

믿음 없는 세대라고 책망하신 것은 ①하나님의 권능이 역사하는 믿음이 없고 ②생명 있는 믿음이 없다(겨자씨) ③능력 있는 믿음이 없다. 고전4:20-"하늘나라는 말에 있지 않고 능력에 있다." ④마귀를 이기고 승리하는 믿음이 없다고 한 것이다. 이 믿음을 주님에게서 얻어내야 한다.

마귀나 귀신은 우리능력과 힘으로는 불가능하다. 오직 주님의 능력과 힘을 빌려야 한다. 그러기 위해 이와 같은 믿음이 필요한 것이다. 이 믿음을 얻기 위해 날마다 기도로 매달려야만 한다. 그래서 기도 이외는 이런 유가 나갈 수가 없다고 했다. 주님이 주실 줄 믿고 기도하고 말씀 듣고 순종하고 주께 맡기고 신령과 진정으로 예배드리면서 중심을 주께 드리면 주님이 마귀를 승리하는 믿음을 준다.

축사의 방법은 다른 방법이 없다. 어느 성도가 귀신 들린 것 같으면 온 교인이 매일 같이 정한 시간에 찾아가서 찬송과 기도로 부르짖고 예배드리면 아무리 강한 귀신도 몇 달이 못되어 소리지르고 나가게 되있다. 귀신이 찬송, 기도, 예배가 싫어서 못 견디어 나간다. 즉 주님이 내쫓아 주신 것이다. 아이큐가 천 배나 만 배나 높으나 그보다 더 높은 주님 앞에서 도망갈 수밖에 없다.

주님은 권능이 무한하시니 즉시 귀신을 쫓아 내셨으나 우리는 믿음이 없고 권능이 없으니 찬송과 기도, 예배로 말씀으로 더욱 믿음을 돈독히 가지면 주님이 그 믿음 보시고 귀신을 쫓아내시므로 귀신이 소리지르고 나가면 귀신 들린자라도 좋은 성도가 되어 믿음생활 잘 할 수 있다.

2002. 5.19
"어느 귀신도 우리의 찬송과 기도, 예배드리면 주의 능력에 의해 쫓아 낼수 있으니 나의 믿음없음만 회개하고 주의 말씀듣고 믿음으로 무장되어지는 현대의 축사단(逐邪團)들이 되자."

평신도를 위한 성경난해 구절 해설 시리즈 (사복음서40)

Q "주의 좌 우편에 앉을 자와 천국에서 큰 자는 어떤 자일까요?"

(막10:35-45)

 마태복음에 보면 야고보와 요한의 어머니가 치마 바람을 일으켜 주님을 곤욕스럽게 했다. (마20:20) 이왕에 예수님의 제자노릇 할 바엔 나중주님이 왕이 되시면 한 아들을 주의 우편에 또 한 아들은 주의 좌편에 기용해 주십사 하고 맨입으로 특별 부탁하게 되었는데 거기엔 예수님의 어머니와 요한의 어머니와는 형제지간이란 특별관계가 더욱 작용하게 되었다.

마태복음에선 그들의 어머니가 부탁했고 마가복음에선 본인들이 직접 거명하는 형식으로 볼 때 둘 중에 어느 것이 맞는 것일까요? 여기선 어머니를 먼저 내세워 특별 부탁하고 나서 본인들이 다시 또 부탁하게 된다. 마태는 어머니가 부탁 할 때를 기록했고 마가는 본인들이 부탁하는 것을 기록했으니 두 성경에는 조금의 하자도 없는 것이다.

이 세 사람들이 특별 구하는 것까지는 좋았으나 바로 구하지 못하는 것이 문제였다. 열심이나 정성으로 만 되는 것이 아니라 무엇을 구해야 되는지 바로 알지 못하기 때문에 이런 실수를 낳았다. 그 외 10제자들도 이 세분들의 구하는 것을 듣고 분히 여겼다.(41절) 그들도 이 세분들과 같이 예수님을 따라 다녔으나 진리를 바로 깨닫지 못했고 그들의 영이 자라지 못했기에 믿음이 없고 믿음이 없으니 육신적이요, 세상적이요, 정욕적으로 구하고 다투게 되었다. 그래서 성경을 바로 알지 못하고 바로 배우지 못하면 하나님 섬기는 것도 헛되고 연보 하는 것도 잘못되고 주를 위해서 일한다고 해도 헛되이 죽는 수가 많다. 어떤 정치적 사건에 목숨 바쳐 싸우겠다고 하다가 투옥되고 죽게도 된다. 이것은 주를 위해 죽는 것이 아니기 때문에 순교가 아니다 그러나 그들은 순교를 각오하고 싸우겠다고 한다.

이제 주의 좌 우편에 앉은 자 또 천국에서 큰 자는 어떤 자일까요?
1) 주님이 마시는 잔을 다 마시는 자라야 한다.
2) 주님이 받는 세례를 다 받는 자라야 한다.
3) 하나님이 예비한자가 얻게 될 것이며
4) 많은 사람을 섬기는 자가 되어야하며
5) 모든 사람의 종이 되어야 한다.

이런 자가 말로는 되기 쉬운 것 같으나 실제로는 거의 찾아보기 힘들다. 아마 없다는 표현이 거의 맞을 것이다. 내 눈으로 봐도 없는데 주님의 눈으로 보신다면 더욱 없으리라고 본다.

1) 주님이 마신 잔은 주님께서 마신 고난의 잔입니다. 이때 두 제자는 다 마실 수 있다고 (39절) 용감하게 말하는 것은 주의 마신 고난의 잔이 무엇인지도 모르기 때문에 그런 것 같다. "무식은 항상 용감한 것이다." 모르면 그 잔이 어떤 잔입니까? 물어 여쭙고 듣고 대답해도 늦지 않았을 텐데 그만 어리석은 대답을 하고 말았다. 주님의 고난의 잔은 인간으로는 그 누구도 감당할 수 없는 고난의 잔이나 주님이시니 가능했지 육체를 가진 인간으로써는 전연 불가능한 고난의 잔이었습니다. 그러나 주님이 덧입혀 주시면 어느 정도는 가능하리라 본다.

2) 주님이 받은 세례란 십자가의 고난이다. 눅12:50 "나의 받을 세례가 있으니 그 이루기까지 나의 답답함이 어떠하겠느냐?"고 하였다. 예

수님이 지고 가신 십자가! 온 인류의 죄를 대속하기 위해 저주를 받아 대신 짊어지신 십자가를 육체를 가진 인간으로서는 지고 갈 수도 없고 멜 수도 없다. 오직 나에게 (개인적)준 작은 십자가도 주님이 주신 능력이 아니고서는 불가능한 것이다. 각자의 십자가를 자기 힘으로 지고 가려다가는 반드시 실패한다. 주의 힘으로 그 주님이 허락해 주시는 은사와 능력으로 고난을 이겨 가면서 죽을 힘을 다해야 겨우 질 수가 있는 것이다.

3) 하나님이 예비한자는 누구일까요? (누구를 위하여 예비 되었는지)하나님이 이런 자들을 미리 예비 하셔서 주님이 마신 잔을 마시게 하고 주님의 십자가 같은 고난의 사명감을 지게 하여 자격을 만들기 위해 환난과 고통과 슬픔과 궁핍, 또는 평안과 풍부, 여러 가지 과정 중 이런 합격된 자들은 하나님의 예비 된 자들이요, 불합격된 자들은 하나님의 예비 된 자가 아니다. 이런 과정을 잘 이기게 하시기 위해 각자에게 은사도 은혜도 주시나 감당치 못하는 자는 결국 예비 된 자가 되지 못해 주의 좌 우편도 큰 자도 될 수가 없다.

4) 많은 사람을 섬기는 자. 하나님과 이웃을 섬기고 교회와 어른들과 불쌍한 사람들을 섬기고 나보다 높은 분들은 물론이요, 나보다 낮은 분들도 섬겨야 한다. 과연 이런 자가 세상에 있을까? 모든 사람을 나보다 낮게 여겨 주고 섬기듯 섬기려는 마음이 나와야 할 텐데 우리는 누가 나를 섬겨 주고 받들어 주지 않나 하고 바라고 있으니 천국에서 큰 자 되긴 틀렸다고 봐야한다. "인자의 온 것은 섬김을 받으려 함이 아니라 도리어 섬기려 하고"(10:45) 우리는 정반대이다. 섬기기는 커녕 섬겨주지 않는 자들과 싸워서라도 섬겨주기를 바라고 있다.

5) 모든 사람의 종이 되라. 종의 개념을 잘 모르는 현대인들에겐 생소하게 느낄 것이다. 종은 거저 말하는 도구에 불과하다. 많은 기계나 도구는 말을 못하나 종은 말만 할뿐 기계나 도구와 다를 것이 없다. 시

키는 데로 할뿐이지 자기 자유의지나 자기 주장과 뜻은 전연 내 보일 수가 없다. 현대의 종노릇은 져 주는 것이다. 지는 것이 이기는 것이니 역설적 진리이다. 분명 져주어야 하겠다고 생각했다가도 막상 닥치면 지기는커녕 무참하게 박살내야 속이 시원해진다. 분명 하늘나라는 이상한 나라이다. 종이 되고 져주고 섬기는 자가 주님의 좌 우편에 앉고 천국에서 큰 자가 된다는데 우리 생각과는 전연 다른 나라이다. 우리가 이대로 가다가는 주님나라 조차 못 가고 천국에서 제일 작은 자가 될 수밖에 없다. 오늘도 새벽기도 시간에 엎드려 많은 사람을 섬기고 모든 사람의 종이 되게 해 달라고 기도했으나 실제 생활에선 기도와는 정반대의 결과만 행한 나였으니 오늘 하루도 실패한 하루였다. 이 모습 이대로는 천국에 들어간다는 것이 기적인데 무슨 주의 좌 우편과 큰 자까지 욕심을 낼 수 있으랴?

2002. 5. 20
"하늘 나라는 말에 있지 않고 오직 능력에 있음이라." (고전4:20)
주여 나에게 주의 고난의 잔과 주의 십자가를 지고 가는 예비 된 자되게 하시고 많은 사람 섬기는 능력 모든 사람의 종이 되는 능력을 충만케 하옵소서.

평신도를 위한 성경난해 구절 해설 시리즈 (사복음서41)

 예수님의 예루살렘입성 퍼레이드는 공개적으로 해야만 했을까요?

(막11:1-11)

이 시대는 자기 P.R. 시대이다. 남이 말해주지 않으면 자기가 자기를 공개적으로 선전한다. 그런데 만왕의 왕이요, 구세주요, 창조주로 오신 예수님은 "자기를 나타내지 말라." "아무에게도 이르지 말라." 라는 예수님의 함구령 또는 메시야 은닉설의 장본인입니다. 그 이유와 목적설명은 사복음서 33번 내용에 자세히 논한바 있습니다. 그렇지만 이와는 달리 유독 예루살렘의 입성 때는 공개적으로 퍼레이드를 벌리며 많은 군중들이 호산나를 외치고 옷을 벗어 나귀 위에와 길에 펴고 종려나무와 가지를 꺽어 들고 대 환영의 물결이었다. 그 동안의 예수님의 모습과는 정반대의 모습이었고 주의 초림 탄생 시와 같이 조용하고 고요하게 입성했다면 많은 군중들을 그렇게 죄 짖도록 하지 않을 것이며 많은 백성들을 실망시키지 않았으리라 본다.

승리의 왕이라고 하는데 어찌 보잘것없는 나귀새끼를 타고 오시면서 승리의 대왕이라니 어울리지도 않으며 적어도 백마를 타고 위풍당당한 개선 장군처럼 행군하지 않으신 점 또한 천군 천사들의 앞뒤호위로 천한 백성들은 감히 가까이 할 수 없는 완전 격리되고 수천 수백만의 천군 천사들이 앞 뒤 좌우로 완전 둘러 쌓여 예수님 얼굴조차 보이지 않을 만큼 멀리서나 그 위풍당당한 행군에 압도당하는 것도 아니고 하다 못해 공중에서 팡파레가 울려 퍼지고 천둥과 구름까지도 시위했더라면 얼마나 좋았을까?

주님의 하신 일에는 아무 뜻 없이 하신 것 같지만 어느 한가지의미 없는 것이 없고 만세 전부터 예정하신 그 시나리오에 따라 오늘 우리들에게 영적 교훈과 깊은 진리를 알려 주고 있으나 무지한 우리들이 모르고서 한정된 머리로 저울질하는 것 자체가 부끄러운 일 중의 하나라고 본다.

그 동안에는 주님께서 모든 것을 감추시고 이적을 행하시고도 함구령을 내린 주님이 이제는 모든 것을 공개적으로 더 많은 사람들에게 알려서 주님이 이 땅에 오신 목적을 보여드리고 주의 마지막 한 주간 밖에 남지 않은 이 고난 주간에 되어질 모든 일도 하나님의 뜻에 의해 되어지고 있음을 이제는 공개하시므로 후에 모든 백성들에게 큰 교훈의 설교가 되리라고 봅니다.

예수님의 예루살렘 입성의 목적은 많은 뜻과 의미가 있다. 1차적 목적과 2차적 목적으로 나눈다.

1) 1차적 목적은 메시야직의 공식선언이다. 33년간의 생애는 마지막 주간 고난받고 십자가에 죽으시고 사흘만에 다시 부활하시는 완전한 구원의 메시야직을 이제 공개적으로 공식선언 하는 것이다. 그래서인지 백성들은 "호산나"〈(원컨대 구원하소서)-우리말로 표현(예수님 만세)〉 하고 외쳤으나 그들의 중심에는 로마의 식민지에서 해방시켜 달라는 호소였던 것이다.

2) 다윗의 자손 왕임을 선언: 이스라엘 나라에서의 다윗의 자손 중에서 왕이 나올 텐데 그가 곧 그리스도이며 메시야이기 때문에 이스라엘은 건국이래 줄곧 사모하고 기다리던 다윗의 자손 왕이라고 공식 선언하므로 군중들은 "찬송하리로다 오늘 우리 조상 다윗의 나라여 가장 높

은 곳에서 호산나 하더라"(막11:10) "호산나 다윗의 자손이여 찬송 하리이다"(마21:9) 이 찬송소리로 환영하며 다윗의 자손 그리스도로 인정하였다.

3) 겸손하신 왕을 선언한다. 마21:5-"그는 겸손하여 나귀 곧 멍에 메는 짐승의 새끼를 탓도다." 백 말과 수천 수백의 군사 퍼레이드로 개선 장군처럼 입성해도 조금도 잘못이나 어색하지 않았을 텐데도 언제나 겸손을 생명 처럼 우리에게 보여 주셨던 주님이 입성하시는 모습까지도 겸손의 모습을 보여 주신 것이다.

4) 평화의 왕임을 선언 -예수님은 평화의 왕이심을 선언하기 위해서 나귀를 타고 입성하셨던 것이다. 계시록19:11에는 예수님이 백말을 타고 심판의 전쟁을 하시려고 나오시지만 여기서는 심판하러 오신 주님이 아니시고 구원과 평화의 상징인 나귀를 타시고 오신 것이다.

그럼 2차적 목적은 무엇일까요? ①영원한 희생사역을 완성하여 구원사역을 성취하시기 위함이었다. 주님이 이땅에 오신 최종목적인 구원사역완성에 있다. 이일 하기위해 십자가를 지기위해 예루살렘으로 입성하는데 사역완성으로 승리 할 것을 내다보시고 승리의 입성을 하신 것이다. ②부활의 첫 열매가 되시기 위함이었다. 생명의 근원이신 하나님이 죽어 영원히 멸망 당하지 않고 다시 부활의 첫 열매되시므로 그를 믿는 우리도 다시 부활 할 수 있는 길을 열어 놓으셔서 "나는 길이요 진리요 생명이니", "나를 믿는 자는 죽어도 살겠고 살아서 나를 믿는 자는 영원히 죽지 아니하리니"의 첫 열매가 곧 예수 그리스도 이시다. ③죽음을 가져오는 사탄을 완전 멸하실려고 입성하셨다. 우리로 죄 짓게 해서 죄값으로 죽음에 임하도록 하는 장본인 마귀와 사탄의 권세를 완전 멸망 시키려고 주님이 승리의 입성을 하신 것이다. ④영광과 승리의 왕이 되시기 위함이었고, ⑤승천 후 우리의 중보자가 되시기 위함-우리가 연약하여 범죄 할 때마다 사탄은 하나님께 고소 고발하여 처벌을 원하실 때 우리의 중보자요 변호해 주시는 주님이 보좌우편에서 우리의 허물과 죄를 내가 십자가 보혈로 다 씻어 주셨다고 변호해 주시는 중보자 되시기 위함이다. ⑥재림 때 심판주가 되시기 위함- 주님이 심판주가 되어 양은 오른편에 염소는 왼편에 두시고 성경말씀에 의해 철저히 심판하시나 믿는 택한 백성은 영원한 천국으로 믿지 않은 불 택자는 영원한 지옥으로 보내시기 위해서 직접 예루살렘에 승리의 대왕으로 평화롭고 겸손하게 이 여러 목적을 다 이루시려고 입성하신 것이다.

그러나 이 중심을 알리 없는 이스라엘 군중들은 자기들의 소원과 목적에 이르지 못하자 몇 일 못되어서 완전히 배반하여 "바라바는 놓아주고 예수는 십자가에 못 박으소서." 외치는 폭도로 돌변하고 말았다. 예수님의 예루살렘입성은 대 실패로 막을 내리는 듯 했으나 부활과 승천하시므로 대 반격하여 원수들과 사탄들의 권세를 완전 꺾어 놓으셨던 대 승리의 입성이라고 봅니다.

이 엄청난 승리와 영광에 비추어 볼 때 주님의 입성 퍼레이드는 너무 초라했고 이벤트가 없는 것 같았으나 지금 생각해 보니 주님의 영원하고도 세심한 한 세트 한 세트마다의 장엄한 승전가에 우리는 겸손히 엎드리지 않을 수 없다.

이 부족한 종은 그때 태어났다면 원래 열성분자요 애국심이 강해서 호산나도 목이 터져 라고 외쳤을 것이요 십자가에 못 박으라고도 외쳤을 것이니 이 시대에 태어난 것을 참으로 감사드리며 오늘날도 가끔은 그 시대 사람 같은 속성이 나도 모르게 내 피에 흐르고 있음을 부인하지 못하노라.

2002. 5. 22.
"주의 공중 재림 때 공중에서 만나 천년세계로 새 예루살렘에 입성하는 대 퍼레이드에 합류 할 것을 생각할 때 감개무량하여 영원한 천국에서 날마다 주와 함께 영광의 찬송 속에 살날이 속히 오길 소원한다.

평신도를 위한 성경난해 구절 해설 시리즈 (사복음서42)

"연보란 양(量)이 중요한가 아니면 질(質)이 중요한가?"
(막12:41-44)

 본래 연보란 율로기아(εὐλογία)(고후9:5)축복이라는 단어입니다.(롬15:29) 그런데 이 연보를 하는데 양이 중요한 것인지 질이 중요한 것인지 확실한 목표가 불분명한 자가 많다. 본문에 갑자기 과부의 연보이야기가 나온 배경은 서기관들로 대표되는 유대의 종교지도자들이 빠져있는 위선을 책망하기 위하여(막12:38-40) 바로 뒤이어서 가난한 과부의 연보를 통하여 하나님께 올바른 헌신과 연보정신을 말씀해 주셨다고 봅니다.

그때 당시 유대사회의 너무나 상반된 신분과 지위를 가지고 있던 자들로써 전자는 존경을 후자는 멸시를 받았다. 그러나 주님은 그들의 신분에 의한 대우보다 하나님께 대하는 태도로 기준 삼아 책망과 칭찬을 하심으로 결코 이세상의 기준과 조건이 하나님나라에서 조차 평가의 기준과 조건이 아니라는 것이다. 그러므로 세상에서는 아무리 많은 사람들로부터 칭찬과 존경을 한 몸에 다 받는다 할 찌라도 하나님 앞에서 겸손과 성실히 자신의 모든 것을 헌신하지 않는다면 도무지 하나님나라에서 합당한 자로 인정받을 수 없는 것이다.

본문에 당시 성전에는 연보궤를 설치하고 거기에 연보를 넣었다. 오늘날 각 교회에서도 연보궤를 놓고 연보 하는 것이 더 성경적이다. 예수님은 부자가 많은 돈을 넣는 것 보다 과부가 두 렙돈을 넣는 것이 더 많이 넣었다고 칭찬 하셨다. 이런 면에서는 양보다는 질을 선호하시는 주님인 것 같이 보여 집니다. 예수님이 보신 것은 그 과부의 마음과 정성과 희생의 제물을 보신 것이다. 부자들은 그 풍족한 가운데서 그 일부를 넣었으나 과부는 그 구차한 가운데서 자기 생활비 전부를 넣었기 때문에 다른 사람보다 많이 넣었다고 하신 것이다. 주님이 보신 것은 양도 아니고 질도 아니고 그 중심과 정성만을 보셨다고 봅니다. 양을 많이 하면서도 그 중심과 정성이 올바로 인정받을 수 있다면 금상첨화이다. 질을 더 중요시 한다고 해서 양심을 속여 가면서 이렇게 저렇게 합리화시키면서 주께 인정받지 못한다면 안 하는 것만 못하게 되어있다.

연보하는 자의 자세가 중요하다. 1)부득이 함이나 인색한 맘이나 억지로 하는 것은 금물이다. 2)자원함으로 해야 한다.(고후8:3) 3)하나님의 은혜가 감사해서 하나님을 사랑함으로 하나님께 바쳐야 한다. 4)내게 속한 모든 것은 다 하나님의 것을 하나님께 바치는 마음으로 바쳐야 한다. 양이나 질이나 하나님께 연보 한다고 하면서 남은 모든 것을 자기 것으로 인정한다면 연보 하는 것이 아무 의미가 없을 수 있다. 5)하나님이 감동시키는 데로 하나님의 명령을 따라 힘에 지나도록 일찍이라도 순종하는 맘으로 드려야 한다. 이런 정성을 다하여 하나님의 뜻대로 드려질 때 하나님이 기뻐하시고 은혜주시고 하나님이 함께 해 주실 것이다.

사도행전 5장의 아나니아와 삽비라 부부는 많은 은혜를 받고 그 은혜에 감동되어 부동산을 정리하여 다 바치기로 하였으나 사단의 장난으로 성령을 속이고 일부를 장래를 위해 떼어놓게 되었다. 그렇지만 솔직하게 밭을 판 값이 얼마이고 그 중의 일부는 가정을 위해 집에 놔두고 왔다는 고백과 함께 다 드리지 못한 이 죄인을 용서해 달라고 솔직히 고백했다면 많은 복을 받게 되었을 텐데 그만 자기 얼굴도 내고 자기가정 위해 준비도 하고 성령도 속이고 주의 종도 속이려는 것이 잘못되어 두 부부가 한 날에 죽고 말았다. 작은 욕심이 그들의 모든 것을 빼앗아 갔다고 본다. 연보란 잘 드리면 복이 되고 은혜가 되지만 잘못 드리다가는 도리어 화와 올무가 되는 경우가 많다.

이름 없이 많은 것을 바친 사람 많다. 주님나라에 나의 것이 쓰여진다면 기쁘고 즐거운 마음으로 드려야 한다. 주님께서 예루살렘 상경시 나귀와 나귀새끼를 바친 사람도 이름을 알수 없다. 오병이어로 오천 명을 먹이고 12광주리가 남는 기적도, 한 작은 소년의 자기가 먹을 점심 도시락을 아낌없이 내 놓는데서 부터 기적은 시작된다. 반신 불수를 위해 네 친구들의 헌신적인 봉사도 하나님이 기꺼이 받으시고 그들의 믿음을 보시고 고쳐 주셨다. 그 외에도 주의 복음사역에 이름 없이 헌신적으로 그 많은 것을 주께 내놓는 분들이 많다. 이들에겐 양과 질이 모두다 하나님께 드려졌다고 본다.

오늘날 한국 교회는 연보 하는 문제로 많은 시험거리가 생산되고 있다. 한국교회 자체가 이 연보의 자세가 잘못 되 있고 교역자 및 대부분의 신자들이 이 복음 적인 연보정신에서 빗나가고 있기 때문에 많은 문제가 발생되고 있다. 연보는 성도의 신앙생활에 있어 가장 중요한 부분임을 부인할 수 없다. 그러나 아무리 좋은 약도 바로 쓰지 못하면 도리어 해(害)가 되는 것같이 연보도 바로 하지 못하면 복은커녕 도리어 아나니아와 삽비라의 후예가 될 수도 있는 것이니 연보의 올바른 복음적인 정신에 입각한 정신으로 드려야 할 것이다.

과부의 연보는 생활비 전부라는 마치 생명을 바치는 중심이었다. 이 연보를 하고 나서 얼마나 많은 끼니를 굶었는지 경제적 어려움에 직면했는지는 자세히 알 수 없으나 하나님이 연단 시키셨기 때문에 많은 고난이 뒤따랐을 것이다. 즉 연보란 하나님께 다 바치는 것이다. 연보란 절대로 우리의 것 중에서 일부를 하나님께 드리고 그리고 일부를 나 위해 둔다는 정신으로 연보 한다면 안된다. 본래 우리의 것은 다 하나님의 것이기 때문에 액수에 상관없이 하나님께 다 바치는 정신으로 연보 해야하고 남은 것도 하나님의 것이다.

과부가 아무리 생활비 전부를 다 드렸다 할 찌라도 자원하여 즐겁게 기쁜 마음으로 바치지 않았다면 주님께로부터 칭찬 받을 수 없다. 이스라엘 백성들이 광야에서 성막을 짓게 되었을 때에 모세는 그들에게 자원하여 즐겁고 기쁜 마음으로 바치도록 권유하는데도 이유가 있는 것이다.(출35:21-23) 양심에 어긋남도 없이 정성을 다해 드렸으나 즐겁고 기쁜 마음 없이 자원하는 마음이 없었다면 문제가 된다.

그럼 연보란 양이 중요한가 질이 중요한 것인가? 물론 어느 것 하나 소홀히 할 수는 없다. 그러나 믿음으로 하는 성경 중심의 연보. 온유, 겸손한 마음으로 정성을 다하는 맘으로 드려야 된다. 주님이 원하시는 것은 물질을 원하시지 않고 우리의 중심을 원하시며 정성과 감사하고 기뻐하는 마음을 바라시고 계신다. 양을 앞세워 남의 연보의 과다를 따져서도 안되고 질을 앞세워 자기만 안다고 위선을 과장해도 안 된다. 오직 불꽃같은 눈으로 감찰하시는 하나님 앞에서 한 점의 부끄럼 없이 드려진다면 양의 과다나 질의 면면에 연연하지 말고 떳떳하게 두 렙돈도 기쁜 마음으로 드릴 수 있게 된다.

2002. 5. 23.
"연보의 양과 질을 저울질 할 시간에 나의 양심을 드려다 보고 한 점의 부끄럼 없는 연보생활로 감사, 자원, 기쁨, 찬양 속에서 드려지길 바라노라"
"하나님은 즐겨내는 자를 사랑하신 다는데"(고후9:7) 연보는 했으나 어쩐지 즐겁지 못한 것도 문제이다.

평신도를 위한 성경난해 구절 해설 시리즈 (사복음서43)

"대 환난 날에 산으로, 지붕, 밭, 임산부, 겨울, 안식일, 어찌해야 하나?"

(막13:14-23)

역사의 진행과정을 불교는 원형으로 무한히 반복 윤회한 다고 한다. 유교는 역사 진행과정이 단절의 사상이다. 이 세 상일로 끝난다는 것이다. 영국의 석학 아놀드 토인비는 나선형식으로 무한히 발전해 간다는 것이다. 그러나 기독교의 역사관은 공간과 시간 만남에 의해 창조되었고 처음과 끝이 일직선상으로 진행되는데 예수 그리스도를 중심으로 모든 것이 진행되 나간다.

성경해석법의 역사진행과정도 성도는 역사의 주역으로 등장하여 하나님의 구속역사에 동참해야 함은 물론이고 하나님의 뜻을 이루는데 사용되고 이용되는 도구가 되어야 한다. 성경의 어느 단어나 사건을 어느 개인, 단체, 국가, 시대로 해석해서는 곤란하다. 그러나 그리스도에 관한 한 일회성이 많이 있다. (동정녀처녀 잉태사건, 십자가 사건, 재림 심판 사건 등등) 성경해석상 어느 시대라고 단정짓는 것은 조심해야 한다.

본문에 나온 사건 역시 3가지로 시기적 해석 방법이 있다.

1) 마카비 시대 B.C 175-163년에 수리아 왕 안디오쿠스 에피파네스 통치시대

2) A.D 66-70년 사이 유대와 로마전쟁시대(70년 로마 티토 장군)

3) 종말에 걸쳐 여러 번 이루어 질 포괄적인 예언으로 이해하는 시기적 해석 방법이 있다. 1)번과 2)번은 시기적으로 참고가 될 상황이 될른지는 모르나 그래도 3번을 채택해야 무난하리라고 본다.

1) 멸망의 가증한 것: 마24:15에는 다니엘의 말한 "멸망의 가증한 것이 거룩한 곳(성전)에 선 것을 보거든"이라고 한다. (단9:27, 11:31, 12:11) 이것 역시 주님이후 세대에 A.D 70년에 로마의 국기(독수리)가 성전에 선 것을 두고 말씀하셨음을 의미한다고들 한다. 그러나 주님은 말세에 이루어 질 멸망의 가증한 것에 포인트를 두신 것 같다. 물론 예루살렘 성전을 모델 예화로 사용하셨다고 본다. 즉 말세에 적 그리스도가 나타나서 하나님과 그리스도의 자리에 서서 자신을 숭배하도록 성도들을 미혹하고 유혹하는 시대를 말함이니 오늘 이 시대이다.

2) 산으로 도망 할 지어다: 원래 예루살렘은 해발 800m에 위치해 있는 지리적 요건상 거의 요새에 가까운 견고한 성이다. 그러므로 유대인들은 예루살렘을 안전한 피난처로 생각하기에 주님은 더 안전한 또 다른 산을 염두에 두시고 말씀하신 것이다. 이스라엘인들의 개념 속엔 산은 분명 하나님의 도움과 보호의 처소요, 하나님과 만날 수 있는 장소로 믿고 있었다.(출3:1-12, 시11:1) 말세가 되어 교회가 세속화되어 갈 때는 성도가 시온산을 향하여 도망을 쳐야 한다. 이단과 적 그리스도가 공공연히 극성부릴 때는 하나님이 계신 신령한 시온산을 향하여 올라가도록 힘써야 하고 만일 그렇지 못하여 신앙이 잠들거나 게을러지면 마귀의 종이 되고 만다.

3) 지붕 위에 있는 자: 이스라엘의 가옥구조는 지붕이 평평한 옥상으로써 휴식처로(삼상9:25) 기도하는 곳으로(행10:9) 은신처로(겔42:6)

사용되었다. 계단은 옥외로 설치되었다. 대부분 기도처로 사용했다. 기도하러 올라간 장소에서 집안에 있는 물건을 가지러 내려 갈 만큼 여유 있고 평화로운 때가 아닌 말세에 닥칠 환난에 긴박성에는 그 기도하다가 죽든지 아예 그 장소를 피하여 환난을 피하든지 할 것이지 집안에 왕래하다가는 일이 망쳐진다. 기도하는 중에는 세상에 있는 것에 맘 빼앗기지 말고 "나와 세상은 갈곳 없고 구속한 주만" 나타내 보여야 한다.

4) 밭에 있는 자: 이스라엘은 밤 낮의 일교차가 너무 심하므로 농부들이 일하는 낮 시간은 너무 덥기 때문에 겉옷을 입지 않고 집에 두고 온다. 겉옷은 그 시간은 안 입어도 되나 밤 시간은 너무 추워서 있어야 될 의복이다. 밭에 일하는 자란 주의 일하는 자는 세상에 그리 필요치도 않는 겉옷 때문에 일하는데 지장을 초래하거나 더구나 종말한 긴박한 상황임에도 불구하고 일을 제처 놓고 겉옷에 신경 써서는 안될 중심을 교훈 해 준다고 본다.

5) 아이 밴 자들: 이스라엘인에겐 자식은 하나님이 주신 축복의 선물이다. 그러나 말세와 같은 위기상황에선 아이밴 자들이나 젖 먹이는 어머니들은 도망하는 일에는 큰 핸디캡을 가지게 된다. 하나님이 주신 선물이 도리어 말세 때 거친돌이 되어서는 안 된다. 주신 복과 재물, 평강, 건강가지고 육신을 위해 자기 향락과 자기도취에 빠져서 영적 신앙생활에 도움이 되지 못하고 거치는 핸디캡으로 변해버릴 때까지 이기적이고 개인적으로 육신, 욕심에만 빠져있지 말고 언제든지 주의 뜻과 섭리를 위해 일할 수 있도록 준비하라는 교훈입니다.

6) 겨울에 나지 않도록 기도하라: 이스라엘의 겨울은 우기이기 때문에 피난가기에도 피난생활 하기에도 매우 곤란하다. 겨울에는 식량난과 추

위 때문에 산이나 광야에서 피난생활 한다는 것은 매우 어려운 일이므로 "겨울에 나지 않도록 기도하라."는 말은 환난과 고통 또 대 환난을 안 받을 수는 없겠으나 그 환난과 고통을 이겨낼 수 있도록 기도하라는 뜻이며 하나님의 의지여하에 따라서는 겨울에 나지 않을 수도 있음으로 기도 많이 하라는 명령이다. 하나님은 기도를 들어주시는 응답의 하나님이시기 때문이다. 겨울은 분명 영적 감동이 없는 심령상태요 봄 동산(아가2:11-13)은 성령과 감화와 감동이 충만 때이다. 우리 심령들이 늘 한겨울과 같은 심령상태가 되지 않도록 기도하고 생기 있고 능력 있는 봄 동산의 심령 되길 기도하라는 교훈이기도 하다.

7) 안식일에 되지 않도록: (마24:20)안식을 거룩히 지키는 것은 하나님의 뜻이요 계명이다. 만일 환난을 피해 도망가는 일이 안식일이 된다면 말씀을 어기고 도망가야 된다. 그래서 기도해서 그날이 안식일에 도피해야 할 일이 생기면 몇 km를 도망갈 수 없다. 그래서 기도하라는 것이다. 하나님의 도우심과 깊은 배려로 안식일을 지키라는 명령도 순종하고 도망하라는 하나님의 뜻도 순종하는 일이다 잘 되길 위해서 기도할 뿐이다.

8) 전무후무한 대 환난: 성도는 이런 대 환난이 올 것을 각오하고 항상 대비하여야 한다. 평안하다 평안하다 할 때에 환난이 갑자기 닥치면 감당하지 못한다. 미리 준비를 잘 해 놓아야 환난이 와도 믿음으로 이길 수 있다. 작은 환난을 이기지 못 하는 자가 대 환난을 이길 수 없다. 그래서 우리 날마다 우리 앞에 닥치는 작은 환난을 늘 믿음으로 이겨 나가며 연단을 통해 심신을 튼튼히 준비해 두어야 한다. 그러므로 평안할 때도 더욱 근신하면서 대 환난을 위해 미리 준비하고 대비하는 성도가 되어야 한다.

9) 택하신 백성을 위해 그 날을 감하셨느니라.: 대 환난날에 그 고난을 다 받게 되면 육체를 가진 사람으로써는 구원받을 사람이 하나도 없다. 그러므로 하나님의 백성을 위해 환난의 일부를 감해주신다. 말세에 성도가 7년 대 환난을 다 받는 것이 아니라 전반기 3년 반을 지나 후반기가 시작되어 얼마 못되어 주님이 왔으나 육체를 가진 자로 감당치 못할 때 최막판 주님 재림시기는 아닌 것 같은 때이다. 언젠가는 이날은 분명 오고 나머지는 우리 성도들 때문에 감해주신다고 감사할 따름입니다.

10) 거짓 그리스도, 거짓 선지자: 자기가 예수 그리스도의 자리에 서 있는 사람은 모두가 적 그리스도요 거짓 그리스도이다. 자기다 재림 주라고 하고 또 심 판주라고도 하고 직접 예수라고는 안 해도 그리스도의 대 명사를 자기에게 붙여서 행세하는 모든 자들 (감람나무, 인뗀 자, 전권대서)이며 또 자기를 따라야만 구원이 있다고 부르짖는 자들이다. 거짓 선지자는 성경을 잘못 가르치거나 하나님의 말씀이 아닌 것을 하나님의 말씀이라고 가르치는 자들이다. 이려한 사람들은 사람을 미혹하는 마귀의 종들이다. 이러한 자가 표적과 기사를 행하여 할 수만 있으면 택한 자라도 미혹하여 넘어뜨린다. 그래서 표적과 기사에 속아 넘어 가지 말고 성경 말씀대로만 믿고 나가야 한다.

2002. 5. 24.
"분명 주의 재림이 가까운 이때임을 부인 할 수 없다.
이 성경에서 주의 뜻을 바로 깨닫고 주님 맞을 준비를 완벽하게
대처하기 위해 이 말씀을 완전히 소화하여 들림 받으시길 바라는 이가"

평신도를 위한 성경난해 구절 해설 시리즈 (사복음서44)

"우리 구원함에 있어 주님의 수난을 통한 구속성취이외 방법은 없는가?"

(막14:43-65)

(문제 제기)

1) 하나님의 2위이신 예수님이 굳이 성육신 하시고 처절한 고난을 꼭 받으셔야만 했는가?
2) 2천년 전 중동의 작은 나라 이스라엘의 한 청년 예수의 죽음과 나와 무슨 상관이 있는가?
3) 십자가에서 저주받아 피 흘려 죽은 방법이 아니고는 우리의 구원이 불가능했는가?
4) 로마병정과 로마 권력을 다 이길 수 있는 주님은 어찌 힘없이 굴복 당하고 말았는가?
5) 철저히 이용하신 가룟유다, 빌라도, 로마 정권 및 병정들에게 무슨 상급이 있는가?
6) 우리의 中保者(중보자)는 하나님의 제 2위이신 예수님 이외는 없는 것인가?

(문제 해설)

　하나님은 전지 전능하시고 무소 부재하셔서 무엇 이든지 가능하고 못하는 일이 아무 것도 없다. 그런 하나님이 인간 구원함에 있어서 죄 없으신 예수님을 보내 수난 받고 십자가에서 죽어 피 흘리게 하셔서 그 피를 보고 우리 죄를 덮어 주시고 그 피를 믿는 자는 하나님의 아들로 기업과 후사로 선택하시고 사랑하셔서 특별한 은총을 베풀어주시는 이 방법이 예수님 자신에게도 못하실 일이요 죄 없으신 분의 피를 흘리도록 하신 이 방법이외도 얼마든지 다른 쉬운 방법을 택하지 않으신 이유가 궁금하며 위의 6가지 난제들의 해답을 통해 모든 신앙의 정수를 풀고저 합니다.

(해답)

1) 에덴동산에서 쫓겨난 인간의 대표 아담 때부터 죄가 인간들을 마음대로 휘둘었다. 이 죄 값을 치루기 위해 애매한 정결한 짐승들이 희생당했다. 그래서 구약시대 모든 사람들은 죄를 용서받기 위하여 부자는 소를 중간층은 양을 빈민층은 비둘기를 가지고 제사장에게 가지고 가서 번제로 제사 드림으로 속죄함을 받게 되었다. 죄는 사람이 짓되 죽기는 애매한 짐승들이 죽게 되었으며 날마다 드리는 번제에 피 비린내 냄새와 성전에는 연기와 그을림으로 이루 말할 수 없는 피해가 속출되었다. 그래서 하나님이 단 한번에 드리는 제물이 없으실까 살펴보셨으나 인간들 중에는 자기들의 본죄와 원죄 때문에 제물이 될 수 없어서 제 2위이신 독생 성자 예수님밖에는 없으시기에 하나님이 예수님을 버리면서까지 우리 위해 고난과 생명까지 다 바치시는 하나님의 사랑을 우리가 부어 주시는 모습을 보이시기 위해 직접 주님이 성육신 하시고 처절한 고난과 희생의 제물로써 우리 위해 피를 흘려주셨던 것이다.

2) 2천년 전 주님이 무고히 아무 뜻 없이 죽으심이 아니고 하나님의 공의가 죄가 있어 죄를 사하기 위해서는 피를 드려져야 했다. "피 흘림이 없은 즉 사함이 없느니라"(히9:22) 내가 죽어 피를 흘려야만 내 죄가 없어질텐데 내 대신 예수님 이 십자가상에서 피 흘려주셨음을 믿기만 하면 내가 흘린 것이 된다. 그래서 주님의 십자가에 죽으심은 나 위해 죽으심이요 주님이 다시 부활하심은 우리 영혼의 거듭나게 됨이요 예수를 알고 새 사람되고 하나님의 아들 되고 천국백성 됐으니 2천년 전 이스라엘 나라 골고다 언덕에서 십자가에서 죽으신 주님의 사건과 나와는 분가분리의 사건인 것이다. 우리가 믿는다는 것이 바로 이걸 믿어야 믿음인 것이다.

3) 하나님은 천지만물을 말씀으로 만드신 전지전능하신 하나님이시다. "있으라" 하면 그대로 다 되었다. 우리의 구원도 피 흘림 없이 "누구

누구 거저 다 용서하고 내가 네 죄를 사하였노라" 하는 방식으로도 가능할 것이요, 교회에 나오는 사람은 무조건 다 구원하시는 방법도 있으련다. 그런데 하나님은 왜 굳이 처참한 사형제도에 의한 죽음을 통해서만 구원을 이루게 되었을 까요? 앞에서도 거듭 말씀드리거니와 우리 하나님이 원하시는 죄를 사하시는 방법이 피 흘림이 있어야 하고 이 방법이 하나님이 정하신 법이니 하나님이 기뻐하시게 시행하는데 우리 누가 감히 하나님이 왜 그렇게 하셨는가 하고 힐문 할 수가 없는 것이다.(롬 9:10) 예수님은 어떤 방법으로도 가능하오나 하나님이 원하시고 기뻐하시는 십자가 방식을 채택 한 것이다.

4) 주님이 힘이 없으셔서 굴복하신 것이 아니라 얼마든지 말씀 한마디로 완전섬멸 시킬 수도 있다. 예수님께서 겟세마네동산에서 기도하고 있을 때 유다와 대제사장에게서 파송된 큰 무리가 검과 몽치를 가지고 예수님을 체포하러 왔다. 이때에 베드로는 충성심의 발로로 대제사장의 종 말고의 귀를 떨어 뜨였다. 이때 예수님은 "검을 집어서 꽂으라 검을 가지는 자는 검으로 망하느니라 내 아버지께 지금 구하여 12영(12사람) 더 되는 천사를 보내시게 할 수 없는 줄 아느냐 내가 만일 그렇게 하면 이런 일이 있으리라 한 성경은 어떻게 이루워 지겠느냐" (마 26:47-54-의역) 굴복이 아니고 성경을 이루시고저 참으시면서 순종하신 것이다.

5) 모든 인류는 하나님이 창조하셨고 믿는 성도는 보배롭고 존귀하게 여기고 사랑하시는 하나님(사43:4) 또 하나님의 영광을 위해 창조된 자들(사40:7)이 있는가 하면 하나님의 뜻만 이루시기 위하여 사용하는 도구로 사용되는 많은 사람도 하나님의 종들이다.(불신자이지만 하나님은 하나님의 종으로 여겼다. 느브갓네살(렘25:9, 27:6), 고레스(사44:28, 45:1), 바로 왕(롬9:17, 출9:16) 그 외에도 성경에 나오는 모든 불 택자들을 도구로 쓰셨다. "피조물이 허무한데 굴복하는 것은 자기 뜻

이 아니요 오직 굴복케 하시는 이로 말미암음이라."(롬8:20) "그 바라는 것은 피조물로 썩어짐의 종노릇 한데서 해방되어 하나님의 자녀들의 영광의 자유에 이르는 것이니라."(롬8:21) "너희 지체를 불의의 병기로 죄에게 드리지 말고 오직 너희 자신을 … 하나님께 드리며 너희 지체를 의의 병기로 하나님게 드리라."(롬6:13) 우리는 의의 병기로 사용됨을 항상 감사드려야 한다.

  6) 하나님과 인간 사이의 중보자는 완전 하나님이시며 완전 사람이신 주 예수그리스도 이외는 없다. 성령으로 잉태하셨으니 완전 하나님이시며 마리아의 몸을 빌어 태어났으니 완전 사람이다. 죄로 말미암아 둘 사이의 불화로 (딤전2:5) 인간이 하나님께 나아갈 수 없고 완전한 하나님이 불 완전한 사람들에게 오실 수 없다. 오시면 불 완전한 인간은 다 죽어 없어지고 말기 때문이다. 그래서 중보자가 절대로 필요했다. 하나님의 말씀을 우리 인간에게 전해 주시고 우리들의 모든 기도와 예배, 예물, 회개의 눈물 이 모든 것을 하나님께 올린다. 우리 기도도 예수의 이름으로 구해야 된다. 중보자되신 예수님의 이름인 것이다.

  이제 구원에 관한 주님의 십자가 구속에 대하여 모든 난제는 풀렸으리라고 본다. 하나님은 사랑이시라 범죄한 택자들을 위하여 죄 값으로 죽이시지 않고 구약시대엔 소와 양, 비둘기로 죽게 하고 신약시대엔 예수님을 죽게 하셔서 우리 죄를 씻어 주시는 하나님의 은혜와 사랑에 감탄하여 아직도 이 진리를 모르고 믿는 자는 기독교의 모퉁이를 헤메는 것이다.

2002. 5. 27

"이 진리를 알고 믿는 자는 거듭난 (중생)영혼이요 이 진리를 모르고 믿어지지 않는 자는 이 세상과 오는 세상에서 가장 불쌍한 영혼들이다."

평신도를 위한 성경난해 구절 해설 시리즈 (사복음서45)

Q 엘리 엘리 라마 사박 다니는 고통의 절규인가?
승리의 찬가인가?

(막15:34)

 마태는 이 말을 유대인 독자를 위해 히브리 음역으로 '엘리'('나의 하나님'을 뜻하는 히브리어 음역)라고 한 반면 마가는 실제 당시 예수님이 말씀하셨던 아람어의 음역으로 '엘로이'(나의 하나님을 뜻하는 아람어 음역)로 표기 한 것이다. 그러나 이 말의 근본 원문은 시 22:1의 구약을 인용하신 것이니 그 뜻은 차이가 없다.

갑자기 어둠이 찾아오자 자기를 버리시면서 까지 택한 백성들만 사랑하시는 하나님 아버지께 대하여 절망적인 절규를 하셨던 것이다. 예수님은 평소에 하나님을 '아버지'라 부르셨으나 여기서는 공식 명칭인 '하나님'으로 부르고 계십니다. 이것은 당신이 수행하고 있는 대속 사역이 공적인 것이기 때문입니다. 하나님은 '죄의 삯은 사망'(롬6:23)이라는 하나님의 법과 '피 흘림이 없이는 사함이 없느니라.'(히9:22)는 법을 철저히 적용 집행하고 계시는 것입니다. 이 법 앞에서 하나님의 아들 예수는 철저히 대속의 제물로 버려진 것이다.

"어찌하여 나를 버리시나이까" 여기서 예수님의 절규는 자신의 죄가 아니라 온 인류가 범한 죄악으로 인해 하나님으로부터 단절되는 고통의 궁극적 깊이를 나타내 주는 말이다. 이처럼 죄로 인한 하나님과의 단절을 겪음으로써 그리스도는 하나님과 단절된 인간들을 다시 하나님께로 인도 할 수 있게 된 것이다.

세상으로부터 버림받은 예수. 이젠 하나님께 까지 버림받은 예수님은 육체적 고통과 동료들 및 추종자들로부터 내 버림을 당하는데서 오는 정신적 고통을 넘어 절대 고독 속에서 하나님께 부르짖고 있는 것이다. 예수님 자신이 세례 받을 때(막1:10-11) 권능을 주셨던 하나님으로부터 단절되는 고통의 궁극적 깊이가 그로 하여금 절규하게 만드는 것이다. 이 고통과 고독은 온 인류가 죄 짖고 체험해야 될 것을 예수님이 체휼하시는 것이다.

갈3:13 "그리스도께서 우리를 위하여 저주를 받은바 되사" 우리가 율법이나 하나님의 공법을 다 지키지 못함으로 받아야 할 저주를 주님이 다 받으시고 율법의 저주에서 속량의 (되사다: 대가를 지불하여 타인의 지배에서 소유권을 되찾다) 의미를 볼 때 저주받고 있던 주님으로써는 고통의 절규를 외칠 수밖에 없었습니다.(신30;15, 요3:36, 롬5:12, 엡2:3, 고전6:20, 7:23, 계5:9, 사53:6, 신21:23) 이 성구들이 뒷받침된다. 여기 까지는 고통의 절규로 보는 견해이다. 이제부터는 승리의 찬가로 보는 견해를 듣고저 한다.

"엘리 엘리 라마 사박다니"는 십자가상에서 너무 고통이 심하기 때문에 하나님께 안타까워서 부르짖는 소리가 아니라는 것이다. 만일 그렇다고 하면 예수님이 하나님 앞에 온전한 제물로 완전한 제사를 드린 것이 되지 못한다. 하나님 앞에 흠 없는 제물로 온전한 제사를 드리려면 기쁘고 즐거워서 단 마음으로 바쳐져야 한다. 안타까워서 부르짖으면서 하나님께 제물을 바친다고 하면 하나님이 만족하게 받으실 수가 없다.

그 예로 사람 앞에 선물드릴 때도 마찬가지이다. 성경적 뒷받침으로는 고후9:7에 하나님께 연보 할 때 인색함으로나 억지로 내는 것은 합당치 아니하다. 즐겨 내야 받으신다. 예수님이 자신을 제물로 하나님께 바칠 때에 고통을 못 이겨 안 타까와 하면서 하나님께 바쳤다고 하면 하나님이 그 제사를 달게 받으실 수가 없다.

우리의 모든 죄가 예수님에게 전가되어 예수님이 우리 죄를 짊어지시고 그 형벌을 다 받으셨다. 이때 예수님은 당신이 이루시는 완전한 의를 가지고 하나님을 간절히 찾고 붙들어 하나님과 연결시키는 순간의 기도이다. 예수님이 일생동안 신구약 성경을 다 행하시고 죽기까지 복종한 의로 하나님의 생명과 연결이 되는 것이다. 영적 생명은 의에서 살고 의는 절대로 죽지 않는 것이다. 예수님의 십자가는 예수님의 최고의 순종이다. 죽기까지 순종하여 온전한 의를 이루신 것이다. 그러므로 예수님의 완전한 순종과 의로 인하여 하나님과 다시 연결되는 기로의 순간이다. 이런 시간에 "나의 하나님 나의 하나님"하고 기쁨으로 기도하는 것이지 고통의 절규가 아니다.

또 이 말씀은 성경에 기록된 구속의 세계와 모든 백성이 구원받게 될 예언을 믿고 감사와 찬송하는 말씀이다. 원래 이 말씀은 시22:1에 있는 말씀이다. 그 1절을 찬송하시면서 그 장에 있는 성경전체를 믿고 그 승리의 결과를 찬송하는 것이다. 시 22편에는 예수님이 십자가에 못 박히는 광경이 기록되어 있는데 곧 원수들이 둘러서서 수족을 찌를 것 (22:16) 그 아래서 겉옷을 나누고 속옷은 제비 뽑을 것(18절)이 기록되어있다. 그 결과 야곱의 모든 족속과 땅의 모든 족속이 돌아와 주를 경외하고 영광 돌릴 것이다.

예수님은 십자가에서 죽어 가시면서도 그 성경말씀을 붙들고 그 말씀을 이루워 가신 것이다. 그 성경에 기록된대로 어느 한가지 어김없이 그대로 구속이 이루워져 가는 과정을 보시고 감사와 찬송으로 시편 22장을 외우신 것이다. 예수님은 십자가에서 쓰리고 아픈 죽음의 고통 속에서도 하나님과 끊임없이 연락하며 성경말씀만 붙들고 역사하시므로 그 말씀이 빛이되고 힘이 되고 생명이 되어 감사와 찬송이 나왔다. 예수님은 찬미하면서 감람산으로 습관적으로 기도하러 올라가셨다. 그러므로 찬미하며 십자가를 지셨다.

양 견해 우리는 다 들었다. 승리의 찬가로 규정짓는 것은 너무 예수님의 신성면만 강조하여 하나님과 동등된 권능으로 고통쯤은 다 이기고 찬송 속에서 신령하게 온 인류의 속죄사역을 완수 해 가는 것 같고 고통의 절규라고 규정짓는 것은 너무 예수님의 인성면만 강조하여 '내가 목마르다', '내가 고민하여 죽게 되었으니', '먹을 것이 없느냐' 피곤도 느끼시고 주무시고 하신 것과 똑같은 맥락에서 보는 면이라고 본다.

양 견해에도 허점도 있다. 지면 관계로 일일이 지적할 수 없으나 결론으로 맺으려 합니다.

고통의 절규로 단정지을 때 오는 허점보다는 승리의 찬가로 볼 때 더 많은 허점이 존재하게 된다.

① 완전한 제물론: 완전한 제물은 죽어야 된다. 살아서는 제물이 못된다. 살아서 찬송 속에 있다면 不完全

② 저주를 받는 입장인데 승리의 찬가를 부르게 된다면 저주받고 있다고 볼 수가 없다는 이론이다.

③ 부활 승천하신 후에는 완전 신성 예수님이시지만 제물로 죽으시기 전 까지는 인성 예수님면을 더 내세워야 한다.

④ 하나님이 주신 고난과 고통 다 받는 것이 오히려 하나님 편에서는 더 기쁜 일이지 고통 속에 안타까와 하신다고 하나님이 싫어하시지 않는다.

⑤ 하나님이 일시 버려서 죽음의 자리로 떨어지게 했으니 하나님이 버린 위치에서 고통을 느끼는 것이 너무나 당연하다.

⑥ 온 인류(택자)의 죄 값이 그리 쉽게 속량 될 리 없다. 무수한 고통과 질곡을 사랑해야 마땅하다고 본다.

⑦ 성경전체의 원리상 구약의 예언 그대로 우리슬픔, 찔림, 징계, 상

함, 죽음을 대신 지시니 고통도 대신 받으시는 예수님의 모습에서 우리 어찌 감탄, 감사, 감격해야 마땅하리라고 본다.

2002. 5. 29.
"독생자를 버리시면서까지 우리들만 사랑하셨다. 나는 이 사랑을 다 받고서도 늘 망각 속에서 살아왔던 지난날을 후회하면서 주와 함께 이 고난에 동참되어 우리 자신들도 고통의 절규 속에서 거듭난 생애로 살자."

평신도를 위한 성경 난해구절 해설 시리즈

누가복음 3

—누가복음—
우리 중에 이루어진 사실에 대하여
처음부터 말씀의 목격자 되고 일꾼 된 자들의
전하여 준 그대로 내력을 저술하려고 붓을 든 사람이 많은지라
그 모든 일을 근원부터 자세히 미루어 살핀 나도 데오빌로
각하에게 차례대로 써 보내는 것이 좋은 줄 알았노니
이는 각하로 그 배운 바의 확실함을 알게 하려 함이로다
(1:1~4)

평신도를 위한 성경 난해 구절 해설 시리즈 (사복음서46)

Q "주님의 탄생을 초자연적 탄생 혹은 기적적 탄생, 동정녀 탄생 어느 것이 가장 합당한 표현일까?"

(눅1:26-38)

 18C 접어들면서 소위 자유주의 학자들은 그리스도의 동정녀 탄생에 대하여 공격하기 시작하였다. 이들의 공격은 주로 3가지로 집약된다.

1) 마태복음과 누가복음에만 동정녀 탄생의 기록이 있고 초대 교회 시대 사도들의 서신이나 설교에는 그런 언급이 전연 없음을 중요시하여 이 동정녀 탄생설은 후대에 첨가한 삽입된 사기로 보는 견해.

2) 스트라우스나 혹은 르랑등은 아예 예수 그리스도의 동정녀 탄생설은 미신이나 신화적 요소로 생각하여 처음부터 거부하는 견해.

3) 부르너같은 학자는 중요 교리를 가장 많이 취급했던 사도바울의 서신에 동정녀 탄생에 관한 언급이 없음을 말하면서 예수 그리스도의 성육신은 그런 처녀 탄생과 같은 비과학적인 방법이 필요하지 않다는 견해이다.

그러나 마태복음이나 누가복음에는 다같이 우리 구주 예수 그리스도의 나심은 성령에 의해 사내를 알지 못하는 처녀 마리아의 몸을 통해 탄생되었다고 분명하게 기록하고 있습니다. 이를 일컬어서 "예수 그리스도의 동정녀 탄생"(Virgin Birth of Jesus christ)이라고 한다. 이를 얼마든지 초자연적 탄생 혹은 기적적인 탄생이라고도 할 수 있는데 듣기에 별로 좋지 않고 부끄럽고 신경 쓰이게 "동정녀 탄생"이라고 해야 할 이유가 있는가? 그것은 예수 그리스도의 탄생이 아브라함의 아들 이삭이나(초자연적 탄생) 세례요한의 기적적인 탄생과는 질적으로 다른 것이기 때문이다.

이삭이나 세례요한의 탄생도 초자연적이거나 기적적인 탄생이긴 하지만 그것은 어디까지나 남자와 여자의 육체관계를 통한 탄생이었다. 그러나 예수 그리스도는 성령으로 탄생되었고 한번도 사내와 육체적 관계를 갖지 않은 처녀 마리아에게서 탄생하셨다. 즉 예수 그리스도의 탄생은 육적 아버지가 없었으며 심지어 육적 어머니의 능력에 의해서도 아닌 성령에 의해 이루어진 탄생인 것이다. 그래서 예수 그리스도의 탄생은 초자연적인 탄생이라고 하지도 않고 기적적인 탄생이라고 하지 않고 동정녀 탄생이라고만 한다.

비록 마리아의 몸을 빌려 탄생했으나 마리아 자신은 우리와 똑같은 성정을 가진 자이다. 그러나 천주교는 마리아 숭배사상을 뒷받침해주기 위해 많은 성경을 저버린 이단적 교리이다. 그들의 주장은 마리아는 원죄와도 무관할 뿐 아니라 평생 자범죄도 짓지 않았으며 종신토록 처녀로 지냈다고 주장한다. 그리고 마리아도 예수와 마찬가지로 사망 후 부활 승천하였다고 주장한다. 그러나 이런 주장은 성경과는 거리가 먼 이단들의 주장일 뿐이다. 마리아가 육신상으로 예수 그리스도의 어머니가 되는 영광을 누릴 수 있는 정도로 경건하고 현숙한 여인이었다는 점에서 존경의 대상이긴 하지만 그렇다고하여 숭배의 대상은 될 수 없다.

동정녀 탄생설은

1) 사7:14절에 "처녀가 잉태하여 아들을 낳을 것이요"의 구약에 있는 예언의 말씀이 그대로 이루어지는 한 역사적 사실이며 예언사건이 완성된 것이다. 그리고 더 나아가서는 사단의 머리를 상하게 할 '여자의

후손'에 관한 예언을 성취시킨 사건이기도 하다.

2) 메시야로서의 자격 여건을 충족시킨 사건이었다. 인류의 죄를 대속하기 위해 성육신하는 메시야가 되기 위해서는 첫 사람 아담 이후로 모든 인류에게 전가하여 내려온 원죄의 영향을 받지 않아야하고 완전한 인성을 지니신 사람이어야 하는데 이 두 조건을 동시에 충족시킨 탄생방법이 동정녀 탄생이다.

3) 인간에 대한 하나님의 사랑과 성실함을 증거한다. 선악과 언약의 파괴로 마땅히 죽을 수밖에 없었던 인류에게 새로운 삶의 기회로 주시기 위해서 새로운 구속의 법을 세우신 사실이 하나님의 약속 성취에 감동된다.

4) 동정녀 탄생사건과 하나님의 태초 천지창조 사역에 버금가는 재창조사역이 시작되었음을 보여준다. 즉 그리스도는 인간의 범죄로 말미암아 피조물이 원 창조의 목적에서 이탈된 것을 회복케 하시기 위하여 성육신하여 이 땅에 오신 것이다.(롬8:19-23) 이를 위하여 그리스도는 첫 인간인 아담과는 다른 방법으로 즉 성령의 능력에 의한 동정녀로 탄생케 했고 이를 믿는 자에게 새로운 피조물이 된 것이다.

5) 하나님이 영원히 자기 백성들과 함께 하심의 증표로 말씀을 주셨다. "보라 처녀가 잉태하여 아들을 낳을 것이다. 그 이름을 임마누엘이라 하리라"(사7:14)고 예언했다. 마태는 이 예언을 인용하여 예수 그리스도의 동정녀 탄생이 하나님이 영원히 자기 백성과 함께 하심의 증표가 됨을 암시적으로 증거해 주었다.

6) 하나님의 만세 전 예정하신 뜻대로 그대로 이루어진 것이다. 창3:15 "너의 후손은 여자의 후손과 원수가 되게 하리니" 여자의 후손이라는 말인즉 예수 그리스도는 남자의 후손이 아니라 여자의 후손이다. 그러므로 누가는 예수님의 족보에서 마리아의 아비 된 엘리의 계통으로 거슬러 작성하였다.

7) 천사가 요셉에게 알려주므로 더욱 확증된 사실이다. "저에게 잉태된 자는 성령으로 잉태된 자니"(마1:20) 이 일에 대하여 요셉이 주저할 때에 천사가 직접 나타나주어 오해를 풀어주었다.

8) 요셉 자신이 천사의 지시대로 순종하여 더욱 확고하게 믿게 되었다. "아들을 낳기까지 동침치 아니하더니" 요셉은 모든 오해를 풀고 천사의 지시대로 확신하여 동침을 금하고 그대로 순종만 했다.

9) 요한 사도의 증언에서도 하나님과 사람 양성의 필연적 결합으로 "말씀이 육신이 되었으니"(요1:14) 증거하심은 인간과 같이 되기 위하여 인성이 필요하고 인간을 구원하기 위하여 신성을 가져야하기 때문이었다.

10) 하나님의 권능으로만이 가능하였다. 천지만물을 창조하신 하나님의 능력으로는 이 정도의 문제는 가장 쉬운 문제중의 하나였을 것이다.

11) 타락한 아담의 혈통으로는 메시야가 될 수 없다. 예수님은 아담 이후 타락의 결과로 죽은 인류를 구원하러 오셨다. 그런데 자신이 타락한 혈통을 받았다면 어떻게 타락한 인류를 구원할 수가 있단 말인가? 산 자가 아니면 죽은 자를 살려낼 수가 없다.

12) 마태나 누가에 나온 처녀는 헬라어로 '파르데노스' 이다. 이 단어는 사7:14절의 '처녀'라고 쓰인 헬라어 알르마와 똑같은 젊고 깨끗하고 순결한 처녀들을 뜻하기 때문에 처녀성을 상실된 자에게는 이 두 단어를 쓸 수가 없다.

13) 막1:1절에 '예수는 하나님의 아들'이라고 기록했고 요1:14절에는 '말씀이 육신이 되었다' 사복음서의 네 명의 기자들은 한결같이 예수 그리스도의 신성과 동정녀 탄생, 선재성 등을 설명하는데 일치하였다.

14) 바울도 예수 그리스에 대해 '육신의 모양으로 보내어'(롬8:3), '자기를 비어 종의 형체를 가져'(빌2:7) 이것은 바울도 예수 그리스노의 초월성 동정녀 탄생의 신비성을 모두 알고 이처럼 주장한 것이다.

초대교회는 모두 그리스도의 탄생을 인간의 낮은 이성으로서는 이해할 수 없는 놀라운 사건이었음을 충분히 알고 있었으며 너무나 분명한 역사적 사실이었기에 필요 이상으로 강조나 부차적 설명할 필요도 느끼지 않고 오직 이 동정녀 탄생은 온 인류가 그리스도 안에서 구원받고 하나님과 영원히 함께 거함을 보여주는 가장 확실한 증표로써 임마누엘의 시발점으로 믿어도 되고 안 믿어도 되는 진리가 아니라 자유주의 신학자들의 어떤 이론에도 우리는 동정녀 탄생설을 그대로 믿어 나가야만 한다.

2002년 6월 4일
"행여 동정녀 탄생설을 부끄럽게 여기고 초자연적인 탄생이니 기적적인 탄생이니 얼버무리지 말고 동정녀 탄생에 확고한 증표로 굳은 신앙을 고수해야 된다."

평신도를 위한 성경 난해 구절 해설 시리즈 (사복음서47)

"세례요한 탄생의 신비와 기적이 예수 그리스도 사역과 우리들과 관계가 있는가 무관한 것인가?"

(눅1:5-25)

(문제제기)
1) 세례요한과 엘리야와는 무슨 관계가 있는가?
2) 세례요한의 탄생과 이삭의 탄생에서 공통점이 우리에게 주는 교훈은?
3) 세례요한의 탄생과 예수 그리스도의 사역과는 무슨 관계가 있는가?
4) 세례요한의 탄생과 오늘날 우리들과는 무슨 관계가 있는가?

요한의 아버지는 제사장 사가랴였으며 어머니는 마리아의 '친족' 엘리사벳(눅1:36)이었다. 그래서 전통적으로 세례요한은 예수 그리스도의 사촌으로 간주되어 왔다. 그러나 '친족'이란 말의 정확한 한계와 범위에 대해서는 아직도 논란의 여지가 많다. 세례요한은 아마 신약에서 등장되는 인물 가운데서 가장 훌륭하고 신앙적이며 또 어떤 면은 꼭 수수께끼같은 인물인 점도 많다.

(문제해설)

1) 서기관들은 그리스도가 오시기전에는 옛날 엘리야가 다시 와서 놀라운 주의 일을 할 것이라고 가르쳤다. 그런데 아직 그 엘리야가 오지 않았으니 메시야가 오시지 않았다는 것이다. 이때 예수님이 답변하시기를 엘리야가 과연 먼저 와서 모든 것을 회복하는 것은 옳다. 그러나 엘리야는 이미 왔다고 말씀하셨으나 그런데도 바리새인들은 모르고서 엘리야를 임의로 대우했다고 책망하시었다.

바리새인들은 옛날 엘리야가 다시 살아나서 털이 많은 그 엘리야 신지자가 꼭 올 줄로만 알았다. 실제는 세례요한이 벌써 와서 이미 엘리야의 일을 다하고 있었던 것이다. 바리새인들은 외형적인 엘리야, 인간적인 엘리야만 기다렸다. (마17:10-13)

"세례요한은 엘리야의 심령과 능력으로 주 앞에 앞서와서"(눅1:17) 이 말씀은 말라기 4:5-6절을 인용한 것이다. 즉 엘리야의 하던 일 회개운동을 일으켜 모든 백성을 하나님께 돌아오게 할 것을 가리킨 것이다. 엘리야의 심령은 ①죄를 미워하는 심령. 엘리야는 이스라엘 백성이 이세벨의 꾀임을 받아 바알신과 아세라 목상을 섬기는 것을 아주 미워했다. ②이스라엘 백성을 회개시켜 하나님께 돌이키는 심령. ③인간의 윤리를 바로 세우는 심령이었다. 이 심령은 우리 성도들이 가져야 할 심령이다.

2) 누가복음에 기록된 세례요한의 출생기사는 이삭의 출생기사와 매우 유사한 것이 많다. ①사람의 생명은 하나님이 당신의 뜻과 섭리와 예정에 의하여 보내주신다는 것이다. 아브라함이 100세, 사라가 90세로 매우 늙어 인간의 생각으로는 불가능했던 것처럼 사가랴와 엘리사벳도 매우 나이가 많아 아이 출산이 불가능했으나 하나님의 뜻과 섭리에 의해 이삭과 세례요한이 태어나게 되었다. ②그들의 출생을 천사가 예고한 그대로 이루어 졌다는 점. ③양부모 중에서 한 분씩 믿지 못하였다는 점. ④천사의 예고는 주의 일을 하고있는 시간이었다는 점(사가랴: 제사장 직무수행시, 아브라함: 손님-주의 천사 대접할 때) ⑤하나님의 훌륭한 하나님의 일꾼들로 의무를 완성한 점등이다.

이 공통점이 우리에게 주는 교훈은 우리도 하나님의 뜻과 섭리와 예정 가운데서 태어났음을 자부하고 믿지 못해서 징벌의 대상이 되지 말고 믿음생활로 큰 복의 근원이 되어야 하겠으며 성경에 기록된데로 우리 의무와 사명에 충실한 일꾼으로 사명을 감당해야 된다는 교훈이다.

3) 오직 세례요한의 메시지는 메시아에 대한 것으로 국한되었다. ①요한은 예수 그리스도의 오심과 (그가 메시야이다) 하나님의 나라에 대

해서만 설교했다. ②하나님의 진노를 피하려면 회개하고 세례를 받으라는 것이다. 나는 너희에게 물로 세례를 주지만 내 뒤에 오실 메시야는 물이 아닌 성령으로 세례를 주실 것이라고 명백하게 밝혀준다.(막1:7-8) 이 얼마나 위대한 메시지였는가?

요단강에서 예수 그리스도께 세례까지 베풀었다. 예수 그리스도의 선구자요 선발대인 세례요한은 예수님과도 그 사역에 있어서 유사한 점도 많다. (수태고지, 출생, 세례 베품, 경건 생활, 죽음) 그래서 세례요한의 가장 위대한 사역은 메시야인 예수님에 대한 증거와 선구자 사명을 확실하게 감당한 일이다. 그리고 그의 많은 제자들은 주 예수께로 보내고 인도했다. 이 대목은 삯군 목회자들에게나 성실치 못한 목회자들에게 큰 경종을 울려주었다고 본다.

예수님과 가장 가까운 공통점은 죄와는 절대 타협이 없다는 것이다. 세례요한은 불륜의 결혼을 하게 된 헤롯 대왕을 강렬하게 비난하였다. 불의와 죄에 대해서는 그의 생명을 돌아보지 않았다. 결국 헤롯은 요한이 정치적인 반란에 선동자가 될까봐 감옥에 가두었다.(막6:14-29) 그리고 마침내는 그의 생명까지 죽였지만 세례요한은 끝까지 진리에서 한 발자국도 양보하지 않았다. 진리를 어기며 우리 뜻대로 살기 좋아하는 우리에게 큰 경종이 아닐 수 없다. 예수님과의 관계는 우리말로써는 다 표현할 길이 없는 완전 하나님의 뜻대로 맺어진 깊은 관계였음을 밝혀두는 바이다.

4) 4천년 전 이삭의 탄생. 2천년 전 세례요한과 예수 그리스도의 탄생이 오늘날 우리들에게 무슨 관계가 있는가? 우리 자신들의 뜻과 의지에 의해 이 땅에 태어난 사람은 아무도 없다. (국가, 성, 부모, 외모, 이런 것들을 내가 골라서 내 맘대로 태어났는가?) 창조주 하나님의 뜻과 의지에 의해 태어난 점에 대해서는 우리가 빋고 감사할 일이다. 그리므로 이들이 바라고 원했던 그 길을 따라가야 할 의무가 있다 하나님이 이

땅에 우리를 보낸 목적이 나 개인을 위해 보내심이 아니고 하나님과 하나님의 의를 위해 보냄 받은 우리이다. 이 진리를 알고 난다면 우리의 인생관, 목적관, 가치관이 무엇인지 밝히 알 수가 있는 것이다.

우리 육신은 이삭이나 세례요한처럼 부모님들의 몸을 빌려 하나님이 보낸 방법에 의해 태어났으나 우리의 영혼은 주님방법대로 성령에 의해 태어나게 되었다. 이 말을 거듭났다고 한다. 육신은 부모님 몸을 빌려 태어났으나 우리의 영은 성령의 역사에 의해 새로 태어났으니 중생(거듭남)했다고 하는 것이다. 그러므로 우리 육신은 이삭과 세례요한처럼 옳은 신앙생활을 해야 마땅한 것이고 우리의 영은 성령의 인도대로 그 어떤 미혹도 다 이기고 장벽과 난관도 성경 말씀대로 뛰어넘으면서 오직 하나님이 원하시고 기뻐하시는 뜻대로 살아가야 할 임무와 사명이 있음을 다시 깨닫게 될 때 세례요한 탄생의 신비와 기적이 예수 그리스도의 사역과 오늘 우리 모든 성도들의 영적 생활과 깊은 관계가 있음을 밝히노라.

2002년 6월 7일
"천국에서는 지극히 작은 자라도 세례요한보다 크다고 했는데 바로 이 진리를 바로 안 자들인 우리는 분명히 세례요한보다 더 크고 영화로운 영광의 면류관을 받아 쓸 사람들이다."

평신도를 위한 성경 난해 구절 해설 시리즈 (사복음서48)

"병자를 위한 기도는 기도만 해야하는 것인지 안수기도 해야하는 것인지?"

(막4:38-40)

병자를 위한 기도에 있어서 보수적 교회는 기도만하고 진보적 교회에서는 안수기도를 하는데 이 둘 중에 어느 것이 맞는 것인지 어느 누구도 명확하게 답하는 신학자나 목회자도 없이 '뜨거운 감자'가 되어 자기 신앙에 따라 자기 좋은대로 해나가는데 말세가 되어서 그런지 이젠 오히려 보수적교회는 안수기도를 하는대로 많이 기울어지고 오히려 진보적 성향의 교회에선 그 동안 안수기도 해봐도 큰 성과는 없고 문제만 야기되었기에 그냥 기도만 하는 경향으로 기울어지니 주객이 전도된 말세의 현상이라고 본다.

구약의 안수는 제사나 정죄 때나 성직수임직 예식 때 사용했다. 제사 때 제일 많이 사용했으니 제사를 드리는 자의 죄를 희생제물에게 전이시키는 것을 의미하였다.

축복을 위해서는 요셉의 자녀들에게 야곱이 시행하였고 예수님도 어린아이들에게나 병든 자들에게도 많이 사용했었다. 아나니아는 바울의 눈 위에 손을 얹고 기도하여 보게 되었고 바울도 멜리데 섬에서 보볼리오의 아버지를 안수하여 치유하였다. 사도들도 능력있는 많은 주의 종들이 실행하였다. 그러니 실행해도 죄로 여길수는 없으리라고 본다.

누가복음 • 217

그러나 예수님의 안수는 안수 그 자체가 능력이 있어 치유의 열매가 열린 것은 절대 아닌 것을 알라. 예수님은 하나님께 속한 모든 권세와 능력을 소유하셨기 때문에 주님의 뜻에 따라 말씀 한마디로 무엇이든지 다 하시는 전지 전능하신 하나님이시다. 그래서 말씀 한마디로 불치병이나 마귀나 귀신들도 소리지르고 나갔다. 그러나 주님이 손을 만져주시고 손을 잡아 일으키시고 침을 뱉아 흙을 이겨서 눈에 발라주고 실로암못에 가서 씻도록 하시고 손을 얹어 기도도 하신 것은 그들에게 더 확실한 믿음을 주시기 위한 주님의 특별한 방법 중 하나였다.

오늘날 기도자 우리는 우리 자신이 예수님이 아니다. 우리는 중보자 예수님을 통해 하나님께 기도하는 것 뿐이요 그 결정권을 가지신 분은 하나님이시다. 하나님이 낫게도 하시고 낫지 않게도 하신다. 즉 하나님의 뜻이면 기도만 해도 낫고 성경말씀 읽어주어도 낫고, 찬송만 불러주어도 낫는다. 그러나 하나님의 뜻이 아닌 것이면 우리가 어떤 특별한 방법을 백개 천개를 다 동원해서 행해도 절대로 낫지 않는다. "나에게 안수 받으면 다 낫는다", "내 기도만 받으면 다 낫는다" 이 말은 백지 거짓말이다. 왜냐하면 그분이 하나님이 아니기 때문이다. 그 기도나 안수기도의 최종 결정권이 하나님께 있지 기도자나 안수기도자에게 있지 않기 때문이다.

우리 기도자는 겸허하고 하나님께 진심으로 간구하면 하나님의 뜻대로 다 이루어진다. "그럼 기도할 필요도 없지 않느냐?" 하고 질문 하는자도 있다. 그러나 하나님의 뜻에 따라 순종할 뿐이지 병이 나았다고 우리가 그리 큰 일 한 것도 없고 그 영광 하나님께 돌려야하고 낫지 않았어도 하나님의 뜻이니 감사와 찬양을 주께 돌리는 것이 의무이다.

성경 어느 곳에서도 안수기도라는 명령은 없다. 단(막16:18) "병든 자에게 손을 얹은즉 나으리라. 그러니 안수기도로 반드시 성경에 있는 대로 해야한다고 주장하는 자들이 있다. 그렇다면 그 전 절에 있는 "무슨 독을 마실지라도 뱀을 집으며" 그렇다면 이 두 가지는 왜 실행하지 않는가? 하고 묻고싶다. 믿사오니 하고 독을 마시면 사는가? 미국의 어느 교단에서는 성경대로 믿는다고 뱀을 한 번 집어서 놓고 예배를 드린다고 한다. 뱀을 집어서 마음의 동요가 없을 때까지 기도하고서야 예배를 드린다는 것이 성경적인가? "병든 사람에게 손을 얹은즉 나으리라" 이것은 기도를 하여 하나님의 뜻과 섭리에 맡겨 나는 기도 할 뿐이요 낫고 안 낫고는 하나님의 결정권에 있는 것이다. 이것을 안수기도의 명령으로 삼으면 앞 절 같이 지키는 자의 우를 범하게 된다. 베드로가 룻다에 사는 애니아라는 중풍병자 8년간 상에 누운 자에게도 "예수 그리스도께서 너를 낫게 하시니 일어나 네 자리를 정돈하라 한대 곧 일어나니"(행9:32-35) 여기서도 안수기도해서 낫지 않고 기도하니 예수님이 낫게 하신 것이다.

예수님의 병자치료의 유형을 살펴보고 우리의 신앙을 결정하시길 바랍니다. 사복음서 중에서 주께서 기도와 능력으로 치유사건이 약 25가지로 집약할 수 있습니다.

① 안수만 하셔서 치유하신 사건들 :
  ㉠ 마8:14-15 베드로의 장모에게 열병을 안수하여 고치셨다고 했으나 눅4:38-39절에는 열병을 꾸짖어서 낫게 하셨다고 기록되었다. 여기선 안수기도와 꾸짖음을 병행하셨다.
  ㉡ 마8:2-4 문둥병자를 손을 내밀어 그에게 대시며 말씀으로 선언하셨다.
  ㉢ 막8:22-26 벳세다에서 소경을 고쳐주셨을 때 손을 붙들고 눈에 침을 뱉으며 그에게 안수하셨다고 하였으니 순수히 안수한 사건은 3건이다.

② 말씀하시므로 치유하신 사건들 :
　㉠ 요4:46-54 왕의 신하 아들의 열병을 치유하신 사건
　㉡ 요5:1-9 38년된 병자 "네 침상을 들고 걸어가라" 말씀으로 치유하신 사건
　㉢ 막1:23-28 회당에서 더러운 귀신들린 자
　㉣ 막9:2-8 중풍병자를 고치신 사건
　㉤ 마8:5-13 백부장의 종을 고치신 사건
　㉥ 눅7:11-15 과부의 아들을 살리신 사건
　㉦ 마8:28-34 거라사의 귀신들린 자를 쫓아내신 사건
　㉧ 막5:25-34 열두 해 혈루증 앓던 여인치유사건
　㉨ 마15:21-28 수로보니게 여인의 딸을 고치신 사건
　㉩ 마17:14-18 간질병 걸린 소년에게서 귀신을 쫓아내신 사건
　㉪ 요11:17-44 죽은 나사로를 살리신 사건
　㉫ 눅17:11-19 열 문둥이를 고치신 사건들로 말씀만 하셔서 치유하신 사건이 모두 12건이나 된다.
③ 그냥 고치셨다고만 기록된 사건들 :
　㉠ 마12:9-13 한편 손 마른 사람에게 손을 내밀라 하시므로 치유하신 사건
　㉡ 마12:22 귀신들려 눈멀고 벙어리 된 자를 고쳐주신 사건
　㉢ 마9:32-33 벙어리 귀신 들린 자를 쫓아내신 사건
　㉣ 요9:1-7 나면서 소경 된 자를 치유하신 사건
　㉤ 눅14:1-6 고창병자를 고쳐주신 사건. 그냥 고치셨다고 하는 사건은 모두 5건이나 된다.
④ 안수와 말씀을 병행하신 사건들 :
　㉠ 마9:23-26 죽었던 야이로의 딸을 살리신 사건
　㉡ 마9:27-32 두 소경의 눈을 뜨게 하신 사건

ⓒ 막7:31-37 귀먹고 어늘한 자를 고치신 사건
ⓔ 눅13:10-14 귀신들린 여인을 고치신 사건
ⓜ 마20:29-34 소경거지 바디메오를 고치신 사건 모두 5건이다.

이러 분류를 통해서 우리 주님의 치유능력이 안수에 있지 않고 하나님의 권능에 있음을 알수 있다. 그렇다면 우리는 하나님의 권능에 의지해야만 치유의 능력을 행할 수 있게된다. 그렇다면 우리는 진정으로 기도할 뿐이요. 그 권능과 능력을 허락하실 분은 오직 하나님 한 분이시다. 우리의 그 어떤 행위나 믿음으로는 불가능할 것이요 오직 그 하나님이 허락하셔야 한다. 예수님의 치유행사는 오직 어떤 약품이나 외적 행위에 의한 것이 절대 아니고 거의가 말씀에 의하여 시행하셨다. 말씀으로 아무리 심각한 불치병도 심지어 죽은 사람까지 살려내셨던 것이다. 그리고 치료를 위해 어떤 행동을 취하실 경우에도 이 행동이 치유의 효력과는 직접적인 관련성이 있는 것은 아니었다.

우리는 기도할 뿐이요, 오직 하나님과 성령님과 주 예수님께서 우리 기도를 들으시고 하나님의 뜻대로만 해주시리라고 믿고 이 믿음을 믿는 모든 사람들은 안수기도보다 기도에 더욱 치중하여 하나님의 뜻대로 기도를 드릴 수 있는 데에만 온 심령을 집중하시기를 거듭 부탁드리는 바이다.

2002년 6월 14일

"기도는 우리 영혼의 호흡이요. 그 최종 결재권자는 하나님의 뜻에 달려있으니 우리는 오직 기도해서 우리 영이 살고 은혜 받을 자, 신유 얻을 자, 은사 얻을 자들은 그대로 주실 줄 믿고 안수기도 좋아하는 한국교회는 잘못된 기도관을 개혁해 나가야 한다."

평신도를 위한 성경난해 구절 해설 시리즈 (사복음서49)

 **"인생의 질병이 생기는 원인이 무엇이며
예방비책은 없는가"**

(눅5:12-26)

　　인생의 오복 중의 하나가 건강하게 사는 것이다. 많은 사람들 중에 건강문제로 평생을 고생하며 사는 자가 있는가 하면 어려서부터 늙기까지 건강하여 복 있게 장수하는 사람도 있다. 큰 병원에 가보면 웬 환자가 그렇게 많은지 병원이 초만원이다. 태어나서부터 건강하게 살다가 죽을 때도 건강하게 죽으면 얼마나 좋으련만 인간은 많은 사람들이 고통 속에서 신음하는 것을 보면 분명한 원인이 있고 그 예방책도 있으리라고 본다.

　보통 신앙의 세계에서 질병을 죄 값이라고 단정해 버리는 사람들이 많이 있다. 그러나 과연 질병이 죄로 인해서만 오는 것일까요? 별로 큰 죄 저지르지 않은 자도 질병에 시달리고 있고 나면서부터 질병을 가지고 온 자들은 죄와 분명 상관이 없으리라고 본다. 성경에도 나면서 앉은 뱅이, 나면서 소경아들이 언제 죄를 지었기에 그런 엄청난 죄 값을 치루어야 할까요?

　우리 인생에게 질병이 오는 원인을 4가지로 나누어 볼 수가 있고 예방책도 있다.

　1) 자연법을 어기므로 오는 질병 2) 죄 값으로 오는 질병

222 · 네 제자가 그린 예수님의 초상화

3) 연단시키기 위하여 오는 질병 4)하나님의 영광을 위해 오는 질병
모든 병은 이 네 가지 부류에 속한다고 봅니다. 한 가지 한 가지 원인과 진행과 예방책을 논하고자 한다.

1) 자연법을 어기므로 오는 질병: 하나님이 인간에게 반드시 기본적인 자연법을 주셨습니다. 적당히 일해야하고 음식을 먹어야하고 잠도 자고 쉬어야 하고 체온을 유지해야 하고 생태적으로 생리적으로 하나님이 정한 자연법이 있다. 이 법을 어기면 반드시 질병이 온다. 일하기 싫다고 아무 일도 하지 않으면 병이 생기게 된다. 음식을 안 먹어도 질병이 생기고 음식을 너무 많이 먹어도 탈이 나고 병이 생긴다. 음식도 하나님이 먹어도 좋다는 음식만 먹어야지 먹어서는 안 되는 음식을 먹는 자에겐 질병으로 다스리시는 하나님이시다. 잠을 안 자도 너무 많이 자도 질병이 생긴다. 체온을 적당히 유지해야 된다. 36-37도에서만 산다. 그런데 40도 이상 열이 오르면 얼마 못 가서 죽고 10도 이하로 내려가면 질병에 걸려 죽게 된다. 이처럼 하나님의 자연법을 어기므로 질병이 온 자는 하나님의 자연법을 지켜나가야 되고 그 예방법과 치유법은 하나님의 자연법을 미리 공부하여 어긋남 없이 지키는 것이 중요하며 세상에서 하나님이 고치시도록 약도 주셨고 의원과 의사 및 의료인들을 두셨다. 하나님의 자연법으로 돌아가게 만드는 것이 치료법이며 예방법이다.

2) 죄 값으로 오는 질병: 질병의 원인 가운데 자기 죄의 결과 또는 그 죄에 대한 하나님의 징벌의 결과로 오는 경우가 있다. 요5:14의 38년 된 병자의 경우가 그 좋은 예이다. 이는 하나님이 지금까지 죄의 온갖 영향 아래 있는 인간에 대한 보호의 손길을 거두시사 자기 죄로 말미암아 형벌을 받게 하신 경우이다. 이런 경우에 병자들은 자신을 돌아보고 그 죄를 회개해야만 낫게 된다.

이럴 경우 아무리 좋은 약을 먹고 유명한 의사에게 수술을 받는다고 완치되는 것이 아니라 오직 하나님이 원하시는 죄 문제 해결을 위해 회개하고 완전 하나님의 뜻에 맞도록 새 사람이 되어야하고 하나님의 마음에 합당한 사람이 되어야 합니다. 많은 사람들의 질병이 죄 값으로 오는 경우가 가장 많다. 이러한 방법을 모르고서 아무리 약이나 병원이나 민간요법을 다 동원해도 그 병은 결코 낳지 않는다. 오직 하나님의 마음에 드실 수 있도록 회개의 사람이 되어야 한다.

3) 연단시키기 위하여 오는 질병: 성도가 참으로 하나님께 순종하는지 그 믿음의 크기를 시험(Test)하기 위해 혹은 장차 사람의 정욕을 쫓지 않고 오직 하나님의 뜻만 따르도록 하기 위한 연단을 위해 하나님이 질병을 허락하시는 경우가 있다.(히12:10, 벧전4:1-3) 그 대표적인 경우로 우리는 욥의 연단을 빼 놓을 수가 없다. 욥은 고난을 당했지만 그 모든 것을 믿음으로 견디어 냈을 때에 그의 믿음이 더욱 성장하였으며 마지막에는 하나님의 축복을 갑절이나 받게 된다. 따라서 이와 같은 고난을 당할지라도 성도들은 감사히 여기고 믿음으로 참고 이겨내야 하며 하나님이 주신 것이니 하나님의 뜻에 따라 믿음으로 참고 견디고 때로는 애매한 고난 같아도 하나님이 주신 것으로 알고 연단을 통해 정금 같은 주의 백성으로 이겨내시길 위한 시련인 것이다.

4) 하나님의 영광을 위해 오는 질병: 요9:1-11에 기록된 날 때부터 소경 된 자의 경우에서 보듯이 하나님의 영광을 위한 특별한 목적 때문에 질병이 오는 경우도 있다. 즉 만 천하에 하나님의 능력을 나타내기 위해 또 그로 인해 그리스도의 복음을 보다 쉽게 받아들이도록 하기 위해 하나님이 질병을 그 도구로 사용하시는 경우가 있다. 이 때에 이 질병에 걸린 자는 처음에는 그 고통이 심하겠지만 인내함으로 하나님의 역사

하심을 기다릴 때 장차 큰 기쁨을 얻게 될 것이다. 신앙의 불모지에 첫 복음이 전해지기 위해 유력인사 집안의 불치병을 기적적으로 치유함으로 온 동네 사람들이 보고 교회에 나오기 시작되어 복음이 증거 되기 위해 그 사람은 평생토록 불치병을 안고 살아 온 것이다. 이런 목적의 병은 오직 하나님의 때가 되어 하나님이 영광을 받으시고 나야 그 병이 낫게 되어 있다. 그때까지 믿음 안에서 기다릴 뿐이다.

그러므로 질병에 걸렸을 때 우리는 무조건 낙심하기보다는 그 원인이 무엇인가를 원인 분석해 보고 하나님의 뜻을 생각하는 지혜가 필요한 것이다. 만일 이 질병이 자연법을 어겨서 온 병은 자연법을 지켜야 할 것이요 만일 자신의 죄로 말미암음을 깨달았을 때는 속히 회개 할 것이요 또한 연단시키기 위한 질병은 연단을 잘 받음이 귀하며 하나님의 영광을 위한 질병은 하나님의 때가 될 때까지 참고 기다리므로 이 세상에서 잠시 고통을 겪었으나 천국에서 영원한 행복을 누리게 된다면 그 자신에게 있어 질병은 오히려 저주가 아닌 축복의 계기가 될 것이다.

그러므로 자신뿐만 아니라 주위의 다른 형제들이 질병에 걸렸을 경우에도 성도들은 어리석게 상대를 정죄 하거나 무턱대고 회개만 주장하거나 동정만 하는 자세보다는 이 질병이 오히려 형제의 유익을 위한 것인 줄 알고 성숙된 자세로 위로나 권면 하는 일이 중요하다. 하나님이 주신 것은 다 은혜요 복이므로 우리게 주신 질병자체도 큰 은혜요 복임을 믿어야 할 것이다. 이런 믿음을 가지면 어떤 질병도 잘 극복해 내게 되고 미리 모든 병도 예방 할 수도 있다.

2002. 6. 15

"인생의 질병은 하나님이 은혜로 베푼 것이오니 하나님의 뜻에 따라 지켜야 할 것이 무엇이며 회개와 연단과 하나님께 영광 돌릴 것이 무엇인지 더 확실한 믿음에 거하는 좋은 계기가 되길 바라노라."

평신도를 위한 성경난해구절 해설 시리즈 (사복음서 50)

Q "(마)산상수훈, (눅)평지수훈 어느 것이 옳으며 어느 것이 틀린 것인가?"

(눅6:17-49)

A 　그 유명한 산상수훈(마5:-7:)과 본문은 예수 그리스도께서 제 1차 갈릴리 사역기간에(AD 27-28년)행하셨던 유명한 설교문을 기록하고 있습니다. 그런데 마태는 이 설교를 행하신 장소를 "산 위"(마5:1)로 소개하였고 누가는 이 설교하신 장소를 "평지"(눅6:17)로 소개하고 있습니다. 이에 마태의 기록을 '산상수훈' 이라고 하고 누가의 기록을 '평지수훈' 이라고 한다.

한 분이신 예수님이 한 번하신 설교문을 기록하는데 두 기자 사이에 장소부터 내용과 구조와 여러 가지 면에서 차이점을 보이고 있다. 마태의 산상수훈은 마5-7장에 한데 모여있는데 반해 누가복음의 평지수훈은 눅6:17-49절과 눅11-16장에 흩어져 부문 부문으로 나누어 기록되어있으니 이 현격한 차이점을 보아 어느 것이 옳은 것인지 어느 것이 틀린 것인지 우리 평신도들은 난해 구절중의 하나이다.

평지수훈에만 보이고 산상수훈에는 나타나지 않은 부문에는 두 가지가 있다.

1) 세상에서 부요하며 사람들의 칭찬을 받는 자들에게는 화가 임하

리라는 내용이다.(눅6:24-26) 이는 누가가 팔 복중 첫째 복을 기록할 때에 마태와는 달리 '심령이' 란 단어를 빼버리고 단순히 '가난한 자는 복이 있나니' 라고 한 사실과 밀접한 연관이 있는 교훈이다. 이로 볼 때 누가는 이 세상에서 가난하고 굶주리고 고통받는 사람들에 대하여 매우 깊은 관심을 가지었다.

2) 소경이 소경을 인도할 수 없으며 제자가 스승만큼 온전케 될 것을 권면하는 내용이다.(눅6:39-40) 마태는 이 내용을 산상수훈이 아닌 다른 곳에서 기록하고 있으며 그 의미도 조금은 다르게 사용하고 있다.(마 10:24-25,마15:14)

이에 비해 산산수훈은 유대인들을 독자로하는 마태는 이 산상수훈에서 모세율법 가운데 5개 율법과 바리새인들의 종교 규례에 대한 가르침을 예수 그리스도의 교훈과 대조하여 보여줌으로써 예수가 구약율법의 완성자이시며 그의 가르침도 유대종교 지도자들의 가르침보다 훨씬 우월함을 증거하고 있다.

그러므로 이방인들을 독자로하는 누가가 유대적인 색채가 짙은 이러한 내용들을 기록하지 않는 것이 너무나도 당연하다 하겠다. 즉 누가는 구약적인 배경을 잘 이해하지 못하고 있는 이방인들에게 구약율법에 대해 자세히 소개하기보다는 이방인들의 삶과 직접적인 연관이 있는 그리스도의 구속의 복음과 교훈을 집중적으로 전하고자 했던 것이다.

산상수훈과 평지수훈에서 같은 내용도 자그만치 20개의 부문으로 한 내용이다.

팔복, 복수, 비판, 황금률, 자기비판, 열매와 나무, 지혜로운 건축자, 주기도문, 기도의 원리와 효력, 세상의 빛, 눈은 몸의 등불, 염려, 보화, 화해, 좁은 문, 하나님의 배척당하는 자, 세상의 소금, 하나님과 제불, 율법의 완성자, 금식, 간음, 맹세등 이런 대다수가 공통된 사상과 목적

아래서 기록되었으니 예수님의 교훈을 서로 듣고 편집 과정에서 마태는 한곳에 집대성했고 누가는 그때 그때 교훈과 사안에 따라 분산 편집한 차이가 있다고 보아야 하겠습니다.
    성경을 기록하는데 저자들이 영감을 받아 기록하는데 3가지 영감설이 있다.

1) 기계적 영감설 : 하나님이 받아쓰도록 불러주시면 저자는 그저 기계에 불과하듯 그대로 받아쓰는데 불과하고 자기의 사상이나 이론, 생각 그 어떤것도 거기에 첨가시킬 수 없는 다만 필기자에 지나지 않는다는 것이다. (모세의 오경이 여기에 속한다고 주장한다.)

2) 동적 영감설 : 기계적 영감설에 반기를 든 18-19C의 많은 학자들에 의해 주장된 영감설이다. 성령의 영감에 의함보다 저자의 일반영감에 의하여 쓰여졌다는 관념이다. 성경저자의 각자의 일반적 영감이 곧 성령의 역사에 의하여 기록되었으나 역사서 같은 것에 오류가 발생시에 성경의 절대 무오설이 파괴되는 우를 범하게 된다.

3) 유기적 영감설 : 하나님이 성경저자를 기계적으로나 동적으로 사용하시지 않고 그들 자신의 내면적 존재 및 성격, 기호, 습관, 언어생활을 성령님이 오류가 없도록 영감시켜 성경을 기록하였으므로 유기적 영감설이라고 한다. 우리 개혁교회는 이 유기적 영감설을 취하고 있으며 하나님이 성경기자들을 단순히 필기자로 취급하시지 않으시고 하나님이 전달하시고자 하시는 것을 영감받아 하나님의 뜻에 오류가 없이 기록하였다는 것이다. 그래서 사복음서에서 예수님의 한 설교사건을 두고도 4기자들이 유기적으로 기록하되 오류가 없고 하나님의 뜻대로 기록했다는 것이다.

마태는 유대인을 위하여 유대의 사회풍습, 역사를 토대로하고 마태가 특별한 은사의 눈으로 예수님은 하나님의 아들이심을 사자복음으로 나타냈으며 마가는 로마인들을 위하여 누가는 헬라인(이방인)들을 위하여 요한은 전 세계 구원받은 성도들을 위하여 기록한 것이기에 다소 간의 편집과 형태와 언어구사, 내용면에서 차이가 있는 것 같으나 유기적으로 볼 때 오차가 없이 하나님의 뜻과 섭리 아래서 하나님이 전하시고자 하신 모든 것을 나타낸 것이다.

이러한 사실을 염두에 두고 이 산상수훈과 평지수훈에 눈을 돌린다면 이해가 될 것이다. 예수님께서는 산상수훈 집회같은 대 설교 집회를 몇 차례 가지셨으며 그러므로 마태는 한곳에(마5-7장)집대성했고, 누가는 이 대설교를 기회가 있을 때마다 각 경우에 맞추어서 제목별로 단락별로 강조할 때마다 이 설교문을 인용하게 됐으므로 평지수훈으로 본다. 좀 핵심내용들을 따로따로 각 문맥에 따라 분산 배치한 차이만 있는 것이다.

그래서 산상수훈, 평지수훈 둘 다 옳은 것이며 틀린 것은 없으며 두 기자뿐 아니라 100기자가 보고 듣고, 기록으로 남겨도 이처럼 100가지 형태는 좀 다르나 그 내용과 하나님의 뜻과 섭리 전하시고자 하시는 중심은 한치의 오류가 없는 하나님의 말씀임을 천명한다.

2002년 6월 17일
"산상수훈이나 평지수훈이나 다 하나님의 말씀이며 뜻이다.
다양성의 조화 속에서 하나님의 뜻이 더 확실하게
전달되었으리라고 믿고 받아드리라."

평신도를 위한 성경난해 구절 해설 시리즈 (사복음서51)

세례요한에 대해 풀리지 않는 난제들

(눅7:18-30)

(문제 제기)
1) "나로 인하여 실족하지 않는 자는 복이 있다." 예수님은 누구에게 하신 말씀인가?
3) 세례요한을 명하신 예수님이 선지자보다 나은 자라 하신 이유는?
4) "여자가 낳은 자 중에서 요한 보다 큰이가 없다."니 아브라함보다 큰가?
5) 그러나 하나님의 나라에서 극히 작은 자라도 세례요한보다 크다고 하신 이유는?
6) 세례요한을 통한 모든 백성과 세리, 바리새인들과 율법사들의 반응은?

(문제 해설)

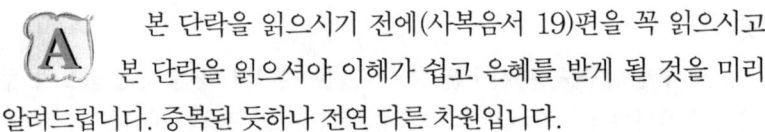 본 단락을 읽으시기 전에(사복음서 19)편을 꼭 읽으시고 본 단락을 읽으셔야 이해가 쉽고 은혜를 받게 될 것을 미리 알려드립니다. 중복된 듯하나 전연 다른 차원입니다.

1) 많은 주석가들과 목회자들은 세례요한이 일시 시험의 잠이 들었다고 하고 있다. 그럴수도 있다고 보나 나는 여러 가지 정황을 보고 세례요한이 시험 든 것이 아니고 그의 제자들이 시험들었다고 (사복음서 19)편에 자세하게 진술해 놓았다. 물론 예수님 이외는 모든 인간은 그 누구도 실수나 허점이나 죄가 없는 사람은 없다. "의인은 없나니 하나도 없다."(롬3:10) "사람은 다 거짓되되 오직 하나님은 참되시다."(롬3:4) 이런 의미에서 볼 때 세례요한을 완전한 의인으로 볼 수는 없으리라고 보나 그래도 순교직전의 상황에서는 있을 수 없는 일이기에 그의 제자들이 시험에 들었다고 보아야 할 것이다.

2) 예수님이 하신 일도 석연치 않은 일도 많았다. 사람의 머리로는

이해가 안 되는 부분인 것이다. 하나님의 아들이 너무 초라한 생활과 모습. 때로는 기적과 이적으로 능력이 무한하신대도 때로는 무기력하게 로마병정들에게 고난을 받으시기도 하시고 많은 제약속에서나 낮은 자의 위치에서나 생활면에서나 메시야로서 이해 안 되는 부분이 사람들 머리로는 이해가 안되니 때로는 예수님으로 인해 실족하는 무리가 생기게 되었고 반항하는 무리들의 세력 또한 무시 할 수가 없었다. 그래서 주님이 하신 일들을 보고 실족치 않는 자는 복이 있고 시간이 지나고 세월이 흐르면 다 이해가 되고 실족한 마음, 생각, 행동에 옮긴 것이 얼마나 부끄러운 것인지 모른다. 예수님이 누구에게 하신 말씀인지 알 수는 없으나 ①세례요한과 그의 제자들 중 시험에 든 자를 염두 해 두고 하셨고 ②그 자리에 와 있으면서도 실족했었던 무리를 향하셨고 ③그때부터 오늘까지 2천년간 주와 교회와 말씀과 성경 때문에 실족하는 모든 사람들을 향하여 주님이 말씀하셨다고 봐야 한다.

3) 비록 세례요한의 외모적 형색은 참 보잘 것 없고 그저 광야생활에 다 광야에서 외치는 신세였고 요단강에서 세례를 베푸는 사람이었으나 그의 영권에 감동감화 받은 자들이 몰려와서 세례를 많이 받았다. 그 이유는 그를 선지자로 알고 많은 사람들이 따르게 되었다. 그런데 예수님은 세례요한에 대해 말씀하시길 "선지자보다 나은 자"라고 하셨다. 과연 그는 많은 선지자보다 나은 자인가? 어떤 면에서 선지자보다 나은 자인가? ①하나님의 아들이며 메시야인 예수님을 직접 만나게 되었고 그 예수님을 올바로 증거한 선지자였기 때문이다. 히11장은 믿음장으로 많은 믿음의 선진들이 이 메시야 보기를 소원한 믿음의 선진들이며 선지자가 16명이 나온다. 그들이 여러 부문에서 세례요한보다 더 위대하고 훌륭한 면이있어도 세례요한처럼 직접 예수님을 만나고 옳바로 증거하고 직접 세례까지 예수님께 베풀었기에 세례요한은 어떤 선지자보다 나은 자로 제일 큰 제일 위대한 선지자임을 말씀하신 것이다. ②하나

님이 이미 예수님의 사자로 정하셔서 (말3:1)주 앞에 보내셔서 길을 예비하리라는 예언대로 이루어졌고 예수님이 인정하신 엘리야를 보내어 마음을 돌이키게 하겠다고 하신 엘리야가 곧 세례요한이라고 예수님이 인정하시고 증거하셨다.(마11:14, 막9:11, 눅1:7, 눅7:27)

4) 아담의 후손인 모든 인간은 다 여자가 낳은 사람입니다. 그러므로 그 때까지 출생한 모든 사람 중에 세례요한이 제일 크다는 말이다. 그럼 예수님은 왜 세례요한이 제일 크다고 하셨을까?

창세로부터 그때까지 하나님의 계시를 제일 많이 받았기 때문이다. 즉 예수 그리스도에 대해 제일 많이 깨닫고 믿고 그 말씀대로 실행에 옮겼기 때문이다. ①세상 죄를 지고 가는 하나님의 어린양(구속주) ②키를 가지고 타작마당을 정결케 하시는 심판주 ③자신은 그의 신들메를 풀기도 감당하지 못할 존귀 하신분(하나님이시니) ④자기보다 먼저 계신 분(선재성 영원자존자)임을 깨달았기 때문이다. 하늘나라에서 큰 자는 진리를 많이 깨달은 자입니다. 진리를 깨달은 사람은 그 진리대로 행하게되므로 그 만큼 더 자라나고 그 인격이 더 커진다. 그러므로 누가 진리를 (예수님)많이 깨달았느냐에 따라서 하늘나라에서는 크고 작은 것이 결정됩니다. 아브라함은 믿음의 조상이다. 이스라엘의 조상이다. 믿음면에서는 아브라함이 더 나을 것이다. 그러나 예수님의 사역과 계시에 대해서는 세례요한이 아브라함보다는 더 많이 깨닫고 믿게 되었다. 그런 의미에서 큰 자라고 보아야 한다.

5) 이 말씀 때문에 세례요한이 천국에 못 갔다고 주장하는 자들은 성경을 오해한데서 나온 것이다. 여기서 천국은 신약시대에서는 "교회"를 가리킨다고 보아야 한다. 성경에서 천국이라 하면 여러 가지 뜻으로 사용되고 있다. ①마음의 천국 ②교회 ③천년 왕국 ④영원한 하늘나라 ⑤예수님과 하나님 자신을 천국이라고 말할 수 있다. 천국이란 구주 예수님이 다스리는 나라로써 미래에서는 유형으로 현재는 무형으로 영적으

로는 성도의 마음, 심령에 임한 나라가 곧 천국이다. 본문의 천국은 신약시대의 교회를 가리킨다. 오늘날 교회안에서 지극히 작은 자라도 세례요한보다는 크다는 것이다. 세례요한이 예수님에 대해서는 구약의 그 누구보다 많이 알고 믿었기에 여자가 낳은 자중에 큰 자였으나 오늘 우리 교회에서 예수님을 알고 있는 것에는 미치지 못한다. 왜냐하면 세례요한이 죽고 난 이후에 예수님이 십자가를 지신 일, 죽어서 무덤에 들어가신 일, 부활하신 일, 승천하신 일, 보혜사를 보내신 일은 보지도 듣지도 알지 못했기 때문이다. 현재 교회의 유년부 학생들까지 너무 잘 알고 믿고있는 것들이다. 그래서 지극히 작은 자라도 저보다 (세례요한)크다고 주님이 말씀하셨던 것이다.

6) 순진하고 겸손한 모든 백성들과 세리들은 회개하고 이미 요한의 세례를 받았으므로 예수님의 말씀이 은혜가되고 감화와 감동을 받고서 하나님을 의롭다고 찬양과 감사를 드리는데 반해 바리새인들과 율법사들은 교만하고 의심이 많고 오만하여 요한의 세례도 받지 않았고 예수님을 믿으려고 들지 않음으로 예수님의 말씀이 다 올무가 되고 은혜를 받지 못함으로 자기들 스스로 하나님의 뜻을 저버리고 주께 버림받는 존재들이 되버렸다.

그들은 안다고 하기 때문에 참 진리를 못 받게 되었고 스스로 섰다고 생각했기 때문에 넘어진 자들이요 본다고 하기 때문에 스스로 소경이 된 것이다.(요9:40-41) 언제나 하나님은 교만한 자를 물리치시고 겸손한 자에게는 은혜 주시기를 기뻐하시는 하나님이시라.

2002.6.21.

"모든 선지자보다 나은 선지자 요한, 여자가 낳은 자중에 가장 큰 자 요한, 그러나 오늘 우리 교회에서 이 요한 보다 더 큰 자로 살 수 있도록 하신 하나님께 감사드리는데 바리새인적인 율법사적인 이 부문을 버리지 못하는 극히 작은 자임을 고백하누라."

평신도를 위한 성경난해 구절 해설 시리즈 (사복음서 52)

Q "부모장례가 더 급할까요? 복음 전파가 더 급할까요?"
(눅9:59-60)

A   주님을 따르려고 하는 자들에게 경고성 교훈으로 세 사람의 실화를 들어 예수를 따르는 제자들의 각오를 말씀해 주셨다. 첫 번째 사람은 사명감도 없이 예수님 하시는 그 영광을 다 받고 싶어 어디로 가시든지 주만 따르겠다고 고백해오는 사람에게 주님은 이 분의 심리를 미리 아시고 너 같은 꿈만 가지고는 주의 일 할 수 없고 굴도 집도 없이 어떤 고난도 극복할 것을 결심한 후에 나오라는 말씀이었다. 두 번째 사람은 주님이 나를 쫓아 달라 요구하시니 주님 쫓는 것을 보류하고 싶어 미루고 싶은데 구실을 찾은 것이 곧 부모 공경하는 자로 부모 장사 치르고 나서 따르겠다고 대답했다. 이 말에 주님의 답변은 "죽은 자들로 자기의 죽은 자들을 장사하게 하고 너는 가서 하나님의 나라를 전파하라." 하셨다. 여기 죽은 자들은 누구이며 또 자기의 죽은 자들은 누구인지 이해가 어렵다. 즉 부모를 구실 삼아 핑계를 일삼는 자들에게 주님의 책망과 일을 시키는 목적에서 말씀하셨다. 세 번째 사람 역시 핑계를 대는 사람에게 따끔한 일침을 놓았다고 봅니다.

두 번째 사람에게 주님이 말씀한 "죽은 자들"은 영적으로 죽은 자요 믿음이 죽은 자인 불 택자인 것이다. 또 "자기의 죽은 자들"은 곧 육체가 죽은 장례절차를 밟을 자들이다. 불신자들도 육체가 죽은 사망자를 장례 치르도록 하고 너는 오직 하나님의 나라를 전파하는 것이 너의 사명이다.

영이란 생명의 사람. 믿음으로 구원받은 산 사람은 사망의 문화건설에 힘쓰지 말고 생명운동. 죽은 영혼 살려내는 하나님의 나라를 전파해서 그로 회개시켜 새 생명으로 살리는 이 일에 더욱 치중하라는 뜻으로 언제나 이 사명감이 불탈 때 자연스럽게 주의 일에 충실할 수가 있다.

그러면 얼핏이 말씀은 예수 그리스도는 윤리나 도덕이 저급하지 않은가? 지금 부친이 죽어 슬픔을 당한 사람에게 부친 장례도 못 치르게 한다면 인륜을 저버리는 매정한 처사가 아닐 수 없기 때문이다. 기독교는 윤리와 도덕의 종교인데 과연 그런 부도덕하고 비윤리적일 수가 없다.

유대의 관습으로 볼 때 장례의 의무는 매우 중요한 것이다. 탈무드에 따르면 장례는 율법공부, 성전봉사, 유월절 양 죽이기, 그리고 할례의 시행보다 앞선다고 하였다. 그런데 여기 본문의 예수님의 태도는 이것과는 정반대의 현상으로 모든 것에 앞서서 천국을 최우선 순위로 세웠다.

여기서 우리는 부친을 장사하게 허락해 달라한 그 사람의 진의를 먼저 이해해야 한다. 본문의 여러 정황과 여러 신학자들의 연구 결과에 의하면 그 사람의 부친이 지금 현재 죽은 것이 아님을 알 수가 있다. 만일 그 사람의 부친이 지금 죽었다면 그가 지금 예수께 나와서 한가하게 서로 말씀을 주고받을 겨를이 있을 수 없으며 만일 진정으로 그 분의 부친이 지금 현재 죽어있었다면 우리 주님도 그렇게 말씀하실리가 없다. 또 그 부친이 죽었다면 무더운 중동지방에서 죽은 사람을 곧장 장사 지내는 것이 상례인데 (예:행5-아나니아와 삽비라부부)그 때까지 부친을 장사지내지 않고 있을 리가 만무하기 때문인 것이나.

이 사람의 진의는 "내 부친이 돌아가실 때까지 집에 머무르게 하여 주십시오 부친이 돌아가시고 난 뒤에 부친을 완전 장사지내고 부모봉양의 의무에서 완전히 자유롭게 된 후에야 주님을 따르겠나이다." 하는 할 수만 있으면 어떤 핑계라도 대서 지금 당장은 곤란하오니 회피하고 싶은 그의 마음을 주님이 읽으시고 이런 말씀을 하신 것이다.

　오늘날 교회 안에는 이런 핑계자들이 많이 있다. 가정문제, 자녀 문제, 부모 문제, 사업 문제, 건강 문제, 우리 주위의 핑계거리를 찾고자 하면 얼마든지 찾을 수 있는 것이 인간이다. 이런 모든 자들을 향해 우리 주님은 영이 죽은 자들로 믿음도 없고 전연 불 택자들에게 자기들의 죽은 자들을 장사하도록 맡기고 너는 오직 하나님의 일에 더욱 매진해야 한다는 것이다.

　즉 성도들이 예수를 쫓음에 있어서 결정적인 우선 순위를 세상일과 하나님의 일 중 어디에 둘 것인가에 대한 자세한 해답과도 같은데 그것은 뼈를 깎는 아픔을 동반하고 결단이 필요하며 죽을 각오를 가지고 주만 위해 살려는 것이 주님의 요구하시는 중심인 것이다.

　현실적으로 불신 부모라 할 찌라도 지금 죽어 장사 치루어야 할 처지라면 장례가 우선이겠지만 그렇지 않을 때는 복음전파가 더 우선이 되어야 한다. 신앙인으로서의 최고의 의무는 예수를 따르는 일이요 예수를 전파하는 일임에는 틀림이 없다. 그러나 하나님이 허락한 가족, 부모, 자녀의 생사와 생명에 관계된 일이라면 도덕적, 윤리적인 것을 다 타파하고 주만 따르라는 것은 절대 아니다. 왜냐면 "누구든지 자기 친족 특히 자기 가족을 돌보지 아니하면 믿음을 배반한 자요 불신자보다 더 악한 자니라."(딤전5:8) 또한 "무릇 내게 오는 자가 자기 부모와 처자와 형제와 자매 및 자기 목숨까지 미워하지 아니하면 능히 나의 제자가 되지 못하고"(눅14:26) 여기 "미워하라"는 것은 예수님 따라가는 일에 방해를 할 때에만 미워하고 끊어 버리라는 것이고 방해하지 않을 때는 미워하는 것보다 더 돌보고 사랑하고 존경하고 받들어 섬겨야하는 것이다.

　우리는 본문의 말씀을 문자적으로 이해하여 예수님께서 마치 하나님의 일을 하기 위해서는 인간의 도리나 윤리도덕을 완전히 저버려도 되는 것처럼 말씀하신 것으로 오해해서는 안 된다. 인생살이에서 부모장례도 귀하고 급하고 반드시 치루워야 할 일이다. 믿는 일 한답시고 이런 도리나 윤리도덕을 버려서도 안되거니와 그렇다고 복음전파는 더 화급한 문제이니 모든 문제에 우선순위가 앞서는 것은 분명하다. 그러나 일의 선후가 있다. 학생이 공부를 뒤로하거나 군인이 국방의 의무를 뒤로 하거나 사원이 회사 일을 등한히 하거나 가정주부가 가정 일을 내 팽개치고 믿는 일만 한다고 다닌다면 문제가 있을 것이다.

　죽은 자들로(영이 죽은자)자기의 죽은 자들로 (육신이 죽어 장사지내야 될 자)후에 부모가 죽어 장사지내야 할 때 장사하게 하고 이 말씀은 부모장례조차 그만 두라는 것이 아니고 사망의 문화에 온 정신 다 빼앗기지 말고 생명 살리는 새 생명운동에 우리 정신을 두고 우선순위를 주께 두고 그 안에서 모든 것을 일 해나가야 된다.

2002. 6. 21.

"인생의 삶은 생각보다는 복잡 다단하다. 그러나 우선순위 최상은 주를 위한 것이 되어야 한다. 이 세상에선 부모장례도 중요하다. 그러나 복음전파는 더 급하고 더 중요한 것임을 알고 믿으라."

평신도 위한 성경 난해 구절 해설 시리즈 (사복음서 53)

 "70인 전도대에 대한 주님의 명령 가운데 풀리지 않는 문제들"

(눅10:1-11)

(문제제기)
1) '전대나 주머니나 신을 가지지 말라'고 명하신 문제
2) '아무에게도 문안하지 말며'라고 명하신 문제
3) '이 집에서 저 집으로 옮기지 말며'라고 명하신 문제
4) '우리 발에 묻은 먼지도 너희에게 떨어버리노라'라고 명하신 문제

(주제설명)
주 예수그리스도께서 70인 전도대를 둘씩둘씩 파송 하면서 여러 가지로 명령과 위로와 사명감과 기도할 것 많은 문제와 걱정까지 본문은 자세히 논하고 있습니다.

그 중에서도 앞의 기록한 문제점 4가지가 풀리지 않은 난제중의 난제입니다. 그러나 성령님의 역사로 시원한 해답의 은사가 있으시길 기원하여 꼭 우리 주님이 풀어주시리라고 믿습니다.

(문제해설)

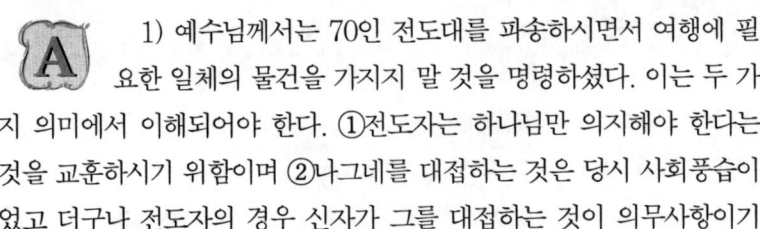 1) 예수님께서는 70인 전도대를 파송하시면서 여행에 필요한 일체의 물건을 가지지 말 것을 명령하셨다. 이는 두 가지 의미에서 이해되어야 한다. ①전도자는 하나님만 의지해야 한다는 것을 교훈하시기 위함이며 ②나그네를 대접하는 것은 당시 사회풍습이었고 더구나 전도자의 경우 신자가 그를 대접하는 것이 의무사항이기

때문이다. (눅9:3) "지팡이를 가지고 가지 말라" (막6:8) "지팡이 이외는…. 아무것도 가지지 말라" 두 구절에도 완전 다른 결과의 말씀을 하였다. 이것은 두 저자의 기록 관점의 차이를 이해해야 된다. 마가는 예수께서 제자들에게 갖도록 허락하신 것을 기록한 반면 누가는 제자들이 이미 한 벌 옷과 신 그리고 지팡이를 준비하고 있는 상태에서 그 이상의 것을 갖지 말라고 하신 것을 기록한 것이다. 주님의 뜻은 모든 것 주님이 준비해 주시리니 믿고 진도에만 힘써 최선을 다하라는 것이다.

2) 이것은 인사차로 문안하는 일을 금한 것이 아니고 전도하러 가다가 문안하느라고 시간을 많이 빼앗기지 말라는 것이다. 복음전하는 일이 시급하고 중요한데 문안하느라고 지체하여 시간을 많이 빼앗기고 상심이 되면 그 일을 성과 있게 하지 못하기 때문이다. 고대 팔레스타인에서는 오랜 시간동안 서로의 안부를 나누고 입맞추는 것이 우애 있는 인사법이나 만일 시간이 급하여 허둥지둥 달려가면서 고개를 끄덕이는 정도로만 인사를 하였다면 그것은 대단한 무례가 되는 것이다. 자주 만나는 사람도 으레히 목을 안고 입을 맞추는 것이 보통이었다. 그리고도 서로의 손을 움켜잡고 인사를 나누는데 이때 서로 오른손을 가슴에 올려놓으면 '충심으로 당신을 사랑한다' 는 것을, 손을 입술에 갖다 대는 것은 '우정을 함께 나누고 싶다' 는 것을, 한 손을 이마높이까지 서서히 올리는 것은 '당신에게 존경과 경의를 표한다' 는 것을 의미하였다. 이렇게 인사를 나누고도 안부를 묻고 또한 반시간동안 서로를 칭찬하기도하며 이런 말 저런 말로 시간을 많이 보내기 일쑤이다. 그래서 길에서 문안하지 말고 오직 복음전하는 일에만 더욱 치중하라는 것이다.

3) 본문이내의 이스라엘 사람들은 나그네 대접이나 손님접대에 굉장히 후대한 편이었다. 그래서 못 보던 사람이 마을에 나타나면 마을 사람들은 그 사람을 서로 초대하여 식사를 내접한다. 또한 그들은 위신에 가까울 정도로 후대하는 경우도 많은데 만일 어떤 사람이 나그네를 대접

하지 않으면 마을 사람들은 이에 대해 분노했을 뿐 아니라 심할 경우는 다투기까지 한다.

그런데 이러한 극진한 환대를 받는데는 많은 시간이 허비되었고 식사를 마친 후에도 잡담과 여러 형식적인 행위로 인하여 많은 시간이 소요되었다. 그래서 이집 저집을 다닐 경우 대접받는데 너무나 많은 시간을 빼앗길 수밖에 없다. 그래서 예수님은 전도대들에게 한 마을에 한집에 들어가서 그 집에서만 머물고 다른 집으로 초대받고 대접받는 일에만 신경 쓰다보면 언제 전도하겠는가 해서 금한 것이다.

4) 이런 행위는 경건한 유대인들이 부득이하게 이방인의 마을이나 가정을 접촉하였을 때 자신의 종교적 도덕적 정결을 이전과 마찬가지로 그대로 유지하도록 하는 상징적 행위였다.

① 이것은 예수님께서는 복음을 거부하는 사람들에게 적용시킴으로써 그 결과 그들에게 임할 심판의 책임은 그들 스스로가 전적으로 져야 함을 나타내는 상징적 행위로 나타내신 것이다. 바울과 바나바도 복음을 거부한 비시디안 안디옥을 향하여 이대로 적용하였다.(행13:51)

② 또 이것은 복음을 거부한 그 성의 먼지까지도 부정한 것으로 여기고 의식적 결례로써 행했던 습관의 하나였다. 즉 유대인들은 복음을 거부하는 이방지역을 여행하고 돌아올 때는 반드시 그와 같이 행동에 옮겼다. 복음을 거부하는 자는 무조건 이방인으로 취급하는 습관도 생기게 되었다.

③ 복음을 받지 않는 자들에게서 조금이라도 대접받지 말고 신세지지 말라는 것이다. 복음을 반대하는 자들에게서 티끌만치라도 신세를 지게되면 복음의 빛이 가리워 지고 전도자의 권위가 떨어진다.

④ 심판대 앞에 가서 그들이 복음과 상관이 없다는 것을 증거하기 위해서이다. 그리하여 그 증거로 발에 묻은 먼지까지도 다 떨어버리도록 명령하신 것이다.

70인 전도대에 명하신 주님의 명령은 마음을 다른데 두지 말고 오직 하나님만 믿고 전도에만 전심전력을 다 쏟으라는 의미에서 말씀한 것이다. 그러나 2천년이 지난 오늘날 우리가 잘 이해 안 되는 구절이 많지만 주님이 이 말씀하신 의도를 미리 안다면 전도인에게는 필수과목이라고 본다.

2002년 6월 28일
"70인 전도대에게 명령한 풀리지 않는 난제들이 도리어 우리가 꼭 지켜야될 필수 예언임을. 다시 한번 감사 드리면서 전도에 힘쓰는 전도인이 되어야 할텐데"

평신도를 위한 성경 난해 구절 해설 시리즈 (사복음서 54)

"강도 만난 자의 이웃은 유대인인가, 사마리아 사람인가, 아니면 또 누군가?"

(눅10:25-37)

  예수님께서 말씀하신 비유 중에 아마 본문의 선한 사마리아 사람 비유와 탕자의 이야기는 누가복음에서만 기록된 특유한 주님의 뜻이 숨어있다. 이 말씀은 한 율법사의 어떻게 하여야 영생을 얻을 수 있습니까? 하고 구원관을 물을 때 주님의 대답은 모양은 다르나 마태, 마가, 누가 모두 공관적으로 하나님을 사랑하고 네 이웃을 사랑하라는 큰 계명을 설명하시면서 예화로 이웃에 대해 설명하시려고 선한 사마리아 사람의 비유가 나오게 된 것이다.

여기에서 율법사의 질문은 사실상 문제가 된다. 왜냐면 그는 오늘날로 말하면 신학자로서 백성을 가르치는 사람입니다. 그가 유대인의 이웃관을 몰랐을 리가 없다. 저들에게 이웃이란 같은 유대사람 아브라함의 후손 선민이라고 못 박고 있었다. 그리고 그 동안 유대인끼리 서로 이웃으로 알고 도운 일이 많은데 이번에 예수님이 다 아시고 율법사가 이웃노릇 많이 해준대 대한 칭찬을 은근이 기대하고 질문한 것이다.

이 의도를 아신 예수님이 선한 사마리아 사람 비유를 이야기 해줌으로써 율법사의 의도는 빗나갔고 자기들이 개로 취급하는 이방인인 사마리아 사람이라 할 찌라도 자비를 베푼 자가 이웃이라고 고백하도록 주님이 만드신 것이다. 이 대답을 들으신 예수님은 "너도 이와 같이하라"고 명령하신 것이다. 그 이유는 아브라함의 자손들끼리, 너희끼리 이웃이 아니고 자비를 베푼 사마리아 사람처럼 원수 같을 찌라도 모든 것을 희생하여 자비 베푼 그가 곧 네 이웃이 되고, 너도 너의 유대인들에게만 자비 베푸는 이웃이 되지 말고, 개 같은 이방인 마리아인 이든지 그 누구든지 자비 베푼 이웃이 되라는 명령이다.

초대교회 교부들은 이 비유를 풍유적으로 신비적으로 해석하였다. 주막은 교회로, 선한 사마리아 사람이 주막집 주인에게 준 두 데나리온은 중요한 두 성례로 그리고 사마리아 사람이 돌아올 때 약속은 재림으로 생각하였다는 것이다. 그리고 또 제롬은 선한 사마리아인을 예수님으로 보고 자기 자신은 강도 만나 죽게된 영혼으로 생각하였다고 한다. 그러나 이런 풍유적 해석은 잘못된 것이다. 예수님이 우리에게나 그 율법사에게 주지시키고자 하신 뜻은 이런데 있지 않다.

1) 전반부에서 말씀하신(신6:5,미19:18) 것은 율법을 행함으로 영생을 얻게 하려함이 아니고 자기(예수님)를 믿게 하여 영생을 얻게 하려함이었다. 왜냐하면 율법은 그리스도께로 인도하는 몽학선생이요(갈3:24) 구약성경전체는 그리스도에 대하여 증거하고 있고(요5:39) 율법의 궁극적인 목적은 그리스도를 믿음으로 영생을 얻게 하는 것이기 때문이다. 그러므로 아직까지 그가 영생의 도리를 깨닫지 못했다. 영혼이 죽은 자는 예수님을 믿을 수 없고 믿지 않는 자는 하나님을 사랑할 수 없습니다. 따라서 중생하여 영이 산 자만이 예수님을 구주로 믿게되며 그리스도로 말미암은 구원의 도리를 믿는 자라야 하나님을 진정으로 사랑하게되고 하나님의 사랑이 그 속에 있는 자라야 네 이웃(사람)을 진정으로 사랑할 수 있다. 하나님의 사랑의 세계로 들어가야만 거기서부터 사랑이 나오고 모는 생명을 살리는 역사가 나오게 되어 이웃을 사기 몸과 같이 사랑하는 마음이 나오게되는 것이다.

2) 네 이웃이 누군지 아는 것 보다 하나님의 자비를 가지고 베푸는 ("행하라" 명하듯)것에 주님의 뜻을 둔 것이다. 사람들이 우리 이웃을 누군지 모르는 사람은 없다. 그러나 그 이웃에게 하나님의 사랑과 자비를 베풀지 못하므로 참 이웃이 돼 주지 못했으므로 참 자기 이웃도 없고 자기가 남의 이웃이 되어주지 못했음을 주님은 지적하신 것이다.

3) 우리 주님은 이웃의 범위를 다 철폐시키고 이웃을 충심으로 자아를 개방토록 하신 것이다. 사실 유대인들은 이웃 사랑의 한계를 명확하게 규정하고 있다. 그들의 이웃은 유대인만 의미하고 이방인은 이웃이 될 수가 없었다. 특히 사마리아인들은 불의한자들로 간주했다. 그러나 그 율법사는 사마리아인을 자비를 베푼 이웃으로 인정하지 않을 수가 없었습니다. 여기서 예수님은 참된 이웃이란 사람이 규정하고 한정 할 수 있는 것이 아니며 누가 나의 이웃이냐 묻기 전에 자신이 다른 사람의 참 이웃이 되어 사랑과 자비를 베풀도록 말씀하신 것이다. 이러한 이웃 사랑이 바로 하나님을 기쁘시게 하는 것이며 이 사랑이 바로 율법의 본질과 목적이며 참된 의미이다.

4) 우리 성도는 이웃을 사랑하는 것이 곧 하나님을 사랑하는 것이요 영생의 길임을 깨닫고 (요일4:20) 내 이웃이 누군지 찾기 전에 내가 먼저 가난한 자 소외된 자 병든 자 고통 당하는 자 (세계60억 인구 중1/3인 20억이 절대 빈곤 속에서 고난 당하는 자들인데 우리가 이웃이 되어 주었나)의 이웃이 되어 참 사랑과 자비를 베풀어야 영생과 구원과 복과 은혜 있음을 강조한 것이다.

강도 만난 자의 이웃은 유대인이어야 한다. 왜냐면 강도 만난 자가 유대인이기 때문이다. 그런데 유대인인 레위인과 제사장이 그냥 이웃이기를 포기하고 슬금슬금 도망가고 말았다. 그 좋은 기회를 놓쳐버린 것이다. 우리들 앞에도 이런 좋은 기회가 늘 항상 열려 있으나 보지 못한다.

그럼 강도 만난 자의 참 이웃은 누구인가? 사마리아인이라는 것을 가르쳐주시기 위해서 주님이 이 비유를(실화?) 주셨을까요? 아마 이런 일이 그리 흔치 않았으며 주님이 그 이름도 없고 성도 없는 사마리아 사람 칭찬하시려고 이 말씀을 하신 것이 아닌 줄 압니다. 그 후 2천년이 흘러간 지금에 이르도록 이 성경을 읽는 그 누구나 모든 사람의 이웃이 되라는 웅변적 설교말씀인 것이다. 이 말씀을 10번 100번 읽어도 강도 만난 자의 이웃이 바로 자기가 되어야 한다는 것이 믿어지지 않거나 받아 드려지지 않는 자는 그 성경을 헛되게 읽은 자인 것이다. 주님의 참 뜻은 모르고 변방에서 겉돌고 있는 것이다.

2002년 6월 29일

"강도 만난 자 (소외된 자, 병든 자, 가난한 자, 고통당하는 자)의 이웃은 유대인도 (레위인 제사장)아니고 선한 사마리아 사람도 아니고 오직 네가 참 이웃이 되라고 믿고 의지하는 자만이 이 성경 말씀을 올바로 받은 자이다."

평신도를 위한 성경 난해 구절 해설 시리즈 (사복음서 55)

"과연 하늘로써 오는 표적은 요나의 표적 밖에는 없는 것인가?"

(눅11:29-32)

유대인들이 예수그리스도께 와서 하늘로써 오는 표적을 요청했을 때 마가는 "하나님이 이 세대에게 표적을 주시지 않았다고"(막8:11-12)표적을 부인하시고 언급하시지 않았으나 누가는 "요나의 표적밖에는 보일 표적이 없다"고 단언하였다. 그러나 실제로는 예수님의 공생애 기간 동안에 수많은 표적을 보여주셨고 나타내셨던 기록이 나온다.

분명 예수님은 이 본 사건 이후에도 얼마든지 많은 표적을 행하실 수 있는 신적 권한을 가지신 분이심이 들어 났는데도 마치 권능이 없으신 것처럼도 보이고 아니면 조금 사기성 비슷하게 유대인들을 속여먹으려고 하신 것같이 보인다.

성경에서는 하나님께서 미래에 어떤 큰 일을 미리 계시하시려고 또 그 일을 성취하시기 전에 이러한 표적 곧 전조(전의징조)를 주사 사람들로 하여금 그 일을 대비하게 하시는 것으로 자주 묘사되고 있다. 그리고 이 표적들은 대개 초자연적인 이적들이었으나 또한 일상적인 사건들을 통해 표적을 보이는 경우도 많이 있었다.

그러면 어째서 주님은 보일 표적이 없으시다고 말씀하신 이유는 무엇이었는가? 그리고 나서는 왜 요나의 표적밖에는 보여줄 것이 없다고 하시고 또 다른 많은 표적을 보여 주셨을까요? 여기에 대하여 우리는 양파 껍질을 벗기듯 벗겨 보기로 하자.

주님께서는 이미 많은 표적을 행하셨다. 그래서 니고데모는 밤중에 예수님을 찾아와서 "하나님이 함께 하시지 아니하시면 당신이 행하시는 이 표적을 아무라도 할 수 없음이니이다"(요3:3)라고 고백하였던 것이다. 또한 주님은 귀신 내쫓은 권능과 표적으로 말씀하시길 "내가 만일 하나님의 손을 힘입어 귀신을 쫓아내는 것이면 하나님의 나라가 이미 너희에게 임하였느니라"(눅11:20)라고도 말씀하셨다.

이렇게 우리 주님께서 이미 많은 표적들을 행하셨음에도 불구하고 유대인들은 여전히 유대 민족주의적 입장에서 취한 편견과 불신으로 우리 주님을 배척하였던 것이다. 그래서 우리 주님은 애당초부터 주님을 믿고자하는 마음에서가 아니라 악의적으로 시험하기 위해 표적을 구하는 그들의 완악한 마음을 꿰뚫어 보시고 유대인들의 불신에 대한 경고로써 요나의 표적밖에 없다고 하신 것이다.

유대인들의 완악함과 불신 편견을 다 아신 주님이 최후로 요나의 표적을 보여줄 것이니 이제 그 불신과 완악과 편견을 버리고 표적의 원 뜻을 깨닫고 믿으라는 경고였다. 여기서 '요나의 표적'이란 성경 여러 곳에 기록되어 있듯이 요나가 큰 물고기 뱃속에서 3일간 있다가 다시 살아난 것처럼 우리 주님께서도 십자가에서 우리 때문에 저주받아 죽으시고 장사되었다가 3일만에 다시 부활하실 것을 가르친다.

우리주님이 이 부활의 전조인 요나의 표적을 보여 주신다는 것은 이 표적이야말로 주님은 하나님의 아들이요 메시야라는 사실과 그의 복음 및 장차 천국과 영생에 관한 약속과 예언의 진정성을 입증해 보이는 가장 확실한 표적이요 믿음의 근거이기 때문이다. 그리고 이 부활의 표적을 보여 주었음에도 만일 유대인들이 그들의 고집을 끝까지 고수한다면 결국 그들은 심판을 면할 수 없음을 경고하시기 위해서였다.

곧 요나의 표적을 보고도 이방 사람들인 니느웨 사람들은 온 성이 다 회개했건만 요나 보다 더 큰 이 예수그리스도가 와서 부활의 표적을 보여주었고 알려주었음에도 불구하고 믿지 못하는 유대인들은 정죄 받아 심판 받을 수밖에 없음을 경고하신 것이다.

그래서 마가복음에 "이 세대에게는 표적을 주시지 않았다"(막8:11-12)고 한 것은 이 세대가 너무 악하여 하나님을 버리고 떠난 세대요 하나님의 말씀이나 권능과 표적을 믿지 않는 이 세대에게는 더 이상의 표적을 주실 필요가 없다는 뜻으로 해석 되어야한다.

또 왜 하필 요나의 표적뿐인가? 즉 요나의 표적은 예수그리스도의 십자가와 부활이다. 하나님을 떠나 죄 가운데서 멸망하게 된 자들에게 십자가의 구속과 부활 이외는 다른 것이 필요 없다. 왜냐하면 다른 표적으로는 죄 사함을 받을 길이 없고 죽은 영이 살아나지 못한다면 아무 소용이 없는 것이다.

유대인들과 같은 패역하고 악하고 음란한 자들에겐 더 이상의 표적이 필요 없으니 표적을 주실 필요가 없고 이 진리와 말씀을 이해 못하는 자들에겐 이제 마지막으로 하늘로부터 온 '요나의 표적' 밖에는 더 다른 표적이 없음을 천명하시는 말씀인 것이다.

2002년 7월 1일
"요나의 표적을 듣고도 십자가와 부활이 믿어지지 않는 자로 유대인들보다 더 패역하고 악하고 음란한 존재인 것을 회개해야 소망이 있다."

평신도를 위한 성경 난해 구절 해설 시리즈 (사복음서 56)

"주님을 인자(人子)라 부름은 사람의 아들이면 하나님의 아들은 아닌 것인가?"

(눅12:8-12)

공관복음서들에 의하면 예수님께서 자신을 가리키는 호칭으로 '인자' 라는 말을 애용 하셨다. "이 말은 히브리어 '벤아담'과 아람어 '바르에나쉬' 곧 "사람의 아들"이라는 말에서 유래된 것이다. (단 7:13)에 나타나는 "인자"는 존귀하게 여김을 받는 공동체로서의 이스라엘 백성들을 가리키는 명칭이거나 하늘의 궁정에 있는 천사와 같은 그들의 대표자를 위한 호칭이었다.

공관복음서에서 인자의 호칭을 사용한 의미는 ①주님께서는 자신의 행위에 대한 묘사에 있어서 자기 자신을 일컫는 말로 사용하셨다. ②자신의 고난과 죽음에 대한 언급 시에도 자신을 일컫는 말로 사용하셨던 것이다.

요한복음에서 요한은 자신의 기독론 곧 구세주의 내려오심과 올라가심과 연관될 때 예수님께서 인자라는 호칭을 자신에게 사용하신 것으로 기록하고 있다 (요한복음의 인자 앞에는 공관복음에서의 인자 표시와는 달리 정관사가 붙어있는 것이 특징이다) 또한 요한은 예수님의 죽으심과 영광 받으심과 연관될 때 우리주님께서 이 칭호를 사용하신 것으로 기록되고 있습니다.

인자라는 용어를 히브리인들이 사용하게된 관용적인 의미를 살펴보기로 합시다.

① 창조주와 대칭하는 피조물로서의 인류 혹은 개별적인 인간을 가리킨다. 이때는 보통 연약하고 반드시 멸망당하는 존재로서의 인간이 강조된다.

② 선민으로서의 이스라엘공동체 전체를 가르킨다. 혹자는 단7:13의 '인자같은이'가 이런 의미를 가리킨다. 또는 메시야를 가르킨다고 한다.

③ 종말에 하늘 권세를 가지고 도래할 메시야를 가리킨다. 구약 외경 속에는 유대인들의 묵시적인 메시야 대망사상과 함께 이 용어가 자주 사용되었다.

주님은 자신을 가리켜 인자라고 칭할 때 위에서 말한 세 가지 의미를 다 포함하면서도 특히 메시야로서 주님의 사역과 신적 권위와 밀접한 연관성을 가지고 있다. 주님이 직접 사용하신 세 가지만 써 본다면 ①신적권위에 관하여: 주님께서 자신이 인자로써 땅에서 죄를 사하는 권세를 가지고 계시며 권능자 하나님과 동일한 능력을 가지신 하나님임을 말씀하셨다. (막14:62,눅22:69) ②십자가 수난과 관련하여: 베드로 신앙고백 이후에 주어진 4회에 걸친 주님의 수난예고 속에는 어김없이 '인자'라는 호칭이 사용되었다. ③승천 및 재림에 관련하여: 인자가 자기영광의 보좌에 앉을 때에(마19:28) 인자가 하늘 구름을 타고 오는 것을 너희가 보리라(마26:64) 이는 단7:13과 깊은 연관이 있는 것들로서 주님 자신이 다니엘서에 예언된 인자임을 암시하신다.

그럼 우리 주님은 어찌하여 자신을 인자라고 부르셨는지? 그 중심에는 깊은 뜻이 숨어 있다.

① 주님은 본래 하나님의 아들로서 성육신 하신 분임을 보여준다. 주님은 니고데모에게 '하늘에서 내려온 자 곧 인자 외에 하늘로 올라갈 자가 없느니라'(요3:13)고 하셨다. 이 말은 곧 주님자신이 본래 제2위의

성자 하나님으로서 성육신하사 이 땅에 오셨으며 또 장차는 본래의 영광의 자리로 되돌아가실 것을 뜻한다. 한편 예수그리스도의 성육신은 결국 우리 죄인들을 죄와 사망에서 구원하시기 위한 것이었음을 생각할 때 '인자'라는 주님의 칭호가 우리에게 주는 의의는 실로 크다 하겠다. 하나님의 아들이 사람의 아들로 성육신 하심에 대한 주님자신의 고백이라고 본다.

② 예수는 바울이 언급한바 "둘째 아담"(롬5:14-19)으로서 첫째 아담이 타락함으로 인해 상실해버린 창조 당시의 인간의 본래 모습을 회복시키는 회복자이심(롬8:19-23)을 보여준다. 즉 인자로서 오신 예수님은 자신의 모습 그 자체로서 창조 당시의 모습을 보여주셨다.

또 그분은 첫째 아담의 죄의 혈통을 이어받은 인류의 죄를 대속하시는 구속사역을 성취하심으로써 그분에 대한 믿음으로 구원받은 성도들도 장차 예수그리스도의 재림과 함께 천국에 들어갈 때 완전한 인간의 모습으로 회복되는 것을 보여주신 것이다.

결국 우리의 육적 대표자인 첫째 아담은 우리에게 죄와 사망 그리고 불 완전한 인간의 모습을 물려주었지만 우리의 영적 대표자인 둘째 아담 예수그리스도는 우리에게 영생과 구원 그리고 완전한 인간의 모습을 되돌려 주셨다. 이에서 실로 인자이신 예수그리스도를 생각할 때 천국의 영생 복락과 회복될 우리자신의 모습에 대한 기대와 소망에 가슴 부풀게되며 더욱 하나님께 감사와 찬양을 돌리지 않을 수가 없다.

우리 주님은 완전한 하나님이시오. 완전한 사람입니다. 주님을 너무 신성에만 치우치는 것도 잘못된 것이요, 너무 인성 쪽에만 치우치는 것도 잘못된 것이다. 신성 주장자들은 신비주의로 기울기 쉽고, 인성 주장자들은 신신학 주의로 기울기 쉽다. 동정녀 탄생으로 완전 하나님의 아들로서 분명한 반면 사람의 아들로서도 분명한 면을 보여주신 것이다. 그래서 우리 주님은 하나님의 아들도 되시고 사람의 아들도 되신다. 그래서 주님 자신이 자신을 인자라고 부르신 것이다.

2002년 7월 2일
"주님이 하나님의 아들만 되시고 사람의 아들이 안 되셨다면 망가진 우리 인간들을 에덴동산의 완전한 인간의 모습으로 되돌리는데 실패했을지 모른다. 주님이 인자 되심에 감사와 찬양 속에서 살자."

평신도를 위한 성경 난해 구절 해설 시리즈 (사복음서 57)

"열매 없는 무화과나무는 과연 누구를 가리키는 비유일까요?"

(눅13:1-9)

  누가복음 13장 1-9절에는 무서운 비유가 나온다. 여기 '열매 없는 무화과나무가 누구냐?' 가 문제이다. 정권(빌라도)에게 애매하게 희생당한 갈릴리 사람인지? 아니면 실로암 망대가 무너져서 압사당한 18명의 예루살렘 사람들인지? 아니면 유대인 전체를 가리키는 것인지? 아니면 종교 지도자들인지? 아니면 예수님 당시에서부터 오늘에 이르기까지 회개하지 않는 모든 사람들을 가리키는 것인지? 어느 것이 정확한 것인지 아리송하고 어렵기 그지없다.

주님의 처음 의도는 유대인들에게 참된 회개의 필요성을 거듭 강조하시고자 이 말씀을 하신 것이다. 주님이 원하시는 참된 회개란 심정의 변화와 행동의 변화가 동반된 것을 말하는데 여기서 행동의 변화란 주님이 원하시는 열매를 맺어야만 참된 회개이지 열매가 없는 회개는 회개라고 볼 수가 없는 것이다.

갈릴리 사람들이 제사하려고 제물을 잡는 중에 빌라도가 사람을 보내어 그들을 죽여 그들의 피를 그들의 제물에 섞은 사건이 발생했다. 죽은 사람들은 죄가 많아서 죽었는지 살아있는 자들은 죄가 없어서 살아있는지 알 수 없으나 주님의 눈은 누구든지 회개하지 않으면 이와 같은 죽음을 맛본다고 설교하신 것이다. 여기서도 열매 없는 무화과나무는 죽은 사람들인지? 살아있는 자들인지? 잘 알 수가 없다.

우연히 실로암 망대가 무너져 18명이 치어 죽었다. 애매하게 우연한 사고로 죽은 사건이다. 그런데 이 18명이 죄가 더 많아서 죽은 것인지? 여기서도 열매 없는 무화과나무는 죽은 사람을 두고 한 비유인지? 살아 있는 자들인지? 알 수 없다.

유대인들 특히 종교지도자들은 이 모든 사건, 자연적인 재난들을 하나님의 심판의 탓으로 돌리고 자신들은 스스로 의롭다고 자랑해 온 사람들이다. 그래서 주님은 이들의 잘못된 신앙관, 거짓된 교리와 그릇된 가치관을 드러내시기 위해 누구든지 회개하지 않는 자는 다 하나님의 심판을 받는다고 말씀하신 것이다. 그러나 유대의 율법주의자들은 외식과 허례에 치우친 나머지 마음이 늘 강퍅하여 주님 말씀을 무조건 거부하며 "왜 우리가 심판을 받게 되는가?"라는 의문을 가지게 된다. 그래서 주님이 바로 그러한 의문에 대한 해답으로써 열매 없는 무화과나무의 비유를 말씀하신 것입니다.

본 비유의 무화과나무는 유대인들을 열매는 참된 회개를 주인은 하나님을 과원지기는 예수 그리스도를 상징하고 있다. 원래 무화과나무를 심은 목적은 관상수나 목재를 사용하기 위함도 아니요 장식용이나 땔감을 위한 것이 아니요 다만 열매를 따먹기 위한 것이었다. 그런데 열매를 맺지 못한다면 아무 쓸모가 없는 나무이다. 첫 해에 열매를 기대하기 힘들었지만 2-3년째는 풍성한 열매를 기대했다. 3년이 지났는데도 열매가 하나도 없는 무화과를 없애겠다는 주인의 처사는 너무나 당연한 처사이다.

하나님은 열매를 맺지 못하는 유대인들을 오랫동안 참으셨다. 여기서 무성한 무화과나무는 유대인의 종교를 상징한다고 본다. 유대종교가 의식과 제도와 외부적으로는 굉장히 훌륭하고 하나님을 잘 섬기는 것

같으나 실제는 의와 인과 신을 버려 열매가 없음으로 하나님의 저주를 초래하게 되었다. 오늘날 하나님이 우리 교회나 성도들에게 요구하시는 것은 훌륭한 의식이나 거창한 종교사업이 아니고 신령한 신앙의 열매를 원하신다. 양적으로 크게 성장하고 의식이 아무리 훌륭해도 영적인 열매가 없으면 하나님이 찍어 버리신다.

과원지기는 주인에게 심판을 연기해 줄 것을 호소했다. 이 열매 없는 무화과나무를 위해서 할 수 있는 모든 노력을 다 하므로 다시 열매를 맺을 기회를 주기 위함이다. 주님은 중보자로서 아버지 하나님의 심판을 일시적으로 연기시키셨다. 그러나 그들이 여전히 열매를 맺지 못할 때는 심판을 면할 수 없다. 이런 기회를 살리지 못하고 유대인들은 회개하지 못하고 주인의 심판의 대상이 되어 세상적으로 멸망을 당하고야 말았다.

이 비유가 우리에게 주는 교훈은 이루 셀 수 없을 정도로 많다.

① 하나님의 오래 참으심은 무한하며 하나님의 자비는 끝이 없다. 이는 죄인들이 회개하기만을 천년을 하루같이 기다리신다.

② 그런데도 여전히 죄 가운데서 회개를 거절하고 제 고집 속에서 살면 결국 하나님의 심판의 날은 반드시 온다.

③ 이 세상의 모든 사람은 각각 회개에 합당한 열매를 맺어야 할 의무와 책임이 있다. (마3:8)

④ 많은 열매를 맺기 위해 마음 밭을 잘 갈아 옥토같이 만들어 30배 60배 100배의 결실을 해야 한다.

⑤ 하나님의 축복과 은총으로 선한 열매를 맺어 음식과 기쁨으로 너희 마음에 만족의 열매를 맺어야 한다. (행14:7)

⑥ 하나님이 원하시는 바로 그 때 하나님이 기다리시는 그 기간에 하나님이 원하시는 열매를 맺어 드려야 한다.

⑦ 하나님이 원하시는 그 때 그 시기를 놓치고 원하시는 열매를 맺지

못하면 결국 하나님의 심판을 받는다. (마3:10)

⑧ 하나님이 원하시는 열매를 맺는 그 사람만이 하늘나라를 기업으로 받게 된다. (마21:43)

이제 결론을 맺고자한다. 본 비유의 열매 없는 무화과나무는 과연 누구를 가리키는 것일까요? 애매히 희생당한 갈릴리 사람을 두고 말씀하신 것도 아니요 망대 사건으로 죽은 18명의 예루살렘 사람을 두고 말씀하신 것도 아니요 예수님 당시엔 유대인들과 유대 종교자들을 두고 하신 말씀이나 오늘날에는 회개하지 않는 모든 나라 사람이 다 열매 없는 무화과나무이다.

하나님은 지금도 여전히 우리들에게 기대하시고 하나님의 심판을 또 연기하셨다. 천년을 하루같이 참고 기다리시고 하루를 천년같이 학수고대 하신다. 주님이 원하시는 열매는 회개의 열매를 원하시고 계신다. 회개가 없는 그 누구도 주의 심판을 피할 길이 없다. 살아있던 갈릴리 사람들도 예루살렘 사람들도 유대의 모든 사람들도 더 나아가 오늘에 이르기까지 이 땅에 오고 또 오고간 모든 사람들까지도 각 개개인이 회개의 열매를 얼마나 많이 열어 주님의 마음을 흡족하게 했느냐가 그 사람의 지위고하 유무식 모든 것을 다 제쳐놓고 인생의 성공 실패의 관건이 된다는 것을 가르치시려고 이 비유를 주셨다. 오늘도 제일 화급하고 귀한 것은 주께 회개하는 기도와 고백이 이 세상에서 제일 귀한 것이다.

2002년 7월 4일
"열매 없는 무화과나무 비유는 회개가 없는 우리를 가리켜 지적하셨는데도 나는 아니겠거니 이 교만과 죄를 회개하는 성공자가 되련다."

평신도를 위한 성경 난해구절 해설 시리즈(사복음서 58)

"주의 제자가 되려면 부모, 처자, 형제, 자매를 미워해야만 된다니 비도덕적 아닌가?"

(눅14:25-27)

예수님이 가시는 길마다 인산인해를 이루어 인기 절정에 도달하니 그의 제자가 되고싶어하는 사람이 많았다. 예수님은 이런 제자 희망생들에게 제자의 길이 무엇인가를 꼭 가르쳐 주어야 할 필요를 느끼셨던 것이다. 주님은 제자의 자격으로 "부모나 처자 그리고 형제, 자매를 미워하지 않으면 능히 나의 제자가 될 수 없다."고 단호히 말씀하셨다.

이 말씀은 성경 전체의 사상과는 거리가 있다. 부모 공경은 마땅한 의무이기에 십계명 중에서도 제 5계명으로 "네 부모를 공경하라"고 하셨다. 처자와는 날마다 살면서 미워해야만 주의 제자가 된다니 어안이 벙벙하다. 주의 훌륭한 제자가 되려면 사랑하기보다는 미워하는 것을 더 열심히 해야할 판이다. 정말 주의 제자는 사랑의 사람이 되어야 하는가? 아니면 철저히 미움의 사람이 되어야 한단 말인가? 더구나 예수님은 원수까지도 사랑(눅6:27)하라는 것이 주님의 철저한 명령인데 왜 하필 부모나 처자나 형제, 자매를 미워해야만 한다니 기독교 신앙을 떠나서 세상 윤리 도덕으로도 이해할 수 없는 난제인 것이다.

여기에서 해결해야될 문제는 "미워"하라는 이 말씀의 참 뜻이 무엇인지 이해해 보고자 하는데 여러 가지 해석이 있지만 세 가지만 골라서 은혜도 받고 성경을 올바로 이해하고자 한다.

첫째로 "미워하지 아니하면"을 "주를 따르는 길에서 방해될 때는 미워하라"고 해석할 수 있다. 부모나 처자나 형제 자매라 할지라도 주를 따르는 일에 방해되지 않을 때는 철저히 사랑해야 마땅하지만 만일 예수님을 따르는 일에 방해가 될 때는 미워하고 끊어 버리라는 것이다. 주와 함께 한다면 사랑하고 봉양하고 봉사해야하고 자기 책임을 잘 감당해야 한다. 예수님도 효성을 다 하셨지만 어머님이 방해 될 때 "여인이여 나와 무슨 상관이 있나이까?"라고 했고 또 예수님의 모친과 형제들이 예수님을 데리러 왔을 때는 나가보지도 않고 만나 주시지도 않으면서 누가 나의 모친이며 형제 자매이냐? 하늘 아버지의 뜻대로 행하는 자가 나의 모친이요 형제요 자매라고 하셨다. 즉 부모나 처자나 형제 자매가 예수님을 따라가는데 걸림이 되면 그들을 반드시 미워해야 된다. 만일 그것들을 미워하지 못하고 인정에 얽매어 예수님을 바로 섬기지 못하고 따르지 못한다면 예수님의 참 제자가 되지 못한다.

왜냐하면 예수님을 따라가는 일을 방해하는 것은 무엇이든지 마귀의 종인 줄 알고 가차없이 미워하고 끊어 버리고 예수님과 그 말씀만 따라가야 한다. 이러한 사람만이 하나님을 기쁘시게 할 수 있고 예수님의 참된 제자가 될 수 있다. 그러나 성도가 부모를 진정으로 공경하고 순종하며 형제에 대한 도리를 바로 해야한다. 대개 가족 때문에 인정에 끌려서 마귀의 시험에 넘어가는 경우가 허다하다. 이것은 자기 심령도 망하고 가족도 망하고 만다. 그러나 성도가 모든 것을 끊어버리고 말씀만 따라가면 자기 심령도 가족도 하나님이 다 살리시고 복을 주신다.

둘째로 "미워하지 아니하면"을 "덜 사랑하라"는 의미로 해석되어야 한다. 원어로 "에이 미세이" 이 표현을 단순히 문자적으로 이해해서는 안된다. 왜냐하면 본절에서 '미세이'의 원형 '미세오'는 원래 이 동사가 갖고있는 '미워하다' (히1:9)는 의미가 아니라 셈족어에서 자주 사용되는 과장법적 표현으로 쓰인 것이며 실제적으로는 '덜 사랑한다' 는 의미로 사용된 것이기 때문이다. (마6:24)

본절과 유사한 내용을 담고있는 마10:37절에 나오는 '더 사랑하다' 는 표현 속에서 그 어떤 대상도 예수님보다 더 사랑해서는 안된다고 말하고 있는데 반해 본절에서는 아예 '미세오' 동사는 본절에 열거하고 있는 자들을 실제 마음에 미워하라는 것이 아니라 예수님보다는 덜 사랑하라는 셈어적 표현인 것이다.

여기서 '미워하다' 는 말이 가리키는 '덜 사랑하다' 의 의미는 상대적으로 가장 우선순위에 놓아야 할 것과 그렇지 않을 것을 구별하라는 것이다. 예를 든다면 부모가 예수님을 따르는 것을 반대할 경우 부모보다 먼저 예수님을 따르는 것을 선택해야만 한다는 의미로 모든 것에 우선하여 예수님만을 사랑하라는 강조적 표현인 것이다.

그래서 본문의 말씀 '미세오' (미워하라)는 우선순위의 문제에 해당되는 것이지 실제로 부모와 처자나 형제 자매를 마음으로 미워하는 것을 가리키는 것이 아니다. 부모말씀보다 예수님 말씀이 더 우선순위에 두고서 주님보다 '조금 덜 사랑' 하라는 강조적 표현인 것이다.

셋째로 '미워하지 아니하면' 을 과장법으로 '완전 미워하라' 는 것이다. 물론 앞의 두 가지의 의미로도 만족하지만 원어로 볼 때 '미세오' 에는 '근본적 단절' 이라는 의미도 포함하고 있다. 여기서 '미세오' 동사를 사용한 것은 여기 열거된 부모와 처자나 형제 자매를 예수님보다 덜 사랑하고 방해시엔 미워하라는 의미만 전달하기 위한 것은 아니다. 오히려 '미세오' 동사가 갖고있는 의미 그대로 예수 그리스도를 위해서라면 먼저 부모나 처자나 형제 자매를 근본적으로 단절하여 미워해야 예수 그리스도만 사랑할 수 있지 둘 다 사랑할 수 없다는 말이다. 마6:24절에 "하나님과 재물을 겸하여 섬길 수 없고" "두 주인을 섬길 수 없다고"

단언하셨다. 고후6:14절에 "의와 불법이 어찌 함께하며 빛과 어두움이 어찌 사귀며" 부모나 형제 자매가 불신일 때는 근본적 단절이 없고서는 안되게 되었다. 성도는 귀신의 잔과 하나님의 잔을 겸하여 마실 수 없다는 것은 주의 제자는 오직 하나님의 잔만 마셔야 한다는 것이다. 그래야 진정한 예수 그리스도의 제자가 될 수 있다는 것이다. 결국 예수님께서는 그 어떤 무엇보다 우선하여 예수를 따를 수 있는 자만이 진정한 제자임을 강조하기 위하여 오히려 예수님 이외의 다른 모든 것들은 '미워하라' 는 셈어적인 과장법을 사용하여 말씀하신 것이다.

그러므로 우리는 본문을 어떻게 이해해야 할까요? 주를 따르려는 사람은 낮은 단계의 제자라면 그저 예수 그리스도를 사랑하는 것보다 부모나 처자 형제 자매 사랑하기를 덜 사랑하는 정도의 제자도 있다. 어떤 면으로는 합리적이고 편리한 해석이다. 중간단계의 제자라면 주의 일에 방해될 때는 미워하는 제자이다. 주의 일에 같이 협조하고 같이 나갈때는 한 없는 사랑을 쏟아 붓지만 주의 일에 방해나 장애물이 될 때에는 미워하라고 믿는 제자들이다. 높은 단계의 제자라면 예수님 이외는 무조건 완전 미워하는 습관으로 오직 그 예수님만을 위해 완전 헌신하는 제자가 되므로 순교자 같은 길을 걸을 열정적인 주님 사랑하는 제자관이다. 우리는 어느 부류에 속한 제자들인지 스스로 결정하라. 덜 사랑하는 것도 잘하는 것이요. 방해될 때 미워하는 것도 잘하는 것이나 아예 겸하여 섬길 수 없으니 미워하는 것도 고차원적 제자의 길이나 많은 사람들은 다 싫어할 것이다.

2002년 7월 6일
"이제 내가 사람들에게 좋게하랴 하나님께 좋게하랴 사람들에게 기쁨을 구하랴 내가 지금까지 사람의 기쁨을 구하는 것이었더면 그리스도의 종이 아니니라"(갈1:10)

평신도를 위한 성경 난해구절 해설 시리즈(사복음서 59)

Q 하나님은 탕자 같은 교인을 좋아하실까요? 큰 아들 같은 교인을 좋아하실까요?"

(눅15:11-32)

 누가복음15장에는 세가지 비유가 나온다. 이 세 비유는 삼위일체 하나님의 사역을 잘 설명해주고 있다. 첫째인 잃은 양의 비유에선 예수님은 죄인을 구원하러 오신 메시야의 사역을 잘 설명해주고 있으며, 둘째인 잃은 드라크마 비유에선 하나님이 주신 은사 중 하나라도 다시 찾아서 시행될 때 기뻐하시는 우리 성령님의 사역을 잘 설명해주고 있으며, 셋째인 탕자의 비유에선 죄인 하나를 얼마나 사랑하시는 하나님인지를 잘 그려낸 비유인 것이다. 성자 예수님의 죄인 구원사역, 성령님의 은사와 충성시키는 사역, 성부 하나님의 한 없는 사랑에 포커스를 둔다고 본다.

그런데 세 번째 비유를 우리는 보통 탕자의 비유라고 부른다. 누가에만 기록된 이 비유에는 제목이 없으나 언젠가부터 탕자의 비유라고 보통 말하고 있다. 그러나 이 비유의 목적이 타락한 아들이 중심이 아니고 돌아온 아들을 용서하시고 받아들이시고 높이시는 하나님의 사랑에 더 관점을 두어야 하기에 본 비유의 제목부터 바꾸어야 한다. 탕자의 비유라고 하지말고 용서의 하나님의 비유라고 고쳐 불러야 본 비유를 주신 하나님의 뜻과 일치하리라고 본다.

다시 말씀 드리지만 이 비유의 목적은 죄인에 대한 하나님의 관심과 회개하고 돌아올 죄인에 대한 사랑이라 할 수 있다. 사실 이 아버지의 처신은 앞 단락의 두 비유와도 상통된 것이다. 잃은 양이나, 잃은 동전의 비유가 바로 성자와 성령의 사역이면서 성부 하나님의 사랑사역을 너무 잘 나타내 보이고 있습니다. 주인은 언제나 양이나 동전을 가지고 있는 때보다 그것을 잃었다가 다시 찾았을 때 더 기뻐했고 가지고 있는 것들보다 다시 찾은 것에 대하여 애착과 관심을 갖게된다. 숫자적으로도 양은 100이고 동전은 10이고 아들은 1이다. 여기에 표현된 의도는 100에서 1을 잃었을 때나 10에서 1을 잃었을 때나 2에서 1을 잃었을 때도 하나님의 관심과 하나님의 뜻은 똑같이 그 열정과 그 사랑과 용서와 기쁨이 똑같다는 공식인 것이다.

물론 3번째 비유는 비유로써 하나님의 뜻이 한가지에 국한되어야 마땅한데 이 비유로 말미암아 교인들에게 미치는 영향이 대단하여 탕자 같은 교인이 좋은 교인일까? 아니면 큰 아들같은 교인이 좋은 교인일까? 하는 흑백논리적 사고를 가진 평신도들이 많이 있어 본 주제를 선정해 보았습니다. 물론 아들10이나 5이라도 부모의 심정은 똑같은 사랑과 차별 없는 은혜 베풀기를 원한다. 그러나 아들 된 위치에선 부모님들의 사랑을 독차지하려는 의도를 가진 자들이 많다. 그래서 교인 노릇도 어찌해야 더 은혜롭고 하나님이 기뻐하는 교인이 될까해서 힘쓰고 애씀이 결코 신앙생활에 큰 도움이 되리라고 봅니다.

교회 안에서도 이런 사례는 많이 있다. 한 성실한 청년은 주일예배 참석, 성경공부, 찬양대, 주일학교 등에서 철저히 봉사를 잘하는 청년 신자가 있었다. 이 교회는 그를 늘 고마워하고 자랑하고 높이 세워주어야 한다. 그러나 교회 뒷골목에서 교인들을 핍박도 하던 뒷골목 두목이 갑자기 전도집회에 왔다가 회개하고 극적으로 변화되어 교회에 돌아온다면 우리는 이 사람에 대하여 더 많은 관심을 갖게 된다. 그를 내세워 간증을 듣고 그의 개종을 축하하며 온 교인들이 기뻐한다. 이런 경우에도 평소 교회생활에 충실했던 기존 신자들 중에서는 혼란을 가져온다. 그래서 그를 시기하기도하고 미워하려고도 하고 존경하는 것을 못마땅히 여기게 된다.

그러나 이 비유에서는 바로 이것을 가르치기 위해서 큰 아들이나 기존 신자들이 성을 내거나 새신자에게 시기하거나 미워해서는 안되고 오히려 사랑해야되고 존경해야 마땅하다는 것을 아울러 가르치기 위함이다. 두 아들을 둔 아버지로서도 마땅히 이런 생각을 가지고 큰 아들을 책망도하고 권유도하고 덮어준 것 같이 하나님이 우리를 향하여 이런 마음이 많으시다는 것이다.

교회 안에는 탕자같은 교인도 필요하고 큰 아들 같은 교인도 꼭 필요한 것이다. 그러나 다 장단점은 있기 마련이다. 결론부터 말씀드리면 탕자같은 교인들은 그리 흔하지 않고 어쩌다가 있는 특수한 사람이고 큰 아들같이 교회 안에서나 부모님 밑에서 꿋꿋이 꾸준히 노력하면서 충성, 헌신, 봉사하는 사람들은 일반 사람으로 매우 많다. 탕자에겐 방탕만 없었으면 훌륭한 아들이요, 큰 아들로써는 그 동안 잘했던 것처럼 시기, 질투, 미움, 다 버리고 아버지의 마음을 헤아리고 순응했다면 더 위대했다고 본다.

큰 아들로써 고쳐야 할 점은 ①긍휼이 없이 처벌만을 요구하는 계율적 정신 때문인 것이다. ②자기 중심 생각을 고쳐야 한다. 늘 아버지 중심으로 생각을 고쳤더라면 동생을 위해 기쁨이 넘쳤을 것이다. ③자기 잘못한 것은 아예 생각지도 않고 자기 잘한 것만 내세워 칭찬을 듣기 원하는 마음을 고쳤어야 한다. ④물질중심, 세상중심으로 살고 있는 것 같다. ⑤감사생활이 미약했다. 하나님과 아버지의 것이 모두 자기 것이니 늘 감사생활 속에서 살아야 한다. ⑥동생을 진정으로 사랑하지 못한 것, 동생이 돌아오자 별 반갑지 않은 태도였다. ⑦효도하는 마음이 약했다.

아버지께 진정으로 효도했다면 자기 마음엔 안들어도 아버지를 위해 자제했어야 한다.
　작은아들로서의 타락의 7단계와 회복의 7단계로 나눌 수 있다.
　먼저 타락의 7단계는
　　① 세상으로 눈을 돌렸던 일
　　② 정욕을 쫓아갔던 일
　　③ 집을 떠나 가출한 일 (아버지 간섭이 싫어 멀리 도망함)
　　④ 방탕함
　　⑤ 빈곤에 처하게되고
　　⑥ 추하게 되고
　　⑦ 고난을 당하여 이제는 결딜 수 없는 지경에 빠졌다.

　그러나 회복의 7단계로
　　① 죄를 깨달음
　　② 회개를 결정함
　　③ 그 마음을 돌이켜 회개함
　　④ 아버지 집으로 다시 돌아옴, 다시 받아들여짐
　　⑤ 죄를 자복 (내가 하나님과 아버지께 범죄했다고 자복함)
　　⑥ 지위가 회복 됨
　　⑦ 즐겁고 기쁨의 생활.

　이제 결론을 맺고자 합니다. 큰 아들 같은 교인들은 이스라엘 백성들로 볼 수 있다. 그들이 아버지 하나님의 품과 교회 안에서 때로는 불평과 원망도하고 또 실망도 하지만 하나님 품과 교회를 떠나지 않고 산 이스라엘 백성들과 같다. 탕자같은 교인은 바울같은 교인이라고 본다. 수십년 기독교를 박해하다가 주님의 특별한 배려로 재창조된 영혼이 되어서 그리스도를 적극적으로 전하는 사도가 되었다. 그러나 바울은 17-18년이란 긴 세월을 회개하고 근신하고 주께로부터 계시를 받는 기간 동안 많은 시련과 연단을 거친 것이다.

하나님이 좋아하실 교인은 대다수이며 늘 하나님만을 잘 섬기며 모시고 사는 큰 아들같은 교인이 더 좋아 보인다. 자녀도 부모를 모시고 사는 자녀가 더 효자이듯 아버지를 계속해서 변함없이 섬기었던 큰아들이 더 훌륭하고 좋은 교인입니다. 때로는 불평과 불만과 위험한 때도 있지만 끝까지 부모 곁을 떠나지 않고 교회를 떠나지 않는 이런 교인이 하나님을 위한 귀한 성도라고 본다. 작은 아들같이 회개하는 교인이 많았으면 더욱 좋으나 그래도 큰 아들교인이 나는 더 좋아 보인다.

2002년 7월 8일
"모태 신앙인은 뜨뜨 미지근한 것 같으나 끝까지 배반치는 않는다. 갑자기 회개하고 돌아온 자들 훌륭하지만 그 뜨거움이 변한다면 진짜 탕자이다. 큰 아들 교인 모태신앙 교인이 더 아름답고 귀한 교인들이다."

평신도를 위한 성경 난해구절 해설 시리즈(사복음서 60)

"주님의 부자와 나사로의 말씀은 비유인가? 실화인가?"
(눅16:19-31)

"부자와 나사로"의 성경은 그 동안 우리가 많은 은혜를 받아온 성경이다. 그런데 이 성경이 비유인가? 실화인가? 하는 질문 앞에서는 이것이다라고 말할 평신도들이 그리 많지가 않다. 비유라고 말하는 학자도 많고 실화라고 말하는 학자도 많다. 우리 같은 적은 믿음을 가지고는 확실한 대답을 하기가 매우 난해한 성경이다.

많은 성경주석을 살펴보면 70~80%(15권의 주석책 중)가 비유라고 하고, 10~15%가 실화라고 하고 5~10%는 전연 언급함이 없이 적당하게 해석하는데 치중한다. 보편적으로보면 자유주의 신학자들은 비유로보고 보수주의 신학자들은 실화로 본다. 저마다 많은 이론이 있고 구구한 변명이 있다.

비유로보는 이유는 ①누가복음에만 있는 15장 끝에 탕자비유 16장에 불의한 청지기 비유로 말씀하시면서 계속해서 말씀하셨기 때문에 16장 뒷부분에 나오는 부자와 나사로 이야기도 자연스럽게 비유라는 것이다. ② 예수님은 지금 이스라엘 땅에 있으면서 어찌 천국에 있는 나사로와 아브라함을 만나 전후사정이야기를 들으셨을리 없고 또 지옥에 있는 부자의 형태를 보고 듣고 하실 수 없는 현실이기 때문에 비유에 지나지 않는다고 한다. ③천국의 주인공이 하나님인데 어찌 아브라함의

266 • 네 제자가 그린 예수님의 초상화

품에 안기는 것이 영원한 안식이 될까? 하나님을 의인화해서 아브라함을 등장시킨 비유에 불과하다는 것이다. 아브라함이 믿음의 조상이라고는 하지만 영원한 안식인 천국의 유일한 주인공은 하나님이라는 설이다.

실화로 보는 이유는 ①어느 비유든지 예수님은 서두에 비유라는 말씀을 밝히시는데 본 성경에는 비유라고 명시되어있지 않다는 것 ②예수님이 지금 이스라엘 땅에서 바리새인들과 대화 중에 있어도 금생과 내세를 다 아시는 전지전능한 하나님이 그런것도 못보시고 모르신다면 하나님이 될 수가 없다. ③본 성경에는 나사로라는 이름이 자그만치 5번이나 나온다. 사복음서에 주님의 비유가 약 40여개가 되나 실명으로 이름이 거명된 비유는 하나도 없다. 그러나 이 부자와 나사로의 성경은 이름을 밝히고 있다. 왜 사실이기 때문이다. 단 한사람 비유인 탕자의 이름도 없음은 비유이기 때문이다. 또한 선한 사마리아 사람도 비유이니 이름이 없는 것이다.

부자는 많은 잘못을 저질렀다. ①내세에 대해 너무 무관심하고 살았던 점. 그만한 성공자이면 이젠 내세에 마음을 썼더라면 이런 비극이 없었을 것이다. ②가난하고 병마와 고난에 처해있는 자들에게 너무 사랑이 빈약했고 동정심이 없었던 점이다. 그 정도 부자이면 얼마든지 좋은 사업을 할 수 있는 여건을 하나님이 주신 것이다. ③물질이 부요해졌으면 마음은 가난해야할텐데 마음조차 부요해서 그 물질을 가지고 해야할 일을 알지 못했다. (심령이 가난한 자가 복이 있고 천국이 저희것이다.) ④자기들을 위해서만 재물을 다 사용하고 호화로히 연락하고 향락주의로 나날을 보냈다. (부자로 죽는 것은 수치스러운 일인데 많은 부자들은 부자된체 죽기를 원한다.) ⑤"불의한 재물로 친구를 사귀라" 하나님이 물질을 주신 것은 예수 그리스도를 사귀고 주님이 시키는 사업을 위해 투자해야 하는데 친구(예수 그리스도)사귀는데 실패하고 말았다. 이 부자의 실수는 오늘 우리가 날마다 거울로 보면서 살아야 한다.

나사로는 무엇이 인정되었을까? ①나사로라는 이름이 소개되는데 이 이름은

'하나님의 도우심' 이란 이름이 뒷받침하듯 그는 어떤 어려움과 고난도 반드시 하나님이 도우시는 은혜의 하나님을 믿고 살았다. 그래서 몸은 병들고 생계는 형편없어도 창조주 하나님을 원망하거나 불평하지 않고 도우실 하나님만 믿고 살았다. ②죽어 아브라함의 품에 안겼다는 성경을 볼 때 평소에 신앙으로(믿음)살았다는 증거를 얻을 수 있다. 전연 믿음생활도 안했는데도 유대민족이라는 것 때문에 천국에 들어갈 수가 없기 때문이다. ③그가 죽자 천사들의 손에 받들려서 아브라함의 품으로 들어갔다. 극심한 고난과 병마, 헌데를 개들이 핥는 형편에서도 굴하지 않는 그의 믿음을 보고 하나님이 천사들을 보내어 그들의 손에 받들려 갔다는 것이 증명하고도 남는다.

본 성경을 비유로 하다가는 다음과 같은 신학적인 문제점을 가져오게 된다. ①예수님의 모든 말씀을 비유와 교훈으로 보아야 한다는 오류에 빠진다. 예수님은 전지전능하시고 무소부재하셔서 과거, 현재, 미래를 통달하셔서 우리에게 직접 생명의 말씀으로 가르쳐 주었다. 본 성경을 비유로 보아야 한다면 예수님의 과거나 미래에 될 일은 보지도 참여도 못했으니 비유나 교훈으로 받아야 할 오류에 빠져 성경 전체를 다시 써야된다. ②예수님이 유대땅에 계시는데 어찌 천국과 지옥에 있는 현실을 아실 수 있는가? 그래서 비유라고 한다면 우리 주님의 전지전능성을 완전 축소시켜 우리와 똑같은 존재로 전락시키는 큰 과오를 범하게 되는 것이다. ③자유주의 신학자들은 과학적인 증명이 안될 때는 믿으려하지않고 신화나 비유나 한갓 꾸며낸 이야기로 본다. 그래서 본 성경도 과학적인 뚜렷한 증거가 없기에 예수님이 즉석에서 만들어낸 이야기로나 비유로 간주한다면 과학적인 증거가 안되는 것을 믿지 못한다면

성경의 거의 대부분을 전연 믿을 수 없는 신화나 이야기로 설명한 수 밖에 없으니 '과학위의 성경', '증거보다 더 뚜렷한 하나님의 말씀'을 못 믿고서 어찌 하나님을 믿겠는가?

　이 두 사람은 생전에도 양극이었으나 사후에는 역전된 반대적 양극화 현상이 나타났다는 것은 오늘날 성도들에게 큰 소망이 아닐 수 없다.

　① 위치의 반대 - 부자는 호화연락하던 대궐같은 집에서 물 한방울이 아쉬운 지옥으로 위치가 변했고 나사로는 부자집 대문에 춘하추동의 불편한 곳에서 아브라함의 품과 천국에서 안식하는 위치로 바뀌게 되었다.

　② 고락의 상반 - 부자는 호화연락하다 말로 다 할수 없는 고통의 세계로 나사로는 가난과 병듬과 굶주림, 멸시와 천대의 위치에서 부자가 부러워하는 영화로운 자리로 바뀌게 되었다.

　③ 교통차단 - 가고 싶어도 갈 수없고 빤히 보이고 도움을 받고 싶은 부자는 가운데 큰 구덩이로 오고갈 수 없는 처참한 위치로 전락되었다.

　④ 사후의식이니 부자는 자기 형제 다섯도 분명, 나(부자 있는 지옥) 있는 곳으로 올텐데 염려와 근심 속에서나 나사로의 가족이 있는지 없는지 알 수 없으나 아무 근심과 걱정이 없이 산다.

　⑤ 신앙은 복음에 있는 것이지 이 땅에서 그 어떤 부귀영화, 성공, 출세, 권세, 명예가 우리 영혼의 구원에는 아무런 도움이 되지 못하고 오직 하나님, 오직 믿음으로만 사는 이 길을 만사 제쳐놓고 우리 모두 가야만 된다.

2002년 7월 8일

"부자와 나사로의 주님 말씀을 아직도 비유로 믿는 자들은 주님에 대한 큰 신학적 오점을 믿는 자들이요 부자처럼 내세준비가 안된 사람들의 믿음이 될 수밖에 없다."

평신도를 위한 성경 난해 구절 해설 시리즈 (사복음서 61)

"주의 날이란 주일 날을 뜻하는지? 주의 재림의 날을 뜻하는지요?"

(눅17:22-30)

사복음서에는 주의 재림시에 일어날 일들에 대하여 비교적 상세하게 기록하고 있습니다. 오늘 본문에서도 그리스도의 재림의 날을 '인자의 날'(22절,24절,30절) 곧 '주의 날'(Day of the Lord)로 묘사하고 있는데 이는 종말의 날을 나타내는 구약용어인 '여호와의 날'에 대응하는 신약용어이다. 따라서 주의 날과 여호와의 날은 구약과 신약이라는 관점만 다를뿐 둘 다가 세상 종말의 날을 지칭하고 있다.

하나님께서는 죄인들을 구원하시기 위한 하나님의 구속사역에 관련된 비밀을 단번에 다 계시하지 않으시고 각 시대에 따라 점차적으로 표시하였다. 이를 신학적 용어로 표현하여 '계시의 점진성'(Progrelssiveness of Revelation)이라고 한다. 이러한 계시의 점진성에 따라 구약시대에는 그 뜻이 명료하지 못했던 성경의 용어가 신약시대에 와서 명료하게 드러나는 경우가 많은데 그 대표적인 것 중에 하나가 '여호와의 날'과 '주의 날'이다. 즉 여기서는 구약의 '여호와의 날' 개념이 어떻게 신약의 '주의 날' 개념으로 그 의미가 확정되었는가를 한번 살펴보기로 합시다. 그런 한편 여기서 다루는 '주의 날'을 구약의 안식일에 대칭되는 신약의 '주일'(Lord Day)과 혼동해서는 안 된다.

'주의 날'(Day of the Lord)이란 기본적인 개념에 있어서는 구약의 '여호와의 날'과 같다. 그러나 좀더 그 개념을 구체적으로 살펴보면 '여호와의 날'이란 개념 속에는 그 주체가 삼위일체 하나님 중 누구와 관련이 있는지 분명치 않다. 그러나 '주의 날'은 '주'(퀴리오스)란 칭호가 성부 하나님을 칭하는 경우도 있으나 일반적으로 제2위 성자 그리스도를 가리킴으로 그 주체가 분명하게 드러남을 알 수 있다. 이는 구약에서는 그 날에 일어날 모든 일들이 제2위 성자 그리스도와 직접적으로 관련되었음이 아직 계시되지 않았음을 보여준다.

희망과 멸망의 이중적 메시지를 포함하고 있는 신약은 구약에서 '여호와의 날'과 말라기 선지자에 의해 예기된 메시야의 오심(말3:1이하)을 연결시키고 있다. 신약은 약속된 메시야와 예수그리스도를 동일시하고 있다. 하지만 신약은 그리스도의 성육신인 초림과 재림을 구별하고 있다. 그래서 신약 성경에서는 '주의 날'이란 표현 이외에도 '그리스도의 날'(빌1:6, 10, 2:16) 또는 '주 예수의 날'(고후1:14, 고전1:8, 5:5) 또는 '인자의 날'(눅17:22) 또는 단순히 '그 날'(고전3:13)에 그리스도는 산 자와 죽은 자를 심판하기 위하여 하늘로부터 오실 것이다.(행1:11) 그리하여 그의 다시 오심을 간절히 기다리는 진실한 자들에게 그는 영생(롬2:7)과 구원(행2:21)을 허락하실 것이다.

구약에서는 '여호와의 날'이 정확히 어느 시기인지 밝혀지지 않았다. 다만 여호와께서 역사의 어느 한 순간에 결정적으로 개입하여서 선악간에 심판하시는 날로만 이야기하고 있다. (사2:12, 17) 그리하여 '전쟁의 날'이나 이스라엘이 바벨론에 의해 멸망한 때와 같은 역사적 사건이 일어난 날과 관련하여서도 '여호와의 날'이란 표현이 사용되었다. (사2:19, 겔7:7, 34:12)

그러나 신약에서 '주의 날'은 분명 예수님의 재림과 그에 연속된 전 우주적 심판과 종말의 날이라고 밝히고 있다. 즉, 그 날은 역사의 어느 한 순간을 가리키는 것이 아니라 모든 인간들의 역사가 종말되는 순간이다. 물론 구약에서 언급된 '여호와의 날'도 종말론적인 성격을 강하게 띠고 있기는 하나 신약의 '주의 날'과 같이 세상의 종말을 분명하게 언급한 것은 아니며 다만 예표적인 성격을 가진다.

구약에서 '여호와의 날'은 주로 전쟁, 천재지변 등의 재앙이 임하는 날로 묘사된 때도 많다.

물론 여호와의 날을 크고 두려운 날 (욜2:31) 우주적인 심판이 가해지는 날 (슥1:14-17, 습1:14-18) 그리고 새 하늘과 새 땅이 창조되는 날 (사65:17-19)로써 소개되기도 하나 신약에 나타난 바처럼 분명하지는 않다.

신약에서는 이 날에 예수그리스도께서 재림하시되 번개가 번뜩하여 하늘이 이편에서 저편에 비침같은 것이며(눅17:24) 하늘이 불에 타서 풀어지고 체질이 뜨거운 불에 녹아질 것이며 (벧후3:10-12) 그리스도와 성도들이 새로 조성된 온 세상을 통치할 것 (계11:15, 19:11-15)등 그 날에 일어날 양상에 대해 매우 구체적으로 기록하고 있다. 그리고 재림 주이신 그리스도의 심판도 그 당시 생존한 일부 계층에 대해서만이 아니라 산 자와 죽은 자 곧 역사상 존재하였던 모든 인간들에 대하여 시행할 것을 말하고 있다. 곧 주의 날에는 전 우주역사의 종말과 새 세상이 개시되는 그야말로 현 역사의 대단원이 종결되는 날인 것이다.

오늘 본문의 성경은 계속해서 말세의(주의 날),(인자의 날)이 오기 전 나타날 징조와 상태에 대해서도 자세하게 우리에게 알려주신다. ①노아의 때(노아 홍수 직전시대)와 같다라고 했다. ②소돔과 고모라의 멸망직전시대 그때와도 같다고 하였다.

이런 시대가 될수록 성도는 더 믿음으로 무장하고 다음 몇 가지를 준비하라.

① 지붕 위에 있는 자는 집에 내려가지 말라. 여기 지붕 위는 이스라엘의 기도하는 장소이다. 기도를 중단치 말라는 뜻이다.

② 밭에 있는 자는 뒤로 돌이키지 말라. 사람의 마음 밭을 위해 일하다가 중단하거나 돌이키지 말라는 것이다.

③ 두 남자가 한 자리에 누워있어도 신랑 예수님을 생각하는 자는 데려감을 당하고, 딴 생각을 하는 자는 버려 두신다는 뜻이다.

④ 두 여자가 매를 갈고 있어도 오직 예수님을 위해 살고, 매를 갈고 하는 자는 데려감을 당하고 나머지는 버려 둔다.

⑤ 죄가 있는 곳에는 하나님의 심판이 따라온다는 뜻으로 '주검이 있는 곳에 독수리들이 모이느니라' 고 말씀하셨으니 바로 이때가 노아 홍수 이전 시대요. 소돔 고모라 멸망직전 시대이니 곧 '주의 날' 이 임할 것을 생각하여 근신하고 깨어 열심히 주만 섬기는 성도되어 참된 '주의 날' 을 맞으시길 기원합니다.

2002. 7. 9.
"믿음의 약자는 '주의 날' 이 두렵고 떨리는 날이나 믿음의 강자들은 이 날을 고대하고 사모하여 '주여 어서 오시옵소서' 늘 기도 할 수 있는 자들이 되시길 바라노라"

평신도를 위한 성경 난해 구절 해설 시리즈 (사복음서 62)

 "주님이 십자가 수난을 네 차례나 예고하신 목적이 무엇인가?"

(눅18:31-34)

주님은 직접 장차 십자가에서 수난을 받고 죽어 장사 지내고 부활하실 것에 대하여 사복음서에 네 차례나 예고하셨다. 그것도 너무나 자세하게 마치 지난 사건처럼 생생하게 증언하셨는데 만약 그대로 일이 안 이루워 지거나 전연 딴 방향으로 사건이 전개되었으면 어찌 하시려고 그러셨는지 아찔한 순간입니다.

그러나 성경에서도 분명히 밝히셨다. 요13:19 "지금부터 일이 이루기전에 미리 너희에게 이름은 일이 이룰 때에 내가 그 인줄 너희로 믿게 하려함이로라" 즉, 주님이 팔리워서 십자가 못 박히시는 그 일이 이루기 전에 미리 다 말씀하신 것은 그 일이 다 이루워 진 다음에는 무조건 믿게 하시게 하시려고 시행 하셨다는 것이다. 이 구속성취의 확실한 진리는 갑자기 되어지는 것이 아니라 만세 전부터 하나님의 치밀하시고 예정하신 그 뜻대로 어김없이 그대로 이루워진 것을 믿어야한다.

전부 4차에 걸친 주의 수난예고는 예수그리스도의 공생애에 일대 전환점을 이룬 베드로의 신앙고백 사건 직후부터 주님이 직접 발표하시기 시작하여 마지막 유월절을 지키고 친히 체포되신 것을 감람산에서 예고하시고 그대로 체포, 심문, 고난, 십자가, 장사, 부활, 승천 어느 한가지

틀림없이 말씀한 그대로 다 이루워지신 것이다.

1차 예고는 주 후29년 여름, 가이사랴 빌립보에서 베드로에게 너는 나를 누구라 하느냐? 는 질문의 대답으로 "주는 그리스도이시요 살아계신 하나님의 아들입니다"라고 신앙고백이 있은 후 주님은 베드로를 칭찬하시고 너무나 분에 넘치는 많은 복을 주시기로 약속하셨다. 그리고서 즉시 주님은 장차 예루살렘에 올라가서 고난과 죽임을 당하고 3일 후에 부활할 것을 예고하니 베드로가 간하여 주의 마음을 흔드실 때 예수님은 "이 사탄아"하시면서 호된 책망도 마다하시지 않으신 사건이다.(마16:21-28, 눅9:22-27, 막8:31-9:1)

2차 예고는 주 후 29년 가을, 갈릴리에서 인자가 장차 사람들의 손에 넘기어 죽임을 당하고 제 삼일에 살아나리라 하시니 제자들이 심히 근심하더라고 기록이 되었다. 변화산에서 산상삼상회의나 하늘로부터 하나님의 음성으로 그가 하나님의 아들임과 메시야임을 더 확고히 증명되었는데 잔치집에 찬물을 끼언듯 주의 수난예고는 제자들에겐 큰 실망과 걱정으로 일관 되게 해 버렸습니다.(마17:22-23, 눅9:43-45, 막9:30-32)

3차 예고는 주 후 29년 겨울, 요단강 근처에서 예루살렘으로 올라가 실려고 하실 때에 12제자들에게 따로 특별훈화 하시길 곧 인자가 예루살렘에서 당하실 수난에 대하여 자세히 훈화하셨으나 제자들이 이것을 하나도 깨닫지 못하였으니 그 이유는 그 말씀이 다 드러내져있는 사실 그대로인 말씀인데 제자들은 이 말씀 속에 감추어져 있는 말씀으로(비유처럼)알지를 못하였다고 하였다.(마20:17-19, 눅18:31-34, 막10:32-34)

4차 예고는 주 후 30년 봄, 유월절 2일전 고난주간 목요일 날 감람산에서 제자들에게 "너희의 아는바와 같이 이틀이 지나면 유월절이라 인자가 십자가에 못 박히기 위하여 팔리우리라"고 최종적인 예고를 하셨다. 그리한 후 저녁때 마지막 유월절 행사와 성만찬과 제자들의 발을 씻기시고 유다에게 배신당하고 기도하러 감람산으로 다시 올라가셔서 기도하던 중 유다가 데리고 온 악당들에 의해 체포되어 그 동안의 4차에 걸친 주의 수난예고가 그대로 다 이루워진 것이다. (마26:2)

예수께서 이렇게 네 차례에 걸쳐 십자가 수난을 예고하신 사실은 택한 죄인들을 구원하기 위한 구속주로 오신 메시야로서 마땅히 받지 않으면 안될 십자가 수난의 필연성을 몸소 증거 하신 것이라고 할 수 있다. 그렇다면 예수님께서는 왜 십자가 수난을 받지 않으면 안되셨는가? 또, 예수님은 왜 이 십자가 수난에 대해서 제자들에게만 주어진 이 수난 예고의 목적을 밝혀 봅시다.

1〉 십자가 수난이 예수그리스도께서 우연히 되어진 사건이 아닌, 전연 예기치 못한 가운데 우연히 갑작스럽게 이루워진 것이 아님을 보여주기 위해서입니다.

2〉 또한 십자가 수난이 예수그리스도의 사 후에 그의 추종자들이 억지로 의미를 부여한 신화적 허구가 아니라 태초부터 있어온 하나님의 뜻과 구속의 원리에 따라 하나님의 예정과 섭리에 의해 이루어진 사실임을 밝혀두시기 위함이었다.

3〉 여기에 예수그리스도께서는 자발적으로 순종과 헌신으로 우리의 구원을 위한 구속사역을 성취한 사건임을 십자가 수난 후에도 제자들과 미래의 모든 성도들로 하여금 확실히 믿도록 하기 위함이다.

4〉 제자들이 전혀 예상치 못한 상태에서 갑자기 예수그리스도께서 십자가에 수난을 받게될 때 받을 충격을 미리 완화시켜 우리에게 미리 알려주신 사건임을 기억하여 낙심치 않도록 하기 위함이며

5〉 십자가 수난이 죄인들의 구원을 위해서는 필연적이었음을 깨닫고 예수그리스도의 복음을 주님이 살아계셨을 때보다 더 확고한 진리를 믿고 더 열심히 전하는일에 매진시키기 위함이었으며

6〉 예수그리스도의 복음이 전파될 때 공중권세 잡은 자 사단이 반드시 핍박을 가해올 터인데 이때에 제자들이 예수그리스도께서 십자가의 고난의 길을 걸어가신 것을 본받아 제자들도 인내로 이겨나가게 하기 위함이었으며

7〉 그래도 예수그리스도는 그 고난의 길을 주의 제자들이 혼자서만 감당하도록 버려 두신 것이 아니라 보혜사 성령님을 보내 주시겠다는 약속대로 보내주시고 도와주시고 힘주시고 능력주셔서 능히 감당할 수 있는 능력도 공급해 주셨습니다. (요14:25-28, 행1:1-4)

우리 주님이 이처럼 십자가 수난에 관하여 모든 사실을 다 알고 계셨다는 사실은 일차적으로 주님은 미래의 모든 것까지도 알고 계신 제2위 성자 하나님임을 증명하고도 남는다. 그리고 이렇게 하나님이심에도 불구하고 십자가 수난의 고통을 묵묵히 감당하신 사실에서 우리는 주님의 겸손의 크기와 죄인들을 향한 사랑의 깊이와 무게에 감격과 가슴 뭉클해지지 않을 수 없습니다.

이런 엄청난 하나님의 예정과 뜻에 의한 십자가의 수난이 우연히 갑작스럽게 이루워졌거나 후대에 예수님의 추종자들이 억지로 만들어낸 신화적 허구가 아니라 태초로부터 줄 곳 예언되어온 하나님의 구속의 뜻과 구속원리의 성취였다는 사실에서 우리는 십자가의 수난예고가 얼마나 귀하고 고마운 감격스런 말씀인지 재인식되며 이 말씀이 그대로 이루워져서 우리가 죄 사함 받게되고 의인되어 장차 영생을 누리게 됨을 생각할 때 그 기쁨을 감출 수 없다.

2002. 7. 11.

"주님의 십자가수난 네 차례예고는 우리 구원의 핵심이며 이 일이 이루워진 후에는 더 확고히 믿게 함이요", "무엇이든지 전에 기록한 바는 우리의 교훈을 위하여 기록된 것이니"(롬15:4) 보지 못하고 믿어 복 있는 자로 만드시기 위함인데 (요20:29) 우리는 제자들 마냥 이것도 모르고 주님이 왜 똑 같은 말을 네 빈이나 하셨을까 귀찮게만 여긴 어리석은 때를 회개하노라"

평신도를 위한 성경 난해 구절 해설 시리즈 (사복음서 63)

 "므나 비유와 달란트 비유의 같은점과 다른점이 무엇인가?"

(눅19:11-27)

이 두 비유는 모두 종말을 맞이하는 성도의 자세에 관하여 교훈하고 있다. 즉, 성도는 이 세상에 속하여 살지만 당시 주의 재림에 대비하여 각자의 처한 상황에서 맡은바 사명을 충성스럽게 감당해야 한다는 것이다. 이처럼 두 비유에선 내용이 유사하긴 하나 그 주제에 있어선 차이가 있다.

달란트 비유에서의 강조점은 하나님께로부터 받은 (복음을 위하여) 각자의 은사와 재능들을 최대한 선용함으로써 하나님의 기뻐하신 뜻을 이루워 드려야 한다는데 있다. 이 반면에 므나 비유는 유대인들의 그릇된 천국관과 관련하여 하나님의 나라는 그들이 생각하는 것처럼 당장에 이루워지지 않는다는 데에 강조점이 있다. 외형상과 내용상 같은 점도 다른 점도 많다.

이제 두 비유를 비교해 봄으로 다시 한번 말세지말을 사는 우리의 신앙 자세를 가다듬어 보자. 제목 안에 괄호를 치는데 먼저 나온 말이 므나 비유(눅19:11-27)이고 뒤에 것은 달란트 비유 (마25:14-30)의 내용을 간략하게 대비해봄으로 같은 점과 다른 점을 구분하고자 한다. ① 청중(무리들: 제자들) ②장소(여리고: 예루살렘) ③시기(고난주간직

전: 고난주간중 화요일) ④비유의 '주인' (왕위를 받으러간 귀인: 어떤 단순한 부자) ⑤종의 숫자(10명: 3명) ⑥화폐단위(므나: 달란트) ⑦맡긴 액수(평등(1므나씩): 차등(5.2.1.달란트씩)) ⑧남긴 액수(10.5.0므나: 5.2.0달란트) ⑨착한 종의 상급 (10.5고을 권세를 줌: 더 많은 것을 맡김) ⑩ 게으른 종의 행위(돈을 수건에 싸둠: 돈을 땅에 묻어둠) ⑪게으른 종이 받을 형벌(받은 1므나를 빼앗김: 받은 1달란트를 빼앗기고 바깥 어두운데서 이를 감) 비슷한 것 같으나 실제적으로 너무 다른 비유임을 알 수 있다.

먼저 므나 비유는 여리고에서 예루살렘에 입성하기 위해 준비하면서 많은 무리들에게 하나님나라에 대하여 교훈하신 종말론적 비유입니다. 당시에 많은 예수님을 쫓던 무리들이나 제자들은 메시야는 정치적 왕으로서 예루살렘에 하나님나라를 세운다고 생각하고 이제 예수님이 예루살렘에 가까이 오시게 되자 하나님의 나라가 금방 임할 것으로 기대하였다.

그러나 예수님께서는 왕위를 받기 위해 먼 나라로 갔다가 다시 돌아올 어떤 귀인의 비유를 통하여 그들의 잘못된 사고 방식을 깨우쳐주고 고쳐주시는데 이 비유의 목적이 있는 것이다. 즉 예수님은 지금오시는 중이 아니라 가시는 중인 것이다. 그리고 그가 먼 나라로부터 돌아오실 때 즉 승천하셨다가 재림하실 때 만왕의 왕으로 이 세상에 오셔서 하나님의 나라를 완전히 드러내실 것이다.

그때는 또한 심판과 상급의 때가 될 것이다. 즉 예수님께서 제자들에게도 결산하도록 하고 모든 사람에게도 구원의 복음을 전파하고 주의 사업을 확장하도록 명하신 데로 심판하신다. 따라서 제자나 모든 사람들은 귀인없는 동안의 종들처럼 인내와 충성의 신앙으로 주님이 재림하시는 그 날까지 이 복음을 전파하고 충성하여 칭찬받는 주님의 종이 되어야 할 것을 교훈 한다.

이 비유에서 곧 얻어 내야할 교훈은 1〉 예수님께서는 이 비유를 통하여 자신이 수난과 죽음을 당할 것이나 부활 승천하시고 만왕의 왕으로 재림하셔서 충성한 자와 배척한 자에 심판한다. 2〉 종이라 할 찌라도 하나님께서 원하시는 선한 열매를 맺지 아니하면 배척하는 자들과 동일한 심판을 받게 된다. 따라서 주님의 재림이 금방 임하지 않지만 반드시 임할 것임으로 이 세상에서 나에게 맡겨진 일에 최선을 다해 충성, 헌신, 봉사해야 할 것이다. 3〉 우리는 하나님의 뜻을 이루기 위해 맡겨진 사명에 충성을 다 해야하고 하나님 나라의 확장을 위해 최선을 다 함으로 장차 완성될 주님의 나라에서 칭찬받는 성도가 되어야 한다.

다음으로 달란트 비유는 모든 성도들은 하나님께로부터 복음이라는 구원의 은총을 다 받았다. 그런데 이 복음과 구원 은총을 하나님의 뜻과 섭리에 의해 여러 가지 은사로 재능대로 받기에 이른다. 여기서는 여러 가지를 함축해서 시간과 재능 은사로 집약이 된다. 므나 비유처럼 공평하게 주시지 않고 각각 은사와 재능대로 5달란트, 2달란트, 1달란트로 나누워 주셨다.

하나님께서는 성도 각 사람에게 그의 능력에 맞게 그가 감당할 수 있는 범위 안에서 은사를 주었음을 의미한다. 그래서 이것 가지고 주님이 재림하실 그때까지 지혜롭고 충성되게 많은 일을 할 것을 요구하신다. 이 비유의 가장 중요한 목표는 달란트를 많이 가지고 적게 가지는 것에 목적이 있는 것이 아니라 주님이 주신 것 받은 은사, 맡겨진 책임, 해야만 할 일들을 얼마나 충실하게 잘 감당하고 순종해 나갔느냐가 가장 귀한 목표입니다.

주님이 회계할 때 5달란트 더 이익을 남긴 종이나, 2달란트 더 이익을 남긴 종이나 동등한 대우를 하신 것을 볼 때 많은 달란트 즉, 재능과 여건, 은사 그 어느 것에 초점을 맞춘 것이 아님을 쉽게 알 수 있다. 즉, 이 두 이익을 남긴 종들은 양에서는 달랐으나 이익을 남기는 중심은 같았기 때문에(충성, 열심, 감사, 겸손한 맘) 동등하게 대우하신 것이다. 여기서 우리 성도들은 나는 못 배웠으니, 나는 재능이 없으니, 나는 여건이 안 좋으니 하는 핑계로 일관하시지 말고 하나님이 주신 그 여건 속에서 최선을 다 하면 된다는 것을 배워야 한다.

그러나 완악하고 게으른 한 달란트 받은 종은 그가 받은 한 달란트마저 빼앗기고 바깥 어두운 데로 쫓겨나 이를 갊이 있는 것을 볼 때 마치 지옥생활하고 있다고 봅니다. 이는 그가 능력이 없었던 까닭이 아니라 게으르고, 나태하고, 쉽고, 편리하고, 유익 되고, 인기 있고, 높임 받는 것으로 일관했기 때문이다.

그러므로 달란트 비유는 그리스도의 재림을 기다리는 성도들 각자가 하나님이 허락한 복음과 구원은총을 위해 맡겨진 사명에 충성하는 자들이 되어야 할 것을 교훈해주고 있다. 실로 하나님께서 성도들에게 허락하시고 명령하신 모든 것은 혹 다르다고 해도 또 사명도 직책도 다르지만 성도에게 요구되는 것은 맡은 자들에게 구할 것은 오직 충성뿐이다. (고전4:2)

므나 비유와 달란트 비유는 말세에 성도들이 주님의 재림을 기다리며 여러 가지로 각각 준비하며 실천 순종해 나가야 할 것에 대한 부문에서는 유사점이 있으나 근본적인 목적과 상황이 많이 다른 점이 있어서 각각에 우리가 얻어야 할 많은 교훈을 얻게된다. 예수님은 우리에게 여러 비유를 통해서 이 모양 저 모양으로 우리 같은 어둔 자들을 깨우치시려고 얼마나 최선을 다하신 모습을 보고 우리의 남은 생애에도 주만 따르는 성실하고 착한 주의 종들이 되시길 바라노라.

2002. 7. 12.

"무릇 있는 자는 받아 풍족하게되고, 없는 자는 그 있는 것까지 빼앗기리라"(마25:29)
모두 다 있는 자(믿음)가 되시길 소원하는 자가 됩시다.

평신도를 위한 성경 난해 구절 해설 시리즈 (사복음서 64)

Q "주님이 이 땅에 오신 목적이 무엇이며, 삭개오 같은 드라마틱한 사건이 가능한 일일까?"

(눅19:1-10)

A 예수님은 죽음을 며칠 앞둔 시점에서 주님이 이 땅에 오신 목적을 실감있게 보여주시기 위해서 삭개오라는 세리장을 통해 회개시키고 그 집에 유하시며 잃어버렸던 하나님의 백성을 다시 찾으러 오신 예수님의 목적을 보여주기 위하여 세리장, 죄인, 난쟁이, 부자, 매국노 여러 극적 드라마틱한 이런 사건이 과연 가능한 이야기라고 생각할 수 없었던 시대에 깜짝쑈 같은 연극을 연출하신 뜻이 무엇일까요?

누가복음에만 유일하게 소개된 삭개오 사건에서 우리는 많은 하나님의 섭리를 얻을 수가 있다. 인간의 머리로는 전연 불가능한 것이나 하나님은 못 하실 일이 없으시고 도리어 '먼저 된 자가 나중 되고, 나중 된 자가 먼저 되듯이 더 보란듯이 주님의 사랑과 영광을 독차지하는 본문에 감동 감화되는 삭개오의 일대기로 대 장편 소설보다 더 긴 의미를 불과 10절 안에 다 함축시키셨다.

주님의 구원하심에는 그 어떤 외적요인들이 큰 난관과 장애물이 된다 할 찌라도 전지전능한 주님 앞에서는 아무것도 아니고 주님의 선하시고 기쁘신 뜻만 이루워지고 더 큰 영광으로 나타내어 많은 사람들에게 소망도주고 무한한 가능성의 주인공이 될 수 있다는 확신의 믿음까지 준다.

우리는 삭개오의 이 많은 부정적 요소 가운데 그 어느 한가지도 인정받을 수 없지만 하나님의 창세 전부터 하나님의 자녀로 예정한 삭개오에겐 도리어 은혜와 복의 근원이 됐다는 것을 생각할 때 오늘 우리의 여러 가지 불리하고 여건이 좋지 못하고 실망스런 모든 조건까지도 소망으로 바꿀 수가 있다.

① 세리장이었다. 당시 로마의 식민지로 로마 세금수탈에 앞잡이 노릇하여 많은 유대인들로부터 죄인의 두목이라는 대명사가 곧 세리장이다. 이런 사람에게 구원이란 거리가 먼 이야기가 되어야한다.

② 부자였다. 당시 세금정책이 로마 황제가 요구한 일정액만 헌납하고서 얼마를 거두어서 얼마를 세리들이 나누어 먹든지 황제는 일체 간섭하지 않았으니 세리는 곧 부자가 되는 최고 좋은 직업중의 하나였다.

③ 키가 작았습니다. 외모적인 콤플렉스를 돈과 권세와 자존심으로 유지하려고 했지만 그의 작은 키 때문에 난관에 처할 때가 많았고 많은 군중 앞에서는 그의 왜소한 키 때문에 조소와 멸시의 대상이었다.

④ 그러나 그의 가치는 대단했다. 보고싶은 예수님을 보기 위해 세리장이요, 그 지역의 유지급이며, 돈 많고, 권세 많은, 젊잖은 사람이 체면 불구하고 뽕나무 위로 올라갔다는 것은 여러 가지를 우리에게 시사하는 바가 있다. 주의 일하기 위해서는 모든 체면과 모든 악조건을 뛰어넘는 열정이 곧 믿음으로 승화되기 시작되었다.

⑤ 뽕나무 위에서 본 예수님. 많은 사람의 장벽에 가리워 소문만 들었던 예수님을 보는 순간 그의 인생은 새로운 대 역사의 시간이 다가왔다. 모든 사람들이 자기를 멸시와 조롱의 대상으로 여기고 견원지간처럼 기섭하고 멀리하는 시점에 예수님의 그 다정하고 따뜻하게 사랑스럽게 대해 주시는데 삭개오는 예수님께 반해버리고 만다.

⑥ 주님의 음성에 크게 놀란 삭개오 "삭개오야 속히 내려 오라 내가 오늘 네 집에 유하여야 하겠다." 꿈에도 생각지 못했던 주님의 이 따뜻한 말씀에 삭개오는 당황하기 시작했고 구름 위에 떠 있는 자신을 느꼈을 것이다.

⑦ 급히 내려와서 즐거워하여 있는 정성, 없는 정성 최선을 다해 주를 맞이하며 그와 함께 있게된 이 현실을 말로는 표현 못해도 자기도 모르게 주님의 영광에 자신이 이 주님을 의지하고 믿어 구주로 영접해야겠다는 확신이 서게 되었고 그 주위의 많은 사람들이 아직도 자기를 멸시 천대하는데 주님만이 나를 알아주고 벌써 내 이름을 불러주고 우리집에 유하여야 하겠다고 같이 걷고있는 이 모든 스토리가 너무 황홀했다.

⑧ 많은 사람들은 여전히 수군수군하며 구세주이며 메시야라는 예수님이 저 같은 죄인의 집에 유하러들어 가는 문제에 대해 의심하고 의아해하고 따라오던 사람들조차 삭개오 집 앞에서는 발길을 돌리는 현실을 목격한 삭개오는 아무의심 없이 자기를 알아주고 자기 집으로 들어오시는 주님 앞에 무엇하나 숨길 것 없고 감출 것 없이 다 쏟아 놓기 시작하였다. 삭개오는 급속도로 변화되고 있었다.

⑨ 주여 내 소유의 절반을 가난한 자에게 주겠다는 고백으로 삭개오는 완전 새 사람으로 변해 버렸습니다. 수십 년 아니 일평생 예수님을 믿는 여러분들도 지금 가지고 있는 재산 절반을 뚝 잘라서 가난한 자들에게 줄 수 있는 성도가 몇 사람이나 여기에 있을까요? 부자 청년은 예수님을 따르고 싶고, 구원받고 싶은데, 계명도 잘 지켰고 훌륭한 청년이지만 네 소유를 가난한 사람에게 나누어주고 나를 쫓으라할때 그만 이 청년은 근심하고 돌아가고 말았다. 비록 썩어질 재물이지만 삭개오같은 변화된 사람은 흔치 않다.

⑩ 만일 뉘 것을 토색한 것 있으면 사 배나 갚겠다는 고백 역시 그동안 일생동안 범죄한 모든 것을 철저히 성경에 입각하여 갚겠다는 고백

이다. 율법에 의하면 사람이 훔친 것을 고백하면 그는 원 주인에게 불법적으로 취한 그 액수에다가 5분1을을 더하여(20%) 보상하였지만 (민5:7)여기 4배로 갚겠다는 삭개오의 행동은 율법에도 개의치 않고 예수님 앞에서 자신의 불의를 더 철저히 뉘우치고 보상하겠다는 뜻이다.

⑪ 오늘 구원이 이 집에 유했다. 삭개오 한사람이 구원받았으니 온 집이 다 구원 받게될 것을 미리 내다보신 예수님의 축복된 말씀이오 어느 누가 가장 큰 죄인이라 할찌라도 예수님 만나 자기 죄를 철저히 회개하고 합당한 열매를 맺으면 구원이 즉각적으로(오늘) 임한다는 사실도 발견케 된다.

⑫ 이 사람이 아브라함의 자손이다. 삭개오가 여리고에 살았으니 아브라함의 후손인지 아닌지는 확실히 알 수 없다. 그러나 예수님을 모르고 죄 가운데서 살았을때는 아브라함과 상관없었으나 예수님을 믿고 영접하므로 구원을 얻었으니 이제는 아브라함의 자손 즉, 구원의 가족이 되었다는 상징적 말씀이다.

⑬ 인자의 온 것은 잃어버린 자를 찾아 구원함이라. 예수님이 이 땅에 오신 목적이 잃어버렸던 삭개오를 고통과 멸시와 천대 속에서 헤매던 삭개오 같은 자를 찾아 구원시켜 떳떳한 하늘나라 백성으로서 하나님의 자녀로 소망을 갖도록 하기 위해 주님의 오신 목적을 분명히 밝히고 있다. 그리고 삭개오를 경원시했던 주위의 모든 군중들에게 내가 이 땅에 온 목적이 이 같은(삭개오)사람 찾으러 왔다고 하신다. 선한 목자로서 잃어버린 양 하나를 찾기 위해 하늘의 보좌도 내어놓으시고 오신 것이다.

숨가쁘게 달려온 이 이야기는 우리 모두의 이야기이니 우리가 이렇게 극화해서 꾸며 놓치않은 것뿐이지 우리 모두에게도 이와 같은 극적 요소들이 많다. 우리에게 주시는 몇 가지 교훈을 꼭 붙들어야 한다.

1〉 자신의 문제를 인식하고 이에 대한 해결점을 예수님에게서 찾으

려는 자에게 예수님은 반드시 응답하신다. 그래서 살아서 부딪치는 여러 가지 문제를 나의 능력과 지혜로 해결하기보다는 먼저 예수님께 다 내어 놓아야한다.

2) 예수님의 능력만이 인간을 구원할 수 있다는 점이다. 구원은 인간의 능력이나 행위에 의해 주어지는 것이 아니라 예수님의 선포와 예수님을 통해서만 구원이 가능하다는 것을 믿고 그 주님만 의지하는 자가 되어야한다.

3) 참된 회개자들은 삭개오처럼 반드시 그 증거를 나타내야된다는 점이다. 새로운 피조물이 된 사람들은 하나님의 은혜에 대한 감사로써 의지적인 삶의 결단을 반드시 나타내야한다.

4) 이제부터는 참된 의의 열매만 맺고 사는 아브라함의 자손으로 사는 자들 되시라는 점이다. 비록 10절밖에 안 되는 이 짧막한 삭개오 일대기가 몇 시간 몇 권의 책을 장식할 만큼 많은 교훈과 여러 진리를 우리에게 알려주는 교과서가 되었다. 아직도 예수님 만나기 전 삭개오같이 사는 자들이 많으나 우리 모두 예수님 만난 후 삭개오같은 사람으로 변화되고 새 사람으로 구원이 항상 우리 집에 거하시길 바라노라.

2002. 7. 12.
"우리는 주님이 이 땅에 오신 목적도 알고 많은 성경도 알고 진리도 알고 있으나 주님 만난 삭개오처럼 변하여 새 사람의 열매 가진 사람 못 되었음을 솔직히 시인하노라. 오늘이라도 새 사람 삭개오처럼 새 사람 아무개, 아무개가족 되시길 부탁하노라."

평신도를 위한 난해구절 해설 시리즈(사복음서 65)

Q. "무슨 권세로 이런 일을 하느냐? 라는 질문에 주님의 대답은 정답인가? 회피성인가?"

(눅20:1-8)

A. 주의 수난주간 셋째날 화요일에 있었던 사건들이다. 주님이 왕의 권세로 예루살렘에 입성하시어 대대적인 퍼레이드와 환영에 온 성이 들썩거렸으며 성전에 들어 가시자마자 성전을 정결케 하시므로 채찍으로 양과 비둘기파는 자들을 다 몰아내시고 돈 바꾸는 자의 책상도 다 들러 엎으셨다. 그리고 무한한 능력으로 귀신을 쫓아내며 병자들을 다 고치신 것을 다 보고 두 가지로 질문하게 됩니다. 첫째는 "무슨 권세로 이런 일을 하느냐?" 하는 것이고 둘째로 "이 권세를 누가 주었느냐?" 하는 질문이었다.

이들이 큰 위협을 느껴서 생사를 건 질문이었다. 그 동안은 주님이 갈릴리 지방을 무대로 간헐적으로 유대교를 공박해왔던 예수님이 유대인들의 종교적 심장부인 예루살렘까지 진격하셨고 더 나아가 유대교의 마지노선인 성전 안 까지 들어와서 도발적인 행동을 하시는 예수님에 대해 이들은 더 참을 수가 없었던 것이다. 유대교에 흩어졌던 여러 교파 단체들이 평소에는 서로가 원수같이 지냈으나 예수님을 살해하고 제거하자는데에는 하나같이 의견통일을 보고 연합하여 예수님께 정면 도전합니다. 그들 유형별로 보면 대 제사장들과 서기관들, 바리새인들과 헤롯당, 그리고 사두개인, 또 권력기관인 산헤드린 공의회까지 합세하였다.

원래 이스라엘의 권세는 산헤드린 공의회에서 인정하여 준 권세만 참된 권세로 알았다. 그런데 산헤드린 공의회에서는 예수님께 그런 권세를 준 일이 전연 없으니 이런 질문이 자연스럽게 나온 것이다. 산헤드린 공의회는 유대나라의 의회요 재판권이 있고 최고 의결기관이다. 한 지파에서 율법학자 6명씩 도합72명으로 구성되어 이스라엘의 종교에 대한 모든 것을 관장, 재판, 치리권이 있는 기관이었다.

그런데 예수님의 대답은 동문 서답격이었고 전연 다른 대안의 질문으로 위기를 모면한 것 같으니 정답이라고는 할 수 없고 회피성대답인 것 같아 주님다운 의연성과 확고한 진리의 대답이 아닌 것 같다. 그러나 유대지도자들이 순수하게 예수님의 권세를 알고 싶어서 질문한 것이 절대 아니라 그것은 예수 그리스도께서 세례요한이 베푼 세례의 권위 근원에 대하여 되물었을 때 그들이 아무런 대답도 하지 못한 사실속에 이미 그들의 의도가 다 드러난 것이다. 그들의 질문의도는 예수님이 그 권세가 하나님께로부터 온 것이라고 대답하면 신성 모독죄로 정죄하고 혹 권위의 출처를 밝히지 못하면 백성을 미혹케 한 죄로 고소하고 또 성전을 소란케 한 죄로 정죄하고 고소하여 사형에 처하려는 계책이었다.

그러나 예수님께서는 이들이 간교한 계략을 미리 다 아시고 계셨기에 역으로 세례요한의 세례가 하늘로서냐 아니면 사람에게서냐 하고 질문했던 것이다. 이때 사람들이 양심적으로 대답한다면 하늘로서 왔다고 해야 옳다. 온 백성이 다 그렇게 알고 있었고 또 그들 자신들도 그렇게 알고 있었다. 그러나 그들 또한 딜레마에 빠지게 된다. 하늘로서 왔다고 하면 요한도 믿고 그가 증거하는 예수님도 믿어야 한다. 왜냐하면 세례요한이 예수를 그리스도라 증거했기 때문이다. 그렇다고 만일 사람에게

왔다고 하면 모든 백성이 세례요한을 선지자로 알고 있기 때문에 자기들을 돌로 칠 염려가 있었다. 그래서 그들이 모여서 서로 의논한 후 모른다고 대답했다.

그들이 모른다고 답함으로 두 가지의 모순이 드러나게 된 것이다.

1) 유대 종교지도자들의 패역이 노출된 것이다. 벌써 백성들은 이들의 정치적인 답변에서 그들의 패역을 보았다. 실제로 알고 모르고가 문제가 아니라 안다고 했을 때 그 결과가 어찌 될까 치밀하게 계산하고서 자기에게 유리한 편을 택하여 답변 한 것이다. 정치적인 답변은 언제나 양심을 버리고 인간의 수단과 방법을 써서 자기에게 유리하도록 대답하는 것이다.

2) 메시야요 주님이 자신들의 속 중심을 모르는 줄 알고 협의하여 대답했으나 주님이 하나님인 것을 몰랐다면 종교지도자의 자격이 없는 자들이고 주님이 하나님인 것을 알았다면 무조건 굴복 회개하고 진실만 말해야 할텐데 정치적인 답변으로 자기들의 양심이 더러움으로 오염되고 말았다. 양심을 버리고 자기의 유익을 따라가는 것은 종교인이 아니고 하나님과 신앙을 버린 사람인 것이다. 종교인이 하나님을 멀리 떠난 세상 정치인들과 같은 길을 걷는 것은 타락한 증표이다. 세상 정치인들은 자기들의 입장이 곤란하면 아는 것도 모른다고 하고 자기에게 유리하면 모르는 것도 안다고 한다. 그러나 하나님을 공경하는 사람은 목에 칼이 들어와도 옳은 것은 옳다 아닌 것은 아니다 곧 성경의 말씀에 옳은 것 아닌 것을 구별해서 그대로 말해야 하는 것이다.

선한 양심을 버리고 자기들의 욕심과 시기하는 마음으로 정치적인 답변을 한 그들에게 예수님이 "나도 무슨 권세로 이런 일을 하는지 너희에게 이르지 아니하리라."고 말씀하셨다. 예수님이 모른다고 하셨다면 거짓말하신 것이다. 왜냐하면 전지전능한 하나님이기 때문이다. 그래서 모른다고 하시지 않으시고 이르지 않겠다고 하셨다. 거짓말하신 것이 아니고 그 대답을 해 줄 수 없다는 회피성 대답인 것 같이 보인다. 그 이유는 예수님이 그들의 의도를 너무나 잘 아시고 계셨고 또 양심을 버리고 진리를 쫓는 마음이 없는 욕심만 따라가는 그들에게 진리를 말하여 주어도 진주를 돼지에게 던지는 결과밖에 안되기 때문에 예수님의 대답은 이들에겐 정답인 것이다.

예수님의 역 질문에 그들의 대답에서 노출된 그들의 모순을 밝힌 다면 ①종교지도자들의 패역이 그대로 노출되었습니다. 이들은 예수 그리스도의 질문에 어찌할 바를 몰라 대답자체를 포기하고 모른다고 했다. 이들의 지능적인 회피는 결과적으로 유대교 지도자들의 패역성이 온 백성들 앞에 노출되고야 만 것입니다. ②권세의 출처를 간접적으로 밝혀 대답된 것이다. 예수 그리스도께서 세례요한을 언급한 것은 결코 우연한 예화가 아닌 것이다. 예수님 자신이 세례요한의 증거를 받으셨고 친히 그에 의해서 세례까지 받으셨다는 이 사실들을 상기시켰다고 본다. 그래서 세례요한의 세례가 하늘로부터 왔다고 하면 그의 신들메 풀기도 감당치 못하겠다고 고백할 만큼 위대한 예수그리스도의 권세는 당연히 하늘의 권세를 입은 것을 증명하고도 남는 것이다. 예수그리스도의 이 질문은 간접적으로 완벽한 대답을 하신 것이다.

결론적으로 몇 가지 교훈을 얻고자 한다.

① 하나님의 권세에 도전하려는 악한 세력들의 어떠한 노력에도 무익한것에 불과하여 결국 하나님의 권세에 굴복할 수 밖에 없다는 것을 우리는 알아야 한다.

② 악인들은 하나님을 두려워하지 않으면서도 사람의 눈을 의식하고 사람을 두려워하나 자가 당착에 빠지고 만다는 것.

③ 양심을 버리고 정치적인 말하기를 좋아하는 사람의 결론은 백전백패 한다. 그 이유는 하나님이 같이 해주시지 않고 하나님이 떠나 버렸기 때문이다.

④ 예수님의 회피성 대답 같은데 자세히 알고 보니 가장 정확한 정답이었다. 주님의 명령은 곧 허락이요 주님의 말씀은 진리가 아닌 것이 하나도 없다.

2002. 7. 12.

"온 세상 사람이 다 옳다고 주장해도 주님 한 분만 반대하면 그것은 비 진리요 온 세상 사람이 틀렸다고 주장해도 주님 한 분만 옳다고 주장하면 그것은 참이요 진리인 것이다."

평신도를 위한 성경 난해 구절 해설 시리즈 (사복음서 66)

예수님의 예루살렘 성전파괴 예언은 성전 함락으로 끝난 것인가 종말 예언인가?

(눅21:5-19)

A 이스라엘의 성전 사상은 먼 아브라함 시대로 거슬러 올라간다. 아브라함 시대부터 4대 족장들은 가는 곳마다 단을 쌓았다. 여기 단을 쌓는 다는 것은 제사 드렸다는 말이요 오늘날은 예배드렸다는 말인데 그 단이 곧 성전이요 오늘날 예배당과 같은 것이다. 그 이후 모세가 이스라엘을 이끌고 가나안 땅으로 가는 도중에 성막을 지어 그곳에서 제사를 드렸다. 이 성막에는 하나님이 임재하고 계신 성전의 전초 건물이었고 이 성막 역시 지성소와 성소, 유대인의 뜰 이방인의 뜰로 구분되었다.

그후 이스라엘이 출애굽한지 480년 되던 해 솔로몬 성전을 건축하기 시작하였다. (왕상6:1) 이것이 제 1성전인 것이다. 이 때는 B.C 967 년이었다. 그후 380년 동안 위용을 자랑하던 솔로몬 성전은 바벨론의 느부갓네살왕의 침공으로 멸망과 함께 완전 파괴된 때는 B.C 586 년 시드기야왕 11 년이었다. 70년 동안 포로생활했던 이스라엘이 하나님의 도우심으로 해방을 맞아 B.C 516년에 1차로 약 5 만명이 본국으로 귀환하자마자 스룹바벨을 중심으로 제2성전인 스룹바벨성전을 짖기 시작하였으나 우여곡절 끝에 20여 년만에 완공하여 이 성전은 헤롯왕 시대까지 존재하였다.

　헤롯왕은 유대인들의 환심을 사기 위해 500년이나 된 제 2성전인 스룹바벨 성전을 헐고 그 자리에 B.C 19년에 헤롯 성전을 짓기 시작하니 제 3성전인 헤롯 성전이라고 한다. B.C 19년에서 A.D 63년에 완공했으니 82년이 걸려서 화려하고 웅장하게 지었으나 스룹바벨 성전시대 이후 가견적 건물로써 성전에 대한 절대적 존경심을 점점 잃어가고 있는 때였다. 이리하여 이 헤롯 성전은 다만 헤롯왕가의 통치를 지지했던 헤롯당과 헤롯에 의해 임명된 대 제사장과 그 수하에 있던 종교지도자들의 주관에 의해 성전으로써의 제 구실을 하지 못하고 유대인들은 회당중심의 신앙생활로 서서히 바꾸어 가던 시대였다.

　예수님시대 본문은 이 성전 건축 된지 46년이 된 때 (요2:20) A.D 27 년경 주의 제자들이 헤롯 성전의 화려하고 굉장한 모습을 주님께 자랑하므로 주님의 예언이 시작되었던 것이다. 즉 예루살렘 성전파괴에 대한 예언인데 이 예언은 40년 후 A.D 70년에 그대로 성취되었다. 그런데 이 예수님의 성전파괴 예언은 성전파괴로 끝나버린 것일까요? 그렇지 않고 세상 종말예언의 그림자격이었다. 유대인들 사상은 예루살렘 성전이 파괴되어 없어진다면 세상도 종말이 된다고 믿어왔기 때문에 예수님의 이 예언의 말씀은 두 가지 예언을 동시에 증언하시게 되었다.

　즉 예수님은 예루살렘 멸망을 통해 세상 종말의 때를 투시하여 보신 것이다. 그런 의미에서 예루살렘 멸망이나 성전파괴는 세상 종말을 예표한 것이다. 이처럼 가까운 장래에 일어날 사건과 먼 미래의 사건을 동시에 투시하여 이중으로 예언하는 것을 소위 예언적 원근법(Prophetic foreshortening)이라 부른다.

　예수님 당시 헤롯 성전은 46년간 건축되었으나 완공되지 못한 채 사용하고 있었다. 완공은 A.D63년에 완공 되었으나 A.D 70년 8월 10일 완공된 지 7년 만인 즉 예수님의 예언하신 지 40 년만에 로마의 티토

(Titus)장군에 의해 완전히 파괴되고 말았다. 이 성전을 파괴 할 때 이상한 루머가 퍼져서 성전건축 당시 돌과 돌 사이에 막대한 양의 금과 은을 숨겨두었다는 소문 때문에 성전의 돌 하나까지 다 깨뜨리고 파헤쳐 버림으로 주님의 예언인 "돌 하나 돌 위에 남지 않고 다 무너 뜨리 우리라."(눅21:6) 이 말씀이 문자적으로도 정확히 성취되는 결과를 가져왔다.

이어서 예수님은 종말의 징조도 자세히 말씀하셨다. 1)적 그리스도의 출현(21:8), 2)난리와 소란 3)자연재해(11절), 4)성도에 대한 세상의 박해(12-19절), 이러한 징조가 오늘날 현실로 나타났으므로 오늘날 말세라는데는 그 누구도 부인하는 사람이 거의 없다. 그러나 그날과 그 시는 아무도 모른다. 그러나 그날과 그 시가 무한정이어 가거나 영원하지 않고 반드시 곧 온다는 것만은 부인할 자가 그리 많지 않으리라고 본다. 이런 의미에서 몇 가지 교훈을 얻게 된다.

1) 영을 잘 분별하여 악한 영들의 미혹을 받지 않도록 조심해야 한다. 특별히 오늘날 우리 주변에는 스스로 그리스도라 자처하는 자들과 하나님의 계시를 받았다고 하는 거짓교사들이 많은바 그들을 경계하여 그들의 유혹에 빠져서는 안될 것이다.(요일2:18,19)

2) 시대가 악할수록 종말의 때가 가까움을 알고 그때를 준비하는 삶을 살아야한다. 이는 곧 그리스도께서 말씀하신 바로 그때는 아니라 할지라도 분명 종말의 징조임에는 분명하다.

3) 환난과 핍박가운데서도 소망 중에 기뻐하는 자들이 되어야한다. 세상의 죄악이 극심해질수록 성도들에 대한 세상의 핍박은 더욱 극심해질 수밖에 없다. 그러나 세상의 죄악이 극심하다는 것은 그만큼 종말의 때가 가까이 이르렀다는 증거이다. 그러므로 성도들은 인내하는 가운데 믿음을 지킴으로 구원을 이루워 나가야 할 것이다(딤후3:1,유다1:3,빌2:12).

이제는 단 쌓는 시대도 지났고 성막과 성전시대도 지났다. 지금에 예루살렘에 서 있는 성전은 바위 돔 성전이다(아브라함이 이삭을 제물을 받쳤던 큰 바위 위에다 큰 돔으로 지었다) 이 성전은 유대성전이 아니고 아랍계 성전이다. 이스라엘 민족의 민족적 소원이 이 바위 돔 아랍성전을 헐고 솔로몬 성전을 재현하여 재건축하는 것이 우리 민족의 남북통일 같은 민족적 소원이다. 이제 성전은 필요하지 않다. 하나님이 각 개인 개인과 직접 대화하고 성령으로 말씀하시기 때문에 우리 성도는 항상 신령한 성전이 되어 주님 모시고 거룩하게 살면 곧 성전생활 하는 것이다(고전3:16,6:19,히9:11-12)

예수님의 예루살렘 성전파괴 예언은 세상종말에 관한 예언 중에 하나였다. 따라서 이 예언의 전초전으로 A.D 70년에 성전이 완전 파괴되었다. 이 역사적 사실은 종말에 관한 예수님의 모든 예언도 반드시 성취될 것임을 우리에게 보여 줄 것이다. 벌써 2천년이나 흘러갔다. 천년이 하루 같고 하루가 천년 같은 주님의 시간표이지만 그때는 곧 임한다고 나는 확신한다. 주님의 인내에도 한계가 있고 이 타락과 죄악상을 그냥 목과만 하실 하나님이 아님을 알아야 할 것이다.

2002. 7. 15
"너희는 장차 올 이 모든 일을 능히 피하고 인자 앞에 서도록 항상 기도하며 깨어 있으라"(눅21:36) "종말 예언이 곧 이루워질텐데도 우리 마음은 딴 곳에 가 있으니 주님이 얼마나 안타까우실까?"

평신도를 위한 성경 난해 구절 해설 시리즈 (사복음서 67)

 "겉옷을 팔아 검을 사라 칼이 왜 필요하며, 칼 둘이 있습니다 대답에 족하다 했을까?"

(눅22:35-38)

예수님이 잡히시기 직전 (감람산으로 가셔서 기도하시기 전)에 제자들에게 마지막으로 3가지를 부탁합니다. 1)누가 크냐 다투는 제자들에게 섬김의 도에 대해 말씀하셨고(눅22:24-30), 2)자기자신을 자랑하던 베드로에게 네가 나를 3번 부인하리라고 예언하셨다.(눅22:31-34) 3)예수님 자신이 이제 세상에 안계실 텐데 믿음이 연약한 제자들에게 사탄의 시험에 대하여 철저히 대비하라는 의미에서 본문(22:35-38)을 권고하신 말씀이다.

그런데 이 본문을 자세히 살펴보면 복음서의 중심사상과는 대치되는 것을 알 수 있다. 원래 예수님의 중심 사상은 '무저항주의'와 원수까지 사랑하는 '비 폭력주의'에 정면으로 대치되는 것 같습니다. 왜 겉옷을 팔아 칼을 사라고 했으며 또 칼이 어디에 필요한 것이며 즉 주님이 칼을 가지라는 의미가 무엇인지 복음주의와는 거리가 먼 것 같습니다.

오늘의 본문 말씀은 문자적으로만 이해해서는 안되며 오히려 영적으로 이해해야만 된다. 이때 상황은 주님이 체포되시기 직전의 위기상황이었다. 때문에 이런 위기 상황에서 주님은 지금까지의 평화주의 노선을 버리고 로마제국의 앞자비들인 유대인들의 강포에 맞서 무력으로 대

항하여 승리하라는 교훈으로 오해하기 쉽습니다. (해방신학자들의 탄생)

예수님은 이곳 이외에 한 번도 무력저항을 정당화시키는 말씀을 하신 적이 없다. 오히려 원수가 오른 뺨을 치면 왼 뺨도 돌려대며(마5:39) '지는 것이 이기는 것' 이라며 극단적인 무저항의 교훈을 많이 말씀하셨다. 그런데 예수님이 상황이 달라지셨다고 해서 다른 교훈을 말씀하실 리가 없습니다.

예수님은 유대인들이 로마제국의 앞잡이요 죄인으로 취급하는 세리들과도 평소 가까이 지내셨다. 만일 예수님께서 로마제국에 대해 또한 로마 식민통치하의 정부인 헤롯 왕가에 대한 적대감을 가지고 계셨다면 세리들과 함께 하실 리가 없습니다. 이는 예수님이 결코 로마제국에 대해 무력으로 저항하는 열심당원이 아니며 그들을 동조하지도 아니 하셨습니다.

또 본문 말씀에 보면 제자들이 예수님의 말씀을 문자적으로 이해하여 '주여 보소서 여기 검 둘이 있나이다' (38절)라고 했을 때에 주님은 '족하다' 는 뜻으로 하신 말씀이 아니라 당신의 말씀을 제대로 이해하지 못하는 제자들의 대화를 중단하시는 관용적인 표현으로써 '족하다' 하신 것이다. (즉 칼을 가지라는 것 아는 것으로 족하다.)

이 말씀을 하신 후 얼마가 지나지 않아서 예수님께서 유대인들에게 체포당하신 사실을 기록하는 눅22:47-53을 통해서 알 수 있다. 즉 예수님께서 체포당하실 때 베드로가 칼로 대 제사장의 종 말고의 귀를 쳐서 오른편 귀를 잘랐다. 이때 예수님은 '칼을 쓰는 자는 칼로 망하느니라 이것까지 참으라.' 고 베드로를 만류하시면서 그 종의 귀를 다시 붙여주고 완쾌시켜 주었다. 이 말씀을 볼 때도 오늘 본문의 말씀은 분명 무력저항을 옹호하는 말씀으로 보기 매우 어렵다.

그럼 왜 주님은 검을 사라고 하신 진정한 의미를 여러 가지 모양으로 생각하고저 한다.

　유대사회에서 겉옷은 낮에는 외투로 쓰이고 밤에는 이불로 덮는데 쓰이는 생활 필수품이다. 따라서 겉옷을 팔아 검을 사라는 말은 검을 사는 것이 매우 시급한 상황임을 나타낸 것이다. 이 말씀을 해석하는 여러 학자들의 말을 들어보면 1)복음 전하다가 위험에 처했을 때 자신을 보호하기 위한 방어용 무기라는 의견(Bengel), 2) 은유적 표현으로써 성령의 검 곧 말씀의 검(엡6:17)이라는 의견(Godet), 3)악조건인 환경에서 지혜롭게 적응하라는 뜻이라는 의견 (Gilmour)등이다. 그 외 학설은 생략하기로 하자.

　1) 임박한 자신의 십자가 후에는 갑작스럽게 당할 제자들의 절망, 좌절, 두려움 등을 예상하시고 그들에게 혹 핍박을 당할지라도 담대함으로 대처 할 것을 교훈하신 것이라고 한다. 따라서 검은 전쟁과 같은 '고난' 과 '핍박' 을 묘사하는 은유적 표현인 것이다. 그래서 '검을 사라' 는 표현은 핍박에 대하여 '담대하라' 는 뜻으로 볼 수 있다.

　2) 여기서 검은 하나님의 말씀을 가리킨다. 엡6:17 "구원의 투구와 성령의 검 하나님의 말씀을 가지라."고 하였다. 검을 사라는 것은 하나님의 말씀을 사라는 것인데 오직 하나님의 말씀을 자기 생명으로 삼고 자기의 능력이 되어 말씀만 의지하여 살든지 죽든지 담대히 주의 일만 하라는 의미인 것이다. 생명의 길은 걸어가는데 없어도 될 것(겉옷)은 희생하고 없어서는 안될 것(하나님의 말씀)은 가지라는 것이다. 그 예로는 아브라함에게는 창12:1의 말씀을 따라 모든 겉옷 같은 요소는 다 버리고 오직 하나님의 말씀만 따라간 것이 검을 산 것이다. 눅9:57-62에도 예수님을 따르겠다는 세 사람이 등장합니다. 그러나 이 세 사람이 겉옷을 팔지 못하여 예수님을 따라가지 못했다. 마19:21의 부자 청년은 재산이 겉옷인 줄 모르고 재산을 팔아 가난한 사람에게 나누워 주고 나를 따르라 하니 이 청년은 근심하여 떠났다. 언제나 겉옷을 팔아야 검

을 살 수 있다. 겉옷을 팔지 않고는 말씀을 따라 갈 수가 없다. 이제 주님이 부활 승천하고 나면 하나님의 말씀만 가지고 살라는 뜻이다.

3) 이제 후로는 악 조건인 환경이 될텐데 지혜롭게 적응하고 죽을 각오하며 이겨나가라는 뜻이다. 이제부터 전대도 가지고 주머니도 검도 다 가지라 이런 것들이 있어야 마귀와의 싸움에서 버티어 나갈 수 있고 또 불법자의 동류로 여김 받을 때 과연 악조건 속에서도 이 여러 가지 주님이 주신 말씀이 이루워지는 것을 보고 더욱 힘을 얻고 실망하지 말고 나가라는 것이다.

이런 깊은 뜻을 모르는 제자들은 '여기 칼들이 있습니다.' 하고 어리석은 반응을 보입니다. 즉 그들은 예수님의 말씀을 오해하여 무력으로 싸울 것을 준비하라는 줄 알고 그들이 가지고 있던 검 두 개를 예수님께 보였습니다. 그때 주님은 "족하다."고 대답하시었다. 지금은 칼을 가지라는 뜻을 모르지만 때가 되면 다 알게 될 것이니 알면 됐다. 족하다 하신 것이다.

예) 모세가 아바림산(비스가산)에서 가나안 땅에 들어가게 해 달라고 할 때 "그만 해도 족하니라."
예) 바울이 육체의 가시제거를 위해 3번이나 금식기도를 시행할 때 "네 은혜가 네게 족하다."

그때는 그들이 알지 못했으나 지나서 은혜 받고 보니 만족할 만한 은혜인 것이 깨달아 졌다.

2002. 7. 16
"검을 가지는 자는 검으로 망하느니라." (마26:52)
"예수께서 일러 가라사대 이것까지 참으라 하시고"(눅22:51)
주의 말씀은 이해가 안되면 이해가 될 때까지 참고 기다리면서
무조건 순종하다보면 정말 만족할 때가 반드시 온다.

평신도를 위한 성경난해 구절 해설시리즈(사복음서 68)

 "베드로의 예수 부인장면에 대한 풀리지 않은 난제들"

(눅22:54-62)

(문제 제기)
1) 과연 베드로의 부인은 3번인가? 6번인가?
2) 사복음의 1-3회까지 질문자, 질문, 답변이 왜 다를까요?
3) 베드로 부인에서도 사복음서마다 특이한 사항들이 있는 이유는?
4) 베드로의 부인과 가룟 유다의 배신과는 무슨 차이점이 있는가?
5) 베드로의 회개를 진정한 회개라고 할 수 있을까?

(주제 설명)
　주께서 성만찬을 베풀고 가룟 유다에게 여러번의 기회를 주었지만 끝까지 회개하지 않는 것을 본 베드로였다. 감람산으로 찬미하며 자리를 옮긴 예수님의 입에서 비장하고도 의미심장한 말씀을 하신다. "내가 목자를 치면 양의 떼가 흩어지리라"(슥13:7)라는 말씀과 "오늘밤에 너희가 다 나를 버리리라"고 단언하실 때 베드로는 장담을 한다. "다 주를 버릴지라도 나는 언제든지 버리지 않겠다"고 맹세하였다. 그의 이 맹세는 불과 몇 시간 내에 다 무너지기 시작하더니 7시간이 지나서는 완전히 깨지고 말았다. 그리하여 예수님을 세 번이나 부인하고 말았는데 이 장면에서 우리가 풀리지 않은 여러 난제들을 하나씩 풀어가고자 한다.

(문제 해설)
 　1) 베드로가 예수님을 버리고 도망갔으나 요한과 함께 대제사장 집안으로 들어가게 된 것은 궁금하여 견딜 수 없는 차에

요한은 대제사장의 친구자격으로 베드로는 요한이 데리고 간 구경꾼자격으로 멀찍이서 예수님의 재판과 수난 받는 모습을 보게된다. 그런데 이 집이 가야바의 집인지 가야바 장인인 안나스의 집인지 명확하지 않다. 마태는 가야바집(마26:57)요한은 안나스의 집(요18:13)이라고 하나 아마 요한의 기록이 더 정확하리라고 본다. 1차 심문은 안나스의 집에서 받고 2차 심문은 가야바에게 심문받았다.

베드로가 예수를 부인함에 있어서 사복음서는 각각 많은 차이가 있다. 베드로의 예수 부인은 6번이라고하는 주장도 있다. 이는 막 14:30, 72절을 근거한 견해이다. "오늘밤 닭이 두 번 울기 전에 네가 세 번 나를 부인하리라." 그러나 마태, 마가 누가 요한의 기록에서는 "두번"이라는 말이 생략되었다. 그리고 베드로가 세 번 부인했을 때(막14:72) "닭이 곧 두 번째 울더라"라고 기록되어있다. 이에 베드로는 닭이 한 번 울 때마다 3번씩 도합 6번을 부인했다고 본다. 예수님도 분명 3번이라고 하셨는데 그 예수님의 예언이 잘못된 것인가? 아니면 마가의 실수인가? 베드로도 닭이 한 번 울 때 주님을 세 번 부인했는가? 혹은 두 번 울 때만 세 번 부인한 것인가? 문제로다. 우리나라 시간으로 닭이 우는 시간을 첫 번째 울 때가 새벽 1시-2시, 두 번째 울때가 3-4시, 세 번째 울 때가 5-6시 날샐 때이다. 여기서 두 번째 울기전이니 바로 3시 되기 전 2시 30분 경인지 3시 되기 직전이었다. 이스라엘 나라의 밤의 기준은 넷으로 구분하는데 저녁을 6-9시라고 하고 한밤을 9-12시 닭 우는 시간은 12-3시 아침 새벽 녘 3-6시라고 한다. 대게 첫닭은 많은 닭이 울지 않으나 두 번째 울때는 거의 전 닭이 다 운다. 새벽이 되어 날이 새면 완전 전닭이 울어댄다. 두 번을 자세히 기록한 마가는 세심한 편이고 마태 누가 요한은 무심코 닭 우는 12-3시 사이, 첫 닭보다는 두 번째 닭 우는 것을 보편적으로 닭 우는때라고 인정하기 때문에 베드로가 부인할 때는 3시가 되기 바로 직전30분 간격인지 60분 간격이지 알 수 없으나 2-3시간 이내에 3번 부인이 다 이루워 졌다고 본다. 6번이 아니고 분명 3번이 맞는 것이다.

2) 사복음서가 자기 나름대로 자세하게 기록 하실려고 애쓴 흔적을 볼 수 있습니다. 서로 다른 것은 성령님의 뜻으로 안다.(유기적 영감설 참조) 그 내용을 살펴본다면 재미가 있다.

① 첫 질문자 마, 눅(한 비자) 막(대제사장의 비자) 요(문 지키는 여종) 큰 차이가 있다.

② 첫 질문내용. 마(너도 갈릴리 사람 예수와 함께 있었노라) 막(너도 나사렛 예수와 함께 있었노라) 눅(그와 함께 있었느니라) 요(너도 이 사람의 제자중 하나가 아니냐) 차이는 있으나 원 뜻과 모두 비슷하다.

③ 베드로의 대답. 마, 막은 자세하게 눅, 요는 간편하게

④ 두 번째 질문자. 마, 막, 눅은 (다른 비자)라고 공통되었으나 요(사람들이)는 차이를 보인다. 다른 비자가 말하는 것을 본 요한이 마치 첫 번째 두 번째 비자들이 묻기 때문에 요한은 사람들이 물었다고 (비자를 보통사람으로 봤다)기록한 것 같다.

⑤ 두번째 대답. 마(그 사람을 알지 못하노라) 막(없고), 눅(이 사람 나는 아니로라), 요(나는 아니라) 이 두 번째 대답에선 표현상의 차이가 있을 뿐이라.

⑥ 세번째 질문자 마(곁에 섰는 사람), 막(곁에 섰던 사람들), 눅(또한 사람), 요(대제사장의 종 말고의 일가) 큰 문제가 되지 않는다.

⑦ 세번째 질문 마(너도 진실로 그 당이라 네 목소리가 너를 표명한다.), 막(너도 갈릴리 사람이니 참으로 그 당이라), 눅(이는 갈릴리 사람이니 참으로 그와 함께 있었느니라), 요(네가 그 사람과 함께 동산에 있던 것을 내가 보지 아니하였느냐) 많은 차이점이 있어 보이지만 그 본 의도에서 크게 벗어나지 않는다.

⑧ 세번째 베드로 대답 마(내가 그 사람을 알지 못하노라), 막(나는

너희의 말하는 이 사람을 알지 못하노라), 눅(이 사람아 나는 너 하는 말을 알지 못하노라), 요(또 부인하니) 많은 차이점 중에서도 공통적인 내용을 볼 수 있다. 유기적 영감설에 의하여 각자에게 하나님의 특은으로 보이고 느끼게 했다고 본다.(참조 마26:69-75, 막14:66-72, 눅 22:55-62, 요18:16-18, 25-27)

3) 사복음마다 베드로 부인사건에도 특이하고도 꼭 기억해야 할 일이 반드시 있다.

마태: 마태의 특징은 부인하는데도 유대인 사상(율법)이 뚜렷하게 보인다.

첫 번째는 점잖케 부인이 나오나 두 번째 대답은 맹세하고 또 부인했으니 아주 강한 톤과 어조로 부인했으며 세 번째 대답은 아예 저주하며 맹세하였다(욕과 저주를 입에 못담을 만큼 했다는 것)

마가: 시계가 없었던 그 시절 오직 닭 우는 것으로 밤중의 시간을 알 수 있는 시대에 닭이 두 번째 울기 직전에 네가 나를 세 번 부인한다는 정확한 시간과 숫자까지 제일 정확하게 알려 준 것이다.

누가: 첫번 부인과 두 번째 부인과의 시간상 차이가 "한 시간쯤 지나서"(눅22:59)된 것을 볼 때 누가는 이 세 번의 부인 시간이 2-3시간이내에 이루어진 사실을 알려주고 있다. 세 번째 부인할 그 때 주님과 베드로의 눈이 맞춰져서 큰 스파크현상이 일어나 큰 충격을 받고 예수님의 그 예언이 생각나서 밖에 나가 통곡하고 닭이 울 때 마다 통곡했다고 한다.

요한: 대제사장의 친구자격으로 예수님의 제자 자격이 아니기 때문에 몸 둘 바를 몰라하는 자세였기에 자기 이름을 밝히지 않는 겸손인지 회피성인지 알 수 없으나 절호의 기회를 놓치게 된다.

'동산에서 귀를 짤린 제사장의 종의 일가' 라고 분명하게 밝히는 면도 특별한 은사였다.

4) 베드로의 부인과 가룟 유다의 배신과는 근본적인 차이점을 가져온 것이다.

베드로는 장차 예수님의 수제자로서 극심한 훈련을 통과했다고 본다. 하나님의 일을 하며 하나님의 사람으로 살아간다는 것이 결코 인간적 혈기나 능력으로써는 불가능하다는 것을 배웠을 것이며 또한 닭 우는 소리를 듣고 예수님과 사랑의 시선이 부딪혔을 때 예수님이 하신 말씀이 기억나서 회개하고 통곡한 것은 베드로도 마음은 원이로되 육신이 약해서 지은 죄로 너무 두렵고 무섭고 어찌할 바 모르는 사이에 저질러진 죄이다. 그러나 가룟 유다는 다분히 의도적이었고 마치 고범죄를 짓듯 예수를 팔아먹으면서도 양심의 가책도 없는 철면피 같은 얼굴로 실행에 옮겼으며 두 분의 나중 모습이 완전히 상반된 결과를 가져왔고 그 결과 또한 천양지차이다.

5) 회개는 지정의(知情義)로서 지는 죄라는 것을 알고 정은 잘못된 상황을 느끼고 수치와 고통을 알고 의는 몸과 마음, 뜻을 돌이키는 것이 완전회개라고 본다.

베드로는 지정의적으로 볼 때 어느 정도 완벽한 회개 같으나 진정한 회개라면 생명 내놓고 대제사장 집에 찾아가서 그 동안 나의 비굴했던 모든 것 다 고백하고 그 동안 나의 말한 모든 것 취소한다고 선언하고 그들과 싸워서 예수님 구출작전을 시도라도 했어야하는데 마음속에 묻어두고 통곡한 것으로만 본다면 과연 완벽한 회개라고 인정하기는 미흡한 면이 있다고 본다.

이제 베드로의 예수부인 장면에 풀리지 않은 난제는 없으리라고 본다. 그러나 여기서 우리가 취해야 할 몇 가지 교훈은 ①인간은 연약한 존재로서 항상 하나님만을 의지하는 겸손한 자세를 견지해야 할 것이다.(시147:6) ②비록 순간적인 범죄의 길에 들어서더라도 자신의 죄된 자존심을 팽개치고 속히 회개함으로써 하나님의 품으로 복귀해야할 것이다. 그리할 때 하나님께서는 우리의 죄를 용서하여 주실 것이다.(요일 1:9) ③죄의 용서를 받은 성도들은 오직 자신에게서 그리스도의 이름이 존귀케 되도록 한층 더 분발해야 할 것이다.(빌1:20-21) ④우리는 베드로보다 더 많이 회개하고 통곡해야 할 장본인들임을 고백해야 한다.

2002. 7. 18
"베드로 같은 죄를 지을지라도 가룟 유다 같은 죄를 지어서는 결코 안된다. 언제나 주님의 불꽃같은 눈을 의식하고 내 생각까지 밝히 드러 내놓고 살자"

평신도를 위한 성경난해구절해설시리즈(사복음서69)

Q "예수심판에 대한 빌라도의 자세와 그에 대한 책임문제라면 어찌해야 되나"

(눅23:1-25)

 (Pontius Pilatus)본디오 빌라도는 유대에 부임한 제5대 로마총독으로 10 년 재직 중(AD26-36년) 예수님의 재판을 주관했으며 결국 예수께 십자가 형을 언도한 장본인이었다. 또한 빌라도는 성전의 보물들을 압수하여 막대한 재산을 긁어모았다. 그래서 필로나요세푸스는 빌라도를 고집 센 강탈자요, 폭군, 흡혈귀라고 불렀다. 그 증거로는 눅13:1이하에서 "빌라도가 어떤 갈릴리 사람들의 피를 저희의 제물에 섞은"잔인하고도 극악한 사건이 누가복음에 잠깐 언급된다. 빌라도는 유대 종교지도자들의 사주를 받았으나 자기 소신에는 예수는 종교상 유대종교와는 문제는 있으나 사형에 해당될 죄는 없다고 생각하면서도 군중들의 압력 때문에(민란이 나면 로마로부터 소환 당할까봐) 판결을 바꾸어버리는 비열하고 무책임하고 직권 남용의 천추의 죄를 짓고 만다.

빌라도의 말년 죽음에 대해서는 정확한 역사적 자료는 없으나 전설에는 칼리굴라 황제 때 자살설, 네로황제 때 참수형을 당했다고 한다. 그러나 또 한편으로는 빌라도가 그리스도인이 되어 순교를 당했다는 전설도 전해내려 온다. 그 증거로는 마27:19에 나온 빌라도의 아내 때문인데 전승에 의하면 그의 이름을 '프로쿨라' 라고 밝힌다. 지금도 에디오피아 교회의 절기에 '빌라도와 프로쿨라' 는 추앙 받고 있으며 지금도 희랍 정교회에 의해서도 추앙 받고 있다.

이러한 그의 긍정적인면도 있으나 빌라도가 우리 주님을 십자가형에 선고한 것이 분명한데도 사복음서 기자들 역시 빌라도에 대해 그리 심한 판단을 유보한 것도, 너무 관대한 것도, 분명 하나님의 뜻이 있었으리라고 본다. 더욱이 빌라도는 예수의 무죄함을 알고 그를 풀어 주기 위하여 무척 노력했으나 유대 군중의 성화 때문에 의인을 죄인으로 무죄인을 사형인으로 잘못 재판을 내려버렸다. 사복음서에 이에 대한 책임론을 제기하지도 않았으며 어찌하여 이런 엄청난 불의를 그냥 넘어가게 되었는지? 로마황제로부터 위임받은 정치, 경제는 물론 입법, 사법, 행정까지 독차지한 총독 과연 그는 예수 그리스도의 죽음에 대해 아무런 책임이 없단 말인가?

당시 로마의 식민 통치하에 있던 유대는 죄인에 대한 사형집행권을 직접 갖지못했다. 그래서 예수가 유대교의 이단자로 낙인찍어도 (산헤드린 공의회가 의결함, 죄목은 신성 모독죄 순진한 교인사기죄 마 26:57-68)그를 사형 집행할 권리가 없음으로 정치범으로 몰아 사형집행권을 가지고 있는 로마 총독에게 넘겨 죽이고자 했던 것이다.

이를 위임받은 빌라도는 예수가 정치범이 아닌 것을 너무 잘 알고 있었으며 그리하여 될 수 있는 한 유대인들 자신들의 문제로 국한시켜 버릴려고 무척 애를 썼다. 그러나 유대 지도자들과 무지한 백성들의 압력에 굴복 당하게 된 직접적 원인은 '이 사람 예수를 무죄로 석방시키면 가이사의 충신이 아니니이다' 는 협박에 그의 우유부단하고 최고 법집행자로서 그만 정치논리에 굴복하고 말았다. 민란으로 시끄러우면 황제로부터 소환당하고 모든 공직에서 강등당한다는 자기 이기주의에 빠지고 말았다. 아무리 빌라도가 예수 사건에 대해 무죄를 선언하고 책임을 회피하려했으나 당시 사형집행권을 가진 그가 예수께 내린 부당한 판결을 내린 책임은 결코 회피할 수 없다. 즉 재판관으로서의 의당 피고의 유죄, 무죄 여부를 정당히 가려내야 하는 책임, 또한 스스로 예수가 무죄하였음을 인정하고도 그를 십자가에 내어줌으로써 재판관으로서 직무유기 및 예수살해에 유대인들과 함께 동참한 죄에 대한 책임은 마땅히 빌라도 자신이 져야한다.

이에 사도신경에서 "본디오 빌라도에게 고난을 받으사 십자가에 못박혀 죽으시고"라는 이 신앙고백을 통해 역사적으로 길이길이 기독교인들에 의해 정죄되고 있으며 2천년동안 빌라도와 그의 가족과 그의 자손들이 이 신앙고백을 듣고 얼마나 괴로울것이며 지옥에 있는지 천국에 있는지 알 수는 없지만 온 세상에서 들려오는 이 저주의 고백을 들을 때마다 그의 괴로움은 두고두고 영원 영원한 고통이요 슬픔일 것이다. 빌라도의 문제를 사복음서에 더 부각시키지 않은 것은 사복음서는 죄인 구원하러오신 예수그리스도의 사역에 더 중심을 두고 이를 믿고 한 사람이라도 구원시키시기 위한 성경책이었지 죄인이나 어느 집권자 정죄에 목적이 없기 때문에 사복음서에서 주님의 십자가 부활승천으로 끝을 맺었다.

예수그리스도 구속사역에 이용당한 무수한 사람들이 있으나 선하게 이용당한 자들이 더 많으나 악한데 이용당한 사람들도 많다.(가룟유다, 빌라도, 로마군병들, 타락한 종교지도자들) 오늘날 우리들도 주님의 역사에 의의병기로 사용되되 불의한 병기가 되어서는 안 되겠다.

사단은 에덴동산 시대에도 구약시대에도 날 뛰었으며 만왕의 왕이신 예수님시대에도 여전히 날 뛰었다. 하물며 제때가 얼마 안 남은 이 말세지말에는 마지막 기승을 부리며 발악을 하고 있는 실정이다. 이럴 때 우리는 구약시대보다 예수님시대보다 더 정신을 차려 대처해 나가지 않으면 안 된다. 그런데도 오늘날 우리교계나 우리 자신의 신앙면면을 살펴

볼 때 너무 낙후되고 타락되어 번번이 마귀들의 졸개신세가 되고 있으니 정신을 바짝 차리고 오직 주님만 붙들고 살자.

2002. 7.1 9
"만물의 마지막이 가까웠으니 그러므로
너희는 정신을 차리고 근신하여 기도하라"(벧전4:7)

"너의 지체를 불의병기로 죄에게 드리지 말고...
너희 지체를 의의 병기로 하나님께 드리라"(롬6:13)

"살든지 죽든지 내 몸에서
그리스도가 존귀히 되게 하려 하나니"(빌1:20)

"저 하늘 나라 가면서 빌라도 모습으로 갈 건가
세례요한모습으로 갈 건가?"

평신도를 위한 성경난해 구절 해설시리즈(사복음서 70)

"사복음에 주님의 부활 기사에 대한 풀리지 않은 난제들"

(눅24:1-12)

(문제 제기)
1) 무덤을 최초로 방문한 여인들은 누구인가 그 이름들은?
2) 무덤의 돌이 언제 어떻게 굴려졌는지에 대하여?
3) 무덤에 있던 천사들은 과연 몇 명이었는지?
4) 부활하신 예수님을 누가 제일 처음 만난 것인지?
5) 막달라 마리아는 무덤을 몇 번이나 방문 한 것인지?
6) 부활하신 주님이 나를 만지지 말라고도 하셨고 또 발을 만지도록 하신 일은?

(주제 설명)
　예수님의 부활 기사에 대해서는 사복음서에 모두 한결 같이 기록이 나옵니다. 그러나 자세히 읽다보면 서로 모순되는 부분들이 많은 것 같이 보입니다. 이것 때문에 자유주의 신학자들은 예수 부활 사건이 역사적인 실제적 사건이 아니라 예수 시대 이후 기독교 초기시대에 만들어 낸 신화적 허구라고 주장하고 있다. 평신도들 눈에는 풀리지 않은 난해들을 속시원하게 풀이해놓은 주석이나 신학 서적이 없어 궁금 할 것입니다. 그러나 표면적으로 불 일치하게 보이는 사복음서의 기록들을 자세히 살펴본다면 매우 놀라울 정도로 일치하고 있음을 발견하게 된다.
　6가지 문제를 제시했던 것 하나하나 성령님의 은혜로 풀어주실 줄로 믿으시길 바랍니다.

 **(문제 해설)**

1) 누가는 막달라 마리아 요안나, 야고보의 모친 마리아 및 다른 여자들이라고 기록한(24:10) 반면에 요한은 막달라 마리아만을(요20:1)마가는 막달라 마리아와 야고보의 모친 마리아와 살로메 세 사람을 기록(막16:1)마태는 막달라 마리아와 다른 마리아를 기록(마28:1)했다.

기자들 각자가 그 자리에 직접 있었던 것이 아니기 때문에 여러 목적에 의해 여러 자료들을 참조하였고 여러 모양으로 취사선택하는 과정이 있었다. 여기 여인들 문제 역시 누가는 예수 부활의 역사성을 증거하기 위해 될 수 있는대로 많은 사람을 기록하는 반면 다른 기자들은 그 중에서도 핵심인물에게만 관심을 가지고 기록했기 때문에 여러 목적에 의해 여러 자료들을 참조하였고 여러 모양으로 취사 선택하는 과정이 있었다. 여기 여인들 문제 역시 누가는 예수님 부활의 역사성을 증거하기 위해 될 수 있는대로 많은 사람을 기록하는 반면 다른 기자들은 그 중에서 핵심인물에게만 관심을 기록했기 때문에 차이점이 있는 것 같으나 실제 내용은 같은 것이다.

2) 이에 대해서도 마가와 누가는 여인들이 무덤에 도착하기 전에 마태는 무덤에 도착한 후에 무덤의 돌이 옮겨진 것을 기록하고 있다. 그러나 마28:2-4절의 기록대로 여인들이 무덤에 가는 도중에 무덤 근처에서 지진이 일어나는 소리를 들었으며 무덤에 도착한 후에는 이미 돌이 무덤에서 굴려져 있었다고 본다면 마가와 누가의 기록과도 절대 모순되지 않는다.

3) 요한은 예수님이 부활하신 후 무덤에 두 천사가 있었다고 말했다.(요20:12) 그러나 마태는 무덤에 한 천사만 있었다고 하지 않았습니다. 그저 천사가 여자에게 일러 가로되 너희는 무서워 말라 하였다. 따라서 그는 거기에 천사가 얼마나 있었는지에 대해 밝히지 않으시고 또

천사가 한 명뿐이었다고 밝히지도 않았다. 따라서 그 무덤에는 천사가 둘이 있었을 것이다. 그것은 요한이 그녀가 두 천사를 보았다고 했으므로 얼마나 많은 천사가 있었는지에 관심을 두었기 때문이다. 그러나 이에 비해 마태는 천사가 한 말에 관심이 있었고 그 여인들에게 말한 천사에 초점을 두었다고 할 수 있다.(마28:5) 즉 요한은 천사 전체 숫자에 관심을 두었고 마태와 마가는 두 천사중 특히 여인들에게 메시지를 준 한 천사에 대해서 많은 관심을 가진 것 뿐이다.

4) 마가와 요한은 예수님이 부활하신 후 막달라 마리아에게 맨 처음 나타나신 것으로 기록했다.(막16:9, 요20:14-18) 반면에 마태는 '저희를' (마28:9)곧 일단의 여인들이 만난 것으로 기록했다. 혹자는 여기서 '저희를' 이란 막달라 마리아를 제외한 일단의 여인들 곧 눅24:10에 기록된 여인들이라 하기도 하고 마28장 전체에 문맥의 흐름에 따라 막달라 마리아와 다른 마리아 두 사람을 가리킨다고 보기도 한다. 그런데 앞서서 이미 살펴 본 대로 무덤을 방문한 여인들이 눅24:10에 기록된 대로 여럿임을 비록 기록은 하고 있지는 않지만 마태도 분명 알고 있다고 본다면 '저희를' 이란 막달라 마리아를 제외한 일단의 여인들을 가리킨다고 볼 수가 있다.

왜냐 하면 요20:11을 보면 막달라 마리아는 베드로와 다른 사람들이 무덤을 떠난 후에 혼자 남아서 울고 있었다고 기록되어 있기 때문이다. 이렇게 볼 때 부활하신 예수님을 맨 처음 만난 사람은 막달라 마리아이고 여인들은 그 후에 본 것이라고 할 수 있다. 왜냐하면 막달라 마리아는 무덤 곁에서 예수님을 만났고(요20:11-18) 여인들은 무덤을 떠나 집으로 가는 도중에 만났기 때문이다.(마28:9)

5) 막달라 마리아는 예수님 부활 하신 후 빈 무덤을 두 번 찾아갔다. 1차로는 다른 여인들과 함께 방문하여 무덤에서 예수님의 시신이 사라진 사실을 목격하고 찬사로부터 메시지를 들었다. 그리고 제자들에게

그 사실을 알렸다.(눅24:9) 그때 제자들은 무덤이 비었다는 사실 곧 예수그리스도의 부활소식을 듣고 서로 믿지를 않았다.(눅24:11) 그러나 베드로와 다른 한 사도는 무덤을 확인하러 갔다.(눅24:12, 요20:2-10) 이 때에 막달라 마리아를 비롯한 다른 여인들이 베드로와 함께 다시 한 번 무덤을 찾게 된다. 그리고 베드로와 다른 여인들이 무덤을 떠난 후에도 막달라 마리아는 무덤 곁에 남아 울고 있다가 두 천사와 함께 예수그리스도를 만난 것이다.(요20:11-18) 결론적으로 말하면 막달라 마리아는 무덤을 두 번 방문했으며 천사도 두 번 만났다.

6) (요20:17)"나를 만지지 말라 내가 아직 아버지께 올라가지 못하였노라."(마28:29) "여자들이 나아가 그 발을 붙잡고 경배하니" 요한기록에 나온 마리아는 예수그리스도와 부활 후 처음 대화요 접촉이었다. 마리아는 너무 반가운 나머지 앞 뒤 가리지 않고 무조건 예수그리스도의 발을 붙들려는 모양이다. 여기에 대해 예수님의 태도는 평소에 전연 보지 못했던 행동을 하셨다. 주님이 나를 만지지 말라는 의도는 무엇이었을까요? ①이제 부터는 육적 교제가 아니라 성령으로 영적 교제만이 필요하다는 뜻으로 만지지 말라고 했다는 설. ②너무 급하게 교제 할 것이 아니라 다음 기회가 있으니 나는 아직 아버지께 올라가야 할 시간이니 시간여유를 두고 만나자는 뜻이라는 설. ③문자대로 영으로 아직 하나님께 헌신치 못하였으니 헌신 후에 교제하자는 뜻이라는 설. ④부활 후 영체는 육체처럼 만지므로 교제하는 것이 아니라 믿음으로 하는 것이라는 설. ⑤만지는 것보다 급선무는 제자들에게 소식을 전해 주는 것이 더 급선무라는 설. 과연 이 5가지가 꼭 다 맞다고만 주장 할 수는 없다. 독자들의 신앙에 따라 믿으면 된다.

이 외에도 천사가 전한 메시지도 사복음서가 조금씩 다르게 기록한 이유. 그리고 예수님께서 12세사들에게 나타나신 곳이 길릴리나 예루살렘이냐 하는 문제들도 있다. 그 외에도 예수님이 부활하면 후에 돌을 굴려 냈는지 부활 하기 전에 돌을 굴려 내었는지? 예수님은 부활하셨으니 영의 몸인지 육의 몸인지 천사가 돌 위에 앉았었는지 무덤 안에 있었는지 조금씩 차이가 있는것 같다. 그러나 이 문제들은 각 복음서 저자들이 기록하는 의도, 목적, 순서들을 정확히 파악한다면 충분히 다 이해가 되고 원 뜻에서 조금도 하자가 없고 상충되지 않음을 발견하게 된다.

이상의 사실들을 살펴보니 우리는 예수그리스도의 부활에 관한 사복음서의 기사는 서로 매우 놀라울 정도로 조화를 이루고 있음을 발견하게 된다. 그리고 표면적으로는 조금씩 다르게 보이는 사실들 때문에 성경의 진실성을 의심하고 또 예수그리스도의 부활의 역사성을 의심하는 자들이 얼마나 어리석은 것인가를 알려 준다. 성경의 말씀에 대해 우리는 항상 겸손하고 엎드려서 믿고 순종하여 영의 양식으로 날마다 영이 힘을 얻는 만나로 먹고 살길 바라노라.

2002. 7. 19.

"도마에게 이르시되 손가락을 이리 내밀어 내 손을 보고 …그리하여 믿음 없는 자가 되지 말고 믿는 자가 되라…너는 나를 본고로 믿느냐 보지 못하고 믿는 자들은 더 복되도다 하시니라."(요20:27-29) 보고 믿는 도마보다 더 복을 받을 자가 되기 위해 예수님 부활을 사복음서 그대로 믿는 자들이 되시길 바라노라.

평신도를 위한 성경난해구절해설시리즈

요한복음 4

― 요한복음 ―

태초에 말씀이 계시니라 이 말씀이 하나님과 함께 계셨으니
이 말씀은 곧 하나님이시니라 그가 태초에 하나님과 함께 계셨고
만물이 그로 말미암아 지은 바 되었으니 지은 것이 하나도
그가 없이는 된 것이 없느니라 그 안에 생명이 있었으니
이 생명은 사람들의 빛이라
(1:1~4)

예수께서 대답하여 가라사대
진실로 진실로 네게 이르노니 사람이 거듭나지 아니하면
하나님 나라를 볼 수 없느니라
(3:3)

평신도를 위한 성경 난해 구절 해설 시리즈 (사복음서 71)

Q. 말씀으로 번역된 헬라어 '로고스'는 그리스도인가? 아닌가?

(요1:1-5)

A. 헬라인들의 '로고스' 관은 근본적으로 우주는 저 혼자 자연히 존재하여 영속하는 것이라는 사상에서 입각한 것으로서 이처럼 자연 발생한 우주와 역사 속에 보편적으로 내재한 법, 또는 신적 정신 또는 원리가 있는데 이것이 바로 '로고스'라고 생각하였다.

그러나 성경은 절대초월자로서 우주 만물을 지으시고 그것이 조화를 이루게 경륜하시는 하나님의 의지와 주권에서 우러나온 계시의 말씀과 우주의 운행 속에 담긴 조화로운 섭리의 원리를 '로고스'라 칭한다. 즉 '로고스'가 저 스스로 우주 전체에 편재한 절대적 존재 자체가 아니다. 절대 초월자이신 하나님의 의지와 주권을 선도하는 계시 또는 하나님의 섭리와 계시의 내용일 뿐이란 것이다.

구약성경의 히브리어 '바바르' 곧 '말씀'은 대체로 절대 초월자이신 하나님이 주신 말씀과 하나님의 언어행위를 의미했다.(창44:18, 호1:1) 하나님의 말씀은 천지창조의 근본 원인이다. '저가 말씀하시매 이루었으며 명하시매 견고히 섰도다.' (시33:9)라고 했다.

공관복음에서 '로고스'는 주로 예수그리스도의 가르침 곧 복음의 말씀을 가리켰다. (마7:24) 한편 사도행전이나 서신서 등에서도 '로고스'

는 그리스도의 죽음과 부활을 근간으로 하는 복음의 메시지 및 하나님의 계시를 가리켰다.(살후3:1) 그리고 사도들의 메시지를 한마디로 '말씀'이라 표현하기도 했다.(눅1:2) 이로 볼 때 신약에서의 '로고스' 개념도 제2위 성자 하나님으로서 절대 초월자이신 예수님의 언어행위 및 거기에 담긴 메시지를 가리켰음을 알 수 있다.

한편, 본문에서 사도 요한은 직접적으로 예수를 '로고스' 곧 말씀이었다가 성육신 한 것으로 묘사되고 있다. 성경은 '로고스'를 절대 초월자로서 우주 만물을 질서와 조화있게 창조하시고 섭리하시며 나아가 인간 구원의 원리까지 세우신 하나님의 의지와 주권을 반영한 계시로서의 하나님의 말씀과 하나님의 계시 및 역사와 우주에 대한 하나님의 섭리 자체에 담긴 원리로 보고 있다.

이에 사도요한은 예수그리스도도 제2위 성자 하나님으로서 그런 '로고스'의 주체이신 성삼위일체 중 한 분이셨으며 나아가 성부 하나님이 우리에게 주신 구원계시의 핵심이 바로 성육신한 성자의 대속을 통한 구속의 원리였는바 예수그리스도를 '로고스'로 표현한 것이다.

예수는 인자이신 동시에 제2위 성자 하나님이신바 절대 초월자의 한 분으로서 우주와 역사를 창조하신 분이시며 또 우주와 역사의 원리를 입법하신 분이시다. 또한 그에 대한 주권과 의지를 말씀으로 선포하시는 주체의 한 분이신 '로고스'의 주체로서 그리스도이시다.

예수는 성육신 이전에도 여호와의 사자로서 하나님의 주요계시의 전달자 사역을 하였거니와 결정적으로는 성육신하셔서 하나님의 구속의 섭리를 복음으로 당신의 제자들에게 전달하셨다. 이것이 '로고스' 전달자로서의 그리스도이시다. 성경에 나타난 하나님의 계시 말씀의 궁극적인 메시지는 결국 우리 주 예수그리스도를 통한 죄인의 구속이다. 이런 의미에서 즉 복음의 실체라는 의미에서 예수그리스도 '로고스' 그 자체이다.

이 '로고스', '말씀'인 예수그리스도를 마태는 아브라함의 자손으로 누가는 아담의 후손으로 증명했으나 요한은 선재자되신 그리스도로 표명하였다. 여기서 태초는 창세기 1:1의 태초보다도 더 먼 옛날의 태초이다. 즉 물질이전 영원, 영원전의 태초이니 예수그리스도는 그 유래를 하나님과 동등체로 증명하신 것이다.

성육신 하시기 전 '로고스'는 ①하나님과 동등체였으며 (빌2:6) ②'로고스', '말씀'의 근본이시었고 (요1:1) ③창조의 근본이었고 (골1:15-16, 계 3:14) ④생명의 근원이시오 (요5:26, 11:25, 1:2) ⑤빛의 본체이시었다. (요3:19, 창1:3) 이 5가지를 볼 때 '로고스' 곧 예수그리스도는 하나님의 본체시요 하나님과 일체이신 곧 하나님이심을 말하고 있다.

성육신 한 후의 '로고스'는 ①참 빛으로 오셨고 (요8:12, 2:8) ②은혜와 진리로 오셨고 (요1:17) ③아버지의 독생자로 오셨다. (요1:18) 이러므로 예수그리스도는 성육신 하시기 전에도 하나님이셨고, 성육신 방법도 하나님의 방법대로 하나님의 아들로 탄생하셨고, 성육신 한 후에도 역시 하나님이 하실 모든 일을 다 하시고 장차 재림하여 심판주로 오실 예수그리스도는 하나님이시며 진정한 '로고스' 임을 믿어야 한다. 골1:15 "그는 보이지 아니하시는 하나님의 형상이요 모든 창조물 보다 먼저 나신 자니"

2002. 7. 22.
"헬라 철학을 위시한 세상 모든 학문이 총동원되며
예수그리스도의 '로고스'를 부인한다해도 하나님이요, 말씀이요, 창조주요,
생명이며, 빛이신 예수그리스도가 나의 구주며, 나의 구원이신 '로고스'임을 믿노라."

평신도를 위한 성경 난해 구절 해설 시리즈 (사복음서 72)

Q "주님이 포도주를 만드셨는데 양조업, 술 판매업, 술 마시는 일을 금할 수 있는가?

(요2:1-11)

A 흔히 술을 좋아하는 사람들은 "성경에 술 먹지 말라는 말이 어디 있느냐?"하고 물을 때 대부분의 교인들은 성경 어디에 몇 장 몇 절을 대지 못함으로 얼버므리므로 의기양양해서 한마디 덧붙인다. 예수님도 포도주를 만드셨는데 포도주는 술이 아닙니까? 포도주는 마시라고 만드신 것 아닙니까? 이런 경우 목사인 나도 난감한대 평신도들이야 더욱 난감했으리라고 봅니다. 어디서부터 무슨 말을 시작해야 좋을지 정말 괴로울 때를 경험했을 겁니다. 간혹 교인 중에는 양조업을 하는 갑부장로를 어떻게 권면 해야되며, 어느 권사가 밤에 아르바이트 나간다고 해서 무엇하는 곳이냐고 물으니 그냥 밤샘하면서 주방에서 안주할 음식과 과일 장만하는 권사님들! 작은 슈퍼나 구멍가게에서 소주며 맥주며 포도주를 판매하는 집사님들! 목사님 몰래 술을 잘 마시는 교인들 뭐라고 어떻게 권면해야 좋을지 방안이 안 선다. "예수님도 포도주를 만드셨는데 왜 그러세요?" 할 때이다

요한복음 2장에 들어서자 마자 첫 번째 이적으로 가나의 혼인 잔치집에서 물로 포도주를 만든 사건이 나옵니다. 겉으로 보기에는 예수님도 12제자들도 온 교인들도 술 잘 마시는 사람으로 착각하기 쉬운 성경

입니다. 예수님이 하신 말씀 중에서는 꼭 그대로 해야할 일도 있으나 또 꼭 그대로 따라 해서는 안될 것들도 많이 있다. 예수님이 하신 행동이시지만 우리가 해서는 안될 것을 적어보자. ①성전에서 채찍으로 소와 양과 그 주인을 쫓아내신 일 ②돈 바꾸는 자의 상을 둘러 엎으신 일 ③무화과나무를 저주하신 일 ④자기 어머니를 "여자여" 한일 ⑤독사의 자식들아 (마12:34, 23:33) 책망한일 ⑥"내가 네 죄를 사하였느니라"고 흉내내는 일 ⑦포도주 만드는 일 ⑧발을 씻기는 일 ⑨"뱀을 집으며" (막16:18) 말씀했다고 그대로 해서는 안 된다. ⑩"무슨 독을 마실지라도" (막16:18) 독약을 아무리 믿사오니 하고 마셔도 반드시 죽는다. 이런 행동과 말씀은 그대로 해서는 안된다. 주님의 행동이라도 말씀이라도 그대로 따라 할 일과 그 진리와 교훈만 받아서 새김질하여 먹어야 할 것도 있는 것이다.

성경에 술을 먹지 말고, 멀리하고, 술 때문에 망하거나 손해 본 사례를 일일이 다 적을 수 없을 정도이다. 공의를 굽게(잠31:5), 가난(잠23:21), 지혜가 없어지고(잠20:1, 호4:11), 병이 나고(호7:5), 어리석어지고(전2:3), 내일이 없음(사22:13), 방탕(엡5:18), 음행(계18:3), 하나님을 거역(호7:14), 망신(잠9:21), 강포(잠4:17), 거만(잠20:1), 화(사5:11), 보지도 말라(잠23:29-35), 취하지 말라(엡5:18), 죄로 인정(롬13:13, 고전5:11, 갈5:21, 벧전4:3, 롬14:21) 하나님의 나라를 상속받을 수 없다.(고전6:10) 술 때문에 망한 사람. 노아, 롯, 삼손 기록할 수가 없다. 그러나 레갑자손은 선조 요나단의 명령 때문에 포도를 재배치 않고 포도주를 마시지 않음으로 하나님이 칭찬과 자랑했으며(렘35:5-7) 나실인들이 포도주를 멀리하므로 하나님 앞에 거룩히 구별했으니 우리도 하나님 앞에서 나실인이다.(민6:3-4) 회막에 들어갈 때는 포도주나 독주를 마시면 즉사했다.(레10:9) 교회 다니면서 술 마시면 생명이 길지 않다. 이렇게 많은 금주에 대한 성경말씀이 있는데도 그냥 모르고 산 사람들은 각성해야 하겠다.

그럼 본문에 주님이 물로 포도주를 만든 사건이 우리에게 주는 많은 교훈과 많은 증거를 생각해 봅시다.

1) 예수님이 신성을 지닌 메시야 하나님임을 증거한다. 이 온 천하 만물에 대하여 예수님이 무엇이든지 창조할 수 있는 능력과 권능의 메시야임을 보여 주신 것이다.

2) 하나님나라의 도래와 그 나라의 복된 성격을 보여준 것이다. 사실로 예수 그리스도의 초림과 더불어 하나님의 나라는 이미 이 땅에 도래된 것이다. (마12:28, 눅17:21) 그래서 예수님은 혼인잔치의 신랑으로 성도들은 신부로 비유한 바도 있다.(막2:19)

3) 인간의 근본 문제를 해결해 줄 수 있는 분이 오직 예수 그리스도 이다. 즉 주님이 오셔서 죽어 쓸모 없는(물 같은 존재들) 우리를 변화시켜 구원과 생명을 얻게 하며 하나님의 자녀가 되는 권세를 주어 가장 쓸모 있는 존재로(포도주) 만드신 장본인이 예수님이시다.

4) 인간이 모자라고 불가능 할 때만이 주님이 일하신다. 자기가 무엇인가 할 수 있다할 때는 주님은 가만 계신다. 예수님만 의지하고 순종할 수밖에 없는 상황에서 그대로 믿고 의지하면 하나님이 역사 하신다.

5) 믿음의 순종은 언제나 기적을 낳는다. 너희는 저희 말을 순종하라는 부탁을 받은 하인들은 시키는대로 순종하였다. 물을 채워라. 떠다 연회장에 같다 주어라. 믿고 순종이 얼마나 귀한 것임을 우리에게 교훈 해 준다.

6) 가나의 혼인잔치 연회장은 하나님의 은혜의 때와 장소 곧 천국을 상징한다. 하나님의 기쁘신 뜻, 계획이 그대로 진행되는 것을 보시고 하나님이 영광 받으시는 것을 인간사의 가장 기쁜 혼인집으로 표현했다고 본다. (눅14:23)

7) 이 잔치집의 포도주는 예수 그리스도의 구속사를 실현할 보혈을

의미한다고 본다. 성만찬에서 예수님은 나의 흘리는 바 피는 언약의 피로서 영생을 가지게되고 다시 부활시키겠다는 참된 음료(요6:53-55)가 된다. 그래서 예수님이 이적 중에서도 가장 귀한 진리가 이 속에 있으므로 최초로 시행했다고 본다.

물이 변화되어 포도주가 된 것은 우리에게 많은 의미를 부여하고 있다.

1. 질의(質)변화 : 물과 포도주는 질이 다르다. 성도도 믿기 전과 후에는 질이 달라야만 한다.
2. 가치(價値)변화 : 물보다 포도주는 값진 것이다. 성도도 믿기 전보다는 믿고 나서 가치가 달라져야 한다.
3. 용도(用道)변화 : 물의 용도와 포도주의 용도는 다르다. 성도도 올바른 믿음을 지키면 귀히 쓰는 존재가 된다.
4. 위치(位置)변화 : 보통 물 항아리는 대문이나 마당에 두지만 포도주는 가장 귀한 곳에다가 안치한다.
5. 맛(味)의 변화 : 포도주 맛은 물 맛보다 달고 영양이 많다. 성도도 많은 사람에게 유익을 주는 사람이 되어야 한다.
6. 색(色)의 변화 : 물은 무색이나 포도주는 붉고 아름답다. 성도가 믿음으로 살면 얼굴빛이 변하고(단1:15, 행6:15) 모든 환경도 관계개선이 된다.

원래 성도가 주의 말씀을 믿고 순종하면 이렇게 모든 면에 변화가 일어나게 되 있다. 참으로 주님의 생명운동은 변화를 일으키는 것을 알게 해주시기 위하여 예수님이 가나의 혼인집에서 물로 포도주를 만드신 것이다. 주님의 포도주 만드심에는 아직도 우리가 알지 못하는 엄청난 교훈이 숨어있다. 잘못 알고서 양조업하는 갑부장로가 이용해서도 안되고, 술집에서 술안주 장만하는 권사님들도 이 성경 이용해서도 안되고 슈퍼나 구멍가게에서 소주, 맥주 팔면서 이 성경을 들이대도 안되고 아무도 몰래 술을 홀짝홀짝 마시면서 주님도 포도주 만드셨고, 성찬식때는 온 교인들이 다 마시는데 뭐 하면서 푸념하시지 마시고 예수님이 포도주 만드시는 것은 이런 엄청난 하나님의 섭리와 계획, 교훈이 있음을 믿고 교인들이 성만찬식 때 마시는 것은 포도주가 아니며 포도즙이며 주의 보혈로 깨끗해짐의 예표이지 술꾼들이 먹는 포도주나 소주와는 근본적으로 다르다는 것을 힘있게 외칠 줄 아는 성도들이 되시길 바랍니다.

2002년 7월 24일
"직분자나 성도는 술을 즐기지 아니하며"(딤전3:3),
"술에 인 박이지 말라"(딤전3:8), "술의 종이 되지 말라"(디도서2:3)
"금주에 대해 성경에 약 40곳의 말씀을 모르고
없는 줄 알고 살면 실수 할 수밖에 없다."

평신도를 위한 성경 난해 구절 해설 시리즈 (사복음서 73)

"거듭남(중생)을 누가, 어떻게, 언제, 무엇으로 받는 것인가?"

(요3:1-12)

거듭남의 헬라어 원어로 '아노덴' 으로서 '위에' 를 뜻하는 '아노' 에서 유래된 것이다. 개역 성경에서는 주로 '위로부터' (마27:31, 약3:15) '근원부터' (눅1:3) '일찍부터' (행26:5)라는 뜻으로 번역되고 있는데 본 절에서만은 '거듭' (again)으로 번역되었다. 따라서 본 절의 '거듭남' 의 정확한 의미는 '위로부터 다시', '근원부터 처음부터' 가 된다.

니고데모는 바리새인이요. 유대인의 관원이요.(즉 산헤드린 72인 공의회의 회원) 이스라엘의 선생인 학자였다. 그는 늘 그리스도가 오기를 기다렸던 사람이었습니다. 그는 높은 지위와 학자의 신분과 바리새 교파의 영향 때문에 낮에는 예수님을 찾아오지 못하고 밤에 예수님을 찾아왔던 것이다.

예수님께서는 벌써 니고데모가 하나님의 나라를 기다리고 사모하는 줄 아시고 단도직입적으로 "사람이 거듭나지 아니하면 하나님 나라를 볼 수 없느니라" 그런데 선생이요, 학자인 니고데모가 거듭남에 대하여 알지 못하고 "사람이 늙으면 어떻게 날 수 있삽나이까 두 번째 모태에 들어갔다가 날 수 있삽나이까" (요3:4)하고 질문하나 이 거듭남은 모태에 들어갔다가 다시 태어남을 의미하는 것이 아니다.

　이는 태초에 하나님이 인간을 창조하셨을 때와 마찬가지로 죄로 인해 죽은 영혼을 하나님이 다시 새롭게 살리심으로 그 영혼이 다시 살게 되는 것을 가리킨다. 그러므로 '거듭남' 곧 '중생'(重生)이란 위로부터 즉 하나님의 재 창조사역에 의해 새로운 피조물이 되는 것(고후5:17) 하나님이 태초에 인간을 창조하셨을 때 주셨던 영적 생명을 다시 얻게 되는 것(엡2:5)을 가리키는 것임을 알 수가 있다.

　이 중생을 더 설명하자면 ①중생이란 하나님의 나라에 들어갈 수 있는 유일한 길인 것이다. ②이 중생은 인간의 머리로는 이해할 수 없는 오묘한 것임. ③중생은 인간의 노력에 의한 것이 아니라 오직 하나님의 선물이다. ④예수님을 그리스도로 믿는 자는 누구든지 중생을 얻은 자요. ⑤중생은 오직 예수 그리스도를 믿고 시인하고 고백함으로써 가능한 것이요. ⑥인간이 구원을 얻는 것은 하나님의 절대적인 사랑 때문이요. ⑦구원받은 자는 마지막날 심판 때 결코 정죄를 받지 않는다. 주님은 본문을 통해 니고데모와 우리에게 이런 교리를 자세히 알려주었다.

　중생의 정의 : 중생 곧 거듭난다는 것은 죽었던 영이 다시 살아나는 것을 말한다. 믿기 전에는 모든 사람의 영이 다 죽은 것이다. (엡2:1, 요5:25-26, 눅6:63) 이것이 거듭나는 것이요 중생이다. 중생은 새 생명의 시작이요 영적 생명으로 찰라적인 전환인 것이다. 거듭나기 전에는 죽어있는 영이기 때문에 하나님과 하나님의 나라를 볼 수 없고(그래서 불신자들이 하나님을 볼 수 없고 믿어지지 않는다.) 죽었던 영이 살아나야만 하나님과 하나님의 나라를 볼 수 있으며 알 수가 있게 된다.(하나님의 말씀이 믿어지고 회개와 신앙고백이 나가는 사람은 거듭난 사람이다.)

　중생의 요소 : 물과 성령이다. (요3:5) 물은 하나님의 말씀인데 즉 말씀과 성령의 역사로 중생한다는 것이다. 말씀으로 중생한다고 성경은

증거하고 있기 때문이다. 에베소서 5:26에 "이는 곧 물로 씻어 말씀으로 깨끗하게 하사 거룩하게 하시고" 하셨으니 물은 분명 하나님의 말씀이다. 또한 벧전1:23 "너희가 거듭난 것이 썩어질 씨로 된 것이 아니요 썩지 아니할 씨로 된 것이니 하나님의 살아있고 항상 있는 말씀으로 되었느니라"고 했다. 약1:18에도 "자기의 뜻을 쫓아 진리의 말씀으로 우리를 낳으셨도다"고 했다. 어떤 이는 물을 "회개의 눈물" 어떤 이는 "예수님이 십자가에서 창에 찔리실 때 옆구리에서 나온 물"이라고도 하고 또 "세례(물세례)주는 물"이라고 주장하는 사람들이 있다. 중생의 요소가 세례주는 물이라고 하면 예수 믿어도 세례 받지 못하면 구원을 얻지 못한다는 결론이 된다. 세례는 신앙을 고백할 때에 죄 씻음 받는 표로써 외부적으로 인치는 것이다.

그러므로 물세례로써는 영을 거듭나게 할 수 없습니다. 세례 받지 않았어도 믿으면 거듭나는 것이요, 구원을 받은 것이 된다. 예수님과 같이 못 박힌 한 강도는 십자가상에서 믿고 세례를 못 받았어도 구원을 받았다. 또 회개의 눈물도 그 눈물로는 씻음 받을 수도 없고 거듭날 수 없다. 예수님의 십자가상에서 옆구리를 창으로 찔려 쏟아진 그 물도 우리를 중생 시키는 요소가 되지 못한다.

중생을 시키는 이는 성령님이다. 중생은 성령님의 단독적 역사이다. "바람이 임의로 부는 것"처럼 성령이 절대적 주권으로 중생 시킨다. 중생은 인간의 협력을 필요로 하지 않는다. 인간의 협조나 노력 없이 하나님의 주권과 성령의 단독적인 역사로 되는 것이다. 바람이 어디서 오며 어디로 가는지 알지 못하는 것처럼 특수한 경우 외에는 자기 자신도 알지 못하게 거듭난다. 그러나 거듭난 후에는 그 결과를 보아서 알게 된다. 바람도 그 자체는 보이지 않으나 사물에 부딪칠 때 그 결과로 알 수 있다.

중생한 증거 : 예수께서 그리스도이심이 믿어지는 것이다. 요일5:1

"예수께서 그리스도이심을 믿는 자마다 하나님께로 난 자니 또한 대신 이를 사랑하는 자마다 그에게서 난 자를 사랑하느니라"고 했다. 그러므로 예수 그리스도를 믿는 자는 전부 중생한 자이다. 믿어지는 것이 택한 백성의 증거요, 중생한 증거인 것이다.

중생한 영은 다시 죽지 않는다. 벧전1:23 "너희가 거듭난 것이 썩어질 씨로 된 것이 아니요 썩지 아니할 씨로 된 것이니 하나님의 살아있고 항상 있는 말씀으로 되었느니라"고 하였다. 여기 썩지 아니할 씨 항상 살아있는 말씀으로 거듭났기 때문에 한번 거듭난 영은 다시 죽지 않는다. 죽지 않는다는 뜻은 하나님과 단절될 수 없고 지옥가지 않는다는 뜻이다. 그러므로 중생은 한번만 하는 것이고 반복하지 않는다. 중생한 자는 벌써 영생을 얻어놓은 것이다. 요5:24 "내 말을 듣고 나 보내신 이를 믿는 자는 영생을 얻었고 심판에 이르지 아니하나니 사망에서 생명으로 옮겼느니라" 믿는 자는 중생했고 사망(지옥)에서 생명(천국)으로 옮겼다.(과거완료형) 이미 옮겨진 상태이나 오늘부터 차츰차츰 옮겨진다는 것도 아니고 현재진행형으로 진행되고 있다는 것이 아니라 이미 끝난 사안이다.

그래서 우리가 예수 믿는 목적이 천국 갈려고 믿는다. 구원받으려고 믿는다. 하나님의 아들 되려고 믿는다. 영생을 얻으려고 믿는다. 이런 목적은 다 잘못된 것이다. 왜냐하면 우리는 믿어 중생 된 자는 이미 천국에 가 놓았고, 구원받았고(영생을 얻었고 사망에서 생명으로 옮겼느니라), 하나님의 아들 되었고, 영생을 얻어놓았기 때문이다. 우리가 예수 믿는 목적은 오직 나 같은 죄인을 이처럼 구원시켜 영생을 주시고 천국백성 하나님의 아들, 기업, 후사가 되게 해주신 하나님의 은혜가 '감사' 해서 믿는 것이다. 하나님의 아들 된 것도 감사한데 하나님의 기업이 되었고, 거기에다 하나님의 후사가 되었으니 이젠 무엇을 더 바랄 것이 있는가? 이 은혜주신 하나님께 감사와 찬양과 영광 돌리는 믿음생활이

나의 생애 목적관이요, 소망관이 되어야한다. 이제 더 믿음에 충실하면 영광과 면류관과 상급 받을 일이요. 세상적인 것 원하지 말고, 이런 영원한 천국에서 받을 영광, 면류관, 상급을 생각하여 끝까지 참고 견디며 사명을 잘 감당해 내는 거듭난(중생) 하나님의 아들들이 됨을 감사 드리자.

2002년 7월 25일

"같은 성도 같지만 거듭난 성도와 거듭나지 못한 성도의 차이는 하늘과 땅 차이다. 한 교회 안에서도 은혜로, 감사로, 충만한 성도와 늘 불평불만 시험 속에서 헤매는 성도가 있으니 중생 된 줄 아는 자는 죽도록 충성할지니라.

평신도를 위한 성경 난해 구절 해설 시리즈 (사복음서 74)

 **"과연 인자이외는 '하늘에 올라간 자'가 없는 것인가,
아니면 잘못된 것인가?"**

(요3:13)

요3:13절 말씀은 예수님이 니고데모와 하신 대화의 일부이다. 이 말씀에서 문제가 되는 것은 인자(예수님)이외는 하늘에 올라간 자가 없다는데 문제가 있다. 그러나 성경은 이미 에녹(창5:24)과 엘리야(왕하2:1-12)가 하늘로 산 채로 승천했다는 기록이 있지 않는가? 또 예수님께서는 아직도 지상에서 공생애 중이신데 마치 이미 하늘에 올라간 것처럼 기록된 것은 예수님이 잘못 말씀하신 것인지? 혹은 사도요한이 기록을 잘못 한 것인지? 난제라고 본다

본문과 유사한 구약성경이나 다른 유대문헌에도 나오는 다음 성경으로 이해를 도우려 한다.

신명기30:12 "네가 이르기를 누가 우리를 위하여 하늘에 올라가서 그 명령을 우리에게로 가지고 와서 우리에게 들려 행하게 할꼬"라고 하였다. 유대 기독교적 전통에서는 계시나 구원은 아래서부터 인간의 성취가 아니라 위로부터 오는 하나님의 은혜의 선물이었다. 이런 의미에서 본문은 하나님에 대한 지식이나 뜻은 인간의 노력으로 얻는 것이 불가능한 것임을 일컬어 그런 진리를 얻기 위하여 하늘에 올라갈 수 없다고 말씀하신 것이다. 인간은 스스로 하늘에 올라 갈 수 없으며 거기서

하나님의 신비를 알아낼 수가 없다.

1) 여기에 "하늘에 올라간 자"는 "하늘에 계신 자"란 뜻이란 설. 하늘에서 내려온 자 인자 외에는 그 누구도 하늘에 계신 자, 올라간 자가 없기 때문에 하늘 일을 말할 수 있는 분은 인자 자기 자신뿐이라는 자기 증거하기 위한 것이다. 즉 하늘에서 내려온 자와 하늘에 올라간 자가 동격이요 인자이신 예수님이다.

2) 이 말씀은 전 절(12절)에서 말한바 '하늘의 일'을 말한 자격자가 인자 이외는 없다는 뜻이다. 그래서 인자를 통해서만 구원을 받는다는 말씀이라고 주장하는 설. 즉 예수그리스도로 말미암지 않고는 하늘나라에 갈 수가 없다는 뜻으로 예수님을 믿는 자는 예수님 안에 있기 때문에 예수님만 올라간 그 천국에 다같이(예수님 안에 있는 자)갈 수가 있다는 것이다.

3) 과거 시제인 '올라가'는 미래시제로 해석해야 된다는 설. 본문에서 '올라간'(아니베베겐)이 단순과거형으로 쓰였는데 그것은 장차 일어날 일에 대한 확실성을 나타내는 것으로 실상은 미래시제로 해석되어야 한다는 것이다. 따라서 본문은 하늘에서 내려 왔다가 다시 하늘로 갈자는 인자 이외는 아무도 없다고 해석되어야 한다는 것이다. 일리는 있으나 '올라간'을 미래시제로 해석해야 된다는 근거가 매우 빈약하다.

4) 본문은 본서 저자의 주석적 첨가라는 설. 즉 요한이 본서를 기록한 것은 예수님 승천 훨씬 이후이다. 따라서 저자가 주석적으로 첨가 기록했기 때문에 본문이 과거시제로 쓰였다는 것이다. 그러나 본문은 예수님께서 직접 말씀하신 것으로 직접화법으로 기록되었기 때문에 이 주장의 근거도 희박하다.

5) 예수님께서 자신의 초자연적 경험을 말씀하셨다는 설. 즉 예수그리스도께서는 이 땅에서 사역하시는 중에도 수시로 성부하나님과 영적 교제를 나누시기 위해 하늘에 올라가시기도 했다는 것이다. 그러나 이

것은 지나친 신비주의적 해석일 뿐만 아니라 예수님께서 십자가 수난을 받으시기 전에는 영광을 받지 못하셨다는 성경의 기록에(요7:39) 정면으로 배치된다.

6) '올라간'을 '하늘에 계셨던'으로 해석되어야 한다는 설. 본문은 미래에 예수님께서 하늘에 올라가실 것을 말씀하시는 것이 아니라 과거에 하늘에 계셨던 자로서 현재 하늘에서 땅으로 내려와 있는 자는 인자 이외는 없다는 뜻으로 해석해야 한다는 것이다. 이는 전후 문맥의 상황으로 볼 때 특히 12절의 말씀에 비추어 볼 때 가장 적절한 해석으로 보인다. 즉 하늘에 속한 비밀은 하늘에 계시다가 내려오신 이 인자 이외는 아는 자가 없음을 말씀하고 있다.

7) 본문은 예수님이 실제로 한 말씀이다. 그런데 예수님도 미래시제로 승천하실 것으로 말씀하셨다. 그것은 예수님이 아직 승천하시지 않으셨기 때문이다. 그런데 요한이 이 말을 과거로 바꾸었다. 그 이유는 요한이 이 말씀을 쓸 때 예수님은 이미 승천하신 후였기 때문이다. 예수님이 승천하신 일은 AD 30년경인데 요한이 요한복음을 쓸 때는 AD 90년경이었기 때문에 많은 세월이 지나서 요한이 과거로 바꾸었기에 이런 의미의 말이 되었다고 보는 견해이다.

결론을 맺고자 한다. ①, ②, ⑥, ⑦ 이 네 견해는 비교적 견실하고 우리가 취해도 개혁주의 노선에 큰 무리가 없다고 본다. 그러나 ③, ④, ⑤는 무리가 따르는 견해이다. 예수님이 잘못 말씀 하실리 없고 요한이 잘못 기록할 리가 없다. (성령님이 한 점의 틀림이 없도록 간섭하여 기록했기 때문이다.) 우리는 본문 그대로 받아들이되 ①, ②, ⑥, ⑦을 잘 조화해서 믿음의 손상이 없어야 하겠습니다.

"하늘에서 내려온 자(성육신하여) 곧 인자 이외는 하늘에 올라간 자(계셨던 자)가 없느니라" 예수님만 하늘에 계셨었으며 다시 땅으로 육신의 몸을 입으시고 내려오셨다가 다시 신령한 부활체로 하늘나라에 올

라가실 자이기에 우리 모시고 동행하는 자로 함께 같이 그 하늘나라로 가게 된다는 것이다. (의역)

2002년 7월 26일
"이 땅에서도 예수님 안에서 동행하다 그 예수님과 함께 저 하늘나라 가는 것이 우리 모든 성도들의 소원들이 되어야한다. 꿈은 이루어지리라"

평신도를 위한 성경 난해 구절 해설 시리즈 (사복음서 75)

  "예배는 이 산에서도 예루살렘에서도 말고
어디서, 어떻게 드려야 하나요?"

(요4:19-26)

요한복음 4장은 예수님이 한 여인을 전도해서 훌륭한 전도인까지 만드는 과정이 여과없이 그대로 우리에게 보여주셨다. 3장에선 훌륭한 니고데모를 통해 거듭남(중생교리)의 원리를 오늘 우리에게까지 알려주시기 위해 직접 가르치셨고, 4장에서 한 여인(비천한)을 통해 전도하는 방법, 생수학, 예배학, 전도학등 많은 것을 우리에게 직접 가르쳐 주셨다.

우물가에서 가장 더운 한낮에 만난 여인에게 "물 좀 달라"로 대화가 시작되어 유대인과 사마리아인들의 속에 숨은 앙금이 노출되는 대결의 대화는 주님이 적극 주도하셔서 목적지로 끌고 가셨다. 유대인 남자가 사마리아 여인에게 접근하는 것이 금지된 때 주님은 과감하게 시도하셔서 영의 눈을 차츰 열도록 했다. 여인은 처음엔 모르는 말이라 어리둥절했으나 자기도 모르게 끌려갔습니다. 하나님의 선물 내가 누군 줄 알면 네가 구할텐데 그러면 '생수'를 주었을 것이다. 눈이 뜨기 시작 된 여인은 생수란 말에 마음을 열고 그 생수를 나에게 주어 여기 우물까지 물 길러 오지 않게 해달라는 요구였다. 이 우물의 생수는 다시 목마르려니와 내가 주는 생수는 영원히 영생하도록 솟아나는 샘물이 되는 생명의 진리를 주겠다는 것을 여인은 오해했다.

이 생수를 달라는 여인에게 "네 남편을 불러 오라", "나는 남편이 없나이다.", "네가 남편이 다섯이나 있었으나 지금 있는 자도 네 남편도 아니니라" 자기의 모든 것(지난5-6번 결혼생활)을 다 아시는 선지자로 여인은 알게 된다. 선지자라면 나의 평생 궁금증을 풀어주소서! 우리 조상들(사마리아인들은) 이 산에서(그리심산)예배하였는데 당신들(유대인)은 예배할 곳이 예루살렘에 있다 하였으니 어느 것이 옳은 것입니까? 북국 이스라엘과 남국 유대의 해묵은 예배드릴 성전론 대결을 예수님께 명쾌한 해답을 원하는 물음이었다. 이때 예수님은 의외의 대답을 하신다. 이 산에서도 말고, 예루살렘에서도 말고, 너희가 아버지 하나님께 신령과 진정으로 예배드릴 때가 오는데 곧 이때라는 전연 처음 듣는 이상한 말씀을 하셨다.

생수, 남편, 예배장소로 이야기 주제가 바뀌었으나 남국유대와 북국이스라엘의 종교 갈등을 뛰어넘은 예수님의 예배장소와 예배방법에 이 여인의 영의 눈과 영의 귀가 번쩍 뜨게되었다. 그리심산에 세워진 사마리아성전은 요세푸스에 의하면 BC322년에 건축되었단다. 그리하여 그리심산 성전과 예루살렘성전과의 갈등은 200년 동안 계속되다가 BC129년에 요한 힐가누스가 그리심산의 성전을 파괴하므로 끝이 났다. 그래도 계속 갈등이 계속되어 주님 오셔서도 이 문제가 숙제로 남아 있었던 것이다.

예배장소가 예루살렘도 아니다라는 말에 유대인들이 얼마나 놀랐을 것이며 신12:5이하(대하6:5, 7:12, 시78:68, 132:13-14)이 여러 곳을 들어 강력히 반발했을 것이요. 이 산에서도(그리심산)아니다 라는 말에 늘 소외감을 당했던 북국이스라엘 사마리아인들의 실망은 이만 저만이 아닌 것이었다. 더군다나 너희는 알지 못하는 것을 예배드리고 있었고 (이 말씀은 꼭 오늘날 한국교회에 하신 것 같다. 말씀대로 하나님의 뜻에도 예배드리지 못하고 있는 교회를 향하여 하시는 말씀이라고 본다.) 우리는 (유대인)아는 것을 예배하노니 하였을 때의 사마리아인들의 실망은 큰 충격으로 받아 드려졌을 것이다. 그러나 곧 이어서 하나님은 영이시니 신령과 진정으로 예배드려야되고 하나님은 이런 자만 찾으시니 사마리아인이라고 실망만 하지 말고 유대인이라고 바로 드린 예배와 신앙이 아니니 교만하지 말고 오늘 우리도 일 점 일 획도 변개치 말고 그대로 지켜야한다.

예배는 신령과 진정으로 드려져야한다. 유대인들의 예배는 형식적이며 신령한 것이 아니었고 사마리아인들의 예배는 성경이 가르치는 바에서 벗어났으므로 진정이 아니었다. 이처럼 하나님의 계시에 가장 근접해 있던 이들조차 바른 예배를 드릴 수 없는 처지에 있었으나 성육신 하신 그리스도에 의해 인류는 이러한 한계를 극복하고 비로소 신령과 진정으로 예배를 드릴 수 있게 되었다.

신령한 예배란 중생한 성도의 영이 성령을 힘입어서 영으로 드리는 영적인 예배를 말함이다. 진정한 예배란 구약의 제사가 그림자와 의식적인 대에 비하여 그것들의 실체요 참 되신 예수 그리스도로 말미암아 제사 드리게 될 것을 가리킨다. 이 진정이라는 말은 헬라원어로 '알레데이아' 인데 진리라는 말이다. 즉 진리로 예배드리라는 뜻으로 예수님을 통한 하나님의 뜻대로 성경대로 드리는 것이다.

예배는 경배라는 뜻이며 예배한다는 것은 하나님께 경배한다, 봉사한다는 것을 가리킨다. 그러므로 신령과 진정으로 예배드린다는 것은 성도의 영이 성령을 힘입어 신령한 세계에 들어가서 그리스도와 영적 교통을 하며 성경 말씀대로 하나님을 섬기며 말씀에 복종하며 하나님을 따라 가는 것이다. 이러한 예배가 영적 예배요, 성도의 영이 사는 예배이다. 하나님을 영으로 섬기려면 먼저 기도를 많이하여 중생한 영이 하나님과 교통하고 영의 세계를 찾아 성령의 인도를 받아야한다. 그 다음에 바른 진리를 찾고 좀 더 깊은 진리를 계속 찾아서 들어가야 한다.

오늘날 이런 예배드리려는 교회가 많지 않다. 예루살렘 성전처럼 교회를 거대하고 화려하게 꾸며놓는데 치중하고 예배는 그저 형식적이고 신령한 것 없이 자기 만족, 위안, 교제, 만남만을 위한 교회가 많고 사마리아 예배처럼 성경이 가르치는 진리와는 아무 상관없는 교회가 얼마나 많은가? 정신을 차리지 않으면 이런 오류 속에 빠지기 쉽다.

다른 사람, 다른 교회는 그만두고 나 자신의 예배 우리교회의 예배를 하나님이 받으실 수 있을까? 다시 한 번 점검해보는 기회로 삼으시길 바랍니다. 신령과 진정이 없는 예배는 그 어떤 모양이라도 하나님이 받으실 리가 없다. 과연 열린 예배, 화상예배, 빈야드교회 예배, 추도예배 그 많은 기념예배, 축하예배, 취임예배 이런 예배를 하나님이 받으시는 예배인가? 예수님을 만난 한 비천한 여인은 이런 신령한 예배는 메시야 곧 그리스도가 바로 "내가 그 로라" 하고 밝힌다. 이 여인은 물동이도 버려 두고 메시야를 만났다고 나의 과거 현재를(또한 행한 모든 것 다 알고 증거하시는 메시야를 만나 나는 믿고 하나님의 사람이 되었으니 너희들-사마리아인들)도 믿고 하나님의 사람이 되라고 외칠 때 사마리아인들이 믿게 되었다고 한다. 주님 만나고서 180도의 변화의 역사가 일어나듯 예배드린 우리들도 변화의 역사가 있으시길 바란다.

2002년 7월 27일
"예배는 홍수같이 많이 드리나 생수 같은 예배는 없고 신령치 못하고
형식적인 예배 진리에서 떠난 예배를 개혁하여 하나님은
이렇게 신령과 진정으로 예배하는 자만이 찾으신 다는데"

평신도를 위한 성경 난해 구절 해설 시리즈 (사복음서 76)

 "베데스다의 못 가에서 38년 된 병자를 치유한 사건에서 풀리지 않은 난제들"

(요5:1-8)

(문제제기)
1) 정말 천사가 내려와 물을 동하게 하고 사람을 낫게 하는 권능이 있는 것인지?
2) 물이 동할 때 왜 첫 번째 한사람만 병이 낫고 다음사람은 안 낫는 것인지?
3) 3절 끝 부문과 4절 전체를 ( )괄호로 묶은 부문을 후대에 삽입 구절인가?
4) 베데스다 못에 대한 여러 가지 견해들
5) 공관복음에도 없는 본문을 요한이 기록한 목적이(영적 교훈) 무엇이었을까?

(문제풀이)

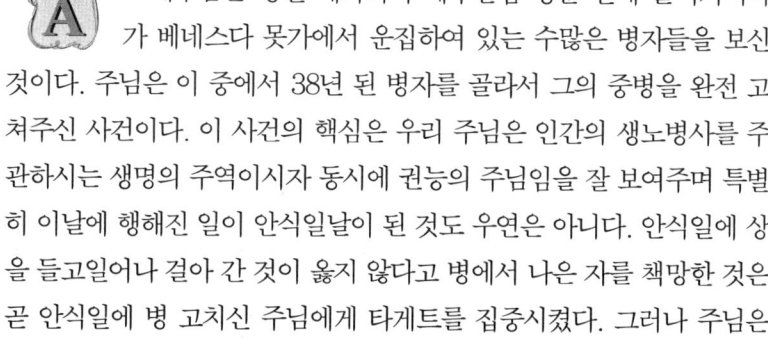 예수님은 명절 때가되어 예루살렘 성문 안에 들어가시다가 베네스다 못가에서 운집하여 있는 수많은 병자들을 보신 것이다. 주님은 이 중에서 38년 된 병자를 골라서 그의 중병을 완전 고쳐주신 사건이다. 이 사건의 핵심은 우리 주님은 인간의 생노병사를 주관하시는 생명의 주역이시자 동시에 권능의 주님임을 잘 보여주며 특별히 이날에 행해진 일이 안식일날이 된 것도 우연은 아니다. 안식일에 상을 들고일어나 걸어 간 것이 옳지 않다고 병에서 나온 자를 책망한 것은 곧 안식일에 병 고치신 주님에게 타게트를 집중시켰다. 그러나 주님은 안식일의 주인이 주님임을 가르치시기 위한 특별교육 시간이었다. 이제 문제제기를 하나하나 풀어가 보기로 하자.

1) 천사(영어:Angel, 히브리:말라크, 헬라:앙겔로스)는 하나님을 섬

기고 인간을 보호해주는 영적인 존재이며 또 "하나님의 메시지를 전하는 선지자"(학1:13) "하나님의 사자"(말3:1)로 일컫는 말이다. 그러나 일반적으로 "하나님의 사자"를 "천사"라고 부른다. 또 성경에는 천사의 창조는 인간창조 이전이다. (욥38:4-7)

또 천사는 영물이기 때문에 하나님이 보여 주실 때만 보이고 천사는 순수한 영이라 몸이 없으나 하나님이 일을 하시기 위해서 천사를 보내어 사람들의 눈에 보이도록 해주실 때만 보이는 것이다. 그렇다면 베데스다 못 가에 내려온 천사가 물을 동하게 하던 일이 과연 하나님의 일이었는가 하는 것이 문제가 된다.

베데스다 못은 간헐천으로 온천이 가끔 솟아오르는 곳이다. 이 물이 늘 솟아 오른 것이 아니었고 가끔 솟아오르니 마치 천사가 동하게 한 것처럼 보였고 이 간헐온천으로 웬만한 병은 자연치유가 가능한 것이다. 이 간헐천의 물이 언제나 효험이 있는 것이 아니고 간헐천이 막 솟아오를 때(유황성분 기타 성분)약효가 강하니 빨리 들어가는 자가 서서히 낫게되는 것이 소문이 나서 아마 천사가 내려와서 물을 움직이게 할 때만 치료가 된다는 소문이 퍼져서 입에서 입으로 전해지므로 천사가 내려와 동했다고 전설 그대로 요한은 기록했다고 본다. 실제 천사가 이런 일은 하지 않았다고 본다.

2) 이 본문은 예수님 당시 전설이나 구전으로 내려오던 베데스다 못에 가끔 천사가 내려와서 물을 동할 때 누구든지 먼저 들어가는 환자의 병은 낫는다는 것이다. 그래서 38년 된 병자도 그 말을 믿고 병을 고치기 위해 거기 가서 기다리고 있는 것뿐이다. 그렇다면 사랑의 하나님이 하신 일이라면 어찌 먼저 들어간 한 사람만 낫게 하신 것일까? 가장 중한 병자가 낫는다든지, 가장 믿음 좋은 병자가 낫는다든지, 가장 나이가 많은 자가 낫는다든지 한다면 하나님이 하신 일 이라고 믿을 수 있으나 여기 가장 먼저 들어간 한사람만 낳는다는 것을 볼 때 유대인들의 전통

과 일치하는 것으로 많은 소망 없는 병자들이 여기에다 소망을 두고있으나 우리가 알고있는 것과는 상이하다고 본다. (있을 수 없는 일이다.)

베데스다(자비의 집)라면 자비가 가장 많은 곳으로 믿음으로 서로 양보하고 자비가 충만하고 사랑이 넘치는 곳이여야 할 이곳이 서로 먼저 들어갈려는 아수라장이요, 살벌하고 자기만 살기 위한 사단방법이 다 동원된 곳이어서 자비나 양선, 사랑, 양보는 전연 찾아볼 수 없는 곳이니 가장 절망스러운 38년 된 병자 같은 이가 있었다.

3) 3절 끝 부분에서(물이 동함을 기다리니 4절에는 천사가 가끔 못에 내려와 물을 동하게 하는데 동한 후에 먼저 들어가는 자는 어떤 병에 걸렸든지 낳게 됨이러라) 4절 전체부분이 괄호로 묶여있다. 우리 개혁성경은 ( )로 묶어 놓았으나 사본들 중 알레산드리아 사본(A), 레기우스 사본(L)등 소수의 사본에만 이 ( )가 있고 바티칸 사본(B), 에브라임 사본(C), 베자 사본(D)등 오래되고 권위 있는 사본들과 시리아역, 콥틱역, 라틴역등 중요한 역본들에게서도 생략되어있다.

비록 터틀리안(서방의 교부 AD200년경), 크리소스톰(AD400년경), 칼빈은 이 구절을 원본으로 생각하고 주석 하였다. 그러나 많은 학자들은 이 구절이 본래 원문에 있던 것이 아니라 당시 일반 민중의 전설이나 병자의 신념을 서기관들이 해설적으로 부기한 난외주가 필사를 계속하면서 일부 본문 속에 삽입된 것으로 본다. 그러나 이 부분은 당시 병자들이 연못가에 머물고 있었던 까닭을 잘 보여주어 본문의 이해를 돕는 것이므로 굳이 삭제할 필요는 없다고 본다.

학자들간에는 이 문제에 대해서 원본에 있다, 원본에 없다, 논란이 있으나 대부분이 원본이 아니었을 것이라고 생각하고 있다. 우리는 이 문제에 대해 그리 신경 쓸 필요가 없다고 본다. 이것이 본문에서 가르치려는 요점이 아니기 때문이다. 다만 우리 성경이나 영어성경들처럼 괄호 속에 들어있는 말씀이다라고 이해하면 될 것이다.

4) 베데스타라는 말은 자비의 집이란 뜻이다. 예루살렘 양문 곁에 있는 못으로 예루살렘성의 동쪽 스데반 문에서 약 80m 성안으로 들어 온 곳에 위치하고 있다. 본래 이 못은 길이가 120m나 되는 긴 못으로 남과 북으로 나누어서 있다. 그러나 지금은 거의 흙으로 메워져 있고, 북쪽 못의 한 부분에서 약간의 물을 볼 수 있을 뿐이다. 현재 이 못의 주위에는 성 안네 교회가 세워져있다. 예수님 당시 이 못 둘레에는 다섯 행각이 있었다. 이에 대해 A.D 333년 보르도의 한 순례자는 처음으로 진술했다. 그 후 1888년 예루살렘 성안의 동북부에서 발굴작업이 시작되어 성 안네 교회의 서북쪽위치에 행각 다섯이 있던 못이 발견되었다. 그 행각의 벽에 퇴색하고 희미한 프레스코벽화에는 못에 천사가 내려와 물을 동하는 벽화가 있다.

   한편 "베데스타"란 명칭의 정확한 히브리어가 무엇인가에 따라 그 명칭과 뜻이 달라지기도 하는데 그 명칭에는 3가지가 있었다. ①벳사다(올리브의 집) ②벳세다이다(어부의 집) ③베데스다(긍휼의 집)등이 있으나 ③번 베데스다가 가장 적합한 독법일 듯 하다.

   5) ①베데스다 못가에 인산인해의 병자들이 있으나 완전치유와 완전해방은 있을 수 없는 일이다. 모든 사람들이 소망은 가졌으나 다 들어갈 수도 없고 결국 병에서 구원받을 수도 없는 것이다. 결국 예수님에 의해서 아마 제일 중병환자인 38년 된 병자가 그 상을 들고 걸어가므로 누구든지 예수님만 믿고 의지하면 병에서 구원을 얻을 수 있다는 소망으로 바꾸어 주시기 위함이다. 전설적 소망에서 실제 진실의 소망으로 바꾸어야 한다는 것이다.

   ② 예수 그리스도를 접하지 못한 자들은 스스로 아무리 노력하여도 구원의 길을 찾지 못한다는 것이다. 즉 38년 된 병자는 부질없는 희망에 사로잡혀 엉뚱한 시도를 반복하지만 전연 불가능한 일이다. 그러나 예수님을 만나니 그때부터 모든 문제는 스스로 단번에 해결 된 것을 우

리는 깨달아야한다.

3) 예수 그리스도만이 오직 우리로 하여금 완전히 변화되어 새로운 삶을 영위하도록 만들어주시는 전지전능자임을 만천하에 공포하며 우리같이 타락되고 부패되어 영원한 죽음의 자리에 이를 수밖에 없는 우리들을 구원하시러 이 땅에 오신 하나님의 독생자요, 생명의 구주임을 믿으라는 의미에서 본문을 기록해 주신 것이다.

6) 인자는 안식일의 주인이시니 38년 된 병자를 구원시키는 것이 하나님의 뜻이요 안식일을 범했다고 주장하는 유대인들을 정면으로 배격하시기 위함이었다.

7) 성부 하나님이 계속해서 일하시니 성자 예수님도 계속 일하시기 위해 "계속적 창조사역"에 충성하며 이웃 사랑이 곧 하나님 사랑이요 율법과 선지자의 대 강령임을 선포하시기 위함이다.

8) 이 세상은 베데스다 못가와 같이 무거운 짐에 눌려 신음하는 이들이 많은 세상이다.

9) 언제나 길과 진리를 모르는 사람은 어리석은데 속아서 어리석게 살 수 밖에 없는 법이다.

10) 인간이 가장 절망 가운데 빠졌을 때 예수님은 찾아오셔서 그 절망을 해결해 주시는 주님이시다.

11) 언제나 고난을 극복하려면 강한 소원과 확고한 진리를 붙든 소원의 의지가 있어야 한다.

12) 예수님이 계신 곳에는 참 평안과 기쁨과 감격과 참된 자유가 있는 법이다.

13) 우리가 이 신앙을 가지는 것은 취미가 아니라 인생의 생사를 가름하는 선택인 것이다.

14) 인간의 구원에는 하나님의 은혜가 먼저이고 은혜를 체험한 성도는 사람들에게 예수님을 증거해야한다.

그러므로 이 본문을 기록한 사도요한이 강조하고자 하는 것을 38년 된 병자가 일어나서 걸어 갈 수 있게 고침을 받은 것은 이 특수한 연못에 있는 것도 아니요, 이 물이 어떤 의약적인 성분덕분도 아니요, 천사의 활동도 아니요, 오직 예수님의 능력과 사랑으로만 되어졌다는 것을 강조하시기 위함이었다.

그러니 정말 천사가 내려왔는지? 물을 동했는지? 첫 번째 사람만 병을 낳게 했는지? 베네스다 못이 언제 어떻게 조성되었는지? 이런 부수적인 문제는 아무런 문제가 될 수 없음을 천명한다.

2002년 8월 5일
"성령이 우리에게 알려 주시고자하는 그 근본원리가 중요한 것이지 그 나머지의 부수적 여러 가지 문제들은 건물 짓기 위한 비데(아시바)에 불과한 것이니 근본을 알고 나면 버려야 할 존재들인 것이다."

평신도를 위한 성경 난해 구절 해설 시리즈 (사복음서 77)

 "우리의 구원이 선한 일을 행함으로 (행위 구원)인가?
믿음으로 (은혜구원)인가?"

(요5:24-29)

 5:29 "선한 일을 행한 자는 생명의 부활로 악한 일을 행한 자는 심판의 부활로 나오리라"

위의 본문 말씀에서 사도요한은 예수님의 권세가 영적 생명에만 아니라 심판과 마지막 날에 죽은 자들을 살리시는 일까지 미치는 사실에까지 자세히 알려 주신다. 선인이나 악인이나 다같이 주님의 음성을 듣고 무덤에서 부활하게 된다. 선인(성도)는 첫째 부활에 참여하는 자들이 되어 둘째 사망이 미치지 못하므로 그리스도와 함께 영원히 살게 된다. 그러나 악인(불신자)들은 첫째 부활에 참여하지 못했으므로 둘째 사망에 들어가 영원한 지옥으로 가는 두 번째 사망이요 멸망에 처한다.(계20:6, 14-15, 21:8)

그런데 문제가 되는 것은 우리의 구원이 선을 행하므로 생명의 부활을 얻는 행위구원으로 보여지는데 있다. 성경 전체의 신학사상은 우리의 구원은 믿음을 통한 은혜구원인데 여기에선 마치 언행과 율법을 지킴에 의한 행위구원을 주장하는 것 같이 보이는데 문제가 있다. 24절에 "내 말을 듣고 또 나 보내신 이를 믿는 자는 영생을 얻었고 심판에 이르지 아니하나니 사망에서 생명으로 옮겼느니라" 주의 말씀을 듣고 믿기

요한복음 • 343

만 하면 사망에서 생명으로 옮겼다고 했으니 행위구원이 아니고 은혜구원으로 완성된 것이다. 그러니 믿는 성도가 영생을 얻는 것은 미래에 얻는 것이 아니고 벌써 얻은 것이고 생명의 부활(첫째 부활)을 차지하게 된다.

그러므로 성도는 구원 얻으려고 믿는 것이 아니고(이미 믿을 때 구원 얻었고)심판 안 받으려고 믿는 것이 아니고 천국 가려고 믿는 것이 아니고(이미 천국은 믿을 때 얻어 놓는 것)또 구원을 못 얻을까봐 염려하는 것은 요5:24의 성경을 믿지 아니함이요 구원에 대한 확신이 없는 자도 이 성경에 대한 믿음이 없기 때문인 것이 아니고 오직 하나님의 은혜로 된 것이니 이제부터 믿음생활은 오직 나 같은 죄인 구원시켜 주심이 너무 감사해서 우리 생활 전체가 예수님을 위한 생애가 되어져야 하는 것이다.

바울서신은 은혜구원을 강조하고 본문과 야고보서는 행위구원을 강조한 것처럼 대조되어 보기도 한다. 5:29의 내용은 대조법이 사용되어 사도요한이 두 가지 의미를 강조하기 위해서 자세히 말씀하신 것이다.

① 선한 일을 행한 자와 악한 일을 행한 자로 대조하여 신자와 불신자를 뜻하여 그 판단기준이 유대인의 율법이나 여타 종교적, 도덕적, 윤리적 기준에 의한 것이 아니라 이미 5:24에 말씀드린 대로 그 판단 기준은 오직 내 말을 (예수그리스도의 말씀)듣고 또 나 보내신 자를(하나님) 믿는 것 이것이 선한 일의 기준이다. 이것이 은혜구원이라고 본다.

② 생명의 부활과 심판의 부활을 대조시켰다. 이미 서론에서 말씀드렸기 때문에 여기에선 생략하기로 한다.

여기에 나오는 '선한 일'에 대하여 좀더 연구하기로 하자. 마19:17에 예수님은 부자 청년에게 "선한 이는 오직 한 분 뿐이시니라"(마19:17하반절)고 말씀하셨다. 그래서 성경에서 하나님은 사랑이시며 그가 하신 일은 다 선이셨다. 그러면 신학적으로 선행이란? 올바른 동기

(사랑)에서 나오는 도덕적 능력의 행동이요 알맞은 도덕적 표준(율법)에 일치하는 것이요 참된 대상(하나님)의 영광을 목적한 것이라고 정의할 수 있다. 결국 선행이란? 사랑, 율법, 하나님과 연관되어 있고 그 사랑이나 율법도 하나님의 사랑이며 하나님의 법임을 알 수 있다. 이런 의미에서 하나님을 떠나서는 이 세상에 진정한 선이 있을 수 없다. 그러므로 요5:29의 선한 일은 사람의 표준에서 선한 일을 가르치지 않고 오직 하나님의 표준에서 보는 선한 일이기 때문에 이 본문을 행위구원으로 보는 것은 무리라고 본다.

선을 행할 수 있는 자는 하나님 말씀의 표준을 따라 하나님을 사랑하는 동기에서 하나님의 영광을 위해서 착한 일을 행할 수 있는 사람이라면 하나님을 믿는 신자밖에 또 누가 있겠는가? 그래서 성경은 선행은 신자의 행실이요 신앙의 열매요 그 결과라고 말할 수가 있다(마5:16). 이런 뜻에서 야고보 장로도 "행함이 없는 믿음은 죽은 믿음"(약2:17)이라고 말하고 있다. 그러므로 진정한 신자는 선한 일을 할 수 밖에 없다. 그러나 이 선행은 내 능력으로 되는 것이 아니고 하나님의 은혜로만 가능하기 때문에 행위구원을 주장하기보다는 은혜구원을 더 주장하게 된다.

모든 사람들이 예수 그리스도의 재림 이후 모두 다 부활하여 그들의 행적에 따라 상이나 벌을 받는다는 사상은 요한 뿐만이 아니라 바울서신(롬2:6-8) 공관 복음서 기자들도(마5:31-46, 막16:16) 성경의 공통적인 신학사상이다. 여기 선한 일은 일반 도의적 선을 말함이 아니라 믿음의 열매로 인한 선한 열매 즉 믿음이 바탕 된 행위로 나타낸 열매라고 본다. 성경의 심판은 항상 행위에 기초하고 있다.

그러나 이것은 구원이 행위에 기초하지 않음을 의미하지 않는다. 그것은 복음자체가 거듭거듭 상세하게 영생은 예수그리스도를 믿음으로만 된다고 증거하기 때문이다. 그러나 신자들이 사는 삶은 그 신자들이

고백하는 신앙을 시험한다. 그러므로 구원은 은혜로 받으나 심판은 사람의 행위에 근거한다는 말은 사실상 서로 모순되지 않는다. 여기서 구별되는 것은 진정한 신앙과 거짓된 신앙일 뿐이다.

    죽은 후에 부활은 신자나 불신자나 같다. 그러나 신자는 생명의 부활인 동시에 불신자들은 사망의 부활이란 현격한 차이가 있다. 생명의 부활은 예수그리스도를 믿음으로 얻는 영원한 생명을 갖고 다시 살아나 영원토록 하나님의 나라에서 그와 함께 살아가는 것을 말한다. 주님은 이것이 선한 일을 행한 사람에게 주어지는 상급이라고 말씀하시는데 여기서 언급된 '선한 일'(타아가라)은 하나님의 아들을 믿는 신앙의 기초 위에서 행해진 일체의 일들을 가리킨다. 이 믿음에 배제된 선행은 어떤 것도 인정받지 못한다. 반면에 이 세상 자녀들이 참여할 부활은 '심판의 부활'인데 이는 그들이 '악한 일'(타파울라)을 행하였기 때문이다. 이 악 중에서 가장 큰 것은 하나님의 아들과 그의 말씀을 거부하고 받아들이지 않는 것이다. 예수그리스도가 없는 인생들의 모든 행위는 세상에서는 가치 있는 것이라 해도 하나님 앞에서는 '악한 일' 즉 가치가 없고 악하고 썩어질 것들, 부끄러울 것들에 불과한 것이다. 우리 성도가 '선한 일' 즉 하나님의 아들을 믿는 이 모든 일도 오직 하나님이 능력을 주셔야 가능하기 때문에 행위구원이 아니고 은혜구원이다.

2002. 8. 7.

"이 성경이 육신의 눈에는 행위구원처럼 보이나 신령한 눈으로 볼 때 은혜구원의 말씀이다. 성경은 언제나 육신의 눈으로 보지 말고, 신령한 눈으로 보고, 믿고, 순종해야 능력의 말씀이 된다."

평신도를 위한 성경 난해 구절 시리즈 (사복음서 78)

"인자의 피를 마시라 했으나 구약엔 생명이 피에 있으니 피는 먹지 말라 했다. 어찌해야 되나?"

(요6:52-58)

요6:53 "너희에게 이르노니 인자의 살을 먹지 아니하고 피를 마시지 아니하면 너희 속에 생명이 없느니라" 사실 이 말씀을 들은 많은 제자들이 이 말씀이 너무 어렵고 무슨 뜻인지 이해하기 어려워서 6:60에는 "누가 들을 수 있느냐?"하고 거부반응이 있었다. 더구나 구약성경 레위기17:10-14을 읽으시면 피는 먹어서는 안 된다고 다 느낄 것이요 신약시대 레위기17:10-14을 읽으시면 피는 먹어서는 안 된다고 다 느낄 것이요 신약시대 초대교회의 예루살렘 공의회에서도 "피를 멀리하라"고 결정하여 전세계 교회에 하달하게 된다(행15:20). 그러나 우리 주님은 내 살과 내 피를 먹고 마시지 않으면 너희 속에 생명이 없고(요6:53) 나와는 아무 상관이 없다고 단호히 말씀하셨으니 난제라고 믿고 몇 자 적습니다.

본문은 주님이 안식일 날 회당에서 '생명의 떡'에 관하여 가르치시는 중에 나오게 되었다. 이 생명의 떡을 설명하시기 위해 출16:13-36이나 민11:4-9에서 나오는 만나 이야기를 꺼내어 너희 조상들이 광야에서 40년 동안 방랑 생활 중에 먹은 만나도 영원한 양식이 되지 못하고 만나를 먹고서도(하늘에서 하나님이 직접 제조해서 내려주신 양식)다 죽었다는 사실을 상기시켰다. 또 예수님이 직접 만들어 준 오병이어로 5천명, 칠병이어로 4천명을 먹여준 그 보리떡을 먹은 군중들도 결국 다 죽었다. 이날 예수님의 가르치심은 만나나 보리떡은 영생의 떡이 아니고 내가 주는 떡 이 떡을 먹어야 영생의 생명을 얻는다는데 중점이 있었다.

그래서 예수님은 "내 살을 먹고 내 피를 마시라"고 명령하신 진의는 무엇일까요?

유대인들은 문자적으로 명시되어있는 율법을 들어 이 말을 믿으려고 하지도 않고 도리어 반발하기에 이른다. 레17:10-14 "무릇 이스라엘집 사람이나 그들 중에 우거하는 타국인 중에 어떤 피든지 먹는 자가 있으면 내가 그 피 먹는 사람에게 진노하여 그를 백성 중에서 끊으리니 육체의 생명은 피에 있음으로 피가 죄를 속하느니라. 그러므로 내가 이스라엘 자손에게 말하기를 너희중에 아무도 피를 먹지 말며 너희 중에 우거하는 타국인이라도 피를 먹지 말라 하였나니...... 모든 생물은 피가 생명과 일체라. 그러므로 내가 이스라엘자손에게 이르기를 너희는 어느 육체의 피든지 먹지 말라 하였나니 모든 육체의 생명은 그 피인즉 무릇 피를 먹는 자는 끊쳐 지리라" 유대인들은 피를 절대 먹을 수 없었기에 더구나 문자적으로 이해할 수 없는 예수님의 말씀을 불쾌하게 생각할 수밖에 없었다.

인자의 살과 피를 먹고 마시는 것은 여러 가지 해석이 있으나 종합적으로 해석해 보고자 한다.

1) 믿는 것이다. 예수는 그리스도이시요 살아계신 하나님의 아들로 믿고 우리를 위하여 당신의 몸을 희생해 주신 것을 심령으로 믿는 것이 예수님의 살을 먹는 것이요 우리 죄 값으로 피 흘려주신 것을 영으로 믿는 것이 피를 마시는 것이다.

2) 우리의 영이 그리스도와 영적으로 교통하는 것이다. 이때에 예수

님의 생명이 우리 속에서 역사 한다.

3) 우리의 영이 그리스도안에서 사는 것이다. 56절에 "내 안에 거하고 나도 그 안에 거하나니" 하였다.

4) 예수그리스도로 인하여 사는 것이다. 57절에 "내가 아버지로 인하여 사는 것같이 나를 먹는 그 사람도 나로 인하여 살리라"

5) 예수그리스도로 힘입어 그 힘으로 사는 것이다.

6) 그리스도의 인도를 받아 성경 말씀대로 사는 것이다. 예수그리스도는 진리이기 때문에 날마다 진리를 성경에서 새롭게 받아 그 말씀 가운데서 사는 것은 예수그리스도의 살과 피를 날마다 먹는 것이다. 이것이 성도의 영의 양식이다.

더구나 6:63 "살리는 것은 영이니 육은 무익하리라 내가 너희에게 이른 말이 영이요 생명이니라" 주님의 말씀 요지는 믿는 자의 영은 벌써 살려놓았고 계속해서 살려나가시고 계신다. 우리가 신앙 생활하는데 있어서 영이 사는 것이 가장 중요하다. 영이 사는 것이 아니면 다 육의 것인데 육은 무익하다고 했다. 오늘날 한국 교회들이 영의 운동보다 육의 운동하는 교회가 너무 많다. 교회에 예배의식이 거대하고 어마하고 사회사업을 아무리 많이 한다 해도 자기 영이 살지 못하면 아무 유익이 없는 것이다. 주님이 우리에게 주시고자 하는 것은 영의 양식, 영의 음료이다. 이 영의 양식과 음료를 문자적으로나 육적으로만 이 성구를 해석하려 다가는 큰 실패를 본다.

브루스는 하나님의 생명을 나누는 영생을 믿음으로 예수님께 나오는 자 그와 연합하는 자에게 주신다고 해석. 렌스키는 여기 살과 피를 준다는 것은 예수그리스도의 희생을 의미한다고 보고 먹고 마심은 영접하는 행위라고 해석. 아더핑크는 구원 얻으려면 희생의 죽음을 믿고 받아 드려야 하는데 먹고 마심은 마음속으로 영접한다고 해석. 핸드릭슨은 음식과 음료가 육신의 생명에 영향을 주고 생명을 유지하는 것처럼 영적 생명을 유지한다고 해석. 웨스트코트는 여기서 살은 우리를 위해 사신 그리스도의 인성의 덕이요 피는 죽음에 복종하신 그의 인성의 덕이라고 해석. 박윤선 박사는 인자는 우리를 위해 사시고 죽었으니 우리에게 완전한 인간으로서 그의 사심과 죽으심의 효과를 전해주신다. 믿음으로 그리스도와 연합하는 생활을 의미한다고 보았다. 예수그리스도의 속죄를 믿는 것은 곧 그의 살과 피를 먹고 마시는 행위와 같이 예수님을 영접하여 나 자신의 분깃으로 만드는 실제적 행위라고 해석하셨다.

인자의 살과 피를 비유로 보아야 한다고 주장하는 견해도 유력하다. 주님이 "나는 포도나무요 너희는 가지니"에서 주님은 참 포도나무 비유로 자기를 알려주신 것이지 실제 포도나무가 된 것은 아니다. 그 외에도 "나는 선한 목자다" 예수님은 직접 양을 기른 목자가 아니고 목수였고 우리 성도(양)를 위한 목자였다. 주님은 그 외에도 한 알의 밀알로 생수로 말씀하신 것들이 다 비유였던 것이다.

"내가 너희에게 이른 말이 영이요 생명이라" 분명 물질적인 살이나 피를 말씀함이 아니요 주님자신이 "생명의 떡", "참된 양식", "참된 음료"라고 하신 것이 비유로 해석되어져야 할 것이다.

즉 인자의 살과 피를 먹고 마신다는 것은 예수그리스도를 믿는다는 것으로 영생과 부활을 얻게 될 것이다. 누구든지 그리스도의 죽음에 대한 믿음이 영생을 가져오며 그 후에는 몸으로 부활하게 된다(요 6:40,47:50-51,6:39-40,44).여기서 예수님은 그의 죽음이 속죄의 죽음임을 믿는 사람은 영생과 부활에 참여한다는 말씀을 비유로 가르치신 것이다. 살을 먹고 피를 마신다는 것은 십자가에서 대속의 죽음을 죽으신 예수님을 온전히 믿는다는 말씀과 같은 것이다.

2002. 8. 8
"인자의 살을 먹지 아니하거나 인자의 피를 마시지 않는다면 우리에겐 영생과 부활이 없고 우리 주님과는 아무 상관없는 멸망 받을 존재가 된다."

평신도를 위한 성경 난해 구절 시리즈 (사복음서 79)

"요7:37-39에서 초막절 절기에서 왜 갑자기 물, 생수의 강, 성령이 등장될까요?"

(요 7:37-39)

유대인들은 초막절 축제동안은 실로암 연못에서 물을 길어다가 예루살렘 성전제단 서편에 붓는 의식을 거행하는데 이때에 "누구든지 목마르거든 내게 와서 마시라" 이 말씀을 하시고 즉시 예수님은 자신이 영원한 생수의 근원이라는 사실까지 선언하신다. 물을 보신 예수님이 과거 광야에서 하나님의 은혜로 말미암아 반석에서 나는 물을 마시는 경험을 체험했던 이스라엘의 경험과 연관해 생수에 관한 말씀을 하시는 것은 상황을 이용한 실물교육으로써 효과가 한층 컸을 것이다.

더욱이 과거에 이스라엘인들이 마셨던 물은 일시적 갈증만을 해결하였던 것임에 반해 예수님께선 자신이 영원한 생수의 제공자이심을 강조하셨다. 물론 여기서 말하는 생수란 예수님이 부활 승천 후에 강림할 성령님을 가리킨다고 ( )괄호 안에다가 자세히 설명까지 해 주셨다.

이러한 예수님의 가르침에 대한 유대 군중들의 반응은 매우 다양했다. 어떤 이들은 예수님을 선지자로 알고 어떤 이들은 예수님을 메시야로 생각하여 확신하기까지 했다. 그러나 많은 유대인들은 메시야가 다윗의 혈통으로 베들레헴에서 태어날 것이라는 성경의 예언(미5:2)이 있었음에도 불구하고 예수님이 갈릴리 나사렛 출신이라는 이유로 오히려 메시야되신 예수님을 배척하고 끝까지 불신앙적 태도를 고집해왔다. 이는 유대인들이 예수님의 성장지인 나사렛을 그만 출생지로 오해한데서 오는 어처구니없는 큰 과오가 되었다.

초막절 행사를 치르는 중에 주님은 갑자기 '내게 와서 마시라' 는 물로 시작해서 생수의 강, 또 성령님까지 등장시켰을까? 먼저 물이 성경에서 나오는 몇 가지 상징적 의미를 논하자.

1) 생명의 근원을 의미할 때도 있었다. 성경에서 종종 물은 생명의 근원이신 하나님자신을 상징적으로 나타내고 있다(렘2:13,17:13). 구원은 오직 생명의 근원이신 여호와께로부터 말미암는다. 이에 이사야 선지자는 "너희 목마른 자는 물로 나아오라 그리하면 너희 영혼이 살리라"(사55:1-3)라고 외쳤다. 아브라함의 여종 하갈이 자기 아들 이스마엘과 함께 브엘세바 들판에서 목이 말라 죽게 되었을 때(창21:14-19) 또한 출애굽 한 이스라엘 백성들이 광야에서 기갈로 인해 고통받고 있을 때(출15:23-25,17:6) 그들을 살린 것은 바로 하나님이 주신 물이었다. 또한 에스겔이 환상에서 본 바 성전에서 흘러나와 큰 강을 이룬 물은 생명의 근원이신 여호와를 가장 단적으로 보여주는 것이라고 본다(겔47:1-12).

2) 씻음과 정결케 됨을 의미할 때도 있었다. 구약시대의 종교의식에 있어서 물은 곧 부정한 것을 씻고 정결케 하는 의미를 포함한다(레11:32-36,민19:9).

이러한 의미는 신약시대의 세례의식과 관련하여 보다 더 확장되어 나타난다.

즉 세례를 통하여 성도는 죄에서 깨끗케 되는 것뿐만 아니라 옛사람을 벗고 새사람을 입는(엡4:22-24)중생을 경험하게 된다. 그래서 세례는 구약의 예표와 더불어 예수그리스도에게서 그 기원을 찾을 수 있는 기독교 진리를 가장 함축적으로 포함하고 있는 기독교 의식이다. 따라서 성도는 세례의 의미가 죄의 지배에서 벗어나서 더럽고 추악한 죄를 다 깨끗이 씻고서 그리스도와 더불어 그리스도와 연합함으로써 새 삶을 부여받는 것임을 다시 한번 가슴에 새길 필요가 있다. 그리고 단순히 타인의 눈으로 확인되는 물세례에 머무는 것이 아니라 성령의 인치심에 의해 진정한 그리스도인이 되는 성령세례까지 경험하는 자들이 되어야 된다. 뿐만 아니라 이 세례의식은 죄를 씻는 단순한 의미보다는 이 지상에 살고 있으나 천국시민의 자격을 획득한다는 의미를 가지는 바 이에 대한 감격을 가지고 보다 더 깨끗한 성결한 삶으로써의 신앙생활을 영위하라고 깨끗이 씻어 정결케 해주심을 의미한다.

3) 믿는 자의 받을 성령을 가르치기도 한다. 신구약 성경 전체에서 물은 성삼위 하나님 중 특별히 제 3위 성령하나님을 상징하는 용어로 자주 사용되었다. "내신을 부어 주리니"(요엘 2:28-29). "하나님의 신을 충만케 하며"(신34:9). "영생하도록 솟아나는 샘물"(요4:14). "생수의 강"(요7:38) 등이 모두 성령을 가리킨다.

이는 그리스도의 생명의 복음을 가지고 지상에 있는 성도들이 영생에 이르도록 이끄는 성령의 사역과 아주 밀접한 연관이 있는 것이다.

요7:39 "이는 그를 믿는 자의 받을 성령을 가리켜 말씀하신 것이라" (예수님께서 아직 영광을 받지 못하신 고로 성령이 아직 저희에게 계시지 아니하시더라) 보혜사 성령님이 아직 임하지 않았다는 뜻이다(요 16:7). 영의 목마른 사람은 예수님께로 나가야 생수를 받아 마실 수 있는데 예수님께로 나갈 때 몸과 마음이 가야되고 영이 그와 더불어 교통하도록까지 나가야 된다.

그렇게 갈급한 심령으로 간절히 사모하고 찾고 구해야 한다. 그러면 그와 만난 바 되고 성령의 감동을 주시고 신리 가운데로 인도하시며 은혜와 사랑으로 권면하시고 위로하시고 책망하시어서 우리의 영적 생명을 곤고한 자리에서 싸매시며 고치시며 바로 세워 위로와 평안을 주시며 만족을 주셔서 소생하는 생명의 역사가 있게 해 주신다.

초막절 행사 중 물을 긷고 있는 유대인들을 향하여 물로 시작하더니 생수의 강, 또 믿을 자가 받은 성령님까지 일사불란하게 그 상황에서 실물교재까지 사용하시면서 온 유대인들에게 주님이 애써서 가르쳐 주셨건만 깨닫는 자가 몇 명이나 있었는지 궁금하며 오는 이 시간 이 단락을 읽고서도 이해 못하는 사람 있을까 걱정이 앞선다.

2002. 8. 9
"권위 있으시고 카리스마가 충만하신 선생님중의 선생님이신 예수님의 가르침은 너무나 완벽한 열강에 우리는 절로 고개를 숙인다."

평신도를 위한 성경 난해 구절 시리즈 (사복음서 80)

"간음하다 현장에서 잡힌 여인의 사건에서 풀리지 않은 난제들"

(요8:1-11)

(문제제기)
1. 이 본문이 과연 성경원본(사본)에 있는 것인가?
2. 예수님은 사형을 거부하신 것인가? (사형제도의 존폐여부는?)
3. 모세의 율법을 어기면서도 율법을 완성하러 왔다고 볼 수 있는가?
4. 예수님은 땅에 엎드려 무슨 글씨를 쓰셨을까?
5. 간음하는 현장에서 여자는 잡아왔는데 왜 남자는 안 잡아왔을까?

(문제해설)

 모세의 율법에는 간음하는 남녀를 돌로 쳐죽이라고 분명한 기록이 있다. (레20:10, 신22:22-27) 예수님은 밤새 기도한 감람산에서 돌아와서 예루살렘성전으로 들어오시니 많은 무리가 나아 오니 예수님이 앉으셔서 말씀을 가르치는 성경공부시간 도중에 서기관들과 바리새인들이 예수님을 시험해서 고소할 틈을 얻기 위해 간음하다 잡힌 한 여인을 끌고 왔다. "율법에는 이런 여자를 돌로 쳐죽이라고 했는데 선생은 어찌하겠습니까?" 예수님은 딜레마에 빠지게 됐다.

유대인의 율법으로는 처형시켜야 되기에 처형하라하면 예수님의 원수까지 사랑하라 가르침이 무색하고 용서하고, 처형시키지 말라고 하면 모세의 율법을 빔한 죄인이 되고 만다. 힌 로마법으로는 유대인들은 죽임의 형벌을 시행할 수가 없었으며 또 유대 율법대로 재판하려면 증인

이 반드시 필요한대 이 여인의 범죄사실엔 증인이 많았기에 예수님 마음대로 할 수가 없는 진퇴양난에서 어찌할 바를 결정하기 매우 힘든 사건을 몇 가지 문제제기를 풀어 이해해봅시다.

　1. 이 사건은 대부분의 성경에 기록이 나온다. 한국의 개역성경이나 미국의 (KJV. ASV. NIV. NASV) 대부분 성경에 기록이 나오나 새 영어성경(NEB)에서만 An incident in temple이란 표제아래 복음서의 끝에 두었다. 또 헬라어 신약은 괄호 안으로 묶어둠으로써 그것이 요한의 본문에 한 부분이 아님을 명시해주고 있다. 많은 원어와 사본에선 요한복음으로 보지 않는다. ①헬라어 사본에는 없다는 점. ②옛시리아. 콥틱. 고딕. 옛 라틴 성경의 사본들에서는 찾아볼 수 없다. ③클레멘트. 터틀리안. 오리겐. 싸이프리안. 씨릴. 초대교부들이 대부분 인용하지 않았다는 점. ④문체가 요한복음과 다른 점. ⑤많은 사본들이 본 사건을 의구표로 묘사하므로 의심스러운 구절이 된 것이다.

　그러나 우리는 다음 몇 가지를 들어서 요한복음 본문임을 입증한다. ①이 사건은 현재의 문맥에 매우 잘 어울림과 요8:12에서 예수님은 나는 세상의 빛이라고 하신다. 그런데 이 말씀은 이 여인이 도덕적으로 어두운 삶을 산 것을 염두에 두고 하신 말씀일 것이다. ② 여기 묘사된 그리스도의 품성과 인격이 다른 곳에서 소개되는 그리스도와 일치한다. 예수그리스도의 오심은 정죄하려고 오심이 아니라 구원하여 건지러 오셨음을 실제로 눅7에 나오는 사마리아 여인 세리와 죄인들을 구원하셨다. ③사도요한의 제자 파피아스는 이 이야기를 알았고 해석도 한 것처럼 보인다. ④어거스틴은 이 여인의 이야기를 뺀 것은 여인들이 그들의 부정에 대한 핑계로 이 이야기에 호소할 것을 두려워했기 때문이었으리라고 하였다. 문체상의 특성을 연구한 존슨은 6:6, 6:7, 11:13, 11:15, 13:11, 13:28과 8:6의 유사성을 들어 이 부분이 전체 요한복음과 완전하며 믿을 수 있는 구절임을 논증하였다.

2. 구약성경에는 많은 사람을 죽이는 사건이 나온다. 그러나 신약성경에서는 될 수 있는 한 사람 죽이는 일들은 삼가는 사건이 많이 나온다. 주님도 이 여인 용서가 마치 사형 폐기론자 처럼 보이기 쉽다. 죄를 묵과하심이 아니요 용서하심이요 사형폐기론 주장자가 아니라 생명은 하나님의 것이니 하나님께 맡기자는 것이다. 예수님께서는 그 여인에게 "가서 다시는 죄를 범치말라"고 하셨다. 이것은 분명 예수님께서 그 여인의 죄를 알고 계시면서도 정죄하는 대신 용서하신 것을 보여준다. 예수님 자신이 사형시킬 위치의 사람도 아니요 명령해야 할 근거가 없다. 그 이유는 ①로마법이 허용치 않으며 ②간음한 두 당사자 (여성과 남성)가 다 있어야만 잘 잘못의 재판이 가능한데 남성은 그 자리에 없기에 불가능한 것이다. ③서기관과 바리새인들의 일방적인 고소내용만 가지고는 사형여부를 판단하기 어렵게 되었다.

사실상 예수님은 사형을 거부하셨거나 (이 사건의 본 의도는 그대로 돌로 칠 수 있는 자격자는 치라는 것이 원리) 사형제도를 폐하려 한 것이 아니다. 바리새인들과 서기관들의 그 동기가 매우 잘못되어 있었다. 그들의 관심은 그 여인의 죄와 처벌에 있는 것이 아니다. 어떻게 하든 예수님을 함정에 빠트리고자 하는데 있다. 이 사건으로 사형거부나 사형제폐지 주장은 또 다른 서기관들과 바리새인들의 오류에 동참되어지는 것이다.

3. 예수님께서 이 여인을 정죄하지 않으시고 용서하신 것은 마치 모세의 율법을 파기하는 것 같다. 그러나 모세의 율법의 근본목적은 결코 범죄한자들에게 형벌을 가하도록 하는데만 있지않다. 그것은 오직 더 이상 죄를 짖지 않도록 방지하는데 목적이 있다. 특정 죄인에게 사형을 행하도록 규정하고 있는 것도 결국 사람을 죽이는 것 그 자체에 목적이 있는 것이 아니라 그를 경고 삼아 다른 사람들이 죄에 빠지지 않도록 하는데 그 궁극적 목적이 있는 것이다. 따라서 예수님께서 그 여인에게 더

이상 죄를 범치 말라 하시고 그 여인을 용서하신 것은 율법이 미약한 부분을 완성시킨 주님의 참 뜻이 있다. "내가 율법이나 선지자나 폐하러 온 것이 아니요 완전케하려 함이로라"(마5:17) 율법은 단지 죄를 깨닫게 하여 형벌을 통해 고치려하고 있으나 예수님은 죄의 근원을 차단하고 죄를 지었을 때는 형벌보다는 회개시켜 다시는 재발치 못하도록 하므로 율법을 완성시킨 것이다. 즉 율법은 소극적 해결방법이나 예수님은 적극적 해결방법이다.

이와 유사한 동해보상법은 단지 더 이상의 피 흘림을 방지하기 위한 소극적 방책이었다. 그러나 예수님은 적극적인 차원에서 사랑과 관용으로 원수까지도 선대하고 용서하므로써 율법을 완성하신 것이다. 신약의 복음은 단지 범죄치 못 하도록 하는 소극적 방법이 아니라 적극적인 의의 길로 나가 성숙된 하나님의 아들로 살아가기 위한 복음이니 율법의 완성을 이룬 것이라고 봐야한다.

4. 원칙상으로는 모른다는 대답이 정답이다. 여기에서 무엇을 땅에 쓰셨는가에 대해 여러 가지 추측이 있어왔다. 어떤 이는 서기관과 바리새인들의 야비함에 대한 서글픔을 쓰셨다고 했고, 또 어떤 이는 양심의 가책을 느낄 귀한 성경말씀을 쓰셨다고도 한다. 성경 중에서도 율법의 대강령을 쓰셨다가 다시 쓰실 때는 율법의 근본 정신을 기록했기에 이들이 물러갔다고도 한다. (눅10:27, 신6:5, 레19:18) ①원수를 사랑하라 ②네 눈의 들보를 먼저보라 ③"여인을 보고 음욕을 품은 자는 이미 간음하였느니라"(마5:27-28)자기들의 음욕을 생각하고 돌을 던질 자격이 없어 버리고 갔다는 것이다. 이 글을 읽어본 다음에도 서있는 자들을 향해 "너희 중에 죄 없는 자가 먼저 돌로 치라"해서 자신들도 죄인임을 알고 그냥 갈 수밖에 없었다고 본다. 가장 결정적인 말씀은 예수님의 쓰신 말씀이 어느 글씨인줄은 알 수 없으나 읽는 자마다 다 자기 죄를 기록해두었기에 기겁하고 돌을 버리고 도망 갈 수밖에 없었다고 한다.

예수님의 만능으로 읽는 사람마다 자기의 큰 죄를 예수님이 어찌 아시고 기록했는지 자신도 그냥 있다가는 돌에 맞아야 하겠기에 돌을 버리고 갈 수밖에 없었다는 것이다. 또 현장에서 잡혀 가야되니 빨리 도망가는 것이 상책이었다고 한다. "의인은 없나니 한 사람도 없는 법이다.(롬3:19) 여기 계신 분들은 주님 앞에서 떳떳하게 설 수 있다고 자신하는가? 그러니 너도 이 여인보다 결코 낫다고 말할 수 있는 사람 그리 많치 않을 것이다.

5. 여기서 두 남녀가 간음하다 현장에서 잡혔다고 하면 남자도 끌고 왔어야한다. 이걸 두고 사건 조작설을 주장하는 자들도 있다. 그러나 이 여인이 죽음을 앞두고서도 순순히 응하고 예수님이 만능의 하나님이시니 그 의도를 모를리없으신데 예수님이 거기에 대한 반박이 없는 것을 볼 때 조작설은 신빙성이 없다. 그 남자는 도망쳤든지? 처음 발견한 몇 사람들 중의 한 동료였든지 연약한 여인만 끌고 왔다. 그 당시 사회법이 여존남비사상 시대인데도 율법에는 간부와 음부. 남자와 여자 둘 다 죽이라고 했는데도 이들이 고의로 남자를 빼돌린 것 같다. 거기엔 예수님을 더 난처한 위치에 몰아세우고저 연약한 여인만 끌고왔다. 여기에도 함정이 있으나 예수님은 이들의 모든 궤계를 아시고 그들이 양심가책을 느끼고 도망갈 수밖에 없도록 만든 것이라고 본다. "욕심이 잉태하면 죄를 낳고 죄가 장성한즉 사망을 낳느니라" (약2:15)

2002. 8. 10.
"간음한 여인을 용서하신 것은 사형을 거부하신 것이 아니요 용서하심이요 모세율법을 어긴 것이 아니요 모세율법을 완성시킨 것이요 예수님의 글씨를 보고 (성경)도 양심의 가책을 받지 않으면 서기관들과 바리새인들보다 더 악하고 악랄한 사람이다."

평신도를 위한 성경 난해 구절 해설 시리즈 (사복음서 81)

"그리스도의 선재성(先在性)과
영원성(永遠性)에서 풀리지 않는 난제들"

(요8:56-59)

(문제제기)
1. 예수님은 유대인들이 "네가 귀신들렸도다."하는 시점에 선재성을 말씀하셨을까?
2. 아브라함이 언제 주의 때를 보고 즐거워 했는지 그 시점은?
3. 보고 기뻐했다는 역사성을 증명할 수 있는가?
4. 예수님이 아브라함이 나기전에 계셨다는 것을 어떻게 말해야 되나?

(문제해설)

요한 복음은 어느 성경보다도 신성(神性)을 강조하는 성경이다. 그래서 이 신성을 입증하기 위해서 여러 증거로써 예수그리스도께서 행하신 이적들과 세례요한을 비롯한 다른 많은 사람들의 증거를 기록하고 있는데 그 중에서도 예수님 자신이 선재성과 영원성을 언급하므로 더욱 확실하나 믿지 못하는 자들에게는 엄청난 저항에 부딪쳤다.

이 교리는 이단종파와 혹은 자유주의 신학자들이 마치 예수님 당시 유대인들을 닮아 역사적으로 숱한 공격의 대상이었다. 그럼에도 불구하고 예수그리스도의 선재성과 영원성의 교리는 절대 무너지지 않고 오히려 믿어지는 자들이 더 많아짐은 사도 요한이 증거하는 바 대로 오늘날까지 변함없는 진리이기 때문일 것이다.

1. 예수님은 유대인들을 향하여 거짓의 아비인 사단 즉 마귀에게서

났으므로 진리가 너희 속에 없다고 통쾌하게 공박하셨다. 이 말을 들은 유대인들은 도리어 예수님을 귀신들린 자로 맞서고 나왔다. 진리문제, 하나님의 영광문제, 아브라함과 선지자들도 죽었는데 너는 죽지 않고 영원성을 주장하니 네가 아브라함보다 더 크냐 하며 대드는 유대인들에게 하나님의 아들론까지 들고 나오신 예수님이 이번에는 아브라함도 나의 때 볼 것을 보고 즐거워했고 아브라함이 나기 전부터 내가 있었다고 선재성과 영원성 그리고 하나님의 아들까지 부각시키려 하심으로 유대인들이 돌을 들어 칠려고 하기에 이르렀으나 뜻을 이루지는 못했다.

　예수님은 왜 하필 이런 위험한 시점에서 유대인들을 자극시키는 말을 골라 하셨을까?

　이것이 문제로다. 진리문제로부터 부딪치기 시작된 시점에서 예수님은 자신이 하나님 아들이며 구원자이심을 아들에게만 말씀하심이 아니고 오는 세대 모든 이들에게도 한결같이 이 말씀하신 것으로 나타내기 위함이요 아브라함의 자손만 되면 구원이 자동적으로 얻어지는 줄 아는 유대인들의 고정관념을 깨뜨리시기 위하여 예수님이 선택하신 방법중의 하나였다.

　2. 이 구절 "너희 조상 아브라함은 나의 때 볼 것을 즐거워 하다가 보고 기뻐하였느니라."

　① 유대문헌 (미드라쉬)에 의하면 랍비 아키바는 하나님은 아브라함에게 이 세계뿐 아니라 다가 올 세계 곧 천상의 세계도 계시하였다고 하였는데 여기서도 이 사실을 가리킨다고 본다.

　② 아브라함이 하나님의 낙원으로 들어간 이후에 거기서 그리스도의 때를 보았으며 그리고 그는 거기서 지금도 그의 백성들과 교제(눅 16:25-31)를 나누고 있다고 보는 견해(meyes)

　③ 이 문장이 잘못 기술되었다고 보는 견해 '아브라함이 기도하였다.' 에서 알파벳 글자 중 히브리어 알렙이 빠져서 "아브라함이 기뻐했

다."로 왜곡되었다는 견해이다. (Torrey)

④ 아브라함은 이미 오래 전 그의 살던 시대에 그리스도의 날에 대한 하나님의 계시와 섭리를 알고 있었고 미리 기뻐하였다고 보는 견해이다. 이중 네 번째 견해가 가장 타당하다고 보아야 한다.

아브라함은 이미 하나님이 네 자손으로 하늘의 별과 같이 바다의 모래같이 많게 해 주신다고 약속(창15:4-7)을 자기 자손 중에 메시야(예수그리스도)를 허락한다는 것을 믿었기 때문에 하나님이 의로 여기셨던 것이다. 많은 자손 약속이 아니고 예수 그리스도 약속인 것을 믿었고(갈3:16) 이때 이미 예수 그리스도의 구속과 재림과 영광에 대하여 미리 내다보았고 즐거워했고 믿었고 확신했던 것이다.

3. 아브라함은 그의 씨(곧 이삭의 후사인 메시야)로 말미암아 천하만민이 복(구원과 영생)을 얻게 되리라는 약속을 받았는데(창22:18) 이는 아브라함과 하나님과의 관계가 각별하고 친밀하였음을 시사한다는 것이다. 아브라함은 하나님의 방백이었으며(창23:6) 여호와의 종이었으며(시105:5) 하나님과의 벗이 되었으며(사41:8, 대하20:7, 약2:23) 또 창18:17에 의하면 여호와께서는 "나의 하려는 것을 아브라함에게 숨기겠느냐?"고 말씀하셨으며 시편 기자는 노래하기를 "여호와의 친밀함이 경외하는 자에게 있음이여 그 언약을 저희에게 보이시리로다."(시25:14)라고 하였다.

여기서 "나의 때"라고 하신 것은 예수님께서 세상에 오셔서 구원사역을 완성하고 있는 현재의 시기뿐만 아니라 다시 재림하셔서 모든 사람을 심판하실 종말의 날까지도 또 천년왕국 이후 영원 영원한 하늘 나라의 왕으로서 그 때가 곧 주님의 때라고 포함된다.

4. 아브라함이 나시기 전 도리어 세상이 창조되기 전에 주님은 이미 계셨다.(先在性)성경 곳곳에 주님의 先在性 永遠性을 찾아 볼 수가 있다.

① 잠 8:22-31 예수님은 어떤 피조물과는 달리 창조 전부터 존재했

던 지혜의 근원이었고 이 세상을 창조할 당시 창조사역에 적극 참여했던 지혜가 있었다. 여기 지혜란 근원적으로 하나님께 속한 것일 뿐 아니라 동시에 창조주 되시는 하나님 자신이며 더 나아가서는 하나님의 지혜가 이 세상에 오셔서 스스로를 십자가에 희생시킴으로 참 생명을 인류에게 가져다주신 성자이신 예수 그리스도란 사실로 귀결이 된다.

이를 볼 때 본 잠언은 단순한 우리에게 방편적이며 인간적인 처세요령을 가르치는 것이 아니라 창조주이시며 역사의 섭리자이신 하나님께로서 비롯되는 신적 지혜를 통해 하나님을 바로 알고 경외케 하며 결국에 가서 생명의 주역이며 참 지혜이신 예수그리스도께 우리를 이끌어 구원을 동참케 하는데와 예수그리스도의 선재성과 영원성을 증명하고 믿고 동참케 하는데 목적이 있다고 본다.

② 요1:1-10 태초에 계셨던 예수님을 5가지로 자세히 표현하고 있다.
ⓐ 말씀(로고스) ⓑ 하나님과 함께 있는 하나님이었다.(1절) ⓒ 창조자(3절) ⓓ 생명 ⓔ 빛(4-5절) 이 5가지는 예수그리스도를 단적으로 표현했던 것으로써 주님의 선재성과 영원성을 증명한다. 여기 태초는 창1:1의 태초와는 큰 거리가 있다. 창1:1의 태초는 하나님께서 창조사역을 시작하던 시점을 가리키나 요1:1의 태초는 창세 이전의 영원의 때를 가리킨다. 그래서 성자예수 그리스도는 영원 전부터 계셨으며 성부 하나님과 함께 영화를 누리셨으며 창조사역에도 동참하셨던 것이다.

"세상은 그로 말미암아 지은바 되었다."고 증거 한다. 더구나 골1:15에서는 더 자세히 나온다. "모든 창조물보다 먼저 나신 자니 그는 보이지 않는 하나님의 형상이요."

이 두 곳의 말씀의 근거로도 그리스도가 이 세계 창조 이전에 존재했음을 증명하고 남는다. 그러므로 주의 선재성과 영원성을 의심할 여지가 없게 된다.

③ 예수 그리스도는 구약시대에도 직접 활동 하심이 성경곳곳에서 찾아 볼 수가 있다. 여호와의 사자로 (창16:7-14).하갈과 이스마엘에게 나타나셨으며 창18:1-21. 소돔과 고모라를 멸망하러 가시면서 아브라함에게 나타났던 분이 예수 그리스도였다.

창19:7-14.소돔과 고모라를 멸망시키기 전 롯의 집에 나타났던 여호와의 사자가 예수님이다.

창22:11-18.아브라함이 이삭을 번제로 드릴 때 여호와의 사자가 하늘로부터 오셔서 막으셨다.

출14:19.이스라엘진과 애굽진을 가로막고 이스라엘진에겐 빛을 애굽진에겐 어둠으로 막은 구름기둥이었다.

출32:34. 금송아지 사건 이후 모세의 기도로 이스라엘을 용서하신 하나님이 '내 사자' (예수그리스도가 네 앞에 가겠다)가 나타나사 하나님의 뜻을 자기 백성들에게 계시하시는 사역을 감당하셨다.

위의 세 가지뿐 아니라 많은 성경구절을 통해서 예수그리스도께서 이미 태초부터 선재하신 분임을 확인할 수가 있다. 그리고 이는 하나님이신 그 분이 바로 우리 죄를 대속하신 구세주이심을 확신케 되는 것으로써 그분을 통한 구원과 천국의 소망을 가지게 됨으로 그분의 영원성에도 조금도 의심할 바가 되지 못한다.

2002. 8. 20

예수그리스도의 선재성과 영원성이 믿어지는 자와 믿어지지 않는 자는 천국과 지옥 소유자의 척도가 된다고 본다. 창조주 예수님의 선재성과 영원성은 진리요 하나님의 지혜이다.

평신도를 위한 성경난해 구절해설시리즈(사복음서82)

"나면서 소경 된 자의 눈을 뜨게 하신 사건에서 풀리지 않는 문제들"

(요 9:1-12)

(문제제기)
1) 나면서 소경 된 자의 눈을 뜨게 하신 주님의 목적은?
2) 이 소경에게는 이런 치유를 받을만한 믿음이 있었는가 없었는가?
3) 치유의 방법이 초유의 방법을 사용하신 이유는?
4) 치유에서 무엇이 결정적이었는가?(진흙, 주의 침, 실로암 물)
5) 진흙과 주의 침, 실로암 물을 이용하신 목적은?
6) 이 사건과는 관계없는 낮과 밤, 세상 빛이 등장하는가?

(문제풀이)

 1) 나면서부터 소경이라면 거의 불가능한 질병이라고 본다. 이미 장성한 사람이니 그 동안 시신경으로부터 눈의 모든 기능이 30-40년간 사용치 않았기에 완전 퇴화된 상태이다. 그러나 이런 불치의 병자를 고치신 주님의 뜻을 우리는 알아야한다.

① **예수님의 신성에 대한 증거로:** 인간의 이성 과학적, 의학적으로는 이해할 수 없는 사안이다. 우리 주님은 하나님이시니 불가능을 가능으로 무에서 유로 주님이 창조주이신 신적 능력 소유자임을 증거 하시기 위함.

② **예수님이 메시야임을 증거하심:** 세례요한이 보낸 제자들의 질문에 예수님은 소경과 앉은뱅이와 문둥병사 귀머거리등을 고치고 심지어 죽은 자도 살리신다고 말씀하심은 메시야 사역(사29:18)의 구약예언대로

주님이 메시야임을 증거한다. 요10:37, 38에는 행하신 일을 보고 믿으라고 하셨다.

③ 메시야 사역의 본질에 대한 증거로 본다: 메시야 사역의 궁극적 목적은 택한 죄인들을 죄와 사망에서 구원하사 천국의 영생복락에 들어가게 하는 것이다.(육적질병과 사망의 해결자)

④ 하나님의 사랑과 긍휼에 대한 증거로: 예수님의 치유의 목적은 궁극적으로 죄인들을 향한 무조건적인 하나님의 사랑과 긍휼의 증거로 주어진 것이기도 하다. 본문의 병자를 보자 예수님은 기적같은 사랑을 주신다.

2) 주님을 만났을 때까지는 전연 믿음이 없었던 자 같다. 주님을 알았다면(믿는자라면)주님 "나를 불쌍히 여겨주옵소서." "나를 돌보아 주옵소서." "내 눈을 뜨게 해주옵소서."하는 간절한 간구와 소원 또는 바라는 것도 없이 보였으나 주님 눈에는 이분의 과거와 현재를 다 알고 계셨고 또 이병을 치료해주면 주님을 잘 믿고 의지할 택자인 것을 다 아시고 고쳐주었다고 본다.

택자라는 증거로 ①예수님이 눈에 흙을 발라줄 때 욕하고 거부하지 않은 점 ②예수님이 시키는대로 순종한 점. (실로암 못까지 소경으로 갔다왔다 하는 일이 쉬운 일이 아니다. 길도 험하고 계단도 많다), ③예수님의 이름을 알고 있다는 점(11절), ④예수님을 선지자로 증거한 점(17절), ⑤예수님을 하나님께로부터 온 그리스도라고 믿는 점(33절), ⑥예수를 만나서 믿고 싶다는 점(36절), ⑦예수님을 믿노라고 고백(38절)

이 소경은 치유 받을 믿음은 없었으나 주님의 특별한 사랑과 긍휼에 의해 그의 눈을 뜨게되니 심령도 열리게 되어 예수님을 알게 되고 선지자로 예수 그리스도로 믿고 싶고 믿는다고 고백하기에 이르는 믿음 있을 것을 아신 예수님이 그에게 이런 기적과 복을 주신 것이다. 우리도 구원받을 만한 믿음이 없었는데도 구원시켜주신 주님이시다.

3) ① **진흙을 사용하신 점** : 이 때도 말씀만 하셔도 가능하신 주님이 진흙을 사용하신 이유는 이 사람이 날 때부터 소경인 것과도 관계가 있고 또 하나님이 인간을 만드실 때 흙으로 만드신 것이니 나면서 소경 된 이 사람도 치유 행위라기보다는 새로운 창조 행위라고 보이시려고 상징적으로 진흙을 사용함.

② **주님이 침을 뱉으셔서 하신 점** : 예수그리스도께서 소외 당한 이 소경에게 더 다정스럽게 또 어떤 표로 침을 뱉어 흙을 이겨서 눈 부위에 발라주심으로 (약을 발라주신 것처럼, 자기 위해 일해 주심의 안도감) 안도감을 주고 주의 명령까지 잘 순종 할 수 있는 동기를 부여해 주었다고 본다.

③ **실로암 물을 이용하신 점** : 실로암까지 가서 씻기만 하면 "분명히 나을 수 있다."는 믿음과 아울러 예수그리스도의 명령에 대한 순종 여부를 보시기 위함이었다. 그리고 못에 가서 씻도록 하신 것은 그 사람이 새롭게 탄생하는 것을 상징 할뿐만 아니라 영적 육적으로 성결케 되는 것을 의미하기도 한다. 이는 곧 사람이 물로써 세례를 받는 것과 비슷한 의미를 지니고 있다고 본다.

4) 치유의 결정적인 것은 무엇일까요? 예수님의 신적 능력이 가장 유력하였다. 거기에 예수님의 침에 효능이 있는 것도 아니요, 더군다나 진흙에 어떤 능력이 있음도 아니요, 실로암 못의 물이 소경의 눈을 뜨게 한 것이 아니라 오직 주님의 능력과 이 소경의 순종하는 믿음의 합작품이다. 순종은 믿음이다. 순종은 제사보다 낫다.

①하나님의 말씀을 마음으로 순종하여 받아들이는 것이 믿음이요 ②그 말씀을 몸으로 순종하는 것이 믿음이다. 즉 하나님의 말씀을 마음으로 순종하고 몸으로 순종하는 것이 온전한 믿음인 것이다.(약 2:22)

만일 그에게 믿음이 없었다면 순종하지 않았고 순종하지 않았으면 죽을 때까지 소경으로 살다가 소경으로 죽었을 것이다. 믿음이 있었으니 순종했다. 믿음이 없으면 무슨 말씀을 주어도 순종은 커녕 반항만 생긴다. 보지도 못하는 눈에다가 더러운 침으로 진흙을 발라서 더 어둡게 했다고 멸시감과 굴욕감에 분노를 터뜨렸을 것이다. 또 실로암 못까지 가서 씻으라 했을 때 더욱 화를 내면서 거기가 어딘데 갔다 오라는 것이요, 손잡고 가자면 몰라도 하면서 생트집을 부리며 따졌을 것이다. 그러나 그가 겸손히 순종한 것이 그의 일생을 바꾸어 놓은 것이다.

5) 3번과 4번을 참조하시면 됩니다.

6) 요9:4-5절에 있는 말씀으로 여기서 '낮'은 예수님의 공생애 기간을 가리킨다. 그리고 '밤'은 예수께서 십자가 수난을 당하시는 때를 가리킨다. 그래서 주님은 이제 최후의 순간을 맞이하시기 전에 남은 바 하나님께로부터 받은 사명을 감당해야 한다는 뜻으로 낮과 밤을 이해해야 한다. 이 말은 제자들을 깨우치기 위해서 예수 그리스도께서 세상에 계시는 동안에는 지상에서의 사명이 곧 종료됨을 의미하기도 한다. 또 예수님은 자신을 "세상의 빛"이라고 밝힌 것은 태어나면서부터 소경이 되어 단 한 번도 빛을 보지 못한 소경을 보게 하실려고 이 말씀을 하셨다. 너같이 암흑을 빛의 세계로 인도하시겠다는 주의 뜻을 보이심입니다.

본문은 겸손한 소경은 점점 밝아져서 새 생명으로 새 생활을 하기에 이르지만 본다고 하는 유대인들은 마음이 점점 더 어두어져서 빛이신 예수그리스도를 보지 못하고 도리어 멸시 천대하는 점점 어두움으로 암흑세계로 내려가고 있는 현실을 우리에게 잘 알려주시는 사건이다.

"너희가 전에는 어두움이더니 이제는 주안에서 빛이라 빛의 자녀들처럼

행하라. 빛의 열매는 모든 착함과 의로움과 진실함에 있느니라."(엡5:8,9)

2002. 8. 21

"나면서 소경 된 자의 치유를 통해 우리가 더욱 겸손히 순종해야 우리 눈이 점점 밝아져 하늘나라를 볼 수가 있으나 더욱 교만, 나태, 불순종하면 우리 눈이 점점 어두어 져서 눈뜬 소경이 될까 걱정이 앞서는 세대이다."
"예수께서 가라사대 내가 심판하러 이 세상에 왔으니 보지 못하는 자들은 보게 하고 보는 자들은 소경 되게 하려함이라"(요9:39)

평신도를 위한 성경 난해 구절 해설 시리즈(사복음서83)

"양과 선한 목자 비유에서 풀리지 않은 난제들"

(요10:1-21)

(문제제기)
1. 과연 예수님이 양의 문, 양의 우리, 문지기, 선한 목자라는 말인가요?
2. 요10장에서 양의 종류는 몇 가지로 분류되어 나오는가요?
3. 주님이 양과 선한 목자의 비유를 말씀해야 할 이유가 무엇이었는가요?
4. 두 비유를 (양의 문과 선한 목자)복합시킨 목적이 무엇인가요?
5. 예수님을 네 가지로 묘사하였지만 더 구체적으로 묘사하시고자 하신 뜻은?

(문제해설)

비유란 히브리어 마샬의 번역어로써 ①속담이나 격언, ②비유나 은유, ③수수께끼 등의 의미를 나타낸다. 또 파로이미아는 '우회적으로 이야기한다.' 또는 '곁에 있는 방법으로 이야기한다.' 라는 의미이다. 아무튼 주님의 비유(파라볼레)는 쉽게 이해될 수 있는 것은 아니지만 조금만 생각해보면 금방 깨달을 수 있도록 은혜를 주신다. 비유를 깨닫는 자는 선민이요 전연 깨닫지지 않는 자는 좀 심각한 존재(?)아닌지 모른다.

아무튼 요10장에서 양과 선한 목자의 어려운 비유가 나온다. 인성을 가지신 예수님이 양의 문이라고 하고 또 양의 우리 문지기 선한 목자라고 단정하니 어떤 것은 좀 아리송하기도 하다. 그러나 조금만 생각하면서 기도하면 이 말씀의 본 의도와 뜻이 어렵지 않게 믿어지는 것이 복이다.

1. 예수님 자신이 ①양의 문 ②양의 우리 ③문지기 ④선한 목자라고 단언하셨다. 과연 예수님이 이런 것이 될 수 있단 말인가 아니면 어떤

370 • 네 제자가 그린 예수님의 초상화

교훈으로만 주신 것인가요? 알아봅시다.

① **양의 문:** 예수그리스도는 구속(구원)의 문이다는 뜻이다. 예수그리스도를 통하지 않고는 구원을 얻을 수 없기 때문에 양(성도)의 문이라고 하신 것이다. 이 문을 통하지 않는 자는 다 절도요 강도인 것이다.

예수님이 이 사명을 완성하시려고 십자가에서 완성하였기에 구원의 문이 열렸고 이 문으로 인도하시는 주님은 선한 목자도 되고 문지기까지 될 수 있는 근거라고 볼 수 있습니다.

② **양의 우리:** 양의 우리(집)는 여러 종류가 있다. 집에서 멀리 떠나 산간지역이나 야산에 있을 때는 목자들이 임시로 나뭇가지로 울타리를 세워 양들이 야숙할 수 있도록 만든 우리와 또 돌을 쌓고 반 영구적으로 그 위에 지붕을 덮어 완전한 집도 짓기도 하고 이스라엘에는 동굴(천연)들이 있기 때문에 동굴 주위에 돌을 쌓아 울타리로 쌓고 비나 바람, 추위를 이기기 위해서는 동굴 안으로 낮에는 동굴 밖에서 뛰놀며 먹이를 먹도록 임시 울타리를 쌓아 놓았으니 이것들을 양의 우리라고 한다. 바로 예수님은 이 우리가 되어 맹수와 적, 비, 바람, 추위 모든 것에서 보호하시는 목자라는 표현을 하시기 위해 양의 집, 양의 울타리, 이 집과 우리를 벗어나면 위험이 도사리고 있다.

③ **문지기:** 양의 우리를 지으신 목자는 출입하는 문을 아치형식으로 오직 하나만 만들어 놓았다. 그리고 밤에는 이 문에 아예 들어 누워서 이 문을 막고 잔다. 그래서 문지기가 되고 더구나 많은 양들을 하나씩 하나씩 이름을 불러서 내보내고 또 저녁에 집안에 들일 때도 하나 하나 이름을 불러서 완전 다 들어 올 때까지 이름을 불러내고 그래도 돌아오지 않으면 문을 막아놓고 한 마리를 찾아 나서는 선한 목자입니다. 여기 문지기는 누굴 가리키는 것인가?

㉠하나님(칼빈,밴겔), ㉡성령(랑게,알포르), ㉢모세(크리소스톰), ㉣그리스도를 고대하는 이스라엘 특히 세례요한(고데), ㉤목자의 종(바렛

트), ⓑ예수님자신(쉬릴,어거스틴), 여러 견해가 있으나 전폭적인 지지를 얻지 못하고 있으나 그러나 10:3문지기가 하는 일이 곧 예수 그리스도의 사명(그들을 위하여 문을 열고 자기 양의 이름부르고 앞에서 인도하는 직책)을 보면 예수님 자신임을 의심할 여지가 없다.

④ **선한 목자:** 주님이 자신을 선한 목자라고 말씀하심은 다음의 사상을 배경으로 하신 것 같다.

ⓐ 구약성경에서 하나님의 목자로 종종 언급되었다 (시 23:1, 80:1, 95:7, 100:3,렘31:10, 사40:11)

ⓑ 다윗과 모세같은 지도자들도 목자로 묘사됨(시78:70-72,사63:11,겔37:24)

이처럼 예수님은 자신을 목자라고 하심으로 목자에 대한 구약적 의미를 적용시켜 신적 메시야임을 부각시키신 것이다. 본문의 선한 목자의 특징은 ㉠양을 사랑하는 것이요, ㉡자기를 위하지 않고 양을 위하는 것이요, ㉢자기의 유익을 구하지 않고 양의 유익을 구하는 것이요, ㉣양을 위하여 목숨을 내어놓고 양을 먹이며 치는 것이다. '여기 목숨을 버린다' 는 표현은 예수님의 자발적으로 희생적인 죽음을 택했다는 의미이기도 하다. 또한 삯군 목자와 비교해 보이기 위함이다.

2. 양의 종류는 세 가지로 나온다. 자신들은 어느 곳에 속해 있는지 살펴 보길바란다.

① 내양(택자 현재 믿고 있는자) 14절 우리안에 들어있는 선한 목자의 사랑 받고 있는 양

② 이 우리에 들지 아니한 다른 양 1절(택자이나 아직 우리 안에는 없는 자)곧 믿어야 될 자 전도대상자

③ 내양이 아닌 양(불택자)26절 목자의 음성도 모르고 목자를 따르기 싫어하는 양이라고 본다. 주님이 양의 문, 양의 우리, 문지기, 선한 목자는 내 양과 아직 이 우리에 들지 않은 다른 양(이방인)에게만 해당

이 된다. 내 양이 아닌 양에게는 아무 것도 해당되지 않는 것이 되고 만다.

3. 본 장에서 선한 목자와 양의 비유를 말해야 할 이유가 무엇일까 알아본다면 전장인 9장에서 나면서 소경의 눈을 기적적으로 치유하셨다 여기서 소경이었던 자는 점점 영안이 더 밝아지기 시작했으나 두 눈을 다 떴다고 자임하면서도 예수님의 메시야성을 보지 못하는 자들인 유대인들은 점점 더 영적 소경이 됐다고 책망하시면서 지도자들인 그들이 삯군같이 양을 위해서는 아무 것도 한 일은 없고 도리어 괴롭히기만 했던 그들과 비교되는 예수 그리스도는 선한 목자로서 양의 모든 것을 직접 책임지고 생명까지 다 살리고 구원시키는 완벽한 메시야론을 설교하심이요, 다음장인 11장에서는 죽었던 나사로를 살리심으로 모든 양(성도)들의 생명까지 다시 살리시고 모든 것을 책임지심을 연속적으로 보여 주신 것이니 10장에서 선한 목자와 양의 비유로 말씀하심은 전후장의 연속선상에서 너무나 타당하고 반드시 이 부분에서 알려주셔야 하겠기에 이 비유를 말씀해 주신 것이다.

4. 본 비유의 가장 큰 특징은 쌍둥이 비유라는 것이다. '양의 문 비유' 와 '선한 목자 비유' 두 개로 연결되어진 비유라는 것이다. 예수님 자신에 대한 비유로서 하나의 목적과 교훈을 갖지만 두 개의 비유가 마치 쌍둥이처럼 그 위치를 지키고 있다. 이런 것은 누가복음에서 몇 개가 나온다. ㉠ 눅14:28-32 망대와 출전하는 임금 비유, ㉡ 눅15:3-10 잃어버린 양과 드라크마 비유를 들 수 있다. 각각 분리해도 의미가 약해지지 않으면서 합하면 더 강한 의미를 지니며 특히 간단한 사건이(비유가)최고의 진리에 이르는 교훈을 가르치시는 주님의 교수법이다.

처음에는 양의 문으로 시작하더니 모든 것을 책임지는 선한 목자로 점진적으로 나가시더니 '생명에 대한 권세' 까지 발전하여 가르치시며 주님의 큰 뜻을 다 표현하셨다고 봅니다.

5. 예수님을 네 가지로 묘사하고 있지만 더 깊은 뜻도 숨어 있으리라고 본다.

① **양의 문:** 예수그리스도가 구원의 문이며 오직 구원의 길은 예수 그리스도 이외의 길이 없다는 것을 강조함이니 아무리 선을 행했던 자라도 이 문을 통하지 않으면 강도요 절도이니 우리는 언제나 양의 문으로만 들어 가야된다. 양의 문을 예수그리스도 이외에는 그 어떤 것으로 설명해서도 안된다.

② **양의 우리:** 예수님은 '우리' 도 자신이라고 말씀하셨다. 물론 상징적인 의미를 갖는 것이지만 이 이야기가 비유라는 점을 감안한다면 또 다른 의미가 있다고 본다. 칼빈이나 루터가 이 '양의 우리'를 각각 신약시대의 '교회'나 예수로 말미암아 이 땅에 도래한 '하나님의 나라'를 의미한다고 주장한다. ㉠주님 안, ㉡교회, ㉢하나님의 나라라는 의미가 있으나 어느 부문(ㄱ,ㄴ,ㄷ)을 선택해도 틀렸다고 볼 수가 없다. ㄱ, ㄴ, ㄷ은 하나이기 때문이다.

③ **문지기:** 여기 문지기에 대한 학자들의 의견은 ㉠하나님, ㉡세례요한, ㉢성령, ㉣모세등 다양하다. 여기 비유이기 때문에 문지기의 중요성은 인정되나 목자와 양의 비유에서 본질은 아닌 것이다. 그러나 양의 전부 모든 것을 책임지는 분이 예수님이라는 점에서 보아야 한다.

④ **선한 목자:** 구약에서 주장한 이스라엘을 인도하시는 하나님이 선한 목자로 지칭되어 왔다. 다윗이나 모세와 같은 이스라엘의 지도자들에게도 이 명칭으로 부분적으로 적용되었다. 이러한 전통을 이어 주님 자신이 '선한 목자'라고 지칭하신 것은 예수님 자신이 온 인류의 구원자(겔37:24)이시며 동시에 하나님이심을 선언하는 것으로 주님과 하나님을 동시에 표현한다.

예수님이 나는 포도나무이다. 나는 선한 목자이다. 이렇게 쉽고 가까운데 있던 소재로 우리에게 가르쳐 주시고저 하신 그 뜻을 믿고 나는 그의 양이라고 고백하는 주의 양들이 되실 것으로 읽으라.

2002. 8. 22
"우리 성도들은 주의 음성을 알고 주 말씀(성경)을 듣기를 좋아하는 양이지 주의 양이 아닌 양처럼 주의 음성 주 말씀을 들을 줄 모르는 불택양이 되지 않으시길 바라노라"

평신도를 위한 성경난해 구절해설시리즈(사복음서84)

"수전절은 무슨 절기며 본문에 밝힌 이유는?"
(요10:22-30)

 주 예수 그리스도께서 예루살렘에 올라가셔서 자신을 메시야 곧 하나님의 아들로 또 나와 아버지는 동일하다는 것을 공식발표한 때가 수전절이었으며 유대인들로부터 신성 모독죄로 돌로 치려하였고 여의치 못하니 고발까지 하였다. 예루살렘에서 초막절을(요 7:2,37) 지키기 시작하여 수전절에도 계셨다는 것을 밝히시므로 추수감사절(11월 중순 때)부터 수전절(12월25일부터 8일간)(이때는 성탄절이 없었던 시대)때까지 계셨음을 알리시기 위함이다.

이 수전절이란 말은 신구약 성경에선 유일하게 한 번 나온다(요 10:22) 그래서 일반 평신도들은 무슨 절기인지 잘 알지 못한다. 이 수전절은 B.C 167년경 수리아의 안디오커스 에피파네스가 예루살렘을 침략하여 점령한 후 그리스(헬라)사회를 동경하여 그가 통치하는 사회를 헬라사회로 바꾸고 싶어했다. 모든 유대인들을 헬라 사상과 주의 (신앙)로 강제로 바꾸는 과정에서 많은 핍박과 어려움 속에서도 유대인들은 굽히지 않았다. 그리하여 유대인 8만명을 학살하고 8만명의 유대인들을 노예로 삼으면서 예루살렘 성전을 완전히 더럽혔다.

큰 제단을 그리스 신인 제우스의 제단으로 바꾸고 그 제단 위에서 돼지를 제물로 바치고 성전에 있는 방에서 매춘사업을 벌림으로써 유대인들을 순교자로 만들었다. 이때 유다 마카비가 그의 형제들과 유대인들을 수리아에 대한 반란의 지도자로 앞장서게 했고 B.C 164년에 그들은 반란에 성공하게 되었고 제일 먼저 더럽혀진 스룹바벨 성전을 새로 수리하고 정결케하여 다시 헌당 형식으로 절기를 지킨 것이 수전절이다.

이때는 기슬레월(성력으로는 9월 양력으로는 11월과 12월)25일 세번 제단을 봉헌하고 8일동안 기념하는 축제를 벌리게 되었다.(마카비서 1서 4:52-59,2서 10:5) 이 수전절(feast of Dedication)은 마카비축제(Feast of Maccabeus)라고도 하고 광명절(Feast of Ellumination), 제헌신제(Feast of Rededication)와 주후 70년 성전파괴 된 후 부터와 또 유월절 칠칠절, 초막절이 아니기 때문에 각 집에서 매일 초 하나씩 결국 8개를 밝힌다는 의식으로 촛불절(Feast of Lights)이라고 하며 오늘날까지 유대인들에게는 하누카(Hanukkah)로 알려진 연례적인 봉헌 축제일로 만들게 되었습니다.

8일 동안을 지키는 이유는 히스기야의 성전 정결의 모범에 따른 것으로 (대하29:17)추측하여 기념축제는 '기쁨과 즐거움' 속에서 감사의 찬송, 할렐(Hallel 시 120-시 134편)을 부르며 기뻐하게 된다. 또 종려나무와 푸른 나무들을 든 행렬들이 행진하므로써 진행되었다. (마카비 2서 10:7) 초기에는 축제의 여러 세부적인 사항들이 장막절과 유사하였다. 그 때문에 수전절은 "기슬레월의 장막절"로 표현되기까지 하였다. (마카비2서 1:9)A.D 70년에 성전이 파괴 된 후 이 축제는 각 가정에서 등불을 밝힘으로써 거행되었다. 그래서 이때는 "불의 축제"로 표현되었다. (요세푸스 12권7:7)이것은 번제단의 불을 다시 붙이는 것을 상징하는 것으로 추측된다. 하지만 이 관습은 전통적으로 하루 분의 기름이 성전에서 기적적으로 8일 동안 꺼지지 않고 타는 것을 발견했던 유대인들의 전설과 연관되고 있다.

이 날은 악의 세력으로부터 광명을 되찾는 승리의 날이요 즐거운 날이었으므로 많은 유대인들은 창문에 특별한 등불을 걸어놓고 거리에서 춤을 추고 악기를 연주하며 즐겁게 보내게 된다. 이 기간 동안에는 슬퍼하는 것이 금지되었던 것만큼 기쁘고 즐거움만 가져야 한다.

예수님은 이 수전절에 예수님을 체포하려는 기회를 노리는 유대인들 틈에서도 위험을 개의치 않으시고 성전에 나아가사 자신은 하나님의 아들이며 하나님과 동등이요 일체이며 더럽혀진 이 성전을 자신이 회복된 성전임의 실체임을 보여주기 위해서 의연하게 가르치시고 역설하셨던 것이다.

오늘 우리가 전해야 할 복음의 내역도 예수님은 하나님이시며 실추된 성전을 회복된 완전한 성전인 예수님임을 알려야 한다.

암흑기라는 중간시대 때인데도 하나님의 성전을 귀중히 여겨 재건하고 봉헌한 것을 기념하여 8일동안 축제로써 지키게 된 본 수전절은 구약의 예물봉헌(민7:10), 솔로몬 성전의 단봉헌(대하7:9), 예루살렘성곽 낙성식(느12:27)등과 그 맥을 같이한다고 본다.

이는 결국 오늘날 신약시대 모든 성도들로 하여금 교회의 중요성을 깨닫게하고 (교회중심)더 나아가 하나님의 성전 된 성도 각자가 자신 자신을 성결케 유지하는데 힘써야 할 것임을 보여준다. (고전3:16,17) 마치 요시야 왕때 성전수리 하려고 연보궤에 헌금하고 연보돈을 꺼낼 때 모세의 율법책을 주신 하나님(대하34:13-15), 우리자신의 성전을 정결케 해 나가면 하나님이 반드시 기적 같은 은혜를 주실 것을 믿고 실천하는 성도들이 되시길 부탁드립니다.

2002. 8. 24
"수전절을 생각하여 예배당수리와 건축에 정성을 다하여
각자 성령의 전인 성도의 몸을 악과 죄에서 거룩히 지키는
하나님의 백성이 되어야 하나님이 기뻐하실 것이다."

평신도를 위한 성경난해 구절해설시리즈(사복음서85)

"죽었던 나사로를 살리신 사건에서 풀리지 않는 난제들"

(요11:1-46)

(문제제기)

1. 예수님이 나사로를 죽을병이 아니라고 하셨는데도 죽었으니 잘못 말씀이 아닌가?
2. 예수님은 나사로의 죽음을 잠든 상태로 이해했는데 제자들은 왜 오해했는가?
3. 예수님을 가까이서 모신 마르다에게 믿음도 부활관도 그 정도였을까?
4. 예수 믿는자는 죽어도 살겠고 살아서 믿는 자는 영원히 죽지 않는 다니 어떤 뜻인가?
5. 예수님이 흘리신 눈물은 무슨 뜻에서 흘리셨는가?
6. 나사로를 살리기 전 감사기도 한 이유와 왜 나사로만 불러서 부활 시켰는가?
7. 예수님이 부활시킨 세 사람이 또 죽었는가? 이유와 영생이 아니잖는가?
8. 죽음은 죄의 대가로 저주인가? 하나님의 사랑으로 생명과 영생의 축복인가?

(문제해설)

1. 요11:4절에서 예수님은 나사로의 소식을 듣고 이 병은 죽을병이 아니라 오히려 하나님의 아들이 영광을 받게 될 사건이다 하시면서 장담하시었는데 실제는 나사로는 죽었다. 그렇다면 예수님의 장담은 실수였던가? 여기서 예수님답게 이미 죽었다. 그러나 내가 몇일 있다 다시 살릴 것이니 안심하라 했어야 옳은 것이다. 그러나 다시 넓은 의미에서 생각해 보기로 하자.

나사로는 물론 육신적으로 죽은 것이다. 그러나 육신적인 죽음이 그의 죽음의 최종결과는 아니다. 그 대신에 나사로의 죽음은 마침내 부활의 기적을 가져오게 되며 그 결과로 하나님께 영광이 된 것이다.

여기서 예수님은 그리스도안에 있는 생명(나사로)은 예수그리스도의 사망과 부활과의 밀접한 관계가 있음을 보여주고 있다. 나사로의 병이 하나님의 영광을 위한 것이며 그것을 통하여 하나님의 아들이 영광을 받으시리라는 말씀은 예수님의 죽음과 부활을 통한 하나님의 영광을 돌리게 된다는 것을 미리 예언하신 것이다.

예수님은 실수나 잘못 말씀이 아님이 증명된 것이다.

2. 예수님은 나사로를 잠이 들었다고 말씀하셨다. 제자들은 문자 그대로 '잠'으로 오해하게 되었다. 예수님은 '부활사상'에서 잠들었다고 하셨는데 제자들은 죽은 나사로가 차라리 "주여 잠들었으면 좋겠습니다."라는 소감은 중병에서 걸린 환자들이 잠못 이루는 것인데 나사로 잠들었다 하니 곧 병이 차도가 있어 잠이 든 것으로 오해했던 것이다.

예수님은 나사로의 죽음을 오해하고 있는 제자들에게 분명히 죽었다고 설명까지 하셨다.(14절) 주님은 나사로는 죽음으로 끝나는 것이 아니고 다시 되살아나 하나님과 그리스도가 영광을 얻게 하는 것임을 뜻하는데 반해 제자들은 많은 부분에서 심히 오해하고 있었다. 언제나 주의 말씀은 단순히 문자적인 측면에서 이해하려들면 오해하기 일수이다. 우리가 말씀을 대할때는 항상 인간의 판단력보다 성령님의 조명하시는 대로(Illumination)그 말씀의 의미를 깨닫고 그대로 믿어야 된다. 그렇지 않다가는 이런 오해를 낳는다.

3. 몇일이 지나서 찾아오신 예수님께 대한 마르다의 반응은 원망과 기대감이었다. "주께서 여기 계셨더면 내 오라비가 죽지 아니 하였겠나이다." 이 말은 이미 오빠의 급한 소식을 알렸는데도 이제 오신 예수님께 대한 원망이었다. 그래도 마르다는 "이제라도 주께서 하나님께 구하시면 하나님이 주신 줄 아나이다."는 기대감도 있었다. 이때 주님은 "네 오라비가 살리라."라고 주님은 소망적인 말씀을 하셨건만 마르다는 일반적으로 "주님의 마지막날에는 다 부활해서 다시 살 것을 내가 아나이

다." 마르다의 신앙관은 관념적 신앙이었고 아는 것에 그친 신앙이 말씀이 생명이 되고 살아 역사 하실 말씀으로 믿지 못했다.

답답하신 예수님은 나는 부활이요 생명이니 나를 믿으면 영생을 얻는다고 말씀하시고 "네가 믿느냐?" "네가 아느냐?" 하시지 않음에 깊은 뜻이 있으시다. 신앙은 실제적인 살아움직이는 생명의 말씀으로 믿느냐? 신앙은 이론적인 지식이 아니다라고 하심이다. 이제야 마르다는 "주는 그리스도시오 하나님의 아들임을 내가 믿나이다."라고 고백은 한 단계 상승된 믿음이었다. 그리스도시요 하나님의 아들이면 전지 전능하셔서 죽은 나사로도 살리시고 그 무엇도 다 하실 주로 믿지 못했다. 아직도 마르다는 예수님의 부활생명 영생에 대해는 확신이 없었다. 예수님이 이 마르다의 이런 신앙을 오늘날 믿는 성도가운데 50%가 부활, 생명, 영생을 믿지 못하고 있는 실정이기 때문이다.

4. 사람이 죽는 것은 정하신 일이다.(히9:27) 사람의 범죄로 모든 사람은 다 죽었다.(창2:17) 물론 예수님을 믿는 사람들도 다 죽었다. 지금 살아있다 해도 언젠가는 죽을 것이다. 그러나 믿는 자는 영원히 죽지 아니하리란 말씀은 무슨 뜻인가? 그리스도를 믿는 자는 죽어도 산다. 이 말은 "영광스러운 부활"을 강조한 말이며 "살아서 믿는 자는 영원히 죽지 않는다."는 것을 성도에게 약속된 "영생"을 강조한 것이다.

여기서 예수님은 신자가 결코 죽지 않는다고 하시지 않았다. 다시 살아난 나사로도 결국 죽었다. 그렇다면 살아서 믿는 이들은 예수님이 재림하시면 그대로 영원히 살게 될 것이다. 그러나 여기서 예수님은 재림을 염두에 두고 하신 말씀은 아니었다. 따라서 여기서 예수님은 영원한 죽음의 의미에서 믿는 자는 죽지 않으리라고 하신 것이다. 믿는 자는 저 하늘나라에서는 영생의 생명을 얻는 것을 말씀한 것이다.

영적으로 해석한다면 믿는 자는 영적인 새 생명을 가졌으므로 육신적으로는 죽음을 경험할 찌라도 영혼은 죽지 않는다.(요3:16, 36) 이런 의미에서 영적으로 죽은자는 육신적으로 죽을 때 이중의 죽음을 죽는다고 할 수 있다.(계20:14) 신자는 단 한번 육신의 죽음을 죽으면 영원히 하나님과 함께 살게 된다. 이것을 영생이라고 말하는 '영원히 죽지 아니하리라.' 고 하신 것이다.

5. 예수님은 성경에 3번 우셨다. 다 동정의 눈물이라고 해석하는 사람들이 대부분이다. 여기서 예수님의 우신 것은 나사로의 죽음을 위함도 아니요 우는 그들을 동정하기 위함도 아니었다. 예수님이 조금후에 다시 살리실텐데 이로 인해서 동정의 울음을 우실 필요가 없으시다. 그럼 왜 우셨을까요?

부활이요 생명이신 그리스도가 그들 가운데 와서 계시는데 마리아나 사람들은 나사로가 죽었다고(생명이 없다고) 울고 있는 것을 볼 때에 생명의 근원을 모르고 우는 그들이 너무 가련하고 불쌍하여 눈물을 흘리신 것이다. 우는 그들은 나사로가 불쌍해서 울었지만 예수님은 우는 그들이 불쌍해서 우셨다.

그들은 나사로가 생명이 없고 죽었다고 울었지만 예수님은 생명과 진리가 와서 보여주어도 모르는 죽은 믿음을 가진 그들이 불쌍해서 우신 것이다.

나는 부활이요 생명이요 영생이라고 몇 번이나 말해도 믿지 못하고 우는 그들을 보시고 예수님도 이 무지몽매한 성도들이 너무 불쌍해서 우신 것이었다.

6. 예수님은 나사로를 살리시기전 감사기도부터 하셨다. 본문을 보아서는 예수그리스도께서 언제 어떻게 기도하셨고 나사로를 살려달라고 기도하셨는지 죽음에서 살리는 능력을 달라고 기도하셨는지 전연 언급함이 없다. 그러나 아버지 하나님이 내말(기도)을 들으신 것을 감사하나이다라고 하심을 보면 분명 기도하셨음이 분명하다. 예수님의 감사기도하신 것은 ①아버지께서는 항상 예수님의 기도를 들어주셨고 이번에

도 또 들어주심에 감사드렸고 ②이 일을 행함으로 (나사로를 다시 살림으로) 많은 사람들이 하나님께는 영광을 돌리게 되었고 예수는 하나님이 보낸 하나님의 아들로 믿는 유대인들이 많아지게 되었고 이 일로 예수님은 부활, 생명, 영생임을 믿게 됨이 감사하시게 됐다. 그때 만일 "나사로야" 하셨기에 나사로만 살아나왔지 "죽은자야" 했더라면 창세 이후 죽은자가 다 살아났을 것이다. 부활이요 생명이요 영생임을 말씀한 것을 믿게 하시려고 나사로만 불러 살리셨다. 겔37:1-10같이 죽은지 오래되어 뼈만 남은 그곳에서 "너희 마른뼈들아" 할 때 이뼈 저뼈가 들어맞아서 다 살아나는데 극히 큰 군대같이 많은 뼈들이 살아났다. 여기서 주님이 말씀하신 것(부활,생명,영생)을 뒷받침하시기 위해 나사로만 살려 내신 것이다.

7. 예수님이 부활시킨 나사로도 야이로의 딸도 나인성 과부의 아들도 다 죽었다. 그들 자신의 믿음으로 살아났다면 영생을 얻어 다시 죽지 않았어야 할텐데 그들은 그들 자신의 믿음 특히 예수님의 말씀을 듣고 믿고 영생과 부활을 얻은 자들이 아니기 때문에 다시 죽는 죽음이 되었다. 그러나 그들이 살아서 믿은 자는 영혼이 영원히 죽지 않은 자들이 되었을 것이다. 또 예수님은 부활의 첫 열매이시기 때문에 예수이전에 부활은 (혹 다시 살아났다해도)다시 죽는 부활이었으나 예수 부활이후 예수의 부활이 나의 부활로 예수의 죽음이 나의 죽음으로 믿는 믿음을 가진 자들은 영생을 가지게 되어 영원히 죽지 않는 부활을 하게 될 것이다.

8. 죽음은 아담의 범죄의 대가로 이 땅에서 왕 노릇했다. 사람은 그 누구도 이 죽음의 권세에게 다 굴복 당하고 말게된다. 죽음은 과연 저주인가? 아니면 하나님의 사랑으로 생명과 영생의 축복인가? 불신자들은 죄의 대가로 죽어야 하기 때문에 저주라고 봐야한다. 그러나 성도는 하나님이 죽음을 허용하시는 경우가 있다. ①생명의 연수가 다 했을때,(욥30:23) ②이 땅에서의 삶이 더 유익이 없다고 보실때,(눅16:22) ③하

나님의 영광을 나타내 보이시기 위해서,(요11:4-15) ④다른 사람을 하나님께 돌아오도록 하시기 위해,(빌1:21) ⑤안식을 주시기 위할 때(계14:13) 하나님이 불러 가시니 영생의 축복이 된다.

   그래서 성도의 죽음을 하나님이 귀중히 보시고(시116:15) 하나님의 사랑은 이땅에 오래 살게도 하시고 빨리 불러 가셔서 하나님옆에도 두시고 싶어하신다. 그래서 성도에게 죽음은 생명과 영생의 축복이다.

2002. 8. 26

"죽었다 살아난 나사로 이 사실 한가지만 가지고도 성경 한 권을 쓸 수 있는 진리가 있으며 우리는 나사로같은 복을 받았음을 찬양과 고백의 기도를 드리자."

평신도를 위한 성경 난해 구절 해설시리즈(사복음서 86)

 "부활은 성삼위의 작품인가 오직 성자 예수님만의 작품인가?"

(요11:25-26)

요11:25 "나는 부활이요 생명이니 나를 믿는 자는 죽어도 살겠고 " 이 말씀을 보면 부활은 오직 예수 그리스도의 단독 창작 작품으로만 보인다. 그러나 다른 성경을 보면 성부 하나님도 (요5:21"아버지께서 죽은 자들을 일으켜 살리심같이 아들도 자기의 원하는 자들을 살리느니라")(고후1:9 "이는 우리로 자기를 의뢰하지 말고 오직 죽은 자를 다시 살리시는 하나님만 의뢰하게 하심이라.") 부활은 단독 하나님의 창작품인 것 처럼 보입니다. 그뿐만 아니라 성령님께서도 부활의 권능이 있으시다. (롬8:11 "예수를 죽은자 가운데서 살리신 이의 영이 너희 안에 거하시면 그리스도예수를 죽은 자 가운데서 살리신이가 너희 안에 거하시는 그의 영으로 말미암아 너희 죽을 몸도 살리시리라") 이외에도 하나님이 살리신 내용이(행2:24, 2:32, 3:15, 4:10, 10:40, 10:30, 10:33, 10:34, 10:37, 행17:31,롬4:24, 6:4, 8:11, 10:9, 고전6:14, 15:15, 고후4:14, 갈1:1, 엡1:20, 골2:12, 살전1:7, 13:20, 벧전1:21, 엡2:5. 24회나 나오지만 더 많으리라고 본다.) 이렇게 많이 기록되어 있다. 그런데 마치 예수그리스도 단독 작품으로 오해하기 쉽고 그렇게 믿고 있으니 어느 것이 맞는 것이며 무엇이 어디서 잘못된 것인가요?

　부활은 결론부터 말씀드리자면 절대 예수그리스도의 단독작품이 아니고 성삼위의 합동작품이라고 본다. 우리의 구원도 마치 성자 예수님의 단독 권능인 것처럼 보이지만 성부하나님이 예정하시고 성령하나님이 도우시고 성자 예수님이 실제적으로 실행하셨습니다. 그래서 우리의 구원도 성삼위의 합동권능에 의한 것이지 성자 예수님의 단독권능이 아닌 것이다. 나사로를 살리시기 전에도 예수님은 하나님께 감사기도 드리셨다.

　요11:41"돌을 옮겨 놓으니 예수께서 눈을 들어 우러러보시고 가라사대 아버지여 내 말을 들으신 것을 감사하나이다"여기서 볼 때 나사로의 살리심이 하나님의 도우심 없이 예수님의 단독권능만이 아님을 보여줍니다.

　이미 하나님께 기도해서 하나님이 허락하신 가운데 이런 권능의 역사가 일어났다고 봅니다.

　하나님이 성도의 죽음을 허용하시는 경우가 다음과 같습니다.

　① 생명의 연수가 다하였음이 되었을 때(욥30:23)하나님의 계획과 예정하에 태어날 때가 있으면 죽을 때도 있는 것이다. 이것 모두 하나님이 하신 일이니 죽어 부활시키는 것 역시 성부 하나님없이는 될 수 없는 일중에 하나입니다.

　② 이 땅에서의 삶보다 더 유익하겠다고 보실 때 하나님은 사랑이심으로 그 사람을 더 유익된 곳으로 불러 가시는 분이 하나님이시다. (눅16:22)

　③ 하나님의 영광을 나타내 보이기 위해서 성도를 불러 가시게 된다.(요11;1-15)성도는 생명의 부활로 불신자를 사망의 부활로 나오게 하시는 분도 하나님이시다.(요5:29)

　④ 다른 사람을 하나님께 돌아오도록 하는 때 필요하면 죽는 것도 유

익하다(빌1:21)고 고백한 사도 바울같이 이런 신앙으로 꿈을 꾸는 자에게 하나님이 그대로 이루워주신다.

⑤ 하나님이 성도에게 안식을 주시기 위할 때(계14:13) 주안에서 불러 가셔서 수고를 그치고 쉬도록 하신다. 생명을 허락하시는 분도 하나님이시오 그 생명을 잘 돌보시고 인도하시고 길러 주시고 가르쳐 하나님의 세계로 인도하신 분도 하나님이시오 나중에는 하나님의 세계로 불러가셔서 신령하고 놀라운 천국으로 인도하시는 하나님이 우리 부활까지도 하나님이 역사하셔서 그리스도안에서 우리를 다시 부활시킴을 믿고 근본인 성삼위 하나님께 감사하노라.

다음은 죽음에 대한 성도가 대하여야 할 자세를 통해 날마다 이런 중심으로 살자.

① 생사의 권세가 하나님께만 있음을 알고 겸허하게 하나님의 역사대로 순종하는 맘으로 준비하자 불신자들처럼 슬퍼하거나 두려워하거나 괴로워하지말고 하나님의 뜻 안에서 되어지는 일이다.

② 죽음 이후에 올 평안한 안식에 대하여 기쁨으로 맞이해야 한다. 한 많고 죄 많은 이 세상보다도 하나님이 주인이시며 천군천사들의 호위속에 영원한 안식의 세계를 기뻐해야만 한다.

③ 그날과 그때 그 나라를 소망을 가지고 기다리는 자세 성경책에서 주 예수를 믿는 자는 멸망치 않고 영생을 주신다는 수많은 약속을 믿고 도리어 사모하고 기다리는 소망의 성도가 되자.

④ 단12:13 "너는 가서 마지막을 기다리라. 이는 네가 평안히 쉬다가 끝 날에는 네 업을 누릴 것이니라" 하나님이 주실 업을 누릴 것을 소망하여 끝 날이 오는 그날까지 성실하고 은혜롭게 살아야 한다.

⑤ 주를 위해서는 죽을 각오를 가지고 준비하며 살아야한다. 자기만 위하다 물질만 위하여 살다가 물질 불날 때 너도 타는 자 되지 않기 위해서는 주를 위해 살다 주를 위해 죽을 수 있는 자 되길 바란다.

⑥ 땅에 있는 이 장막은 무너지면 하나님의 손으로 지으신 하늘에 영원한 집으로 우리를 이사시키는 것이요 새몸, 새영, 새사람, 새피조물이 되며 하나님 앞에서 하나님이 누리는 영광에 참여할 것을 믿고 기뻐하라.

⑦ 죽음은 인생 모든 것의 끝이 아니라 도리어 신령한 삶의 시작으로 알고 두려워하거나 슬퍼해서는 안 된다. 이 세상에서도 이만큼 도와주신 하나님이 오는 세상에서도 모든 이름 위에 뛰어나게 하신다(엡1:21)

⑧ 주님이 주실 면류관을 생각할 때 소망의 날이 된다. 7가지 면류관이 기다리는 그 아름다운 나라로 간다.

ⓐ생명의 면류관,(계2:10) ⓑ영광의 면류관,(벧전5:4) ⓒ자랑의 면류관,(살전2:19) ⓓ즐거운 면류관,(빌4:1) ⓔ썩지않는 면류관,(고전9:25) ⓕ의의 면류관,(딤후4:8) ⓖ금 면류관,(계14:14) 이렇게 많은 면류관을 받아 쓸 당사자가 됐으니 도리어 그 날을 기다리며 사모하는 중에 기다리는 자가 되라.

주의 죽으심은 단순한 죄가의 말소가 아니라 영원한 생명을 주시기 위해서 죽음을 이기시고 다시 살아나셔야 했다. 이러한 일이 인간으로는 불가능하고 성삼위 하나님만이 가능한 것이다 예수그리스도는 이 고난을 통하여 완성 해야할 자신의 구속사역을 염두에 두시고 나는 부활이요 생명임을 주장하신 것이다.

나사로에게 생명을 주시기 앞서 그는 앞으로 완성될 구속사역을 염두에 두셨고 이와 같이 부활이요 생명이라고 하신 것이다. 또한 그 말씀 그대로 예수님은 죽음을 이기고 부활하셨다. 그래서 예수님 자신이 부활의 첫 열매가 되셨다. 그의 부활체는 가시적으로 우리 부활체를 미리 내다볼 수가 있었다.

시공간을 초월한 형체이었으며 영원불멸의 생명이었기에 영생이라고 하신 것이다. 이것은 장래에 우리에게 그대로 실현될 것이니 소망 속에서 산다. 그러므로 우리의 생명을 이 땅에 보내시기도 다시 불러 가시기도 하시고 부활시켜 영생의 생명으로 주시는 성삼위 하나님을 영원토록 찬양 경배해야 한다.

2002. 8. 27
"나같은 죄인을 위해서 성부 성자 성령 삼위 하나님의 공동 권능으로 구원시켜주시고 태어나게도, 불러 가시기도, 부활시켜 영생의 생명을 주시는 성삼위 하나님께 몸밖에 드릴 것 없어 이 몸 바치기로 서원하노라."

평신도를 위한 성경난해 구절해설시리즈(사복음서87)

 "마리아의 기름부은 사건에서 풀리지 않은 난제들"

(요10:22-30)

(문제제기)
1. 이 잔치한 집은 나사로의 집(요한)인가 아니면 문둥이 시몬의 집(마태, 마가)인가요?
2. 기름을 예수님의 머리에 부었나 발에 부었는가요? (마,막-머리. 요한-발)
3. 옥합을 깨뜨려 부은 것인가 그냥 비싼 향유 순전한 나드 한근을 부은 것인가? (마,막-옥합)
4. 예수님이 베다니 나사로 집에 오신 때가 유월절 엿새전인가? 이틀전인가? (마,막-유월절 이틀 전)
5. 요한복음은 마리아의 이름을 밝히는데 마태와 마가는 나사로와 마리아의 이름을 몰랐는가? (몰랐다면?)
6. 요한은 가룟 유다와 300 데나리온을 밝히는데 마태와 마가는 다르게 표현했는가? (몰랐는가?)
7. 오빠 나사로 살려줌에 감사예물이라면 깨뜨려 붓는 것 보다 헌물로 바침이 더 낫지 않을까요?
8. 가난한 자 수많은 사람에게 베푸는 것과 예수님 한 분에게 베푸는 것 중 어느 것이 더 나을까요?
9. 살아계신 예수님의 발에 기름부은 것이 어떻게 예수님의 장사를 예비한 것이 될까요?
10. 향유를 머리털로 씻는 다는 것이 용이치도 않거니와 대중이 보는 앞에서 이런 행위가 타당한가? (마,막은 몰랐는가?)
11. 도적, 마귀, 예수님을 팔 자에게 가장 귀한 재정 출납과 돈 궤를 맡기심이 예수님이 모르고 하였는가? 알고도 그리하셨는가?
12. 예수님은 제자들과 항상 함께 있지 아니하리라(마26:11) 세상 끝날 까지 너희와 항상 함께 있으리라(마28:20) 서로 모순되지 않는가?

(문제풀이)

 1. 요한 복음은 나사로 집에서 한 것처럼 보였고 마태와 마가복음에서는 이 잔치의 주최자는 문둥이 시몬의 집이라고 밝혔다. 여기에 대해 렌스키는 마르다가 문둥병자 시몬의 부인이라고 추정하며 센더스는 문둥병자 시몬이 나사로와 마르다 마리아의 아버지라고 한다. 어느 것이 맞은 것인지는 확실하지 않다. 본 사건의 주최자는 분명 시몬임이 틀림없다. 그런데 사도 요한은 나사로의 부활에 더 관심을 두고 이 기사를 써 내려가다보니 주최자는 언급하지 않고 나사로에 대한 것을 더 중요하게 기록한 것뿐이다.

2. 여기서도 마태와 마가는 머리에 부었다고 기록했고 요한은 발에 부었다고 기록했다. 여기서의 차이점은 큰 문제가 되지 않는다. 마리아는 예수님의 몸 전체에 향유를 부었다. 음식 잡수실 때는 비스듬이 누워 있는 상태이니 머리로부터 발끝까지 온몸에 부을 만큼 한 옥합의 분량이 많다. 마태와 마가는 머리에 향유를 부었을 때를 기준 하여 기록하였고 그러나 요한은 특별히 예수님의 발에다 초점을 맞추는 것은 마태와 마가가 생략한 것으로써 마리아가 머리털로 예수님의 발을 씻었다는 놀라운 사건을 부각시키기 위해서이다. 원래 발씻기는 것은 특별손님을 노예가 하는 일이었다. 이때 마리아의 중심은 하급 노예만도 못한 자신을 보이면서 특히 머리털로 씻기고 닦아 내는 행위는 절대 복종을 의미한다.

3. 마태와 마가는 매우 귀한 향유 한 옥합이라고 했고 요한은 매우 귀한 순전한 나드 한 근이라고 했다. 실제는 옥합에 담아와서 많은 사람이 보는 앞에서 옥합의 머리부분을 깨뜨려서 잘 나오도록 하여 부어드린 것이다. 마태와 마가는 향유를 담은 그릇에 더욱 관심을 가졌다. 향유도 비싼 것이지만 담은 용기 옥합도 우리 나라 고려청자 같은 보물이기 때문에 귀한 것이다. 그러나 요한은 순전한 나드 한 근에 관심을 집중시켰

던 것이다. 이 나드 향유는 동인도의 '나르도스타키 스자타만시' 라는 식물에서 채취된 귀한 것으로 이스라엘에서는 없는 수입품이다. 그 용량은 12온스, 340g이며 금액은 300 데나리온 노동자 1 년 정도의 노임에 해당된다. 옥합을 귀중히 본 마태, 마가나 내용물을 더 귀중히 본 요한이나 한 점의 오류도 없는 것이다.

4. 여기서도 마태와 마가는 유월절 이틀전이라고 하고(마26:1,막 14:1) 요한복음에는 유월절 엿새 전에(요12:1)라고 기록하였다. 원래 유월절은 니산월 14일 저녁부터 시작이 된다. 그러므로 6일전이면 니산월 8일(금요일)이 된다. 예수 일행은 안식일이 되기 전 금요일에 여리고를 출발하여 베다니에 도착하셨을 것이다. 그리하여 안식일을 보낸 후 토요일 저녁이 되자 잔치를 배설한 것이다. 다음 주일(일요일)에는 예수님이 나귀 타고 예루살렘에 상경하는 날이었다. 요한복음에는 베다니에 도착 하시자마자 잔치가 곧 시작된 것 같이 기록이 보인다. 그러나 그렇지 않다. 예수님이 여리고에서 베다니에서 오신 날은 엿새 전 금요일 오후였고 안식일(토)을 쉬시고 안식일지나 일요일 되는 첫 시간 잔치를 배설하시고 다 잡수시고 주일날에 예루살렘에 입성하신 것이다. 그리고 마태 26:1이나 막14:1의 유월절되기 이틀 전에 수요일저녁 예수님이 제자들에게 대화하신 내용이 잠깐 나오게 된 것이다. 그리고 나서 마리아의 기름부은 사건이 나오는 것은 순서상 먼저 것이 나중에 나온 것뿐이다. 그러므로 엿새 전에 도착했다는 말도 맞고 이틀전에 (유월절) 대화내용도 맞는 것이다.

5. 마태와 마가가 본 사건을 기록함에 있어서 나사로나 마리아의 이름을 전혀 쓰지 않고 있으나 요한은 정정당당하게 나사로와 마리아의 이름을 떳떳하게 밝히는 것은 왜 그럴까요? 마26:7이나 막 14:3에는 마리아의 이름을 몰라서 '한 여자' 란 익명으로 표현한 것에 대한 의문은 난해한 것이다. 그러나 다시 생각해 볼 때는 공관복음이 쓰여질 때에

는 아직도 나사로를 죽이려하였고 마리아를 적대시하던 대제사장들과 같은 유대 종교지도자들과 더불어 다 살아있을 때를 기준했고 그때 그 당시를 생생하게 그리기 위해 생동감있게 숨기면서 기록했다. (마태나 마가의 기록한 연대는 A.D 50년경)그러나 요한의 요한복음 기록당시는 이 모든 사람들이 다 죽고 없는 A.D 90년경이니 안심하고 더 자세히 실명으로 밝히면서 기록할 수가 있었던 것이다. 실명을 밝힌 요한의 기록이 40년후에 기록이라 더 자세하다고 본다.

6. 요한복음에는 가롯 유다와 300 데나리온에 대해 비교적 자세히 나온다. 그러나 마태와 마가에서는 가롯 유다의 이름이 명시되어있지 않고 단순히 마태26:8 '제자들'이라 했고 마가14:4 '어떤 사람들이'로 나온다. 이로 보아 당시 마리아의 향유부음이 가롯 유다 뿐만 아니라 다른 제자들과 이 잔치에 참여한 손님들에 의해서도 자연스럽지 못하게 비쳐진 듯 하다. 마태와 마가는 전 제자들 다 같이 불평하고 안타까와하는 모습을 그렸고 요한은 특히 가롯 유다를 언급한 것은 다른 모든 제자들 보다 가롯 유다가 선동이 되어 불만을 토로했기 때문에 더 대표적으로 대조하여(마리아) 기록한 것이다.

즉 마리아는 가장 귀한 것 희생하고 헌신하는데 가롯 유다는 전형적인 사단이 즐겨하는 불화와 반목, 이간질이다.

7번과 9-10번 해설. 기쁘고 즐거운 잔치 날 장례를 기념한다고 하는 것은 서로가 걸맞지 않은 묘한 대조를 이룬다. 나의 장례라는 말이 예수님의 입에서 나왔다는 것을 보면 예수님은 기쁜 잔치자리라 하여도 계속적으로 십자가의 수난을 염두에 두고 이제 엿새 후면 십자가에서 사명을 완수해야 하는데 마음이 쏠려 있었음이 증명됩니다. 그래서 잔치 석상에서 자기 몸에 기름 붓는 행위를 주님은 자연스럽게 자신의 죽음과 결부시켰다. 기름 붓는 마리아의 의도는 ①향유를 부음으로써 자신이 가지고 있던 가장 소중한 것을 드리는 표로 삼고저 했다. ②마리아는 이 값비싼 향유를 그녀의 오라비 나사로를 살려주신 예수님께 대한 사랑과 감사의 표시로 드렸다. ③마리아는 향유를 붓고 그녀의 머리털로 예수님의 발을 씻는 것은 제자됨의 표시로써 존경심, 섬김, 순종을 맹세하는 행위라고 본다. 장례를 행해야 할 자에겐 방부역할을 하는 이 향유 이외 더 좋은 헌물이 없는 것이다.

여기서 머리털로 예수님의 발을 씻었다고 기록은 나온다. 여기서 '씻으니'로 번역된 '엑세막센'은 닦기 시작하였다는 뜻이다. 유대에서 여자가 머리를 풀어헤치는 것이 수치로 여겼으나 전혀 개의치 않았다. 여기 '엑맛소'는 씻다라는 의미가 아니라 '딱아 내거나 문지르는 것'을 나타낸다. 마리아는 마치 화장품을 얼굴에 발라 문지르듯 자신의 머리털로 예수님의 온몸에 부은 향유를 골고루 문질러주는 행동이었다. 우리는 그녀의 이러한 태도를 무례한 일이라고 비난하거나 괜한 낭비를 할 것이라고 평가절하 할 수 없다. 이것은 예수님을 향한 이 여인의 중심이며 또 주님이 기뻐 받으시는 행위였기에 주의 장사를 제일 잘 준비한 것이다.

8. 요12:8을 원문대로 해석하면 "그러나 너희가 계속해서 나를 소유하지는 못한다." 예수님은 자신이 이 세상을 떠날 때가 가까이 왔음을 아시고 이렇게 말씀하셨다. 그러나 제자들은 이 말씀의 뜻을 알지 못했다. 나는 곧 이 세상을 떠나가니 너희와 항상 함께 있는 가난한 자를 구제하는 일보다 주님의 죽음을 준비하는 일이 더 시급하다고 말씀하셨다. 또 이 말씀 가운데는 가난한 자의 구제를 결코 가볍게 여기지 않으셨던 것이다. 가난한 자의 구제도 전 성경의 명령이다.(레25:35, 신15:7, 마6:1, 눅11:41) 그러나 그 당시는 예수님이 엿새후면 십자가에서 죽으셔야 하시기 때문에 시기를 분별하는 지혜를 가질 것을 교훈 하신 것이며 아울러서 가나한 자의 구제를 명분으로 내세우는 가룟 유다의 사악한 마음의 의표를 찌른 것이 된다.

11. 마리아의 값비싼 향유를 붓는 것을 강하게 반발한 사람이 가룟 유다임을 분명히 밝힌다. 본래 가룟 유다는 도적이요, 마귀(요6:70)요 예수님을 팔 자임을 예수님은 다 알고 계셨다. 그런데도 예수님은 어찌하여 제자 사명 중 제일귀한 재정 출납과 돈궤를 맡기신 이유가 있다. 가룟 유다를 구원사역에 철저하게 이용하셨으나 복 받는 길로 사용되지 못하고 저주 받는 길로 사용됨이 매우 유감스러운 일중에 하나이다. 도적이요 마귀요 예수를 팔 자라는 것도 아셨지만 이제라도 회개하고 돌아와 예수의 발 앞에 꺼꾸러지면서 회개하기만을 고대하셨다. 또 요한복음을 기록한 1세기 후반부에는 교회 내에 이단들이 준동하여 많은 사람들을 미혹하므로 성도 중에는 변절자들이 많이 생겨났었다. 이때 요한이 가룟 유다를 부각시켜 예수님의 제자 가운데에서도 이처럼 배신자가 있으니 모든 성도들은 내가 예수의 선한 사역으로 이용되고 있는지 오히려 저주받는 사역에 이용되고 있는지 살피고 가룟 유다처럼 주님 모시고 가장 귀한 일하면서도 범죄를 일삼고 회개치 않고 강퍅한 자들이 되어서는 안 된다는 것을 알려주기 위함이다.

12. 예수님은 제자들과 항상 함께 있지 아니하니라고 말씀하심은 예수님을 위하여 일할 수 있는 기회가 항상 있는 것이 아니다. 예수님을 위해 일할 수 있는 그 기회가 지나면 하고 싶어도 하지 못한다. 예수님은 곧 가셔야 하기 때문이었다. 하나님의 예정하신 뜻을 올바로 분별할 줄 알아야 한다. (ex 삭개오, 예루살렘 입성시 나귀 바친사람, 마리아의 기름 붓는 사건) 그러나 마28:20에는 "세상 끝날 까지 너희와 항상 함게 있으리라" 하심은 이 말씀 하실 때는 부활하셔서 승천하시기 전 제자들에게 천국가서라도 항상 너희들과 함께 해주실 것이니 내가 분부한 모든 것을 그대로 일할 때마다 예수님은 항상 함께 해주시마고 약속하셨다.

언제나 주의 일은 주님이 하시는 것이요 우리는 심부름꾼에 해당되니 나는 못한다고 핑계하지 말고 주께서 일할 것을 믿고 순종할 따름이라. 그러니 마 26:11이나 요12:8의 말씀과 마28:20의 말씀과는 서로 모순된 것이 아니다.

2002. 8. 28

"마리아의 기름 부은 사건에서 우리가 배울 교훈은 너무나 많으며 마태 마가 요한이 서로 상호 오류가 없이 성령님의 감동에 의해 하나님의 깊으신 뜻을 속속들이 알게 해 주심에 다시 한번 감탄하는 바이다."

평신도를 위한 성경난해 구절해설시리즈(사복음서88)

 "제자들의 발을 씻기신 사건에서 풀리지 않는 난제들"

(요13:1-20)

(문제제기)

1. 주와 선생이 된 예수님이 제자들의 발을 씻기신 근본 목적과 이유는 무엇인가?
2. 마귀가 벌서 가룟 유다 마음에 죄 짓도록 할 때 주님은 왜 가만히 보고만 계셨는가? (자기 사람들을 사랑하시되 끝까지 사랑하신다는 말과는 배치되지 않는가?)
3. 어째서 주님이 하시는 일을 그때는 알지 못하나 이후에야 깨닫게 하는가 그때 알면 더 좋을텐데요?
4. 너를 씻기지 않으면 너와 나와는 상관이 없다고 하심은 주님이 직접 씻기지 않은 우리는?
5. 베드로나 제자들이 언제 목욕한 자로 판명이 났는가? 목욕한 일이 없지 않는가?
6. 내가 너희에게 행한 것 같이 오늘 우리도 예수님처럼 발을 직접 씻겨 주어야 하는가?
7. 너희가 이것을 알고 행하는 자는 복이 있다고 하셨는데 무엇을 알고 행하는자를 가르키는 것인가?
8. 여기서 가룟 유다의 배반사건을 자세히 밝히신 뜻이 무엇인가요?

(문제해설)

 1. 예수님이 최후의 만찬 장에서 제자들의 발을 친히 씻기면서 겸손과 섬김의 도 주의 구원에 대한 전체를 계시했다고 본다. 이 시기에 제자들은 누가 더 크냐 더 높은자리에 앉느냐 다투는 때였다. 이때 예수님은 "너희 중에 큰 자는 너희를 섬기는 자가 되어야 하리라"는 교훈을 주시기 위해 몸소 실전하심으로 제자들에서 모범을 보이신 것이다. 가장 큰 목적과 이유는 이제 곧 십자가에서 흘리게 될

예수 자신의 피로 온 인류의 죄악을 깨끗이 씻겨 주실 것을 상징하고 있기도 하다. 다시 말해서 예수님께서 하나님의 영광을 버리고 종의 형체를 가져 성육신하게 되 십자가에 죽기까지 복종하신 주님의 자기비하에 대한 가장 대표적인 사례에 해당되는 것이다. 그렇기 때문에 예수님께서 베푸시는 죄 씻음의 은총을 거절하는 자는 결코 주님과 더불어 생명적 관계를 이룰 수 없다는 사실을 알리면서 발 씻기를 거절한 베드로의 이의를 단호히 거절하신 것이다.

2. 이러한 유다의 배반은 이미 토요일에 마리아가 예수님께 향유를 붓던 자리에서도 노골화되기 시작하였다. 사도 요한은 예수와 제자들간에 마지막 교제인 세족식을 언급하기에 앞서서 배신자가 이미 있었다는 사실을 말하는데 그는 다름 아닌 '가룟 유다' 인 것이다. 예수님은 사단이 유다의 마음속에 들어가서 유다를 유혹하는데도 내버려 두는 심판을 행하셨다(롬1:24) 그 이유는 가룟 유다는 주님의 사역에 이용되는데도 저주받도록 이용되었기 때문에 주님의 뜻을 이루시는데 크게 이용되었다. 그러나 구원과 사랑 주기로 예정된 다른 제자들 즉 자기 사람들은 세상 끝날까지 사랑하시기로 예정하신 뜻대로 그들을 끝까지 도와 주셨던 것이다.

3. 이 말씀은 베드로에 대한 답변이나 베드로 한 사람에게만 해당되는 것이 아니라 모든 제자들에게 적용되는 말이다. 즉 세족식이 거행되어지는 그때 그 현재의 시점에서는 모르나 오순절 보혜사 성령님이 강림하셔서 진리가운데로 인도하심으로 모든 것이 명확하게 밝혀지는 미래의 시점을 가리키는 시간적 대조와 더불어 본 문장은 매우 강력한 반박의 성격도 가지고 있다.

① 성령강림 후 명확하게 알게 될 때가 올 것을 미리 예언하고
② 개인적으로는 은혜가 충만하면 예수님의 하신 모든일이 다 깨달아지고 믿어지고 수긍이 가게 될 때가 개인적으로도 오는데 각 개인마

다 은혜가 미치는 양에 따라 다소 차이가 있을 수 있다.

　4. 베드로의 발 씻는 일이 완강한 거부에 대하여 예수님은 제자들의 발을 씻기는 일의 근본적인 목적을 밝히신다. 즉 세족사건은 예수와 제자들간의 영적인 관계로 '죄 씻음'을 통해 그리스도와 맺어지는 성도들의 연합을 교훈하는 의미를 지닌다. 이처럼 씻음을 통하여 구원을 받은 자는 천국의 기업을 얻게 되는 것이다.

　주님은 나와 함께 이 씻김(연합)의 구속사역에 동참되지 않는 자는 나와 상관없음으로 천국의 기업도 누릴 수 없다는 것이다. 우리는 주님 계실때는 태어나지도 않았다. 주께 씻김 받지 못한자들 같으나 예수그리스도가 나의 죄를 위해 십자가에서 죽으시고 부활하심을 믿는 자들은 그 누구도 씻김 받은자가 된 것이다. 이 말씀은 이 일이 행해지는 그 시점뿐 아니라 영원성을 포함한 미래적인 의미로 쓰여졌다. 즉 죄 씻음을 통한 예수 그리스도와의 연합이 없게 되면 영원히 그리스도로 인한 구원과는 상관이 없는 자가 된다.

　5. (4번 내용을 읽고 음미하시면 해답이 나올 것이다.)

　6. "너희도 행하게 하려고 본을 보였노라." '이 말씀 때문에 오늘날도 세족식(洗足式)을 하는 교단이나 개인들이 많이 있다. 이 세족식은 이 당시만 행해진 특별한 사건이 아니라 후대에도 성례전으로 시행된 적이 있음을 교회사를 통해 알 수 있다. 어거스틴 시대에 이미 고난 주간가운데 목요일에 행해진 세족식을 기념하는 세족 목요일에의 의식이 행해졌고 지금까지도 로마교황에 의해 실시되고 있다. 그리고 한 동안은 영국교회와 모라비안 교도들도 시행했고 일부 침례교를 비롯한 개신교의 일각에서도 지금까지 시행하고 있는 교단들이 있다.

　하지만 여기서 예수님의 강조점은 세족식의 반복적 성례전 화에 있지 않는 것이 너무 자명하다. 이 세족식의 의미는 ①죄 씻음의 상징과 ②섬김의 실천적 행동이라는 측면에서 보면 ①번은 그리스도가 아닌 그 어떤 사람(교황이라 할찌라도)에 의해 실행될 수 없는 것이고 ② 번은 반드시 발을 씻기는 섬김만이 아니라 다양한 방법으로써의 섬김의 행동이 되어야 한다고 확대 해석되어야 한다. 즉 이 '본'의 실천은 그 의식을 반복하는 것이 아닌 신자들 서로간의 모든 관계에서 계속적으로 적용되어야 하는 것이다. 그러니 오늘날 세족식 거행은 자제되어야 마땅하다고 본다.

7. '보냄을 받은자'의 사명을 잘 알고 행하면 복이 있다고 함은 전절에 예수님은 세족식을 마치시고 예수님 자신을 '상전'으로 설정하시고 제자들을 '종'으로 규정하신 사안이며 또 예수께서 자신은 '보낸자'로 제자들은 '보냄 받은자'라고 표현하였던 것이다. 이런 표현은 특히 십자가를 앞둔 최후에 만찬자리에서 제자들에게 복음 전파사명을 부여한 위임 명령장을 주는 자리와 같다. 보냄을 받은 자들인 제자들은 그 동안 예수님이 행하신 발 씻기신 근본 목적과 이유까지도 알고 그 목적이유에 따라 행하면 복을 받게 되고 이걸 모르고 제 뜻대로 행하는(다음부터나오는) 가룻 유다에 대해서 언급이 나오는 것은 교육적 효과에서 큰 효과를 주신 것이된다.

8. 예수님을 따르는 많은 사람들 가운데 12명을 선택하여 제자로 삼았던 예수님은 그 중에서도 '보냄을 받은자'의 사명을 다하지 못하는 유다에 대해 신적 전지성으로 이미 잘 알고 계셨다. '내떡을 먹는자'는 가장 가까이 지냈던 자요 '발꿈치를 들었다' 배은 망덕의 행동을 의미한다. 이 일이 이루기 전에 미리 말해둠으로 이일이 이루워지고 나서는 그가 과연 전지전능하신 하나님이심을 확실하게 믿게 하기 위함이었다. 가룻 유다 사건을 밝힌 것은 너는 그런 사람되지 말라는 교훈도 있다.

2002. 8. 29

"이미 목욕한 우리 매일 발만이라도 씻기 위해 잠자리에 눕기 전에 하루를 돌아 보고 회개기도 드린다. 목욕도 발도 안 씻는 자는 가룻 유다와 같은 자 되기 쉬운 자들이다."

평신도를 위한 성경난해 구절해설시리즈(사복음서89)

 ## "요 14:1-15에서 풀리지 않는 난제들"

(요14:1-15)

(문제제기)

1. 천국창조는 영원 전에 예비 되었나? 주님이 가셔서 계속 준비하고 계시는 것인가?
2. 예수님은 길도 되고 진리도 생명도 된다면 예수님을 한마디로는 어찌 말해야 되나?
3. 우리가 주님이 하신 일도 주님보다 과연 더 큰 일을 할 수 있는 것인가?
4. 예수님 이름으로 무엇이든지 구하기만 하면 다 이루워지는 것인가?
5. 하나님의 형체는 없는 것인데 예수를 본 자는 하나님을 본 자라면 하나님의 형체는 어떻게 생겼나?

(문제해설)

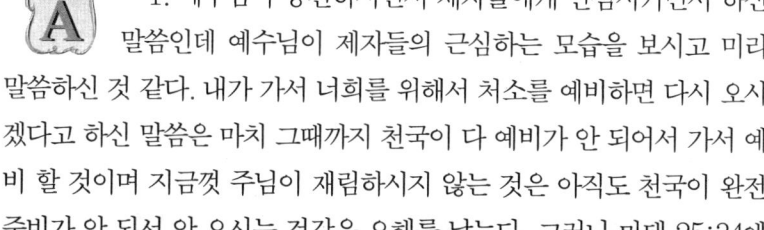

1. 예수님이 승천하시면서 제자들에게 안심시키면서 하신 말씀인데 예수님이 제자들의 근심하는 모습을 보시고 미리 말씀하신 것 같다. 내가 가서 너희를 위해서 처소를 예비하면 다시 오시겠다고 하신 말씀은 마치 그때까지 천국이 다 예비가 안 되어서 가서 예비 할 것이며 지금껏 주님이 재림하시지 않는 것은 아직도 천국이 완전 준비가 안 되어 안 오시는 것같은 오해를 낳는다. 그러나 마태 25:34에서는 천국은 창세 전에 너희를 위해 예비하였다고 기록이 나옵니다.

그러나 요14:1 "내 아버지 집에는 거할 곳이 많도다"는 말씀은 이미 천국에 거할 곳이 많이 있음을 알리셨습니다. 이미 천국을 창세 전에 예비해 놓으신 주님은 무엇을 예비하시겠다는 것인지 심히 난해한 구절입니다. 예수님의 구속사역은 아직 끝난 것이 아니다. 우리의 구속사역은 예수님의 죽음이 없이도 안되거니와 예수님의 승천과 보혜사 성령님의 강림과 주의 재림까지가 다 포함됩니다. 주의 승천도 성령강림도 주의 재림도 아직 이루워지지 않았기 때문에 주님은 우리 각 개인들의 영혼을 위하여 이 사명을 다 감당하므로 각 개인이 갈 천국을 예비하시겠다는 말씀이라고 본다. 천국은 선재성이며 장소적으로 이미 준비되었고 다만 성도들의 영혼이 영원한 천국에 들어갈 수 있도록 모든 사명을 완수하며 예비하시겠다는 것으로 십자가와 부활, 승천, 성령강림, 재림을 예비하시겠다는 뜻이다.

 2. 도마의 질문에 대답하는 형식에서 나온 말씀이다. 예수님은 나는 …이다. 는 말씀을 많이 해오셨다. 여기서 나오는 길, 진리, 생명 이 세 가지 표현 모두가 이제 곧 담당하실 십자가 수난을 통해 성취될 구속사건과 밀접하게 연결된다. 여기서 길이 핵심적인 것으로 진리와 생명은 길에 대한 설명으로 보는 견해가 있다. 예수님은 진리요 생명이기 때문에 길이 된다는 것이다. 6절에도 아버지께로 가는 길을 암시하기에 4절부터 6절까지 오직 길에 대한 논리이다. 헬라어 본문에서는 길, 진리, 생명앞에 정관사(헤)가 붙어있기 때문에 절대적 의미에서 예수그리스도만이 구원에 이르는 유일한 길이요 진리며 생명이 되신다는 것이다. 즉 구원받는 길, 하나님께 가는길, 천국 가는길, 영원히 영생 얻는길, 이다는 뜻이다. 예수님은 여러 가지 모양으로 (나는 …이다)자기를 표현했다. (ex 예수님이 나는 포도나무, 길, 진리, 생명, 구원, 생명의 떡, 생수, 빛, 말씀, 양의 문, 양의 우리, 문지기, 선한 목자, 부활 등등) 그럼 예수님을 한마디로 말한다면 무어라고 해야 할까요? 곧 하나님이시라고 말해야 된다. 곧 하나님만이 이 모든 것이 가능하기 때문이다.

 3. 성도가 과연 예수님보다 더 큰 일을 할 수 있을까? 그것은 예수님이 하늘나라로 가시면서 보혜사 성령님을 보내주시는데 그 성령님과 함

께 일하면 예수님이 하시던 이 위대한 일도 계속 하실 수 있고 또 더 큰 일이라는 것은 예수님은 이스라엘 안에서 당시 몇 백 만명도 안 되는 좁은 지역에서 하셨던 일이었으나 지금은 온 세계 60억인구를 향해 외치고 전하는 엄청난 일을 할 수 있기 때문인 것이다. 예수님보다 더 큰 일 할 수 있게 해달라고 기도하는 것은 잘못된 것이다. 예수님보다 더 큰 일하겠다는 것은 교만이다. 사람은 불가능한 것이다. 그럼 예수님이 더 큰 일이란 것은 ①구속사업을 가리킨다. 예수님이 하신 일은 구속사업의 기초(터)요 모퉁이 돌을 놓은 것이다. 그 후 성도들이 그 위에다가 성령님과 함께 영적 성전을 지어나가야 한다. 집 짓는 일이 기초 놓은 것 보다 더 큰 일같이 보이는 것이다. 사실은 기초 돌과 모퉁이 돌의 능력으로 지은 집이기 때문에 이집 조차도 주님이 하신 것이지 우리가 한 것은 아무것도 없다. ②신약교회를 세우는 일이다. 예수님때는 신약교회가 12제자와 그 외 몇 명에 불과한 것이다. 사도 시대는 초대교회가 규모가 커지기 시작하더니 오늘날에는 전세계에 믿는 성도가 몇 십억이 된다. 이 성도들을 통한 구원운동이 크게 확장되어 큰 교회가 되었다. 이것이 큰 일이라고 하신 것이다. 그러나 이것도 궁극적으로는 하나님이 하신 것이요 사람이 한 것은 하나도 없다. 그러므로 우리는 겸손할 뿐이다.

4. 예수님의 이름으로 무엇이든지 구하기만 하면 다 이루워 주시는데 다음과 같은 믿음의 기도가 아니면 결코 이루워 질 수가 없는 것이다.

① 예수님의 공로를 힘입어서 기도해야만 된다. 예수님의 공로를 힘입지 않는 기도는 하나님이 듣지 않으신다.

② 예수님의 뜻대로 기도해야만 한다. 아무리 예수님의 이름으로 기도한다고 해도 정욕으로 쓰려고 기도하면 하나님이 들어주시지 않는다. (약4:2-3)

③ 예수님을 인하여 기도하라는 것이다.(요6:57,엡6:18) 이것은 성

령으로 기도하라는 뜻이다.

④ 예수님의 인격을 닮아가기 위해서 기도하라는 뜻이다. ⑤자기 구원을 이루워 나가기 위하여 기도하고 그리스도의 구원운동을 위하여 간구 하라는 뜻이다. 이런 믿음 중심을 가지고 기도하면 무엇을 구하든지 다 이루워 주신다.

5. 하나님은 신이시기 때문에 형체가 없으시다고 하였다. 신4:12 "하나님은 음성뿐이므로 너희가 그 말소리만 듣고 형체는 보지 못하리라" 누구든지 하나님을 본 자는 다 죽고 살지 못하게 되었다. 그런데 겁 없는 빌립이 하나님을 보여달라고 요구했습니다. 그때 예수님이 나를 본 자는 내 아버지(하나님)을 본 자라고 하셨다. 본래 이런 하나님이 사랑으로 우리를 불쌍히 여기사 임마누엘이 되어 하나님이 우리와 함께 계시기를 기뻐하셨다. 하나님이 육신을 입으시고 사람이 되신 것이 예수 그리스도이시다. 하나님이 책이 되어 우리에게 성경책으로 임하셨다. 하나님이 말씀이 되어 설교시간에 말씀으로 들려주신다. 이제 하나님을 보아도 만져도 우리가 죽지 않은 은혜시대이다. 그래서 예수를 본 자는 하나님을 본 자가 된 것이다. 하나님의 본체는 우리가 보지 못했으나 이 땅에 여러 형체로 오신 하나님을 뵈옵고 성경과 말씀을 듣고 하나님 앞에서 바로 사는 성도가 되어야 한다.

2002. 8. 30

"이미 예비된 천국에 길되신 예수님으로 가게 되었고
성령님과 함께 예수님같이 큰 일도 하고 예수의 이름으로 구하고
하나님 앞에서 (코람데오=神前意識)거룩하게 살길 소원 하노라"

평신도를 위한 성경난해 구절해설시리즈(사복음서90)

"보혜사 성령에 대하여 풀리지 않는 난제들"

(요16:10-15)(요14:16-19)

(문제제기)
1. 보혜사 성령의 3대 임무는 무엇일까요?(요16:8-15)
2. 보혜사는 하나인가요 아니면 둘인가요?
3. 보혜사 성령의 용어를 정리한다면?
4. 보혜사 성령의 은사란 무엇인가요?
5. 보혜사 성령을 충만히 받는 행동은?

(문제해설)

 1. 보혜사 성령님이 이 땅에 오셔서 하실 일이란 너무 많으시다. 그러나 성경을 통해서 그의 임무와 사역을 밝혀 보려고 한다. 1) 세상에 대하여 2) 제자들에 대하여 3) 하나님과 그리스도에 대하여 이다.

1) 세상에 대하여

① **죄**: 그리스도를 믿지 않는 불신앙의 죄를 책망하시고서 성령의 도우심으로 올바르게 교정해주신다. 인간 스스로는 죄를 깨달아 알 수도 없고 그 죄를 다 해결할 수 없으나 성령님이 도와주신다.

② **의**: 죄의 반대개념으로 예수 그리스도 자신을 가르친다. 인간들의 죄인상태를 구원하기 위해 예수 그리스도께서는 대속적인 죽음을 당하셨으며 부활하시고 승천 하셨다는 의미를 믿도록 성령님이 역사해주고 믿는 자는 의롭다고 인정받는 유일한 길이다.

③ **심판**: 이 세상임금(사단)들을 심판하시는 일이다. 예수 그리스도

께서 십자가에서 돌아가심으로 사단의 심판이 시작되었고 부활하심으로 결국 사단은 패한 것이다.

2) 제자들에 대하여 진리가운데로 인도하시는 성령님이었다.

아직은 제자들이 예수 그리스도의 구속과 모든 것에 대하여 제대로 알지 못하기 때문에 보혜사 성령님이 오셔서 인도하시고 가르치시고 진리에 거하게 하심으로 완전한 그리스도의 증거자로 세우시기 위한 것이었다.

3) 하나님과 그리스도에 대하여 영광만을 나타내신다.

성령께서 하나님과 그리스도의 영광을 나나내는 방법은 하나님에 대해서나 그리스도의 교훈과 인격을 중심한 가르침이다. 즉 성령께서는 예수그리스도의 제자들에게 신앙과 사고(思考)의 중심이 되게 하심으로써 하나님과 그리스도의 영광을 나타내는 사역을 하신다.

결국 성령의 모든 사역은 하나님과 그리스도의 영광을 나타내기 위함임을 잘 보여주고 있다.

2. 보혜사에 해당하는 헬라어 '파라클레토스'(parajclatoʺ)는 문자적으로는 '아무개 곁으로 부름 받은 자' 라는 뜻이지만 대개 다음과 같은 의미로 해석된다.

즉 이 단어는 능동적인 측면에서 재판관 앞에서 다른 이를 변호하는 자 혹은 곁에 서서 격려하며 권고하는 자 옆에 서서 보조하고 원조하는 자 친구라는 의미를 갖기도 한다.

그 외에 성령의 명칭도 다양하다. 하나님의 신(창조사역 창 1:2), 지혜로운 영(지혜 출28:3), 주의 선한 신(선 느9:20) 주의 성신(거룩성 시 51:11)자유한 영(자유 시51:12), 심판소멸의 영(속죄성결 사4:4) 지혜총명의 신 (지식공급 사11:2), 모략과 재능의 신(은사공급 사 11:2), 주를 경외하는 신(경외심 유발 사 11:2), 보혜사(위로사역 요

14:16), 진리의 영(인도사역 요 14:17), 성결의 영(성결사역 롬 1:4), 생명의 성령(생명공급 롬8:2), 양자의 영(양자입양 롬8:15), 유일하신 영(유일성 엡 4:4), 영원하신 성령(영원성 히9:14), 은혜의 성령(은혜의 공급 히10:29), 영광의 영(영화롭게 함 벧전4:14), 거룩하신 자(거룩 요일 2:20), 일곱 영(완전성 계1:4), 대언의 영(증거사역 계19:10), 이와 같이 성령의 명칭이 심히 다양함을 다 기록할 수가 없다.

3. 일반적으로 '보혜사' 라고 하면 성령만을 생각하기 쉬운데 요 14:16에 "또 다른 보혜사를 너희에게 주사" 분명 예수 그리스도도 우리의 보혜사 이심을 알 수 있다. 여기서 다른 보혜사란 성령을 가리키며 아울러 예수 그리스도 자신이 한 보혜사 이심을 암시한다. 또 요일 2:1은 예수그리스도가 성도들의 죄 용서를 위해 성부 하나님께 중재하는 대언자라고 말한다. 이는 근본 예수 그리스도께서 죄인들을 대신하여 자기 몸을 대속제물로 바침으로써 죄인들이 그의 구속을 힘입어 하나님 앞에 담대히 나아갈 수 있게 하신 분의 중재로서의 사역을 염두에 둔 것이다. 실로 보혜사이신 그리스도는 지금도 하나님의 보좌우편에서 우리를 위해 하나님께 간구하시는 그 사역을 수행하고 계신다. 보혜사는 곧 하나가 아니고 둘인 것이다.

4. 성경의 은사는 신약성경에 두 곳에 나온다.(롬12:6-13, 고전 12:4-11) 고전 12장을 중심으로 나눠본다면 지적은사 3가지는 지혜, 지식 영 분별의 은사가 있고 의지적 은사 3가지는 믿음, 능력, 신유가 있습니다. 감정적 은사 3가지는 방언 ,통역, 예언이 있습니다. 성령 충만을 받으면 필요에 따라 각각 하나님의 필요에 따라 은사를 주십니다. 하나님은 원래 신비이기 때문에 은사를 받아 누리는 것도 신비스러운 것입니다. 이 외에도 성령의 은사는 우리가 다 헤아릴 수 없을 만큼 여

러 가지로 우리에게 주시는 것을 알아야 한다.

5. 성령을 충만히 받는 방법은 몇 가지가 있다.
1) 예수의 하신 말씀을 믿어야 받을 수 있다.
행 1:8 "오직 성령이 너희에게 임하시면 너희가 권능을 받고" 이 말씀은 그 당시 예수를 작별하는 제자에게만 하신 것이 아니라 오늘날 우리에게 하신 말씀이니 우리가 믿어야 할 것이다.
2) 기도함으로 받게 된다.
눅11:13 "너희 천부께서 구하는 자에게 성령을 주시지 않겠느냐" 예수님 승천 후 교훈을 믿고 여자들과 예수의 모친 마리아와 예수의 아우들과 더불어 마음을 같이 하여 전혀 기도에 힘썼다. 즉 기도 없이는 성령충만함을 받을 수 없는줄로 압니다.
3) 모이기에 열심해야 된다.
행1:16 "모인 무리의 수가 120이 되니라" 예수님이 승천하실 때 500여 성도가 모였으나 380명은 견디지 못하고 돌아갔으나 120명은 승천 후 10일동안에도 열심히 모이게 됨으로 120문도만 성령을 받기에 이르렀다 모여야하고 기다려야한다.
4) 말씀을 들을 때 충만히 받았다.
행 10:44 베드로가 고넬료의 집에 가서 복음을 전할 때 그 복음의 말씀을 들은 사람은 성령을 충만히 받았습니다. 이 말씀을 들은 이방인들이 성령 충만받는 것을 본 베드로도 놀라지 않을 수가 없었다. 말씀을 듣는 것 자체가 큰 은혜요 복이 되는 것이다. 성삼위 하나님 중에는 하나님과 예수 그리스도에 대해서는 여러 성경과 증거와 증언을 들을 수 있어 많은 것을 알고 접근할 수 있다. 그러나 성령님에 대해서는 많은면이 부족함을 솔직히 시인하는 바이다. 그래서 믿고 기도하고 모이고 기다리고 말씀을 들을 때 우리가 아직도 모르고 있는 성령 충만히 받아 성령의 사람이 되시길 바란다.

2002. 8. 30

"성삼위 중에 유달리 성령님에 대해 너무 아는 것이 없는 자신들을 돌아보고 더욱 기도와 모이기에 듣기에 더욱 열심 하기를 바라는 성령의 종이"

평신도를 위한 성경난해 구절해설시리즈(사복음서91)

Q "계명, 사랑, 친구, 종, 과실 어떤 관계가 있는가?"
(요15:12-17)

A 요한복음 15장에 들어서면 유명한 포도나무 비유가 나온다. 나는 포도나무요 (예수그리스도) 내 아버지(하나님)는 주인(농부) 가지(성도)라는 교리를 비유 속에 모두 포함시키었다. 이 비유는 너무 쉽고 아주 알기 쉽게 설명되어진 대화체요 설명체인 것이다.

이 포도나무 비유가 끝나자마자(12절-17절) 5가지 단어가 주로 나열된다. 이들은 어떤 연관관계가 있으며 무엇을 말씀하시고자 하시는지 포도나무 비유처럼 명쾌하고 쉬운 비유는 아니지만 한 단어 한 단어 속에 숨어있는 주님의 말씀하시고자 하는 의도를 알아보고자 한다.

1. 계명에 대하여 말씀 드리겠습니다. 계명 하면 옛 계명(구약) 새 계명(신약)으로 쉽게 이해할 수 있다.

요 13:34-35에는 "새 계명을 너희에게 주노니 서로 사랑하라" 구약의 계명도 사랑이 총 제목이요 신약의 계명도 사랑이 총 제목이다. 그런데 구약의 계명은 10가지요(십계명) 신약의 계명은 한 가지이다.

구약의 계명도 중심은 사랑이다.(레19:18) 십계명을 두 사랑으로 나누면 1계명에서 4계명까지는 하나님에 대한 사랑이요 5계명에서 10계명까지는 이웃사랑이다. 그래서 이 두 사랑은 율법과 선지자의 대 강령이다.(마22:37) 즉 계명은 사랑인 것이다. 구약시대엔 이같은 사랑의 중심의 계명을 가지고도 사랑의 정신은 망각하고 형식적인 껍질 계명만 지켰기 때문에 우상도 섬기고 살인 곧 예수그리스도를 죽이고도 하나님을 잘 믿는다고 자부했다.

예수님이 오셔서 사랑의 계명을 한 가지만 지키면 십계명을 완전히 지킨 자요 율법과 선지서를 다 지킨 사람이 된다. 구약의 사랑은 조건부 사랑이었으나 주님의 사랑은 무조건적인 사랑이니 "네 원수까지도 사랑하라"(마5:44)이것이 계명이다.

그런데 왜 새 계명인가? "내가 너희를 사랑한 것 같이 너희도 사랑하라."(요13:34) 주님이 실제로 보여주신 그 사랑이 새 계명이다. 희생적이고 무조건적이며 헌신적이며 목숨까지 버리는 사랑이 새 계명이다.

2. 사랑에 대해서 말씀드리겠습니다. 앞의 서두에서(계명란) 사랑에 대해서 어느 정도 밝혔기 때문에 대강은 이해가 됐으리라고 본다.

요15:12 "내 계명은 곧 내가 너희를 사랑한 것같이 너희도 서로 사랑하라" 이 말씀은 포도 나무 비유의 총 결론이면서 요13:34의 새 계명의 재인용이라고 본다. 특히 이 말씀은 십자가 고난을 불과 하루 가량 남겨 둔 시점에서 주어진 말씀이다. 공생애를 마감하여 향후 교회의 성장과 확장의 주역인 제자들이 가져야 할 최고의 덕목은 '사랑'이라고 강조하셨다. 이 사랑은 원수를 위해 자기 목숨을 버리기까지 하신 예수의 희생적 무조건적 사랑에 그 근거를 둔 것으로써 주께로부터 받은 그 사랑은 서로에게 나누어야만 한다. 요일 3:16에는 "하나님은 사랑이라 사랑을 하는 자가 하나님 안에 거하고" 이 하나님사랑의 표본이 곧 예수그리스도가 우리 위해 사랑으로 십자가에서 죽으시면서까지 사랑하신 이 사랑이 결정체이다.

3. 친구에 대하여 말씀 드리겠습니다.

요15:14 "너희가 나의 명하는 대로 행하면 곧 나의 친구라." 주가 명하는 것은 많이 있겠지만 두 가지로 요약하면 사랑과 순종이다. 원래 친구관계는 서로 봉사의 관계 같지만 실제는 사랑과 순종에 있다. 여기서는 아버지와 아들 그리고 성도가 연관되어있다. 예수님의 생명과 하나님과의 관계는 바로 사랑과 순종의 관계였다. 예수님은 언제나 하나님의 뜻만 행하셨다(요4:34). 아버지와 아들의 관계는 사랑과 순종이 서로 의존적이었다. 사랑은 순종에서 나왔고 순종은 사랑에서 나왔다. 그러므로 친구의 관계가 사랑의 관계이지만 우리는 예수님의 친구가 되기 위하여 그에 대한 사랑의 표시로 순종이 필요한 것이다. 우리가 예수님의 친구가 된다니 사랑과 순종의 사람이 되어야 예수님이 친구로 삼으신다. 이런 것에 충만한 아브라함을 하나님이 친구로(대하20:7 사41:8 약2:23), 나사로를 예수님의 친구로(요11:11)여기셨다. 이들의 하나님과 예수님에 대한 사랑과 순종을 본받아 우리도 예수님의 친구가 되어야 한다.

4. 종에 대하여 말씀드리겠습니다. 종과 친구와의 차이점이 무엇일까요?

종이란 주인이 하는 것을 몰랐다. 과거의 종은 사실상 인격인 이기보다는 주인의 도구에 불과하였다. 종은 그의 주인의 목적을 알려고 하지도 않는다. 단지 주인의 명령을 순종할 뿐이다. 그러나 친구는 다르다. 예수님께서 우리를 친구라 하셨을 때는 예수님은 아버지 하나님이 그에게 알려주신 것을 우리에게 다 알게 하셨다. 예수님은 제자들을 나의 친구라 부르셨고 종(불택자)이나 다른 사람에게는 신비였던 하늘나라의 비밀을 쉽게 우리에게는 모두 알려주셨다. 참 신자는 예수님의 종이 아니라 참 친구의 신분이 되었다.

그러므로 우리가 예수님을 친구로 삼은 것이 아니라 예수님이 우리를 친구로 삼아주셨으니 너무 황송하여 주님이 가르쳐 주신대로 하나님의 뜻을 깨닫고 사랑으로 순종하고 순종으로 사랑을 나타내야 친구가 된다.

5. 과실에 대하여 말씀드리겠습니다.

주님이 우리를 택하신 이유는 과실을 맺게 하고 항상 있게 하시기 위함이었다. 여기 과실은 믿는 성도가 주의 일의 결과라고 본다. 전도의 열매, 믿음과 순종의 열매, 하나님이 원하시는 성령의 9가지 열매, 주님의 8복의 열매가 주님이 원하시는 과실이라고 본다. 이런 열매를 맺도록 하시기 위해 우리에게 계명도 말씀도 주시고 직분까지 주셨다. 하나님이 맡기신 직분을 수행할 때에 결과만 중요시할 것이 아니라 좋은 결과를 낳을 수 있도록 직분 그 자체에도 충실해야 한다는 의미이다. 자신의 일에 최선보다 직분유지와 자랑과 이런 과업자랑에 치우치면 과실이 항상 있는 것이 아닌 게 된다. 이전 충성과 자신의 직분에 안주하지 말고 계속 주의 열매에 치중하자.

계명, 사랑, 친구, 과실은 서로 불가분리로 한 덩어리로 엉켜있다. 계명 지키는 자는 곧 사랑을 행하는 자요, 사랑과 순종의 사람은 친구(예수님의)가 되고 많은 과실이 맺혀있는 자들이 될 것이다. 여기서 좋은 이들과는 거리가 먼 이질적 존재이다. 원래 예수님의 친구로 창조되었는데 모르고 마귀의 종노릇했다. 예수님을 믿고서 종노릇하던 옷을 벗고 친구로 승격되었다. 이제 종이 되지 말고 예수님의 사랑하는 친구가 되시길 바란다.

2002. 9. 3

"참 포도나무 비유같이 계명, 사랑, 친구, 종, 과실을 비유로 하나님과 예수님과의 깊은 관계같이 예수님과 우리관계를 알려주신 것이다. 예수님의 친구들이여 종노릇하지 말고 가장 친한 벗들이 되라."

평신도를 위한 성경난해 구절해설시리즈(사복음서92)

진리라는 이름 아래 성경적 진리와 이성적 진리와의 차이는?

(요16:13)

 오늘 본문에서의 진리는 예수그리스도의 자신에 대해 혹은 그의 복음에 대해 '진리' (헬-알레데이아)라고 칭한 부분이 자주 나온다. 성경 중에서 진리라는 말이 가장 많이 나오는 성경이 요한복음이다. 특히 그 당시 문화적 배경이었던 헬라문화권에서 이해되는 '진리' 개념과 우리 기독교적 진리의 개념을 구별해 놓았다. 그것은 헬라적 개념으로써는 하나님의 진리를 알 수 없었을 뿐 아니라 오히려 그 진리를 곡해 할 수 있는 가능성을 미리 예견했기 때문이다.

진리(眞理)를 국어사전에서 뽑아보니 ①참이다 ②참된 도리나 이치 ③실제적 관계나 또는 사태를 올바르게 나타내고 있는 판단 내용의 객관적 타당성, 사물이 있는 그대로의 모양 ④판단이 바른 것, 진정, 원래 진리는 평범하고 언제나 하나이고 언제나 바른 것이라고 정의한다.

진리를 원어로 정의하면 히브리어로는 '에메트' 는 지지하다, 신뢰하다, 의지하다는 뜻의 동사 '아만' 에서 유래한 것이다. 이에서 우리는 '진리' 가 믿고 의지할 만한 것 또는 어떤 사람의 행동이나 말을 뒷받침해주는 어떤 것을 가리킴을 알 수 있다. 헬라어 '알레데이아' 도 히브리어 '에메트' 와 동일한 의미를 지니고 있다.

구약에서 진리 개념을 찾아 분류하면 ①하나님의 속성중의 하나로 설명했다.(창32:10, 시25:10, 사65:16) 이는 하나님이 언약에 있어서 또는 말씀에 있어서 결코 변개치 않으시고 흔들림이 없으신 분이시기에 누구나 믿고 의지할 수 있는 진리의 하나님이라는 것이다.

②하나님의 뜻과 계명 등을 가리키면서도 진리라고 말했다. 그들은 단지 윤리적인 의미에서 선하거나 옳기 때문만이 아니라 하나님의 백성들의 삶 전체에 있어 가장 확실하고 흔들림이 없는 삶의 기준이 되기 때문에 진리라고 하는 것이다(수24:14, 삼상12:24, 시51:6, 사59:14,15)

신약에서 진리개념을 찾아본다면 근본적으로는 구약의 그것과 맥을 같이 한다. 그러나 구약시대에는 아직 하나님의 계시가 충분히 주어지지 않았기 때문에 진리가 현세적인 삶과 깊은 연관을 가진다. 반면에 신약에서 진리는 인간이 궁극적으로 소망하는 바 구원과 영생이라는 내세의 삶과 깊은 연관을 가진다. 즉 죄와 사망의 어둠 속에 갇혀있는 인생들에게 참 구원을 주고 영원한 삶으로 인도하는 그것 그리고 누구나 그러한 사실을 확신케 하는 그것이 바로 진리라는 것이다(약1:18, 벧전2:2, 벧후1:12)그러므로 신약에서의 진리는 우리의 구세주이신 그리스도와 그의 말씀을 가리키는 용서로 자주 사용되고 있는 것이다.(막5:33,롬9:1)

헬라적 개념으로써 진리는 주로 플라톤주의(Platonism)내지 신플라톤주의(Neo-Platonism)를 말하는 바 여기서는 주로 이원론적인 입장을 보인다. 이들의 진리개념은 참된 실재로서의 이데아(Idea)와 그림자에 불과한 오상(誤像)의 세계를 분리하고 이중에서 전자의 세계를 추구한데서 유추된다. 즉 오상과 가상의 세계를 존재케하는 원인으로서의 이데아세계를 상징하고 이것만이 유일한 실제 즉 진리라고 보았던 것이다. 따라서 출생 때부터 오상의 세계에 익숙해진 인간들이 이데아의 세계를 소유하기 위해서는 훈련이 필요한데 그것을 '수학'(數學)이라고 보았다. 따라서 그들은 수학을 이데아에 이르기 위한 예비학문으로 보았던 것이다. 헬라적 진리개념은 이성에 호소한 실재존재와 오상과 가상에 의한 오감으로 결정되는 이성적 판단이라고 보는데 이것 역시 너무 미완성적인 인성에 의한 것이기에 헬라적 진리는 비 진리에 가까움을 증명해 보일 수가 있다.

본서인 요한 복음에서의 진리개념은 신 구약의 진리개념을 가장 명료하게 표현되고 있다. 그리고 본서인 요한의 진리개념은 '나는 …이다' 라는 예수그리스도의 자기 선언 속에서 잘 나타난다. 예수님은 본서에서 자신을 가리켜 이 세상의 '참 빛' (요1:9), '참 떡' (요6:32), '참 포도나무' (요15:1)라고 하셨다. 여기에 '참' 과 '진리' 는 원어상으로 동일한 단어이다. 또 예수께서는 보다 직접적으로 '내가 곧 길이요 진리요' (요14:6)라고 하셨다. 뿐만 아니라 사도요한은 본서 서두에서 예수 안에 은혜와 진리가 충만하다(요1:14)라고 기록했다.

이상에서 요한이 '진리' 를 기독론적인 측면에서 예수그리스도의 속성 중 하나로 사용하고 있음을 알 수 있다. 이는 요1:1-3에서 제2위 성자 예수를 '말씀' (헬 로고스)으로 칭하고 있는 것과 그 맥을 같이 한다고 하겠다. 실로 요한은 예수그리스도가 참 빛이요 생명이시며 누구든지 그를 믿을 때 하나님의 은혜와 영생의 복락을 누리게 되는 확실한 구원의 근거로써의 진리임을 증거하고 있는 것이다.

또한 그리스도 자신이 곧 진리이실 뿐만 아니라 그의 복음 역시 진리이다. 그 복음은 곧 그리스도의 인격과 사역에 근거를 둔 것으로써 그 복음을 믿는자 에게는 확실한 구원을 얻는다. 뿐만 아니라 진리의 성령 (요16:16,17)께서도 그 복음을 가지고 믿지 않는 자들에게 믿게 하시며 구원으로 인도하시는 진리의 성령님이다.

세상적 진리는 형이하학적으로 육적인 관계이므로 완전진리라고 볼 수 없는 학문이나 성경의 진리는 형이상학적으로 영적인 관계이므로 하나님과 예수그리스도와 관계된 모든 것이 영원불변한 진리요 때로는 인간이성의 머리로써는 이해가 안 되는 신비적인 면도 있으나 영원불변하고 일점 일획의 오차가 없음을 볼 때 완전한 진리라고 볼 수가 있다.

"너희가 진리를 알지니 진리가 너희를 자유케 하리라."(요8:32) 이 말씀은 위에서 설명한 바 요한복음의 진리개념을 함축하고 있는 말씀이다. 즉 하나님의 아들이신 예수그리스도가 진리라는 사실 그리고 그 분의 구속사역의 성취로 말미암아 그리스도를 믿는 자는 다시는 정죄함이 없으며 장차 영생복락을 누리게 된다는 사실을 알고 그것을 마음을 열고 진심으로 받아 들일 때 참 그 같은 복을 누리게 된다는 것이다.

그리고 이 땅에서 사는 동안에도 진리의 성령 곧 보혜사 성령을 힘입어 참 진리이신 그리스도를 삶의 기준과 모범으로 삼고 살아감으로 그리스도 안에서 비록 사단의 권세 하에 있는 세상에 살기 때문에 제한적이긴 하지만 자유를 누리게 될 뿐만 아니라 장차 종말에는 그로 말미암아 죄와 사망의 얽메임에서 자유하게 된다는 것이다. 그렇다면 우리 자신들은 얼마나 이런 자유를 누리고 있는가? 진정 돌아보아야 할 것이다.

'아는 것이 힘이다.' 진리를 아는 것만큼 자유하게 되리라. 진리의 본체는 하나님과 예수그리스도 자신이다. 또 하나님과 예수그리스도의 속성 중 어느것 하나 진리 아닌 거짓된 것은 없다. 그러나 헬라철학을 위시한 세상의 유수한 학적지식 진리라 할 지라도 유한적이며 일시적 현상에 불과하고 거짓이 내포된 것이 많아 거짓이 백일하에 드러나게 된다. 오직 진리는 하나님과 예수그리스도 이외는 존재할 수 없는 것이다.

2002. 9. 4

"참 진리 안에서 진리만 위해서 살아야 하는데도 진리보다 더 좋아하는 것 때문에 참 진리가 빛을 다 발하지 못하고 있는 이 현실이 너무 안타깝기 그지없다."

평신도를 위한 성경난해 구절해설시리즈(사복음서93)

"예수님의 마지막 설교의 주제와 핵심내용을 적어본다면"
(요16:1-33)

요13:31-16:33은 예수그리스도께서 구속사역의 성취를 위한 십자가 수난을 받으신 소위 '성 고난주간'에 행하신 마지막 설교들을 모은 것이다. 우리는 주님의 많은 설교 중에서도 이 부분의 설교를 듣고 새 힘을 얻는 계기가 되어야 하겠다.

1. 예수님의 신분에 대하여 하신 설교

1) 요14:6 "길과 진리와 생명 되신 그리스도"이 말씀은 성경가운데서 예수님이 누구신지를 보여주시는 가장 함축적이고도 중요한 구절입니다. 특히 이는 다른 사람이 아닌 예수님이 예수님을 평가한 자기 선언이라는 점에서 더욱 큰 의의를 갖는다. 예수님께서는 주님이 가시려는 길 즉 하나님께 이르르는 길에 대한 도마의 질문에 세 개의 단어를 사용하여 자기선언식 예수님의 신분을 설교해 주신 것이다.
① 길(호도스)은 구원에 이르는 길 하늘 처소에 이르는 길, 하나님 아버지 앞에 도달할 수 있는 길이다.
② 진리(알레데이아)하나님 자신을 가리키며 또 하나님의 계시를 가

리킨다. 예수님도 자신을 진리라고 함(1:18)

③ 생명(조에)하나님의 속성으로 영원한 생명의 원천은 바로 하나님께 있다. 그래서 예수님도 생명이다.

2) 요 14:20 "성부 하나님과 동등하신 성자예수"내가 아버지 안에 라는 표현 성부와 성자간의 본질적 일체성을 밝힐 뿐 아니라 "너희가 내 안에 내가 너희 안에"란 표현으로 성자와 성도간의 영적, 인격적 연합에 대한 놀라운 약속도 주신다. 한편 성부와 성자간의 일체성과 그리스도와 성도간의 신비적 연합 등의 영적 지식은 인간의 지적 탐구로는 확실히 알 수 없고 진리의 영이신 성령의 역사가 필수적임을 우리에게 알려주신다.

2. 그리스도와 성부 하나님에 대하여 하신 설교

1) 요14:7-9 "성부 하나님을 증거 하는 성자 예수"나를 안자는 아버지를 알 것이요 나를 본 자는 하나님 아버지를 보았느니라고 설교하셨다. 예수님은 자신을 통해서만이 하나님을 알고 인식하게 되고 믿게 됨을 강조하셨다. 예수 그리스도는 곧 하나님의 자기계시이므로 예수님을 안자는 하나님을 알게 될 것이요 예수님을 본 자는 곧 하나님을 본 것이나 마찬가지란 것이다. 성자 예수는 성부 하나님을 증거하기 위함이요 성부와 성자는 동등임을 보여주는 말씀이나 제자들은 분명하게 인식하지 못했다.

2) 요14:10,11 "성부하나님과 연합되신 성자예수"내가 아버지 안에 아버지가 내 안에 있음을 믿는다. 내 말은 곧 하나님의 말씀이요 나의 행하는 이 일을 보고 나를 믿으라고 설교하셨다. 성부와 성자가 각 독립적 신적 위격을 지녔음을 명확하게 보여주신 다음에 삼위일체론의 종교임을 보여주신다. 이 말씀이 없었다면 삼신론의 종교가 될 뻔했다. 삼위

일체는 신비이다. 이 신비는 오직 말씀에 대한 신뢰와 믿음으로써만 수용될 수 있는 것이다. 그래도 믿을 수 없거든 "행하는 그 일을 인하여 믿으라" 주님이 하신 일은 하나님이 아니고서는 할 수 없는 일들이기 때문이다. 그 많은 기사와 이적, 권능과 이 모든 것이 너무 많아 다 기록된다면 세상에 둘 곳이 없다고 하였다.

3) 요14:13 "성부 하나님을 영화롭게 하시는 성자 예수님" 아들을 인하여 영광을 얻으시게 함이라고 하셨다. 예수님은 성도들이 예수의 이름으로 무엇이든지 구하면 아버지의 영광을 위하여 자신이 그대로 시행할 것이라고 곧 하나님의 영광을 위한 것이지 성도를 위한 것이 아니다.

원래 성경엔 기도응답의 원천은 하나님이시다.(시91:15, 사58:9, 슥13:9) 그럼에도 불구하고 여기서 기도응답 주체가 예수님으로 밝히고 있다는 사실은 예수 그리스도께서 성부 하나님과 동일인이며 이 약속이 하나님이 영광을 받게 된다는 말씀인 것이다.

3. 예수 그리스도와 성령에 대한 설교

1) 요14:16- "그리스도께서 하나님께 성령 내려 주시기를 구함" 내가 아버지께 구하여 또 다른 보혜사를 보내주시므로 영원토록 너희와 함께 있게 하겠다고 말씀하셨다. 예수님이 다른 보혜사로 표현하신 것은 예수님 자신도 보혜사이기 때문이었다. 그분(보혜사 성령님)은 예수님이 승천하신 후에 믿는 성도들 곁에 계시게 하시기 위함이었다. 그분은 예수님의 절실한 요구가 없었다면 하나님이 안 보내 주셨을 것이다. 자기가 평소에 일생동안 믿는 성도들 곁에서 '돕는 자', '위로자'로 서 계셨던 것과 같은 일을 하실 보혜사를 요청해서 보혜사 성령님이 오신 것이다.

2) 요15:26. "성령은 그리스도를 영화롭게 하는 일과 증거하는 일" 진리의 성령이 오실 때에 그가 나를 증거 하신다고 말씀하셨다. 성령께서 오셔서 하실 일을 미리 말씀하신 것이다. 성령께서는 예수님에 관해 증거하실 뿐 아니라 예수를 위한 증인이 되어야 한다. 이 증인은 단회성이 아닌 계속성을 말하고 예수 그리스도를 증거하지 않은 성령의 은사는 모두 거짓인 것이다.

4. 예수그리스도와 성도에 대한 설교

요15:1-8, 16. 참 포도나무 비유를 통하여 예수그리스도와 성도와의 관계를 자세히 설명하고 알려 주신 비유입니다. 너무나 쉽게 정확하게 그 역할을 알려주시기 위한 주님의 설교문 비유였다. 예수님이 제자를 선택하신 이유도 나온다. 제자들 중에는 자신 스스로 판단하여 예수를 선택했다고 했었을 것이다.(오늘날 성도들 간에도 해당된다) 온 인류 가운데 스스로 예수님을 선택한 자는 하나도 없다. 누구든지 그리스도인이 되는 것은 오직 그분의 부르심에 의한 것이다. 일꾼으로서 세우신 목적은 과실을 맺도록 하기 위함인데 그 과실은 선한 행실로, 믿음의 결실로 얻어지는 열매를 의미한다. 이 열매는 예수 안에 있으면 열리게 되 있고 그 열매 역시 주인이 기뻐 받으시는 제물이 되는 것이다.

5. 성부와 성도에 대한 설교

요14:21. 내 계명을 지키는 자는 내 아버지의 사랑을 받게 될 것을 말씀해 주셨다. 사랑은 말이 아니고 행동으로 보여져야하며 예수님에 대한 사랑은 주의 계명을 지키는 것으로 증명한다. 주를 사랑한나고 하루에 수 십 번씩 되뇌이는 사람이 주를 사랑하는 것이 아니고 저명한 신학자나 성경학자라 하여도 또는 교계의 지도자적 위치의 인물이라 하여도 주를 사랑하는 것이 아니라 오직 주를 사랑하는 증명의 방법은 주님이 주신 계명을 지키는 자요 이 계명을 잘 지켜드리는 자는 내 아버지의 사랑을 받게 된다고 설교하셨다. 주의 계명을 소중히 간직하는 것만으로는 불충분하며 그것들을 생명처럼 지켜야만 한다. 주님이 주신 계명들을 우리는 순종함으로 따르는 것 뿐 아니라 예수님을 참으로 사랑하고 신뢰하는 이들이라면 우선 그분의 말씀에 순종하기 위하여 애쓰기 마련이다. 계명을 지키는 자에게 돌아 가는 상급은 하나님아버지의 사랑을 독차지하게 되고 성부 하나님과의 관계가 유지되어 많은 은혜와 복을 받기에 이를 것이다.

6. 성령과 성도에 대한 설교

1) 요14:26, 16:14, 15 "성령은 성도에게 모든 것을 가르치심" 보혜사 성령님이 오시면 ① 모든 일을 가르치실 것 ② 예수님의 모든 일을 생각나게 하리라. 예수님은 성령이 가르치는 교사로 믿는 성도들과 함께 하실 것임을 말씀해 주셨다. 성령은 하나님의 깊은 것이라도 통달하시는 진리의 영이므로 우리를 언제든지 하나님의 완전한 뜻을 가르치고 인도하신다. 예수님은 승천 후 이 세상에 계시지 않지만 예수님의 말씀은 계속 남아 계시도록 성령님이 회상토록 즉 생각이 나도록 하신다. 예수님의 말씀이 기억 나는 대로 그대로 믿고 순종하는 계기가 된 것이다.

7. 성도들에 대한 당부의 설교

1) 요16:1-4, "성도는 어떤 핍박 속에서도 기뻐하라."
이 설교를 하심은 너희로 실족지 않게 하시려고 하심이다. 믿는다는 이유로 출회할 뿐 아니라 때가 이르면 너희를 죽일 수도 있는데 그들은 도리어 하나님을 위해서 죽였다고 장담하게 된다. 이런 엄청난 악을 저지르게 된 것은 하나님과 예수님을 알지 못함이요 내가 이 말을 하는 것은 너희가 그때가 되면 이 말한 것을 기억하여 왠 은혜와 왠 복을 주시기 위함인지 도리어 기뻐하라는 설교 말씀이었다. 기독교는 핍박이 있으면 더 믿음이 강해지고 안일에 빠지면 나태와 해이하고 만다. 그때는 마지막 때로 대 환난이 지나고서야 주님이 오신다는 7년 대 환난을 예표 함이다.

2) 요15:12-14, 17. "성도는 다른 성도를 사랑해야 한다."
사랑의 새 계명을 준수 할 것을 촉구하셨다. 성도가 서로 사랑해야 할 근거는 주님이 나를 위해 희생적이고 헌신적인 사랑을 하셨기 때문이다.

너희가 만일 이 사랑을 실천하면 곧 예수그리스도의 친구가 되며 이제는 종이 아니고 친구로 격상되어 사랑을 얻게 되니 너도 사랑을 베풀어야 한다. 하나님이 우리를 선택하신 이유가 과실을 맺어 주인인 하나님을 기쁘시게 하므로 하나님이 큰 상을 주시고 이 원리를 아는 성도는 반드시 다른 성도들을 사랑하는 것이 너무도 당연한 의무인 것이다.

2002. 9. 5.
"주의 마지막 고난 주간에서 7가지로 나누어 끊임없이 우리 위해 설교해 주심을 다시 기억나게 해주시고 음미하여 순종해서 열매맺는 성도 되길 소원하노라."

평신도를 위한 성경난해 구절해설시리즈(사복음서94)

Q. "예수님의 기도 중에서 중보기도와 주기도문의 차이점"
(요17:1-26)

 예수님이 이 세상에서 하신 기도가 많이 있으리라 본다. 가장 유명한 기도는 우리를 위해 가르쳐주신 주기도문이다. 이 기도는 우리 기도의 모범이요 전무후무한 기도문이니 우리가 늘 외우고 기도드릴 때 마다 은혜가 된다. 주기도문을 분해해 보면 신관(하늘에 계신 우리 아버지여 이름이 거룩히 여김을 받으시오며), 기도관(나라이 임하옵시며 뜻이 하늘에서 이룬 것같이 땅에서도 이루어 지이다), 양식관(오늘날 우리들에게 일용할 양식을 주옵시고), 사죄관(우리가 우리에게 죄 지은 자를 사하여 준 것같이 우리 죄를 사하여 주옵시고), 시험관(우리를 시험에 들게 하지 마옵시고), 죄악관(다만 악에서 구하옵소서), 찬양관(나라와 권세와 영광이 아버지께 영원히 있사옵나이다)아 멘

예수 그리스도께서 제자들의 요청에 의하여 가르쳐 주신 기도로 (마6:9-13,눅11:2-4)간결하고 완전한 최고의 모범 기도문이다. 크게 두 부문으로 나누면 하나님께 영광과 기도의 면과 사람의 물질적 정신적 요구에 관한 것 등으로 구분된다. 주님이 직접 가르쳐 주셨던 감람산 중턱에는 아름다운 주기도문 예배당(Church of Pater Noster)이 세워져 있다. 건물 안 밖에 35개국 언어로 주기도문이 써 있는데 한국어에는 천주교 형식의 주기도문이 기록됨이 유감이다.

예수 그리스도께서는 그의 제자들에게 이 기도를 가르치실 때 "우리는 기도해야 한다"라고 하시지 않고 "너희는 기도해야 한다"라고 하신 사실에 유의해야 한다. 이 주기도문은 예수님 자신을 위하여 하신 기도도 아니고 예수님이 할 수 있는 기도도 아니다. 이 기도문의 특징 2가지는 ①예수께서는 하나님을 '우리 아버지'로서가 아닌 '나의 아버지'로서 하나님께 기도하셨다. 왜냐하면 그의 외아들 되심은 유일무이한 것이었다. 즉 그는 성부 하나님의 독생자였던 것이다. ②그는 하나님께 그를 용서해 달라고 기도하지 않으셨는데 그 이유는 그는 하나님의 뜻을 완전히 행하셨으며 결코 죄를 범하지 않으신 분이었기 때문이다.

여기에 비해 요한복음 17장은 예수님의 중보기도문이다. 중보란 어느 두 양자를 다 잘 아는 제 삼자가 가운데 서서 양측에게 보증이 되어주는 것을 말한다. 예수님은 하나님과 인간사이에 서서 하나님께는 인간의 죄 대신에 자신의 몸을 드림으로써 그리고 인간에게는 먼저 자신이 세상에 오셔서 죽으시사 그의 사랑을 증거하심으로써 구원의 중보자가 되어주셨다. 그러므로 요한복음 17장의 기도는 바로 이런 중보자로서 중보사역의 절정인 대속 희생죽음을 앞두고 드린 예수님의 기도이다. 인간 그 누구나 중보자가 될만한 자격을 갖춘 자가 없다. 그러므로 목사나 성도가 중보기도 드려준다는 것은 잘못된 것이다. 요17장의 중보기도 내용은 ①예수님자신과 하나님의 영광을 위하여(1-5), ② 제자들을 위한 중보기도(6-19), ③모든성도들을 위한 중보기도(20-26)그 내용을 더 자세히 살펴보기로 한다.

① 예수님자신과 하나님의 영광을 위한 기도 (1-5)

이 부분의 기도는 엄밀하게 말하면 '아버지를 영화롭게' 하려는 기도이다. 주기도문의 첫 부분인 신관과 기도관에 해당된다고 본다. 즉 예수 그리스도를 통해 하나님의 뜻이 이루어지기를 바라는 기도인 동시에 그러한 하나님의 영광을 통하여 그리스도의 영광을 나타내려는 하나님 중심적인 기도이다. 그래서 영생문제까지 내놓으심은 '유일하신 참 하나님과 그의 보내신 자 예수그리스도를 아는 것' 이라고 영생교리까지 기도하셨다. 결국 그리스도 자신을 위한 십자가의 고난이라는 큰 일을 앞두고 힘과 용기를 구하는 내용이 아니라 도리어 하나님의 영광을 나타내기 위한 희구하는 간구라고 본다. 그래서 하나님께서 그리스도를 영화롭게 하시면 그리스도께서는 자신의 영화로서 하나님과 자신을 더욱 영화롭게 하시기 위한 기도라고 봅니다.

② 제자들을 위한 중보기도(6-19)

먼저 이 기도는 그리스도 자신을 위한 기도보다는 분량이 많은 것이 눈에 띈다. 또한 이 기도는 제자들이 아직은 약한 믿음을 하나님께 붙잡아 주시기를 간구하는 내용도 담고 있으며 이 기도문을 자세히 들여다보면 예수그리스도께서 제자들을 사랑하시고 염려하시는 그 마음을 이해할 수 있고 그 마음을 읽을 수가 있다. 이 기도와 말씀을 들은 제자들은 예수그리스도가 메시아적 사명을 수행하기 위해 이 땅에 오신 분임을 믿기에 이른다. 이처럼 제자들은 그리스도의 말씀을 듣고 예수님을 믿었지만 유대인들은 예수님의 말씀을 듣고도 깨닫지 못했으며 도리어 예수를 죽이려고만 했다. 이 같이 같은주의 말씀을 듣고 믿는 자가 있는 반면에 주의 말씀을 듣고 마음에 찔려 말씀을 전하는 자들을 미워하고 박해하여 심지어 죽이는 악한 일도 자행한다.

이러한 상황속에서도 제자들의 신앙이 떨어지지 않도록 보전을 위하여 기도하셨다. 즉 제자들의 신앙을 악으로부터 보호해 주시고 그들에게 맡겨진 임무를 잘 수행할 수 있도록 돌보아 주시며 진리로 그들을 거룩케 해 주실 것을 간구하셨다. 여기서 보전이란 악한 세상에서 죄와 싸워 이겨 거룩함을 유지하는 것을 나타낸다. 예수님은 오직 제자들이 성결 유지와 사명완수를 위하여 하나님께 부탁하신 중보기도이다.

③ 모든 성도들을 위한 중보기도(20-26)

이 기도의 두 특징은 ①연합 ②영광이다. 먼저 연합은 그리스도와 하나님의 하나됨이요 그리스도를 통한 하나님과 성도들의 하나됨이고 성도들 사이의 하나됨을 가르친다. 이 연합의 원리를 포도나무비유에서 제시되었는데 본 기도문에서는 설명이 추가되어 사랑이 연합의 근본임을 보다 명확하게 밝혔다. 또한 성도들의 영광은 그리스도의 영광인데 이는 구속받은 자가 누리는 영광은 곧 구원자의 영광이므로 당연한 귀결이다. 그리고 그리스도의 영광은 새 예루살렘의 광채이므로 곧 하나님의 영광도 되는 것이다. 결론적으로 영광과 연합은 서로 연관되어 그리스도를 믿는 자들은 하나님께 영광을 돌리며 그분의 영광을 드러내게 된다고 말할 수 있다. 이 기도의 가장 핵심은 성도의 하나됨에 대한 기도입니다. 이는 그리스도인들이 하나님의 영광을 위하여 살며 그분께 영광돌리는 것을 삶의 목적가운데 가장 우선에 둘 것을 가리킨다. 성도의 하나됨이란 포도나무 여러 가지들이 그 나무에 붙어 있듯이 성도들이 어떤 모양으로 삶을 살더라도 그리스도를 믿는 신앙에는 일치를 이루워야 하나가 될 수 있다. 주님의 중보기도는 하나님과 하나되기 위한 중보기도이지 '교회일치' 나 '교단일치' 를 의미하는 것이 아니다.

우리는 주님의 기도(주기도문)를 늘 외우고 하나님께 기도드리므로 하나님으로부터 새힘을 얻어서 험한세상을 헤치고 나갈 수 있게 하나님의 특별한 은혜와 권능을 받을때까지 이 주기도문을 계속 기도로 드리고 외우고 살아야되고 '주님의 중보기도 때문에 제자로서의 사명과 성도들의 연합과 영광이 우리에게 이루워질 것을 믿는다. 내 힘과 능력에 의해 오늘날 이만큼 사는 것이 아니고 주의 중보기도(오늘도 보쇠우변에서 드리는 중보기도)힘으로 이 만큼 사는줄로 믿고 날마다 감사와 충성하는 성도들이 되시길 부탁드립니다.

2002. 9. 6
"예수님의 중보기도 덕분에 살면서도 감사와 회개에 인색했고 봉사 헌신 충성에 인색했던 우리 자신들을 돌아보면서 주기도문을 늘 외우고 주의 중보기도에 또 한번 감격하시길 소원하는 이가"

평신도를 위한 성경난해 구절해설시리즈(사복음서95)

"유대인들에게도 예수를 사형시킬수 있는 법과 권한이 있었는데 왜 로마의 법에만 의지했는가?"

(요18:31-40)

 유대인들은 예수님을 죽일려고 계획을 세웠다. 자기들이 얼마든지 사형시킬수도 있었다. 그런데도 빌라도에게 고소하면서 "우리에게는 사람을 죽이는 권한이 없다"고 하였다. 그러나 요한복음에 19:7에 보면 "우리에게 법이 있으니 그 법대로하면 저가 당연히 죽을 것은 저가 자기를 하나님의 아들이라함이니이다" 하였다. 그렇다면 유대인들에겐 정말 사람을 죽일 수 없었는지 죽일 수 있었는지 이 두 구절의 성경을 볼 때 유대인들에게는 분명한 모순을 저질르고 있었다.

유대인들에게는 그들이 사형으로 사람을 정죄하는 민사권이 없었다. 종교적으로는 어느정도 가능했으나 정치적으로나 민사상으로는 사형권이 없었다. 그러나 그들은 이미 예수님의 사역초기에 사형을 시킬 준비가 되어 있었다.(요8:3-5,59) 그리고 실제로 오랜 후였으니 로마의 허락없이도 스데반을 돌로 처형시킨 사건도 있었다(행7:58)

요19:7에는 사형시킬 법이 있다고 말했다. 레24:16 "여호와의 이름을 훼방하면 그를 반드시 죽일지니 온 회중이 돌로 그를 칠 것이라 외국인이든지 본토인이든지 여호와의 이름을 훼방하면 그를 죽일지니라" 그들이 그렇게 주장하든 신성 모독죄로 얼마든지 사형시킬 수가 있다. 민

15:36-31에도 비슷하다.

"본토 소생이든지 타국이든지 무릇 짐짓 무엇을 행하면 여호와를 훼방하는자니 그 백성들중에서 끊혀질 것이다. 그런 사람은 여호와의 말씀을 멸시하고 그 명령을 파괴 하였은즉 그 죄악이 자기에게로 돌아가서 온전히 끊쳐지리라" 그 외에도 하나님을 능욕한 말(사37:6), 저주(레24:11)등의 경우가 있다.

실제로 이들이 로마의 법과는 상관없이 사형집행을 할려고 한 일이나 사형을 실시한 사례도 많다.

요8:2-11에서는 간음한 여인을 현장에서 잡아왔다고 돌로 쳐서 죽이려고하다가 예수께로 끌고 왔었다. 행7:54-60에서는 스데반의 설교를 듣고 귀를 틀어막고 돌을 들어 대중들이 보는 앞에서 죽이고야 말았다. 행12:2헤롯왕이 교회 교인 중 몇 사람을 죽일계획을 세우고 제일 먼저 야고보를 칼로 죽이니 유대인들이 기뻐한 사건이 있었다. 심지어 베드로까지 죽일려고 옥에 가두고 헤롯이 죽일려는 그 전날 밤에 하나님이 천사를 보내어서 구출해 낸 사건을 볼 수 있다.(행12:3-19) 그 외에도 안식일을 범했다든지 부모에게 현저하게 불효하는 자녀든지 간음하다 현장에서 잡히거나 짐승과 수음하는 자 신성 모독죄를 범하는 자들을 서슴없이 돌로쳐서 죽이는 사건을 우리는 성경곳곳에서 보아왔던 것이다.

여기에 예수님은 이들이 코에 걸면 코걸이 귀에 걸면 귀걸이가 될만한 사형에 해당되는 죄가 있었다.

① **신성모독죄**: 자기를 하나님의 아들이라고 한점. 아버지와 나는 하나이다. 아버지는 나를 위한다는 말들이다.

② **안식일을 범한죄**: 안식일날 많은 병자들을 치료해주고 기사와 이적을 행하신 사건이 많이 나온다.

③ **모세를 훼방한 죄**: 마치 그들의 귀엔 율법이 불완전하고 잘못된 것

처럼 들렸고 모세를 멸시한 것 같이 들린 점

　이런 죄목으로 유대인들이 얼마든지 사형시킬 수 있는 법과 권한 특히 성경적(구약)뒷받침이 있기에 얼마든지 사형시킬 수 있고 이일을 하고 나서는 '이일이 하나님을 제일 잘 섬기는 위대한 신앙으로 오해할 수' 도 있는(요16:2)그리고도 남을 수 있는 유대인들이었다.

　그런데도 그들이 한결같이 로마의 총독인 빌라도에게 사형선고와 사형실행만을 고집하게 된 이유는 무엇일까? 아주 궁금한 일 중의 하나라고 본다. 그 어렵고 시간상에도 지루한 재판절차를 거치고 빌라도는 무죄를 선언하고 유월절 특사로 사면하려고 하는데도 자기들이 할 수 있는 권한을 포기하고 빌라도 정권으로 하여금 사형시키려한 의도는 무엇인지? 무엇인가 뜻하는바 있으리라고 본다. 몇 가지로 그들의 속셈을 찾아내어 들어내 보이려고 한다.

　① 아무리 인간들에게 할 수 있는 능력, 권한을 다 가지고 있다해도 하나님이 허락하시지 않으면 안 되고야 맙니다. "참새 5마리가 앗사리온 둘에 팔리우는 것 까지도 간섭해서 결정하시는 하나님", "우리의 머리털까지도 다 세신바 되시는 하나님"(눅12:6,7), "사람이 마음으로 자기의 길을 계획할지라도 그 걸음을 인도하는 자는 여호와시니라"(잠16:9) 모든 만사는 사람의 계획과 마음대로 되지 않는다는 것을 보여준 것이다. 하나님의 특별하신 계획과 뜻이 있으시기에 그대로만 가능한 것이다.

　② 유월절이었기 때문에도 시행할 수 없었다. 유월절에 피 흘리는 것을 금했기 때문에 자신들을 더럽히지 않으려고 빌라도 재판정에 맡김으로 자기들은 예수의 피에 깨끗하다는 인간적 생각의 발상이었다. 이 발상 뒤에는 하나님의 섭리가 숨어있었던 것이다.(요18:28)

　③ 사형중에서는 최고의 형벌인 십자가의 형벌. 가장 수치스럽고 고통스럽고 저주스러운 죽음을 맛보게 하려는 유대인들의 간계로 그 집행

을 로마사람들에게 의존하게 되었다. 가장 악랄한 마귀의 방법으로 예수님을 가장 큰 고통을 안겨주므로 앙갚음을 해 보고자하는 잔꾀가 도리어 하나님의 일을 해준 결과가 된 것이다. 하나님의 예언한 그대로 뜻하신 대로 한치의 오차도 없이 그대로 시행이 된 것이다.

④ 자기들생각엔 가능한 모든 지혜를 동원해서 예수를 불법적으로 죽이지 않고 또 자신들의 손으로 죽였다는 비난도 피하고 예수께 넘어간 그리스도교인들에게도 호의를 얻고 이런 큰 사건을 로마사람들에게 넘기므로 로마정권에게도 인정을 받고 동족들에게도 인정받는 일석 오조의 효과를 노릴 수가 있었다. 그러나 그럼에도 그것은 성경대로 되었으며 그들은 예수를 십자가에 못박은 죄를 면할 수 없게 되었으니(행4:10)인간의 계획과 생각과 손 하나 놀리는 것 까지도 하나님의 섭리 아래 있음을 부인 할 길이 없다.

⑤ 결국 이들의 간계는 마각을 들어내고야 만다. 빌라도는 무죄를 선언도하고 어떻게 해서든지 살려보려고 애썼고 유월절 특사로도 바라바보다 예수를 빌라도는 선택하여 석방시키려고 한다.

그러나 유대인들은 군중을 선동시켜 "예수를 살리면 가이사의 충신이 아니다"라며 마치 무슨 폭동이 일어날 것 같은 분위기를 만들어냄으로 빌라도의 모든 결정이 무위로 돌아가 버리고 만다. "바라바는 놓아주고 예수는 십자가에 메달아 주소서" 결국 모든 죄는 유대인들의 계획대로 된 듯하나 성공같으나 철저히 실패였던 것이다. 이 세상에서 하나님을 모르는 자가 가장 어리석고 불쌍한 자임을 알 수가 있다.

지나고 보니 만일 유대인들이 구약의 법대로 신성 모독죄나 안식일 범한죄 모세율법 훼방죄로 사형시켰다면 우리의 구세주가 될 수 없을 뻔 했다. 생각만해도 아찔한 순간순간 이었다. 도리어 그 처참하고 고통스럽고 저주스러운 십자가 처형을 고집하고 선택했음으로 주님은 한없이 고통스러웠지만 우리에게는 구원이란 선물을 받게 되었다. 이들의 간계를 도리어 이용하셔서 하나님의 선하시고 기쁘신 뜻만 이루어졌다.

2002. 9. 7
"유대인들은 하나님께 저주의 대상으로 이용당했으나 우리는 하나님께 복의 대상으로 이용당할 수 있으니 이 복을 날마다 시마다 잘 이용당하여 저 천국에 보물을 쌓아놓는 지혜자들이 되라"

평신도를 위한 성경난해 구절해설 시리즈(사복음서 96)

"예수님의 십자가에 달리실 때 사복음서의 죄 패 내용이 왜 다를까?"

(요19:19-23)

  원래 십자가형의 선고를 받은 죄수는 자신의 죄목을 적은 패를 목에 걸고 사형장으로 이동하고서 그 패를 자신이 달린 나무 위에 달고 죽게하므로써 많은 사람들에게 범죄에 대한 경각심을 갖게 한 것이다. 그렇다면 죄명도 죄 패도 하나였을 것이다. 그런데 사복음서(마태, 마가, 누가, 요한)의 죄패의 내용이 많은 차이점을 보이는 것은 성경의 무오성에 대한 문제로 자주 거론되었던 것 중에 하나이다. 그러나 우리가 더 자세히 알아보아야 할 것 같다.

마태복음(마27:37)에는 "이는 유대인의 왕 예수"라고 하였고 마가복음(막15:26)에는 "유대인의 왕"이라고 하였고 누가복음(눅23:38)에는 "이는 유대인의 왕이라"고 하였고 요한복음(요19:19)은 "나사렛예수 유대인의 왕"이라고 기록되었던 것이다.

이 사복음서는 마태는 아람어를 히브리어로 기록했고 마가는 라틴어인 로마어로 누가와 요한은 세계공통어였던 헬라말로 기록했기 때문에 이처럼 약간의 차이가 있다고 본다.

마태복음은 본래 유대인들을 위한 기록으로 유대의 풍습과 생활습관이 물씬 풍기게 되어있다. 당시 유대인들은 말은 아람말을 쓰되 글은 히브리글로 어음 그대로 옮겨 썼던 것이다. 그래서 히브리어(요19:19)라고 나오지만 실제 말은 아람어이다. 발음 그대로 옮겨서 "이는 유대인의 왕 예수"라고 "다니 예수아 멜레카 디워디"이다.

또 마가복음은 로마어로 기록했으며 로마인들이 이해하기 쉽게 가장 핵심을 간단명료하게 기록한 마가복음이지만 사복음서의 가장 먼저 기록되었고 사복음서의 기본골자로 보고 있다. 당시 이스라엘은 로마의 식민지였기 때문에 모든 관공서에서는 라틴어가 관공서로 사용되었던 것이다. 그래서 라틴어로 :REX IVDAORVM HIC 렉스 유대오룸 힉. 이는 유대인의 왕이라는 말로 기록해 둔 것이다.

또 누가복음은 헬라어로 기록했으며 누가는 사도행전까지 헬라어로 기록하여 데오빌로 각하에게 두 번째(첫 번째는 누가복음기록)로 기록했음을 밝히고 있다. (누가1:1-4)또 요한복음도 당시 세계어로는 헬라어가 통용되던 시대요 라틴어인 로마어는 막 등장되는 시대여서 세계어로는 통용되지 못했기에 요한은 헬라어로 (요한복음, 요한1,2,3서 요한계시록)5권의성경을 기록했던 것이다. 그래서 죄패를 헬라어로: '예수스호 나조나이스호 바실류스톤 유아이온'으로 '나사렛 예수 유대인의 왕'이라는 말이다.

한편 복음서들의 세 나라말의 기록이 일치되게 강조되는 단 한 부문은 "유대인의 왕"이라는 내용이다. 이는 예수의 죽음이 한 개인으로서나 한 범죄로 당한 것이 아니고 이미 구약성경에서 예언된 대로 온 인류를 구원하시기 위하여 유대 왕 다윗의 후손으로 오신 메시야로서의 구속적 죽음이라는 사실을 강조했다고 본다. 그들은 예수를 자칭 유대인의 왕이라고 주장하는 참람죄를 지은 한 죄인으로 십자가에 못박고 그 사실을 조롱하기 위해서 이런 패를 붙이게 된 것이다.

이 글을 마치 총독 빌라도가 직접 예수의 죄패를 쓴 것처럼 보이나 관례로 볼 때 다른 사람에게 쓰도록 명령한 것으로 보는 것이 좋다. 그럼에도 불구하고 빌라도를 주어로 기록하는 것은 죄패에 쓴 내용을 빌라도가 결정했기 때문이었을 것이다. 유대지도자들은 빌라도가 쓴 죄패가 몹시 못마땅했으므로 이의를 제기했다. 그 이유는 그들이 기대하는 메시야 신앙과 예수와는 관련이 없다는 사실을 명백히 하기 위해서이다.

그래서 그들은 자칭(에이미)이라는 단어를 삽입 요청한다. 그러나 빌라도는 그가 신고한 죄패에 이름(예수), 출신지(나사렛), 사형죄목(유대인의 왕)을 모두 적었으므로 "나의 쓸 것을 다 썼다."고 일축한것도 하나님의 섭리가 숨어있는 것이다.

그런데 일반적인 성화에 예수님의 십자가에 달리시고 그 십자가위에 죄패에는 I.N.R.I.라는 기록이 나오는데 이 기록은 라틴어로 "나사렛 예수 유대인의 왕"이라는 글의 머리글자만 따서 기록한 것이다. (Iesus Nazarenus Rex Iudaeorum 이에수스 나자레누스 렉스 이에다에오룸)의 머리글자를 따서 I.N.R.I.라고 명기하는 것이다.

죄패가 한 나라 말로만 기록되지 않고 세계 모든 사람들이 다 알도록 세 나라 말로 기록된대는 하나님의 섭리가 있다. 이는 비록 예수가 반역죄로 처형당함을 나타내고 또한 예수를 조롱하려는 의도로 쓰여진 것이었지만 결과적으로는 예수가 진정유대인의 왕이심을 넘어서 온 인류의 메시야임을 세상 모든 사람에게 공표 한 것이 되는 하나님의 오묘한 경륜과 섭리였다고 본다.

이 또한 하나님의 아름다운 구원의 계획을 이루시기 위하여 때가 차매 자신의 아들을 이 땅에 보내어 성육신(인카네이션)시켜(요1:1-9) 하나님이 우리사람과 동거하시는 임마누엘의 뜻을 이루시고저 (마1:23) 죄인들과 동거동락 하시고 그들을 고치시고(막1:41)그들을 가르치시며(막1:21), 그들을 먹이셨고(막8:1-10), 그들에게 죄 사함과 영생을 주신 후에 그 영생을 완성하시기 위해 이루어 진 일들이다. 이에 예수님은 스스로 나무에 달려 돌아가시므로(갈3:13)어두운 저주와 비참한 형벌의 십자가를 찬란한 영광과 귀한 생명을 주는 십자가로 바꾸신 인류 역사상 가장 위대하고 아름다운 일을 이루셨다.

　이일은 율법에 대한 인간적인 해석으로 사람들을 얽어매고 하나님과의 진실한 관계가 없이 외식적인 행위로 부패 할대로 부패한 유대의 종교가 주지 못한 진정한 구원과 생명을 주기 위한(요10:10) 역사적인 일이었기에 그는 머리 위에 기록된 대로 진정하고 유일한 유대인의 왕으로 죽으신 것이다.

2002. 9. 9

"빌라도가 패를 써서 십자가위에 붙이니 나사렛 예수 유대인의 왕이라 기록되었더라. 예수의 못 박히신 곳이 성에서 가까운 고로 많은 유대인이 이 패를 읽는데 히브리와 로마와 헬라말로 기록되었더라"(요 19:19-20) 만일 내가 오늘 십자가위에 죄패에 글을 쓴다면 "나 위해 돌아가신 나의 구주요 메시야요 왕이신 예수 그리스도이시니라"라고 기록하고 싶다.

평신도를 위한 성경난해 구절시리즈(사복음서97)

Q "예수님이 십자가상에서 하신 일곱 마디 말씀은 의미가 있는 것인가 없는 것인가?"

(요 19:26-30)

A 예수님이 금요일(고난일)에 삼 시(오전9시)에 십자가에 못 박히셔서 육 시(정오12시)에 온 땅에 어두움이 임하여 제 9시(오후3시)까지 계속되더니 "다 이루었다."하시고서 "아버지여 내 영혼을 아버지의 손에 부탁하나이다."(눅23:46)하신 후 운명하셨다고 기록이 나옵니다.

십자가에는 6시간동안 매달려 있으셨는데 말씀은 7마디 하셨기에 架上七言(가상칠언)이라고 하는데 거의 한 시간에 한 마디씩 하셨다고 본다. 십자가에 달린 분들이 보통 2일내지 3일까지 온 몸의 피와 물을 다 쏟고 탈진상태에서 고통을 참지 못하고 절규하는 소리는 애간장을 녹인다고 합니다. 그러나 우리 주님은 원체 몸이 연약하신 데 몇 일 동안 심문에다 굶으시고 매맞고 정신적인 육체적인 고통에 불과 6 시간만에 운명하시고야 말았다.

운명 직전에 하신 유언과도 같은 架上七言(가상칠언)이 무슨 의미가 있는 것인지 아무 의미가 없는 것인지 우리는 분명히 알고 이 말씀에 은혜를 믿고 나 때문에 고난받으신 그 고통에 우리는 동참되어지도록 힘써야 할 것이며 예수님의 그 당시의 심정으로 우리들도 돌아가길 바랍니다.

여기 七言(7언)은 용, 낙, 모, 기, 갈, 성, 탁(容, 樂, 母, 棄, 獨, 成, 托)이라고 외우고 있다.

첫째 말씀 "저희를 사하여 주옵소서"(눅23:34)

성부 하나님께 자신을 못 박은 원수들까지도 사랑하사 용서하여 달라는 간구라고 봅니다. 주님이 이 세상에 계실 때 사죄권을 행사하시면서 많은 사람들을 용서하신 내용이 나온다.(마9:1-6, 눅7:36-50, 요5:14, 행4:12)마26:28에는 예수님의 보혈로 말미암아 죄 사함으로 용서받지 다른 그 어떤 수단방법으로는 불가능하다. 용서하시던 중에도 원수들의 죄를 용서하신 내용도 나온다.(요19:16빌라도, 요19:6유대 종교지도자, 요19:23로마군병들의 죄, 요19:15배신한 군중들의 죄, 마26:15가룟 유다의 죄, 마28:69-75예수 부인한 제자 베드로의 죄, 막14:50비겁한 제자들의 죄들을 다 용서 하셨다.)

우리 성도들에게는 오늘을 살아가면서 용서의 도리를 교훈 하셨다고 본다. 우리 자신의 사함을 타인과 원수들의 허물과 죄 용서를 해줄 것을 보여주시기 위해 십자가상에서 제일 먼저 용서와 사죄의 말씀을 주셨다.

두 번째 말씀 "나와 함께 낙원에 있으리라"(눅23:43)

회개한 한편 강도에게 주신 복의 선언이신데 죽음과 고통중에서도 죄인들을 사랑하사 구원시켜 천국 보내시는 일을 계속하셨던 것이다. 이 낙원에 가는 자는 최고로 복 받은 자인데 그의 믿음(40절. 네가 동일한 정죄를 받도서도 하나님을 두려워아니하느냐?), 그의 회개(41절 우리는 우리의 행한 일에 상당한 보응을 받는 것이니 당연하거니와) 그의 전도(41절. 이 사람(예수님)의 행한 것은 옳지 않는 것이 없느니라) 그의 기도(42절 예수여 당신의 나라에 임하실 때 나를 생각하소서) 주님은 흔쾌히 믿음과 회개와 전도와 기도를 보시고 낙원을 허락하셨다. 허락(43절 예수께서 이르시되 내가 진실로 네게 이르노니 오늘 네가 나와 함께 낙원에 있으리라)하신 예수님의 즉시 낙원허락은 이 사람의 일생일대의 최고의 축복을 받는 것이다. 주님 자신이 낙원의 주인공이며 늘 예수님과 동거할 것을 허락받게 됐으니 우리도 이러한 신앙을 소유하길 바란다.

세 번째 말씀 "여인이여 보소서 아들이니이다. 보라 네 어머니라"(요 19:26-27)

어머니와 사도 요한에게 하신 말씀이다. 예수님이 십자가상에서도 어머님을 부탁드린 것은 효도의 모범을 가르쳐 주신 것이다. 기독교는 효도의 종교요 예수님이 어려서부터 효도를 실천하셨다. (마21:28-31, 눅15:11-24, 출20:22, 엡6:1) 원래 제자란 스승에 대한 존경을 나타내 보이기 위해 스승의 어머니를 봉향 할 의무가 있다. 스승의 어머니는 자기 어머니와 마찬가지이다. 즉 제자들의 죄 때문에 어머니봉향을 못 하고서 앞서 가시니 뒤에 남아서 제자들이 봉향 할 의무와 사명이 있음을 가르쳐주신 것이다. 그리고 육신적 혈육보다는 주 안에서 한 형제가 되어 아버지의 뜻대로 사는 자는 우리 모친이요 형제자매가 된다고 가르치셨다. 그래서 우리도 주안에서 한 형제가 됨을 가르치셨고 너의 친어머니라고 말씀하시기에 이른 것이다. 기독교인은 이웃의 어머니도 내 어머니처럼 공궤해야 마땅하거니와 믿지 않는 어머니들을 전도하여 천국에 같이 가도록 하여야 가장 큰 효도라고 본다.

네 번째 말씀 "엘리 엘리 라마 사막다니"(마27:46, 막15:24)

성부 하나님께 대하여 부르짖음으로 인류의 죄를 대속 하사 하나님과 단절된 절망을 토로하셨다고 본다. 본래는 아람어인데 히브리어로 부른 말이니 "나의 하나님 나의 하나님 어찌하여 나를 버리시나이까?" 예수님은 이 순간 사실상 만민의 죄로 인해 하나님께 버림을 받는 것이요 인간들을 대속 하신 것이다. 예수님은 원수들 강도들 제자들에게 까지 고난을 받으시고 버림을 받으셨다. 마지막에는 하나님으로부터도 버림을 받으셨다. 이것은 죄인들을 위해 대신 고초를 단 마음으로 다 받으신 것이다. 버리셨나이까? 말씀 하심은 하나님의 버리심은 '가장 외롭다' 는 뜻이요 또 괴롭다는 뜻이요 가장 절망적이라는 뜻이 숨어 있다. 그러나 이 말씀만이 많은 사람 구원의 열쇠가 되었다. 죄인인 우리는 버림받은 것인데 그리스도께서 죄인을 대신하여 버림을 받았으며 죄인은 하나님을 찾아야 사는 것인데 그리스도께서 죄인을 대표하여 하나님을 찾으신 가장 숭고한 부르짖음이었다.

다섯 번째 말씀 "내가 목마르다"(요19:28)

스스로의 독백으로 온전한 인자로서 인간적 고통을 호소하셨다고 본다. 예수님은 온전한 하나님이시면서도 완전한 인간이었다. 인성 예수는 목마르셨다. 육신적으로 목마르시고 정신적으로도 신령적으로 목마르심에 대한 독백이셨다. 우리도 예수님 위해 목말라야 하는데 주를 찾기를 갈급해야 한다.(시42:1-2) 주를 사모하기를 갈급해야 한다.(마5:6) 주를 위해 일하기로 갈급해야 한다. (사16:12)우리는 예수님의 생명수를 시원하게 마시고 하나님의 말씀을 날마다 먹고 마셔야 할 것이다.

여섯 번째 말씀 "다 이루었다."(요19:30)

스스로의 독백으로 사단의 온갖 방해에도 불구하고 주님의 지상사역을 완수하셨음을 하나님 아버지께 보고 하심이다. 즉 하나님께 대하여 책임완수의 보고이며 제자들에게 주신 위로의 말씀, 격려의 말씀, 확신을 주시는 말씀으로 마귀를 이기고 승리하였다는 승리의 개선가라고 본다. 세상의 많은 사람들은 죽음으로 일생의 역사가 패배의 기록으로 남기 쉬우나 예수님과 우리 성도들은 죽음으로 도리어 완전 성공과 더 영광스러운 상급이 기다리매 떳떳이 다 이루웠다고 보고해야 된다.

일곱 번째 말씀 "내 영혼을 아버지 손에 부탁하나이다."(눅32:46)

성부 하나님께 부탁하심은 근본 하나님이심에도 죽기까지 성부 하나님께 복종하시기 위함이었다. 아버지 하나님과의 관계에선 아들로서 사명감, 영혼의 귀중성을 아버지 하나님께만 부탁드리고 인생의 귀착점은 다 하나님 아버지께 돌아가며 우리도 반드시 하나님아버지께 갈 것이니 준비해야 된다. 架上七言(가상칠언)이 우리에게 주신 은혜와 교훈에 다시 한번 감사와 찬양을 드립니다.

2002. 9 . 10

"십자가상에서 고통 속에서도 우리 위해 하나님의 뜻을 따라 다 준행하시고 우리는 그 고난에 동참됨으로 하나님의 뜻에 동참되어지며 한 마디 한 말씀도 모두 우리 위해 주신 말씀이니 심비에 새겨 새김질에 게을리 말길 바라노라"

평신도를 위한 성경난해 구절해설시리즈(사복음서98)

Q "예수그리스도 부활의 역사성, 증거성, 당위성과 우리부활과 관계성은?"

(요20:1-18)

A 예수그리스도의 부활을 영어로는 Resurrection이고 헬라어는 아나스타시스(αἰστασις)로 죽은 자가 새 생명을 얻어 다시 살아나는 것을 가리킨다. 성경에서는 특히 역사의 종말에 전 역사에 걸쳐 살았던 의로운 자들이 다시 살아나는 것을 가리켜 부활이라고 말하며 이 부활의 첫 열매가 곧 예수 그리스도의 부활이다.

그래서 이 부활에 대한 소망은 모든 그리스도인들의 최고의 바램이 되었다. 왜냐면 부활한 후에 성도들은 예수님이 먼저 가 계신 영원한 천국의 축복을 누리게 됨을 믿기 때문이다. 그러므로 인류의 부활에 대한 그리스도인들의 소망은 이미 역사속에서 실제적으로 일어났던 예수 그리스도의 부활하심에 그 근거를 두기 때문에 예수 그리스도의 부활신앙은 기독교 신앙의 기본이요 근간이 된다. 구약성경에 수없이 미리 약속하셨고 신약성경은 '예수그리스도의 부활'이란 토대 위에서 기록된 것이다.

예수님이 이 세상에 계실 때도 자신의 부활에 대해서도 수없이 예언하셨거니와 부자와 나사로의 비유(눅16:19-31)에서 악한 부자가 음부(Hades)의 화염속에서 고통당하고 있을 때 의로운 거지는 아브라함의 품에서 기쁨과 영광 속에 있음을 알려주셨다.

사도 바울도 부활이 죄와 사망의 굴레로부터 해방과 구원이며 영광스러운 영원한 삶에 대한 준비이고 만물을 다스리시는 그리스도의 승리에 대한 증거라고 말하였다.(롬8:19-23, 고전15:23-28, 35-49) 예수님도 바울도 죽은 자를 자는 자로 표현했다.(살전4:13, 고전15:18, 요11:11-13, 마27:52, 막10:52, 행7:60, 13:36, 벧후 3:4) 성경에는 장차 있을 인류의 부활이 이미 일어났던 그리스도의 부활과 밀접한 관계가 있음을 밝혔다. 즉 예수 그리스도의 부활은 앞으로 일어날 성도들의 부활에 대한 모델이며 (빌3:21)성도들의 부활에 대한 보증이며(고전15:17-20, 살전4:14-16)또한 성도들의 부활에 대한 도구인 (롬8:11, 고전15,21-22)부활의 첫 열매였다.(고전15:23, 골1:18)그러므로 예수 그리스도의 십자가의 죽으심과함께 그리스도의 부활하심은 성도의 구원에 대한 가장 중요한 근거가 된다. 그래서 예수 그리스도 부활의 역사성 증거성 당위성을 사례를 통해 증명해 보고자한다.

① **예수님 자신의 예언:** 예수께서는 공생애 기간동안 자신이 죽었다가 3일만에 살아나실 것에 대하여 수 차례 예언한대로 그대로 이루워 졌다. (마12:38-40, 16:21,17:9,23, 막8:31, 눅9:22, 요2:19-21)우리는 예수님의 인격과 그분의 복음의 말씀에 대해 신뢰하고 있다면 부활에 대한 그분의 예언도 분명히 성취되었음을 믿을 수가 있는 것이다.

② **빈무덤의 증거:** 성경은 예수님이 분명 십자가 위에서 죽임 당한 사실, 그리고 장례한 사실을 분명히 밝히는 동시에 그 무덤안 에 있던 예수의 시신이 사라진 사실에 대해서도 명백히 증거하고 있다.(마27:57-66, 막15:42-47, 눅23:50-24:11)그리고 이렇듯 무덤이 빈 것은 예수 그리스도께서 부활하신 때문이라는 것이 여러 상황묘사를 통해 증거되고 있다. 그리고 특히 주의 제자들이 주의 시신을 감추어두고 예수가 부활했다는 헛소문을 퍼뜨린 것이 아니라 오히려 사실은 예수를 처형했던

당시 유대종교 지도자들이 제자들에 의한 예수 사체유기설을 허위 날조하게 하여 그와 같은 소문을 퍼뜨리게 하였음에도 분명히 기록된 사건이다(마27:62-66,요20:1-12).

③ **제자들의 변화와 전도사역:** 성경은 예수님이 십자가에 죽으실 당시에는 매우 낙담하며 비겁하게 도망했던 제자들이 부활하신 예수님을 만난 후에는 완전히 변화되어 예수 그리스도의 부활을 담대히 증거한 것과 그들의 증거를 받을 수 없는 수많은 사람들이 예수를 믿음으로 말미암아 초대교회가 급속도로 날로 흥왕하여 갔다고 하는 증거이다(행2:36,6:7).

④ **신약성경에 수 없는 기록:** 사복음서를 비롯하여 신약성경 전체는 바로 예수그리스도의 부활이 역사적 사실임을 근본전제로 하여 기록되었다. 만일 예수부활이 역사적 사실이 아니었다면 그토록 많은 신약성경기자들이 각자의 인격과 신앙양심상 그토록 한결같이 자신들의 책에 예수 그리스도의 부활을 기록하지는 못했을 것이다. 그리고 만일 그들이 양심을 속이고 성경을 기록했다면 그것이 약 2천여년이 지난 오늘에 이르기 까지 많은 사람들에 의해 '하나님의 말씀'으로 믿어지지도 않았을 것이다. 그들은 직접 목격했거나 목격한자들의 증언을 듣고 기록한 것이니 사실이라고 믿는다.

⑤ **초대교회의 급속한 변화:** 초대교회는 예수의 죽음과 부활사건이후 믿을 수 없을 만큼 짧은 기간동안에 주지하다시피 수 차례의 끔찍한 박해에도 불구하고 로마제국 전역에 전파되었다. 즉 1세기도 채 지나지 않는 기간동안에 팔레스타인 전역은 물론이고 소아시아 유럽, 로마까지 기독교가 전파되었다. 만일 예수그리스도의 부활이 거짓이었다면 결코 이런 일이 있을 수 없는 것이다. 기독교를 핍박하던 로마가 기독교를 국교로 인정할 때까지 기간은 불과 짧은 기간이다.

⑥ **속사도와 교부들의 증언:** 주의 부활을 직접 목격한 12사도들이 하

나 둘씩 이 세상을 떠날 무렵인 1C말부터 예수그리스도의 부활을 부정하는 영지주의적 이단이 많이 일어났다. 그럼에도 불구하고 12사도를 계승한 1,2C의 속사도들과 교부들은 예수 그리스도의 부활의 역사성을 확실히 믿었으며 부활을 부정하는 이단들로부터 기독교신앙을 변증하여 부활의 교리를 확고히 세웠다. 그러한 교부들의 신앙이 오늘날까지도 성도들에게 전수되고 있다는 사실은 그들의 믿음이 확실하며 그들이 증거하는바 그리스도의 부활이 분명한 역사적 실재임을 증거하는 것이다.

⑦ **기독교의 최대 명절이 부활절이 된 것:** 기독교의 최대 명절은 성탄절이 아니다. 부활절은 죽음의 권세를 깨뜨리고 마귀와 죄악의 권세를 완전 정복하여 우리구원을 완성시킨 날이니 성탄절에 비교할 수 없는 큰 명절중에 명절이다. 일찍이 기독교는 지금껏 지켜 오던 안식일 중심의 유대교 전통마저 버리고 주님의 명령따라 부활의 날인 주일날 모여 주의 만찬을 재현하고 부활하신 주님을 전파하고 영광 돌리는 일에 온 기독교가 이 정신으로 매주일 힘쓰고 있는 것을 보면 주의 부활을 의심하는 성도는 교인으로 인정받을 수 없을 만큼 확고한 기독교 진리가 된 것이다.

⑧ 부활 후에도 예수님이 12번이나 나타내 보여주셨던 일도 그 증거 중의 결정적이다. A) 주일 이른 아침 예수의 빈 무덤 앞에서 막달라 마리아에게 부활의 사실을 제자들에게 알리도록 명령하시면서 나타내 주신일(막16:9-11,요20:11-18) B) 주일이른 아침 동산의 무덤부근에서 막달라 마리아를 제외한 많은 여인들에게 그의 제자들에게 갈릴리 바다로 가라고 명하시면서 나타내 보여 주신 일 (마28:9-10), C) 주일정오쯤 엠마로로 내려가는 길에서 글로바와 또 한사람에게 성경을 통해서 부활에 대해 확실한 필연성을 증거해 주시고 사라지셨던 일(눅24:13-32), D) 주일날 낮 어느시에 예루살렘의 어느 장소에서 시몬 베드로에

게 보여주셨고(눅24:34,고전15:5), E) 주일 저녁에 마가의 다락방에서 도마외에 10명의 제자들이 무서워떨며 문을 잠그고 있는데 들어오셔서 십자가에서의 양손 양발의 상처를 보여주심으로 부활을 증거하신 일(눅24:36-43,요20:19-25), F) 일주일 후 주일날 오후 마가의 다락방에서 도마있는 11제자들에게 의심 많은 도마에게 네 손을 내 손의 못 자국을 만져 보고 나의 부활을 믿으라고 증언하신 일(요20:26-31,고전15:5), G) 어느날 새벽에 갈릴리 바다가에서 7명의 제자들이 밤새 고기를 잡았으나 한 마리도 잡지 못한 그들에게 그물을 배 오른편에 던지게 하므로 큰고기로 153마리 잡게하고 같이 떡과 고기로 아침식사를 한 일(요21:1-14), H) 얼마 후 갈릴리의 한 야산에서 11제자들에게 지상명령을 주신 일(마28:16-20), I) 얼마 후 500여 형제들에게 나타나 보여주심으로 많은 사람들이 보게 한 일(고전15:6), J) 얼마 후 주님의 친 동생 되시는 야고보에게도 나타내 보여 주신 일(고전15:7), K) 부활 후 40일째 되는 날 감람산 부근(베다니) 열한 사도에게(눅24:44-49,행1:3-8), L) 오순절이후 다메섹도상에서 사도 바울에게 책망하고 회심케 한 일(행9:1-5,고전15:8)

이런 수많은 예수그리스도의 부활에 대한 역사성, 증거성, 당위성을 다 열거할 수가 없는 것이다. 그런데도 아직도 많은 사람들이 예수 그리스도의 부활에 대한 역사성을 부인하고 신화로 알거나 믿어지지 않는다고 하는 이단들이 자유주의자들의 꾀임에 동조하게 된다. 기독교의 최대 교리인 예수그리스도의 부활교리가 무너지면 기독교는 존재할 수가 없다.

2002. 9. 12
"기독교의 최대 교리인 '나는 부활이요 생명이니' 예수 그리스도 부활의 역사성에는 수많은 증거와 당위성으로 조금도 의심 할 바가 못되며 장차 우리 부활의 모델임을 믿을 때 우리는 한없는 소망속에서 산다."

평신도를 위한 성경난해구절 해설 시리즈 (사복음서 99)

"부활 후 갈릴리바닷가에서 제자들을 만난 사건에서 풀리지 않는 난제들"

(요21:1-14)

(문제제기)
1. 여기에 동참된 7명의 제자들은 누구누구인가?
2. 이들이 갈릴리바다로 고기잡으로 간 것이 잘못된 일인가 아닌가?
3. 밤새도록 아무것도 잡지 못하였을까(왜 잡히지 않았을까)?
4. 제자들이 바닷가에 서있는 예수님을 몰라봤을까?
5. 배 오른편에 그물을 던지라(오른편에 고기가 많았던 이유는?)
6. 숯불이 준비된 이유는 무엇일까?
7. 큰고기 153마리 잡힌데 무슨 뜻이 있는가
8. 그물이 찢어지지 않은 이유는 무엇인가?

(문제해설)

1. 여기에 동참된 7명의 제자들의 명단에는 5명이 본문에서 밝히기 때문에 알 수 있다

① 베드로 : 베드로의 권위가 이전상태로 회복되었음을 알 수 있다. 6명의 제자가 베드로 따라 움직였다.

② 도마 : 얼마 전 예수님의 부활 사실을 확인하고서 보다 높은 신앙의 경지에 이르게 된 제자이다.

③ 나다나엘 : 요1장에서 그 부르심의 과정이 기록 된 사람으로 공관복음에서는 바돌로매라고 불리웠다.

④ 세베대의 두 아들들 : 야고보와 사도 요한을 가리킨다. 나머지 두

사람은 누구 누구일까요? 여기 '또 다른 두 제자' 의 이름이 누구인지 확실치 않다. 아마 12제자 중 여기 기록되지 않은 사람이라면 (빌립과 안드레, 마태, 작은 야고보, 열심 당원 시몬, 다대오 이 6명 중 2명이리고 본다.) 혹 12제자가 아닐 수도 있다. 그러나 요20장부터 11제자와 관계된 기사가 계속 나오는 것을 볼 때 제자 중에 두 사람일 공산이 크다. 여러 학설 중 ①안드레와 빌립 이라는 설. ②마태와 나머지 4제자설. ③위경 베드로 복음에서는 안드레와 알패오의 아들 레위라고 밝힌다. ①번을 많은 학자들이 주장한다.

2. 부활하신 예수님을 여러차례 만났고 만났던 다른 사람들의 간증도 들었다. 그러므로 지금은 그들이 부활의 주님을 증거해야 할 때인데 물고기나 잡으러 간 것은 하나님의 일을 제쳐놓고 세상으로 돌아간 것이기에 믿음 없는 행동이라고 주장하는 설이 있다. 제자의 사명을 버리고 하늘나라 일보다 세상일로 신령한 일보다도 육신의 일로 하나님을 위하는 것보다는 자기를 위하는 생활로 돌아갔다고 주장한다. 때가 때인만큼 살아나신 주님만을 위해 증거하고 위해서 일해야 할 때인데 어찌 고기나 잡으러 갔을까? 책망한다.

혹자는 고기잡으러 간 것은 그들이 예수 그리스도의 죽음에 실망한 나머지 옛 거주지로 돌아가 생계유지를 위해 고기잡이로 나섰다고 한다. 그러나 이러한 주장은 성경의 기록과 상반된다. 제자들이 부활하신 예수 그리스도를 뵙고나서 얼마나 기뻐했으며 또한 주 예수로부터 세상에 나가 복음을 증거할 사명을 받은 그들이(요20:19-23)그렇게 실망할 일이 아닌 것이다. 그 이후에도 곧 예루살렘에 올라가 기도에 전념했고 오순절 성령님을 맞게 된 것을 볼 때 개연성이 없어 보인다.

또 다른 학설은 예수님이 부활하사 처음 만난 마리아와 여인들에게 부탁하기를 제자들에게 갈릴리로 가 거기서 나를 보리라(마28:10,

막16:7)는 예수님의 말씀을 듣고 예수님을 만나기 위해 갈릴리에 내려 갔고, 가서는 밤시간에 옛 직업이지만 고기잡는 것으로 시간을 보내기 위함이었다고 한다.(갈릴리로 가서 주님을 만나 새로운 사명을 받은 증거도 있다. 마28:16-20)

여기서 첫 번째 주장은 아직 전도하러 나설 시기가 아니었다. 제자들이 공식적으로 전도하러 나서도록 하나님이 예루살렘을 떠나지 말도록 지시했고 아버지의 약속하신 것을 기다리라고 하심은 오순절 성령강림을 뜻한다. 실제로 제자들이 오순절 성령을 받고나서부터 전도에 돌입하게 되었다. 부활하신 40일동안과 10일동안 기도에 전념하던 기간이 모두 성령을 덧입는 기간이었다. 어떤 일이든지 하나님의 때가있고, 하나님의 뜻을 기다리다가 하나님이 시킬 때 일하는 것이 중요한 것이다. 그때까지 기도로 준비하고 참고 기다린 제자들의 처사가 옳은 것이다. 그래서 첫 번째 주장에는 개연성이 없다. 두 번째 주장역시 개연성이 없다. 세 번째 주장이 가장 개연성이 있어 보이나 그러나 이 경우에도 결코 하찮은 일이라 할 수 없는 갈릴리의 재회약속이 언급되지 않은점과 예루살렘에서 벌써 베드로는 단독으로(눅24:34, 고전15:5)주일 저녁 마가 다락방에서 10제자가 만났고(눅24:36-43)일주일 지난 후 도마있는 11제자가 마가의 다락방에서 또 만났고(요20:26-31)그 후가 본문의 사건인 7제자 사건이요 그후 얼마 후에 11제자가 갈릴리에서 만났으니 (마28:16-20)시간상, 장소상 관계가 확실치 않다는 점이 난제중에 난제라고 본다.

3. 여기 베드로를 비롯하여 그 동료제자들이 주님과 관계없이 일을 시작할 때에 그들은 완전한 실패에 부딪혔음을 우리에게 알려주기 위함이다. 예수님이 직접 관여해서 성공을 거둔 기적(21:6)과는 대조적이다. 제자뿐 아니라 우리모든 성도는 주님을 떠나서는 아무것도 할 수 없

는 것이다. (요15:5)온전히 주의 뜻을 따를 때 만이 좋은 결과를 걸을 수 있는 것이다. 갈릴리 바다는 물이 맑고 깊기에 낮에는 그물을 내리는 동안에 다 도망감으로 고기 잡기가 아주 어려우나 밤에는 잘 보이지 않기에 가장 적절한 시간인데도 한 마리도 잡지 못했다는 것은 하나님의 특별한 섭리와 경륜으로 되어진 일이라고 본다.

4. 여기에서는 예수님께서 어디서부터 또 어떻게 그 자리에 오셨는지 언급이 없다. 다만 예수님께서 바닷가에 섰다는 언급뿐이다. 이것은 요 20:19절에서 문이 닫힌 방에 아무 물리적 작용없이 제자들 앞에 나타나셨던 차원같이 생각해야 된다. 배와 해변언덕간의 거리나 새벽의 짙은 안개 때문이었기도 하겠지만 제자들이 주님을 알아보지 못한 이유는 몇가지가 있다.

① 제자들은 바닷가에서 계신 예수님을 해변의 어떤 사람인줄로만 알고 갈릴리에 나타나시겠다고 말씀하신 예수님(막16:7)인줄을 몰랐다. 제자들이 예상치 못한 시점에 나타나셨기 때문이다.

② 심령의 눈이 어두워졌기 때문이라는 견해이다. 믿는 사람의 마음이 세상과 돈과 향락에 기울러지면 예수님을 볼 수가 없다.(눅24:15-16)

③ 자연적 장애 때문이라는 견해이다. 몸은 밤새 그물질에 지쳐있을 데로 지쳐있고 아침이 되었지만 아직 어둠이 완전히 물러가지 않았고 게다가 갈릴리바다 새벽은 늘 안개가 끼어서 예수님을 구별할 수 없게 된데다가 거리도 50간이라면 약 90m거리이기에 말소리를 듣지 않고는 구별하기는 보통인들도 어렵다고 본다. ②번과 ③번에 상당한 개연성을 두고 은혜 받아야 할 것이다.

5. 오른편에 던지라는 명령은 ①갈릴리에서 어부 생활로 생업을 이었던 제자들에게 익히 알고있는 고기잡이 방법과는 전연 다른 방법을 제

시함으로써 그들의 순종여부를 시험하시고자 함이요. ②모든 것을 아신 주님이 고기떼를 미리 아셨든지 몰아 올 수 있는 장소가 배 오른편이었기 때문이라는 것. ③오른편이 행운(Luck)의 자리이기 때문이라는 견해 ①번만이 우리에게 개연성을 준다고 본다.

고기가 많이 잡힌 이유에 대해서는 보아서는 예수신줄 몰랐던 그들이 목소리를 듣고야 예수신줄 알고 순종하니 순종의 결과로 얼마나 많은 고기를 잡았는지 그물을 들어올릴 수 없을 정도였다. 여기 끌어올리다(헬-엘퀘에인)는 말이 사람들을 그리스도에게로 이끌어오는 것을 나타내는 데도 사용되었음을 감안할 때(요6:44, 12:32) 여기서는 표면적인 의미 외에 또 다른 의미가 있는데 즉 고기는 개종자들을 고기잡는 행위는 사도직 수행을 뜻한다고 볼 때 제자들이 예수님을 의지하지 않고 자력으로 했을 때 단 한사람의 개종자도 이끌어 낼 수 없으나 예수님의 명령에 따라서 했을 때는 놀라우리만큼 많은 개종자를 만들 수 있음을 뜻한다. 제자들은 예수님에 대해 절대 복종의 관계에 있으며 능력의 원천도 예수님이시니 절대적 복종이 되어질 때 많은 물고기를 잡을 수 있었다.

6. 숯불에 대하여 특별히 기록한데는 특별한 뜻이 있음을 암시하고 있다. 요18:18절에 보면 베드로는 숯불 앞에서 예수님을 부인했다. 그런데 베드로를 다시금 회복시켜서 영적 구령사업에로 부르실 특별한 목적을 가지고 베드로를 찾으신 주님께서는 밤새 고기잡느라 지쳐있는 제자들을 위하여 숯불을 피워 따끈한 아침식사를 마련해 놓고 기다리고 계셨다. 때문에 이 숯불을 보고서 다른 제자는 몰라도 베드로는 자신이 예수님을 부인하던 후회스러운 때의 기억을 떠올렸을 것이다. 요한이 특별히 이러한 상황을 묘사하는 의도도 바로 여기에 있다고 본다.

7. 여기 물고기를 가리키는 헬라어 익뒤스(ἰχθύς)는 '이예수스 크

리스토스 데오스 휘오스 소테르' 즉 하나님의 아들 예수 그리스도 구세주라는 말이 된다. 첫글자(Ι.Χ..θ.ὐ.Σ)이 5글자로 물고기 모양이 그리스도교인을 상징하는 부호로 삼았다. 한편 제자들이 잡았다는 153마리는 어디까지나 사실에 충실한 기록이다. 이 153마리 숫자에 대해 초대교회때부터 많은 견해들이 난무하였다. (풍유적인 해석일 뿐임)

① 해안에 가져오기까지 고기를 헤아리지 않은 것은 택함받은 자들이 천국에 도달하기까지는 알려지지 않는 것을 의미.

② 153숫자는 153종류의 고기이므로 모든 종류의 사람들이 구원을 받을 것을 의미함 (제롬) (마13:47)

③ 어거스틴은 1에서 17까지 합한 수가 153이며 10은 율법을 상징, 7은 성령을 상징하며 하나님께 돌아올 사람 수.

④ 씨릴은 153을 100+50+3 100은 이방인, 50은 유대인, 3은 성삼위 하나님의 권능을 합함.

⑤ 튀빙겐 학파 이름의 알파벳에 고유의 숫자를 들어 베드로의 이름인 시몬, 바요나, 게바를 각각 71, 53, 29로 다 더하면 153이란 숫자를 맞추고 있다.

이런 지나친 해석엔 귀를 기울려서는 안된다. 요한이 세심하게 153이란 숫자를 밝힌 것은 물고기의 숫자가 구체적으로 기록한 것은 어디까지나 이 사건의 사실성을 강조하기 위한 것이 제일 중요하다고 본다.(렌스키 고데 바움 가라덴 씨루씨스)

8. 정상적인 상황에서는 153마리나 되는 많은 물고기가 잡혔을 경우 그물이 찢어졌을 것인데 그렇지 아니하였으니 이 또한 이적적인 현상이라고 볼 수 있다. 그물이 찢어지지 않은 현상을 해석하는데도 ①교회의 통일성. ②영혼들의 최종적으로 불러모으는 일에 실패하지 않는다는 암시. ③삼천, 오천명이나 영입되어도 흔들리지 않는 튼튼한 복음의 그물

(행2:41) ④주님의 특별한 보호와 인도하심 때문이다. ④번이 개연성이 있다.

모든 제자들과 예수님께서 디베랴 바다를 찾아가신 것은 십자가 고난을 당하시기 전과 부활 직후에 주신 두차례의 약속(마28:7, 막14;28, 16:7)을 지키기 위해서였다. 그러므로 제자들이 예수님의 부활을 목격한 후에 갈릴리 바다에 되돌아 간 것은 그들이 복음전도의 사명을 포기하고 옛날의 직업으로 되돌아간 것이 아니라 다만 이곳에서 다시 만나고자 하신 주님의 약속을 기다린 것으로 여겨진다.

이를 뒷받침하듯 예수님이 제자들을 처음 부르실 때와 비슷한 이적을 보이셨음이 증명해준다. 즉 이것은 부활신앙으로 무장된 제자들이 복음 증거의 사명을 본격적으로 감당해야 할 시기가 도래했음을 암시한다. 그리고 '사람을 낚는 어부'가 되기 위해 부르심 받은 바(마4:19)그들의 소명을 새롭게 깨우쳐 주고 있다. 또 사람을 낚는 어부가 되는 참된 비결은 인간의 기술이나 경험으로가 아니라 오직 말씀을 전적으로 순종하는데 있다는 사실을 교훈해 주고 있다.

2002년 9월 12일
"고난받기 전이나 고난 후 부활 후에도 예수님은 한결같이 제자들을 사랑하사 실패하고 배은망덕한 제자들을 버리지 않고 또 찾아오셔서 이적과 섬김의 모습을 보여주심에 감탄하노라."

평신도를 위한 성경난해구절 해설 시리즈 (사복음서 100)

"부활하신 주님께서 베드로의 사명과 순교예언에 대한 대화에서 난제들"

(요21:15-23)

(문제제기)

1. 게바나 베드로라는 이름을 놔두고 '요한의 아들시몬'이라고 부르신 이유는?
2. '이 사람들 보다'가 맞는가 '이것들 보다'가 맞는가? 어느 것이 맞는가?
3. 주의 질문에 '주께서 아시나이다'의 대답은 정답인가 회피성 대답인가?
4. '내 양을 먹이라', '내 양을 치라', '내 양을 먹이라' 하심은 무슨 뜻이 있는가?
5. 세 번 거듭 "나를 사랑하느냐?"하고 물으신 주님의 의도는 무엇인가?
6. 세 번째 물음에서 베드로는 왜 근심하면서 대답하였을까?
7. 베드로의 어떠한 죽음으로 죽을 것을 예언하였을까?
8. 다른 사람에 관한 것은 상관말고 베드로는 해야할 일이 무엇인가?
9. 사도 요한이 풀어준 제자들의 오해 내용은 무엇인가?
10. 본문의 사건을 통해 우리에게 주시고자 하시는 영적 교훈은?

(문제해설)

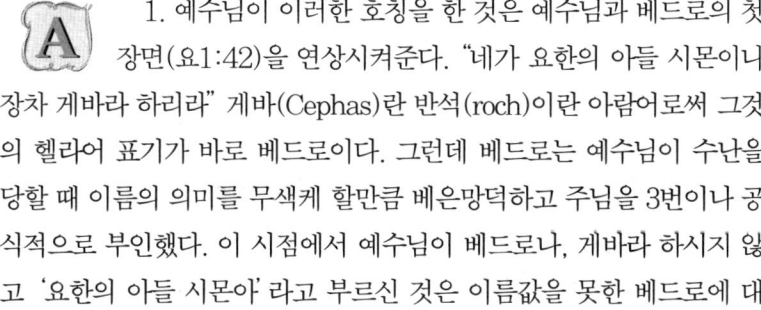 1. 예수님이 이러한 호칭을 한 것은 예수님과 베드로의 첫 장면(요1:42)을 연상시켜준다. "네가 요한의 아들 시몬이니 장차 게바라 하리라" 게바(Cephas)란 반석(roch)이란 아람어로써 그것의 헬라어 표기가 바로 베드로이다. 그런데 베드로는 예수님이 수난을 당할 때 이름의 의미를 무색케 할만큼 베은망덕하고 주님을 3번이나 공식적으로 부인했다. 이 시점에서 예수님이 베드로나, 게바라 하시지 않고 '요한의 아들 시몬아'라고 부르신 것은 이름값을 못한 베드로에 대

한 책망보다는 그가 처음 사도로 부름받던 때를 다시 되살려서 이제부터 제 2의 사명감을 가지고 충성할 것을 당부한 것이다. 예수님의 이러한 배려는 그의 제자들의 나약하고 실패한 모습까지도 모두 감싸시는 예수님의 한 없는 사랑과 관용을 베푸시면서 지금까지의 것은 다 잊어버리고 이제부터 최선을 다하길 부탁하는 바라고 본다.

 2. '이 사람들 보다' 해당되는 '플레온 투톤(πλέον τούτων)' 은 '이것들 보다' 로 번역될 수도 있다. (개역 성경 난하주 : 배나 잡힌 물고기들)다음 세 가지 중 우리는 어느 것을 택할 것인지? 투톤을 사람으로 보는 견해 ①사람들과 주님을 비교하는 것으로 "네가 이 사람들을 사랑하는 것 보다 나를 더 사랑하느냐?"(개역성경. 현대어 성경. 천주교 200주년 기념 신약성경. 표준 신약전서 현대인 성경. 새성경) ②"네가 이 사람들이 나를 사랑하는 것 보다 더 나를 사랑하느냐?"(공동번역) 투톤을 물질로보는 견해. ③"네가 이것들 보다 나를 더 사랑하느냐?" ③번은 번역상은 틀림은 없으나 투톤을 사람으로 보는 견해가 더 개연성이 있다고 본다. ①번은 가족이나 모든 것을 버리고 주님을 따라야 한다는 주님의 교훈과 부합된다. (마10:37, 19:29, 막10:29) ② 번은 베드로가 늘 다른 제자들과 차별화하여 주님을 더 사랑한다던 장담을 해(막14:29)왔으므로 일리가 있다고 본다. 투톤을 사람으로 해석함이 더 은혜스럽다고 본다.

 3. 우리 감정으로 yes면 yes, no면 no가 분명치 못한 애매한 대답같이 보인다. 여기 "알다"의 헬라어 '오이다' 와 '기노스코' 이다. 베드로 첫 번째 두 번째는 '오이다' 로 대답하고 세 번째 대답은 '기노스코' 를 두 번 거듭 말한다. 여기 '오이다' 는 어떤 사실에 대한 지적인 앎을 의미하고 '기노스코' 는 일정한 경험을 통해서 얻게되는 지식을 의미한다. 이 세 번째 대답은 베드로가 주님을 사랑하는 것이 어느 정도인가를 짐작할 수 있다. 우리도 "아비나 어미, 아들이나 딸을 나보다 더 사랑하는

자는 내게 합당치 아니하다."(마10:37)라는 예수님의 말씀을 따라 세상에 대한 사랑이 그리스도에 대한 사랑보다 승하지 못하도록 해야 한다. 이런 면에서 베드로의 대답은 현명했다. 왜냐하면 예수님은 하나님이심으로 사람의 감정과 생각을 전지전능하셔서 모두 다 알고 계실 것이요 또 성령님이 우리 안에 거하시므로 인격적으로 우리의 과거 현재의 일을 다 알고 계시기 때문에 "주께서 아시나이다"의 대답은 너무나 완벽한 대답이라고 봐야한다.

　4. "내 양을 먹이라"(보스케 : 양들을 목초지로 인도하는 것) "내 양을 치라"(프로바타 : 양들의 모든 활동을 돌보는 것) 이 두 가지가 구분된 것 같으나 먹이는 것이나 돌보는 것이 크게 보아 같은 범주에 든다고 보고 오히려 같은 의미의 반복으로 봐야한다. 여기 첫 번째 양만 "어린 양을"이라고 표현했고 두 번째, 세 번째는 "내양"이라고 표현했다. 베드로가 돌보아야 할 양들이 매우 나약하고 자기를 방어할 능력이 없으니 너는 이 연약한 양들을 먹이고 돌보고 책임지고 인도해야 할 사명을 다시 부여받는다고 보아야 한다.

　5. 한 번만 물으셔도 족할 것을 예수님은 세 번씩이나 길게 질문하셨다. 그 이면에는 깊은 뜻이 있다.

　① 베드로의 신앙고백(마16:16) 사상고백(요6:68)에도 불구하고 예수님을 세 번이나 부인(마27:69-75)하던 때 첫 번은 부인하는 정도, 두 번째는 맹세하고 부인하고 세 번째는 저주하며 맹세하고 부인하는 과거를 다시 되풀이되지 못하게 하기 위해서이다.

　② 마26:33절에 베드로가 "다 주를 버릴지라도 나는 언제든지 버리지 않겠다"라고 장담했던 때를 상기시켜 회개한 베드로로 만들어 겸손하게 하기위한 것이었으므로 예수님의 물음에 베드로가 겸손한 대답으로 "주께서 아시나이다"로 대답하게 된 것이다.

　③ 한 번 말씀보다 세 번 똑같은 내용을 반복될 때는 얼마나 큰 뜻과

중요한 사명감임을 알려 준다.

6. 베드로는 주의 3번째 질문을 들을 때 근심하였다고 하였다. 주님의 첫 번째, 두 번째 질문인 사랑이 신적인 사랑인 아가페였다. 그때마다 베드로의 대답은 나는 그런 고차원적인 신적인 무조건적인 희생적인 사랑을 할만한 존재가 못 됩니다. 나는 필리아 사랑인 인간적이고 친근하고 우정적인 사랑뿐입니다. 그러니 주님이 세 번째 질문은 필리아 사랑(네가 인간적으로도 나를 사랑하느냐?)으로 나를 사랑하느냐고 질문할 때 베드로는 그것조차 자신이 없어 걱정하지 않을 수가 없었다. 베드로는 과거에 시퍼렇게 장담했지만 한순간에 무너진 과거 때문에 큰 근심에 사로잡히게 된 것은 너무나 당연한 고민이라고 본다.

7. 18-19절에 대한 말씀은 베드로의 순교를 예고한 것이다. 그런데 성경에는 베드로가 언제 어디서 순교하였는지에 대한 기록이 전혀없다. 성경상 그의 마지막 행적은 사도행전에 나오는데 헤롯 아그립바 1세의 박해를 받아 옥에 갇혔다가 천사의 도움을 받아 탈옥한 후(행12:1-19) 예루살렘 공의회에 나타난 것으로 끝을 맺는다. 그러나 그리스도교 초기 문헌에는 베드로의 최후행적에 대한 언급이 비교적 자세히 나온다. 그중 로마의 감독 클레멘트(A.D88-97)가 고린도 교인들에게 보낸 서신에서 베드로가 바울과 함께 로마에서 순교 당한 것으로 기록된다. 또 베드로 행전이라는 외경에는 로마에 있던 베드로가 너무 박해가 심해 로마를 떠나 도망가는 길에서 베드로는 그리스도를 만나게 되었고 거기서 "주여 어디로 가시나이까?"라고 물었다. 그러자 그리스도께서 "네가 십자가를 지지 않으려고 도망가니 내가 다시 십자가를 지려고 로마로 간다."고 대답했다. 이에 베드로는 자신의 잘못을 뉘우치고 다시 로마로 들어가 사역하다가 체포가 되어 십자가에 거꾸로 매달려 순교했다.

지금도 로마시내에 가면 "쿠바디스도미네"언덕이 있다. "주여 어디로 가시나이까 하는 언덕이었다." 또 로마의 개선문이 있다. (우리나라 독립문과 비슷하다.)그 오른쪽에는 바울이 목잘려 죽는 순교장면과 왼편에는 베드로의 거꾸로 십자가에 매달려 죽는 순교 장면이 대리석으로 크게 장식된 것을 볼 수 있다. 오늘날 로마가 이만큼 있게 된 것이 이 두 분의 순교의 피로 말미암았음을 여실히 보여준다고 본다.

그 외에도 오리겐과 터툴리안같은 유명한 교부들의 저서에 의해서도 베드로의 순교에 대해 나온다. 베드로는 예수님께서 승천하신 후부터 수석 사도로써 초대교회를 이끌었으며 후에 본도, 갈라디아, 갑바도기아, 아시아 및 비두니아 등지를 다니면서 활발하게 복음을 전했던 것으로 보인다.(벧전1:1) 그리고 말년에는 로마에 들어가 복음을 전하다가 AD64년~AD76년 사이 네로 박해당시 지금의 바티칸에서 자신의 요청에 의해 십자가에 거꾸로(예수님과 같이 올바로 십자가에 죽을 수 없는 죄인)못박혀 순교 당했다고 한다.

8. 아마도 베드로는 자신이 순교를 당하면 요한도 같은 최후를 맞이하게 될 것이라고 생각한 것 같다. 그러나 예수님은 베드로의 궁금증을 속시원히 풀어주는 대신 그 호기심을 뒤로하고 오직 부여된 사명을 충실히 이행하며 나를(예수 그리스도)따를 것을 요구하신다. 즉 다른 사람은 상관하지 말고 네가 가야할 길만을 가라는 것이다. 남의 일을 상관하는 것은 자기에게나 그 사람에게도 유익이 없다. 베드로는 주께서 자기에게 주신 말씀 곧 주 예수를 사랑하면서 주의 양을 먹이라는 말씀과 또 환난과 순교를 각오하고 따라오라는 말씀대로 하나님만 힘입고 걸어가면 된다. 남의 일에 간섭과 상관은 마귀의 역사요 잘못된 것이며 간섭과 상관은 시기와 다툼과 원망이 일어나기 쉽고 나중에는 시험에 들어 믿음에서 떠나며 마귀의 종이 되기 쉽다.

9. 베드로의 물음에 예수님의 대답이 초대교회에 상당히 오해되어 전파되었음을 보여준다. (23절) 이 사건이 있을 때는 A.D 33 년경인데 이 요한복음을 기록할 때는 A.D 90년경이기 때문에 60년 동안 오해된 것

을 사도 요한이 덧붙여서 자세히 오해를 풀어준 사건이다. 예수님은 요한이 당신이 재림 때까지 죽지 않고 살아있을 것이라는 의미가 아니라 만약 주님께서 재림 때까지 요한을 살려둔다 할지라도 베드로는 아무런 신경 쓰지말고 즉 상관하지 말고 '너는 나를 따르라' 는데 강조하신 것이다. 초대교인들은 주의 재림이 곧 이루어 질 것으로 믿었고 사도 요한 100세가 가까이 살다보니 초대교회에 이런 오해가 깊을 수 밖에 없는 상황이었다.

10. ①주님께서는 너무나 자주 실패하는 우리 성도들의 연약함을 먼저 책망하시기 보다 끝까지 사랑과 용서의 손길로 어루만져 주시는 사랑의 본체임을 보여주신다. 상한 갈대 같고 꺼져가는 심지 같은 존재도 주께 나오기만 하면(회개)우리를 받아 주시고 위로해 주시고 많은 사랑과 구원과 은총을 주신다는 것이다. ② 주님의 크신 사랑과 용서의 은총을 누린 자들은 이제 더 이상 범죄하지 않도록 조심해야 될 뿐만 아니라 생명을 바쳐 주님의 뜻에 순종하려고 애써야 한다는 사실입니다. ③베드로를 향한 예수 그리스도의 가르침과 명령은 예수 그리스도의 재림을 기다리는 오늘날 모든 성도들에게도 똑같은 가르침과 명령으로 받아 들여야 할 것이다. ④주님은 몸 된 교회와 어린양들에 대해 사랑이 크고 깊으심을 알 수가 있다. 대표적으로 베드로에게 부탁하므로 주의 모든 종들도 이와 같은 사명감으로 일해야 됨을 교훈 해 주고 있다.

2002년 9월 14일
"베드로와 똑같은 가르침과 명령을 받고도 사명에 게을리 하다가는 실패한 베드로 꼴 되는 사역자들이 또 생길까봐 나 자신을 위하고 이 글과 책을 읽는 모든 독자들을 위하여 이 글을 열심히 썼노라"

| 판 권 |
| 소 유 |

평신도를 위한 성경난해구절해설 시리즈 ⑥

네 제자가 그린 예수님의 초상화
[사복음서]

2002년 11월 25일 1판 1쇄 인쇄
2002년 11월 30일 1판 1쇄 발행

지은이 ● 이 병 삼
발행인 ● 김 수 관
발행처 ● 도서출판 영 문

등록 / 제 03-01016호(1997. 7. 24)
주소 / 서울시 은평구 역촌동 10-82
전화 / (02) 357-8585
FAX / (02) 382-4411

ISBN 89-8487-098-6   03230

값 13,000원

* 본서의 임의인용·복제를 금합니다.
* 파본·낙장은 교환해 드립니다.